Verrat

OMAR SHAHID HAMID

VERRAT

ROMAN

ÜBERSETZT VON
ALMUTH DEGENER

DRAUPADI VERLAG

Die Arbeit der Übersetzerin am vorliegenden Text wurde im Rahmen des Programms „NEUSTART KULTUR“ aus Mitteln der Beauftragten der Bundesregierung für Kultur und Medien vom Deutschen Übersetzerfonds gefördert.

Omar Shahid Hamid:
Verrat. Roman.
Übersetzt von Almuth Degener

Heidelberg: Draupadi Verlag, 2021
ISBN 978-3-945191-66-8

Originalausgabe: Betrayal, 2021

Draupadi Verlag
Dossenheimer Landstr. 103
69121 Heidelberg

info@draupadi-verlag.de
www.draupadi-verlag.de

Lektorat: Inge Wörner
Cover: Julia Khorrami
Grafische Gesamtgestaltung: Reinhard Sick

Um an Informationen zu gelangen,
muss ein Agent diejenigen verraten,
die ihm am nächsten stehen.

Prolog

8. Januar
Jor, Iran, nahe der pakistanischen Grenze

Am Ende der Welt. Genau so sieht es hier aus. Ein Schrottplatz am Rande der modernen Welt, wo der Müll der postindustriellen Gesellschaft abgeladen wird. Sogar die Luft ist von Abgasen verpestet. Der Mann wischt sich den Wüstenstaub aus den Augen und erhebt sich von der Ladefläche des alten Tata-Lasters. Das hasst er hier am meisten. Den immerwährenden und allgegenwärtigen grobkörnigen Staub. Der Staub greift die Ausrüstung an, er steckt in der Kleidung, das Essen schmeckt danach. Nicht, dass er Staub nicht gewohnt wäre. Wo er herkommt, aus Bihar, ist es auch staubig, aber nicht so wie hier. In dieser Wüste hat der Staub etwas Körperliches, er drückt und schiebt, versucht einzudringen.

Der Staub ist nicht das Einzige, was er hasst. Nach zwei Jahren hier schlägt ihm die Eintönigkeit und Einsamkeit aufs Gemüt. Die Arbeit ist langweilig, besteht aus der endlosen Überwachung der Hafenstadt Chabahar und des umliegenden Geländes. Es ist ein Undercover-Auftrag mit dem höchsten Geheimhaltungsgrad, daher gibt es nicht einmal Kameraden, die ihm die Sache erleichtern würden. Von seinen vormaligen ‚Kollegen' in dem Transportunternehmen, in das man ihn eingeschleust hatte, weiß keiner, was er wirklich macht. Für sie ist er einfach ein mäßig qualifizierter Logistikmanager, der, so sagt man, den Job bekommen hat, weil er ein entfernter Verwandter des Vorstandsvorsitzenden ist. Er hält Abstand, was sie in dem Glauben bestärkt, er sei nur durch Vetternwirtschaft hier und habe mit den anderen nichts gemein.

Er springt vom Laster und geht um den Wagen herum auf die Seite, wo der Feldweg ist. Der Fahrer sitzt auf dem Boden und öffnet eine Tupperdose, in der sich ein leichtes Frühstück mit Fladenbrot und weißem Käse befindet. Der Fahrer hält ihm die Dose hin, aber er winkt ab. Er kann nichts essen, wenn er angespannt ist. Sowieso ist ihm das Essen hier zuwider. Alles schmeckt so fade. Er sehnt sich nach der Küche seiner Frau, den würzigen Kartoffelstäbchen *Alu bhujiya* und dem Linsengericht *Dal* mit *Tarka*, dazu ihrem hausgemachten eingelegten Gemüse, dem scharfen *Achar*. Wenn er daran denkt, läuft ihm das Wasser im Mund zusammen. Seit zwei Jahren hat er kein *Achar* mehr bekommen. Nicht einmal sprechen können hat er mit seiner Frau. Befehl von oben. Man meint, es sei am besten für alle Beteiligten, wenn seine Frau nicht weiß, wo genau er sich aufhält. Jeglicher Kontakt könnte ihn auffliegen lassen. Die Tatsache, dass Chabahar von pakistanischen Agenten nur so wimmelt, macht die Führung nervös. Deshalb glaubt seine Frau, dass er zu einer wissenschaftlichen Forschungsmission abgeordnet wurde und sich auf einem Schiff irgendwo weit weg im indischen Ozean befindet. Diese Version passt gut zu seiner Vergangenheit als Marineoffizier. Alle zwei Monate übermittelt ihr der Führungsoffizier zusammen mit seinem Gehalt eine vorgefertigte Nachricht, dass bei ihm alles in Ordnung ist. Er selbst hat sich so in seine Scheinidentität eingelebt, dass er sich manchmal spät in der Nacht seinen richtigen Namen vorspricht, um sich zu vergewissern, dass er ihn noch nicht vergessen hat: Shivlal Yadav, Korvettenkapitän (im Ruhestand), jetzt beim Geheimdienst, Ehemann von Shalini und Vater zweier hübscher Töchter.

Sie haben fast drei Stunden gebraucht, um mit dem klapperigen Tata-LKW von Chabahar nach Jor zu kommen. Die letzte Stunde ging es über unbefestigte Landstraßen bis zu ihrem gegenwärtigen Standort mitten in der Wüste. Taub vor Kälte sitzt er zusammengekauert hinten, während der Wind durch die Plane dringt und über die Pritsche des Lastwagens streicht. Im Januar ist die ganze Gegend eine einzige eisige Ödnis. Noch nie hat sich Yadav so weit von Chabahar entfernt, aber dieses Mal war er gezwungen, nah an die Grenze heranzukommen. So dicht an pakistanischem Hoheitsgebiet, das ist riskant, aber nach dem, was er erfahren hat, lohnt es sich. Außerdem hat er zur Abwechslung mal etwas Unterstützung. Auf den Fahrer kann er sich verlassen. Er hat ihn das letzte Jahr über wiederholt als Kurier für Botschaften von und

Instruktionen an Informanten im pakistanischen Teil von Belutschistan eingesetzt. Der Fahrer kennt die Neben- und Schleichwege und hat sich sein Vertrauen verdient. Dass die Pakistaner so dreist wären, einen Einfall über die Grenze zu wagen, ist wenig wahrscheinlich. Seine Sorge gilt eher den Iranern. Der Führungsoffizier hat ihm von Anfang an klargemacht, dass er als Illegaler hier ist, ein inoffizieller ausländischer Spion. Es gibt zwar ein grundsätzliches Einverständnis mit Iran für die Einschleusung von verdeckten Ermittlern in dieser grenznahen Region, aber wenn irgendetwas passieren sollte, ist er auf sich selbst gestellt, zumindest bis die Führung ihre Drähte zum iranischen Ministerium für Nachrichtendienste, dem Vezarat-e Ettelaat, aktiviert hat. Wenn in Chabahar irgendwelche dubiösen Vorgänge ans Licht kämen, wären die Iraner ganz und gar nicht glücklich.

Er zieht sich das Baumwolltuch, das er hier in der Gegend gekauft hat, enger um den Hals und reibt sich die kalten Hände. So früh am Morgen drängt die Sonne die Schatten über der Landschaft nur sehr allmählich zurück. Er wirft dem Fahrer einen fragenden Blick zu. Der hat sein Frühstück beendet und räumt die Tupperdose weg. Er nickt und weist zu Boden. Der Fahrer war es auch, der ihm gestern die Nachricht überbracht hat. Das Treffen mit dem Informanten soll genau hier stattfinden. Aber auch als es heller wird und die Wüste in ihrer ganzen Weite sichtbar wird, kann er weit und breit keine Bewegung wahrnehmen. Nichts als ab und zu eine Staubwolke, die durch die Luft wirbelt.

Der Fahrer kommt zu ihm und bietet ihm schwarzen Tee aus der Thermosflasche an. Er zeigt auf seine Armbanduhr: „Wann soll er kommen, Agha?“ Nach zwei Jahren in Iran hat er bloß noch einen leichten Akzent, wenn er Persisch spricht.

Der Fahrer zuckt die Schultern: „Er kommt, wenn er kommt. Hier, trink einen Schluck Tee, dann wird dir wärmer!“

„Bist du sicher, dass er es war? Deaf Leopard, Tauber Leopard? Er selbst will mich treffen?“

„Das haben sie mir in Taftan gesagt.“

Von den Dutzenden Kontakten, die er in den zwei Jahren in Pakistan aufgebaut und mit denen er Nachrichten und Geld ausgetauscht hat, hat er niemals jemand selbst zu Gesicht bekommen. Dass ausgerechnet der wichtigste Informant um ein persönliches Treffen gebeten hat, kann nur bedeuten, dass es um etwas Bedeutendes geht. Das erregt ihn, er fühlt sich wieder lebendig. Vor diesem Moment schmilzt die Monotonie der letzten zwei Jahre dahin.

Yadav entscheidet sich jetzt doch für den Tee. Das beschäftigt ihn wenigstens, und der Fahrer hat recht, der Tee wird ihn wärmen. Er schenkt sich einen Becher ein und seufzt. Nicht mal ordentlichen Tee können sie hier machen. Wie wunderbar wäre es, wenn in dem Deckel der Thermoskanne, den er in der Hand hat, süßer Milchtee mit Kardamom wäre! Aber er führt doch den Becher zum Mund und nimmt einen tiefen Schluck.

Es dauert etwa dreißig Sekunden, bis das Medikament wirkt. Er hat den Becher noch nicht abgesetzt, da kann er plötzlich nur noch verschwommen sehen, und die Beine scheinen ihm wegzusacken. Das letzte, was in sein Bewusstsein dringt, ist der Tee, als der Becher in den Sand fällt. Der Fahrer scheint keine Eile zu haben, er wartet mehrere Minuten ab, bevor er sich an die Untersuchung macht. Er überprüft Yadavs Puls, wie man es ihm beigebracht hat, und nachdem er festgestellt hat, dass der Agent noch am Leben ist, hebt er den Deckel der Thermosflasche auf. Auf einmal taucht am dunklen Horizont ein weiterer Mann auf, auf einem Motorrad. Auch er tastet nach dem Puls, dann heben die Männer, ohne ein Wort zu wechseln, den leblosen Körper auf die Ladefläche des Lastwagens. Sie breiten eine schmuddelige Plane über ihn und verstauen auch das Motorrad sorgfältig auf den Laster. Nachdem sie alle Spuren ihrer Anwesenheit am Ort verwischt haben, steigen beide Männer ein und fahren zur Grenze.

Langley, Virginia
8. Januar

George Mueller fröstelt, als er die Wärme seines Ford Explorer verlässt. Draußen muss es zehn Grad minus sein, denkt er, während er auf dem weiträumigen Parkplatz des CIA-Hauptquartiers an Haufen von geräumtem Schnee vorbeigeht, die sich entlang der Trennwände auftürmen. Allein schon, bis zum Haupteingang vorzudringen, erfordert ein gutes Stück Durchhaltevermögen, denn der schneidende Wind bläst ungehindert von Gebäuden über das offene Gelände und trifft Muellers Haut wie tausend Nadeln.

Mueller verflucht sich selbst, als er endlich die warme Lobby erreicht. Das Hauptquartier ist leer, wie es nicht anders zu erwarten ist, um ein Uhr morgens an einem Sonntag, mitten in dem schlimmsten Schneesturm, den die Ostküste seit 25 Jahren erlebt hat. Selbst schuld, warum hat er sich auch freiwillig für die Antiterror-Zentrale gemeldet. Die Schreibtischtäter, die für Nordkorea zuständig sind, liegen bestimmt noch in ihren weichen Betten. Diktatoren heiligen das Wochenende, nur Dschihadisten müssen unbedingt Freitage und Samstage für ihren Scheiß nutzen.

Die wenigen Wachleute an der Rezeption bekunden ihm ihr Mitgefühl, als er zum Aufzug geht, der ihn in den 7. Stock bringt. Die ganze Etage ist nur wenigen zugänglich, aber innerhalb der 7. Etage unterliegt der CTC – die Antiterror-Zentrale – noch strengeren Zugangsbeschränkungen als der Rest. Es ist ein fensterloses Gewölbe mit drei Reihen von Arbeitsplätzen und einer Videowand, die sich über die ganze Breite einer Wand erstreckt. Besucher wundern sich immer, wie klein die Abteilung ist, immerhin ist es seit zwanzig Jahren die bekannteste Abteilung des CIA, wo die größten und schlimmsten Terroristen aufgespürt und unschädlich gemacht werden, gewissermaßen das Gesicht des CIA in der Öffentlichkeit. Zumindest das Gesicht, das am häufigsten von Hollywood und den Medien präsentiert wird. In diese Abteilung versetzt zu werden, ist das höchste der Ziele für eine ganze Generation von nach 9/11 eingestellten Mitarbeitern. Aber für diejenigen, die drin sind, ist es eine Sache der Ehre, exklusiv und elitär zu bleiben und ausschließlich die Besten der Besten aufzunehmen.

George Mueller ist einer von ihnen. Ein Jahr vor 9/11 eingestellt, kann er nicht von sich behaupten, die Angriffe auf die Zwillingstürme hätten ihn inspiriert, aber tatsächlich war er einer der ersten, die sich freiwillig für den Einsatz in Afghanistan meldeten. Dass er dafür auch ausgewählt wurde, lag daran, dass er Farsi und Arabisch konnte, das war damals, als der CIA kaum Mitarbeiter mit Kenntnissen der Regionalsprachen hatte, fast so gut wie Urdu oder Pashto. Mueller war es gelungen, sich einer Gruppe der Nordallianz anzuschließen, und war mit den ersten Widerstandskämpfern nach Kabul gegangen. Als der Krieg in Irak anfing, wechselte er dorthin und übernahm Bagdad, leitete außerdem temporäre Einsätze in Jordanien und Pakistan und war damit prädestiniert für die Arbeit beim CTC, als er nach Washington zurückkehrte. Wäre er ehrgeiziger gewesen, hätte er politische Beziehungen spielen lassen können, um eine Position im Management innerhalb des Geheimdienstes zu ergattern. Aber George Mueller hat nie ein Interesse daran gehabt, sich an der schmierigen Stange der CIA-Bürokratie hochzuhangeln. Ihm gefällt die Arbeit als Analytiker, als einer, der wie ein Sherlock Holmes Schlüsse aus den abstrusesten Details zieht und auf diese Weise die gefährlichsten Männer des Planeten zur Strecke bringt. Er verkörpert das, was die jüngeren Kollegen einen „Dschihadisten-Junkie" nennen. Aber das ist es eben, was ihn für die Arbeit bei der Antiterror-Zentrale qualifiziert, denn so sind die meisten Analytiker hier. Sonst wären sie für ihre Arbeit auch ungeeignet.

„Hast du welche bekommen? Sag schon, hast du sie?" Tom Wolfe, der seit einem Jahr als Analytiker beim CTC arbeitet und sich durch extreme soziale Inkompetenz ebenso auszeichnet wie durch seine brillanten Analysen, schaut gespannt auf die braunen Papiertüten in Muellers Arm. George mag den jungen Mann und kommt mit dessen Verschrobenheiten meist gut zurecht, aber jetzt geht ihm Wolfes flehender Ton auf die Nerven.

„Himmel noch eins, Tom, warst du mal draußen? Da ist ein Schneesturm, ehrlich, ich glaube nicht, dass von hier bis New York auch nur ein verdammter Taco-Laden aufhat. Also, nein! Ich habe dir keine Portion Soft Tacos mitgebracht. Dafür aber was von zu Hause, ein übriggebliebenes Hack-Sandwich von meiner Frau. Und Kaffee."

„Oh, Kaffee, Gott sei Dank. Der Laden hat zu, und ich habe die letzten zehn Stunden das Ekelzeug vom Automaten getrunken." Wolfe greift nach den Tüten und vertilgt in vier Bissen das Sandwich, während er sich aus der Thermosflasche, die Mueller mitgebracht hat, eine Tasse Kaffee einschenkt. „Und nein, ich war nicht draußen, weil hier drinnen gerade ziemlich viel los ist."

„Ja, was denn eigentlich? Was gibt es so Dringendes, dass du mich bei der Kälte aus dem Bett holst?" George schenkt sich selbst auch eine Tasse Kaffee ein. Es ist seine Spezialmischung, mit einer Prise Salz und einem Hauch Zimt. Der erste Schluck schießt ihm heiß durch den Körper und beseitigt die letzten Spinnweben in seinem Hirn.

„Der Informant hat vor ein paar Stunden Kontakt aufgenommen, er hat ihn direkt auf dem Gelände getroffen, das er identifiziert hat, und bestätigt, dass es tatsächlich unser Freund ist. Außerdem hat er bestätigt, dass er unterwegs ist. Wir haben ihn live im Blick, sein Konvoi ist jetzt kurz vor der Paktia-Khost-Schnellstraße."

„Wie kommt es, dass er da so offen herumfährt? Elf Monate hören wir keinen Pieps von ihm, und jetzt fährt er plötzlich die Schnellstraße runter?"

„Der Informant sagt, es gab Gerüchte über eine wichtige Schura-Versammlung in den nächsten Tagen. Das muss es sein. Das ist das Einzige, was Mufti Bungalzai dazu bringen würde, so ein Risiko einzugehen."

„Konnte der Informant den Tracker am Fahrzeug unterbringen?"

„Ja. Hat er vor einer Stunde gemeldet. Er konnte die SIM-Karte hinten in eine der Toyota-Doppelkabinen werfen."

„Und wie können wir sicher sein, dass Bungalzai in der sitzt?"

„Können wir nicht. Sein persönliches Sicherheitskonzept sieht vor, dass er immer erst im letzten Moment das Fahrzeug wählt, in dem er fährt. Es gibt drei. Sicher sein können wir nur, wenn wir alle drei hochgehen lassen."

„Was ist mit Kollateralschaden?"

„Glaub mir, George, wer mit Mufti Bungalzai fährt, ist keiner von den Guten. Scheiß drauf."

„Der Chef ist einverstanden, dass wir den gesamten Konvoi in die Luft jagen? Da müssen zwanzig, fünfundzwanzig Mann drin sein. Hast du ihn angerufen?"

„Ja, unmittelbar bevor du gekommen bist. Er sagt, es liegt bei dir. Er steht hinter dir, egal wie du dich entscheidest. Niemand kennt Bungalzai besser als du, George. Also, was sollen wir tun?"

„Habt ihr das Ziel im Blick?"

„Zwei Reaper-Drohnen in der Gegend, mit vier Hellcat-Raketen. Die sind in Nullkommanichts da ... 5, 4, 3, 2, 1 – voilà."

Auf der Videowand am anderen Ende des Raumes, über die die ganze Zeit im Newsfeed Meldungen aus aller Welt gelaufen sind, erscheint plötzlich eine Luftaufnahme in Schwarzweiß von einem Feldweg mit drei Toyota-Pickups, die auf eine größere Asphaltstraße zuhalten. Zu beiden Seiten des Weges befinden sich abgeerntete Felder, und George vermutet, dass die Einheimischen erst kürzlich den Mohn ausgesät haben, der im Frühjahr geerntet wird.

„Wie sicher ist der Informant?"

„Komm schon, George, das haben wir doch x-mal durchgekaut. Er ist in Ordnung. Hat fast ein Jahr mit uns gearbeitet. Wir haben ihn von den Pakistanern. Er ist es, der uns Informationen über Bungalzai beschafft hat, nachdem wir die Spur verloren hatten. Alles, was er uns geliefert hat, hat sich als korrekt erwiesen. Das Gelände, die Schura-Versammlung, dass Bungalzai da teilnehmen muss. Und jetzt haben wir einen höchst verdächtigen Konvoi von drei Fahrzeugen mit bewaffneter Besatzung, die das Gelände zu genau der Zeit verlassen, die er angegeben hat. Es muss Bungalzai sein, George."

George Mueller kratzt sich nachdenklich den Bart. Eine so hochkarätige Zielperson zu töten, ist ein aufregender Gedanke. Er hat Mufti Bungalzai seit langem gejagt, hat noch die kleinste Information über ihn gesammelt. Der Mann ist ein Schurke ersten Ranges, ein Taliban-Befehlshaber mit einem Hang zum Makabren, ein Mann, der kein Problem damit gehabt hat, ein Dutzend amerikanische Verhörspezialisten durch eine Bombe töten zu lassen, die im Anus des gefangenen Widerstandskämpfers versteckt war. Darüber hinaus war der Gefangene auch noch sein eigener Neffe. Bungalzai war auch der Mann, der ohne mit der Wimper zu zucken an einer vom Militär betriebenen Schule in Pakistan Kinder als Geiseln genommen und sie vor laufenden Fernsehkameras ermordet hatte. Ja, denkt George Mueller, diesen einäugigen Schuft in die Luft zu jagen wäre eine wahre Freude.

„George, was willst du? Ich hab den Drohnenpiloten in der Leitung. Wenn die bis zu der Schnellstraße durchkommen, können sie abhauen, und wir bekommen vielleicht nicht noch einmal so eine Chance."

„Ist der Informant in Sicherheit? Oder ist er bei ihnen?"

„In Sicherheit. Er hat es geschafft, sich vom Gelände zu entfernen, ohne dass es aufgefallen ist. Er bewegt sich in die entgegengesetzte Richtung."

„Verflucht noch eins. Jetzt kriegen wir das Schwein am Arsch. Los."

„Green light. Ich wiederhole, Green light." Etwa dreißig Sekunden, nachdem Tom Wolfe das in sein Headset gesprochen hat, sieht man auf der Videowand drei grelle Lichtblitze, und an der Stelle, wo die Fahrzeuge gewesen sind, steigen drei Rauchwolken auf. Auf Tom Wolfes rundlichem Gesicht breitet sich ein selbstzufriedenes Grinsen aus: „Geschieht euch recht, ihr Wichser."

„Wann bekommen wir die Bestätigung, dass er tot ist?"

„Der Informant ist ja noch in der Gegend, der kann doch rübergehen und uns die Bestätigung schicken. Dann wissen wir es in den nächsten vierzig Minuten."

George Mueller nimmt noch einen Schluck Kaffee. „Gut. Falls es Bungalzai ist, gib dem Informanten einen Bonus. Eine kleine Extrazahlung tut uns nicht weh, wenn wir einen so großen Fisch wie den kriegen."

„Gute Idee. Mann, wenn das Bungalzai ist, dann ist das mein erstes HVT!" In der Tat, das ist Bungalzai: ein High-value target, eine Zielperson erster Priorität.

„Hast du gut gemacht, Tom."

„Glückwunsch, George! Ich weiß, wie lange du hinter dem her warst."

„Danke, aber warten wir lieber erstmal die Bestätigung ab, bevor wir hier die Korken knallen lassen. Oh, und Tom, noch was, was wir unbedingt machen müssen, sobald der Anruf des Informanten da ist."

„Nämlich?"

„Die Leiterin der Abteilung in Islamabad informieren. Die Pakis haben Bungalzai noch intensiver verfolgt als wir. Unsere Abteilung in Islamabad kann nicht schlecht punkten, wenn sie die Pakistaner wissen lässt, dass wir ihnen gerade einen großen Gefallen getan haben. Und sag ihr, sie soll nicht vergessen, den Nationalen Sicherheitsberater zu benachrichtigen."

„Oh, ja. Weil er hinter dem Massaker an der Schule steckte, nicht wahr?"

„Das auch, aber außerdem war Bungalzai für die Ermordung von Frau und Kind des Nationalen Sicherheitsberaters verantwortlich. Er wird es wissen wollen."

Seine-Saint-Denis nördlich von Paris
8./9. Januar

Er hört sie nicht zum Haupteingang hereinkommen, weil seine 400 Euro teuren Kopfhörer mit aktiver Geräuschunterdrückung von Bose ihn mit Versen von B.I.G. beschallen:

Hit mummy in the tummy if the hooker plays a dummy
Slit the wrist of little sis
After she sucked the dick, I stabbed her brother with the icepick
Because he wanted me to fuck him from the back
But Smalls don't get down like that
Got your father hidin' in a room, fucked him with the broom
Slit him down the back and threw salt in the wound
Who you think you're dealin' with?

Er hört nicht einmal die Schüsse in seinem Videospiel, obwohl es auf volle Lautstärke eingestellt ist. Die Polizisten bemerkt er erst, als sie ihm die Schlafzimmertür eintreten. Da ist es schon zu spät. Die ersten beiden sind über ihm, bevor er sich auch nur gerührt hat, und drücken ihm die Arme herunter, der dritte stößt ihm unnötigerweise den Schlagstock in den Bauch. Während er nach Luft schnappt, erkennt er am Unterarm des Beamten, in der Lücke zwischen Armschutz und Hemd, die Marine Le Pen-Tätowierung.

„Versuch ja nicht, Widerstand zu leisten, du Scheiß-*Beur*! Kopf runter!“ Der mit der Tätowierung zerrt an seinem Bart und reißt ihm die Kopfhörer herunter.

„Heißt du Zinédine Karoachi? Los, du Arschloch, wir haben nicht den ganzen Tag Zeit!“

Seine Reaktionen sind verlangsamt, weil alles so schnell gegangen ist und auch wegen des erstklassigen marokkanischen Haschisch in seinem Blut. Erst nachdem der Tätowierte ihn noch dreimal angeschrien und ihn zweimal am Bart gezogen hat, wird ihm bewusst, dass sie wissen wollen, wie er heißt.

„Zizu. Man nennt mich Zi..zu.“

„Das ist dein Spitzname, du Haufen Scheiße. Versuch bloß nicht, uns zu verarschen. Wir haben dich an den Eiern. Deine Mutter hat es uns schon gesagt. Hast du gedacht, wir finden nicht heraus, was du da spielst?“

„Ich hab nichts getan, Mann. Ich bin clean. Das ist Schikane ... Polizeischikane ... Ihr habt keinen Grund ... Die *Flics* haben mich überfallen!“ Er versucht zu schreien, um die Aufmerksamkeit der Nachbarn zu wecken.

„Halt's Maul, bevor ich dir meinen Knüppel in den dreckigen *Beur*-Arsch ramme! Hier ist Saint Denis, die *Neuf Trois*, du *putain*! Kein Mensch interessiert sich für dein Gejaule! Das ist genau die Art, wie wir kleine Terroristenschweine wie dich in Saint Denis fangen!“

Weitere Polizisten kommen herein und gehen an ihm vorbei an seinen Computer, ohne ihn zu beachten. Jetzt erst kriecht ihm richtige Angst die Wirbelsäule hoch. Bis jetzt hat er gedacht, es wäre nur eine

Drogenrazzia. Das wäre nicht schlimm. Wegen Dealerei war er schon im Knast, aber das ist Jahre her, und bei ihm werden die Bullen jetzt nichts finden. Sechs Monate lang hat er sogar gar nichts genommen, nachdem er zur wahren Religion gefunden hat. Die muslimischen Brüder, an die er vermittelt wurde, nachdem er aus dem Gefängnis entlassen war, sagten, es wäre *haram*. Der Witz ist, dass er genau heute das erste Mal wieder Hasch geraucht hat. Dem Stick mit reinstem marokkanischem Hasch, den Bervas ihm angeboten hat, konnte er einfach nicht widerstehen. Das meiste davon hat er schon aufgeraucht, und was die Polizei noch finden kann, ist kaum der Rede wert, bestimmt kein Verbrechen. Sein Computer allerdings, das ist etwas anderes. Einer der beiden Männer, die sich mit dem Rechner beschäftigen, dreht sich lächelnd zu ihm um.

„Passwort? Du kannst es uns so sagen, oder wir machen es auf die harte Tour, Zizu. Du weißt, dass wir es eh knacken können, also verschwende nicht unsere Zeit."

Er senkt den Kopf, schweigt.

„Frag seine Mutter, vielleicht weiß es die alte Hexe."

„Sie ist nicht meine Mutter."

„Ach nee, wer ist sie denn dann, Zizu? Vielleicht deine Scheißgeliebte? In dem Alter? Stehst wohl auf Omas?" Der *flic* grinst ihn höhnisch an.

„Kein Problem, wir haben seinen USB-Stick gefunden, dafür brauchen wir kein Passwort." Kaum hat der Mann am Computer den Speicherstick in einen kleinen Laptop gesteckt, grinst er breit.

„So schlau bist du auch wieder nicht, was, Zizu? Du bist geliefert, *mon ami*. Sag Tschüs zu deiner Mutter oder Freundin, was immer die ist, denn, Freundchen, jetzt wirst du eine gute Weile weg sein."

„Was ist da drauf?" Der Mann mit der Tätowierung am Arm ist es, der fragt, das hat ihn neugierig gemacht.

Der andere dreht den Bildschirm so, dass der Tätowierte ihn sehen kann. „*The Global Islamic Resistance Call*, von Abu Musab al Suri. Jihad 101, wie die Amis sagen. Quasi eine Online-Anleitung für Terroristen, und Zizu ist der Professor. Tschüs, Zizu!"

Zizu starrt immer noch zu Boden, als die Polizisten ihn hochheben, um ihn hinauszubringen. Er sieht die alte Frau schluchzen, als sie ihn zum Eingang hinausschleppen, wo die Wohnungstür nicht mehr in den Angeln hängt. Als er spricht, ist es in plötzlich respektvollem Ton: „Bitte, diese Frau hat nichts damit zu tun. Sie ist nicht meine Mutter, nicht mal verwandt, sie hat sich nur um mich gekümmert. Sie weiß nichts von all dem. Bitte verhören oder verhaften Sie sie nicht!"

„Wenn sie nicht mit dir verwandt ist, wo ist dann deine Familie? Deine *Maman*, dein *Papa*?"

„Mein Vater ist tot. Und meine Mutter, meine richtige Mutter, ist eine Prinzessin ... in Indien."

1. Buch

Er

1 . Kapitel

Neu-Delhi
9. Januar

Der Smog in Delhi ist so früh morgens immer am schlimmsten, macht das Fahren so gut wie unmöglich. Zail Singh beugt sich tief über das Lenkrad und starrt angestrengt durch die Windschutzscheibe, während er versucht, nicht über 50 km/h zu fahren. Er kann in dem dichten Nebel kaum drei Meter weit sehen. An jeder Kreuzung späht er nervös nach rechts und links, dann gibt er Gas und hofft nur, dass sein Tata Ambassador nicht von einem der typisch rücksichtslosen LKWs von Delhi erwischt wird, der plötzlich aus dem Dunst herausschießt.

Von seiner Wohnung in New Moti Bagh Colony bis zum Haus seines Chefs im Bungalow-Viertel von Lutyens‘ Delhi ist es unter normalen Umständen eine fünfzehnminütige Fahrt. Aber um halb sieben Uhr morgens in der Januarkälte, mit dem berüchtigten Smog von Delhi, der ihm fast völlig die Sicht nimmt, braucht Zail Singh fast eine Stunde. Er seufzt erleichtert auf, als er endlich in die Prithviraj Road einbiegt und auf das Tor von Nr. 40 zufährt. Es ist ein alter Regierungsbungalow, der etwas versteckt hinter der vietnamesischen Botschaft liegt. An diesem Morgen ist er gereizt, und dass er aussteigen muss, um zu klingeln, weil kein Wachmann zu sehen ist, hebt seine Laune nicht. Zail Singh ist es nicht mehr gewohnt, selbst zu fahren, diesen Vorteil verdankt er seiner Position als die Nummer Zwei in der wichtigsten Organisation des indischen Geheimdienstes. Er ist es auch nicht gewohnt, Tore selbst zu öffnen, aber da der Wachmann nicht auftaucht – wahrscheinlich schläft er fest im Wachhaus –und da es dringend ist, bleibt ihm heute nichts anderes übrig. Es beunruhigt ihn, dass auch, als der Wagen deutlich hörbar die Einfahrt hinunter bis zum Portal fährt, niemand erscheint, um ihm die Haustür aufzumachen. Erst nachdem er mehrmals die Klingel betätigt hat, kommt hinter dem vergitterten Fenster der Chef zum Vorschein.

V. S. Krishnamurthy hat nichts Pompöses an sich. Sein volles Haar ist vollkommen weiß, und auf seiner Nase sitzt eine dicke Hornbrille. Aus dem Mundwinkel hängt ihm eine Zigarette, an der sich schon eine lange Aschenwurst gebildet hat. Um diese Uhrzeit trägt er einen alten Pullover über seiner traditionellen südindischen Kleidung, das lässt ihn noch mehr aussehen wie einen Mathematikprofessor, jedenfalls nicht wie den Chef einer Spionageabteilung. Sein Gesichtsausdruck aber ist wachsam und verrät nicht, dass er an dem Besuch seines Vize so früh am Morgen etwas Besorgniserregendes findet.

„Nun, was gibt's, Zail Singh?"

„Sorry, Boss. Tut mir leid, dass ich Sie so früh am Morgen störe. Am Tor habe ich gehupt, aber anscheinend hat mich niemand gehört. Waren Sie beim Gebet?"

„Ich bitte Sie, wie kommen Sie denn darauf? Sehe ich aus wie ein vom Priester gefickter Messdiener, dass ich um diese Zeit beten muss? Nein, ich habe Musik gehört. Rachmaninow, 3. Klavierkonzert. Ich bin doch nicht wie ihr Sikhs, dass ich jeden Morgen den Granth Sahib herunterbeten würde."

Zail Singh lächelt. Seine eigene tiefe Bindung an die Sikh-Religion im Gegensatz zu Krishnamurthys agnostischem Säkularismus gibt den beiden seit langem Anlass zu freundlichem Spott. „Und Bibi, wie kommt es, dass sie Rachmaninow neben ihren *Bhajans* erlaubt hat? Sie hält die religiösen Vorschriften doch genauestens ein."

„Sie ist in Bangalore."

„Aha, alles klar, Boss. Sie haben ihre Abwesenheit ausgenutzt, um das Haus in eine gottlose Spelunke zu verwandeln."

„Rachmaninow ist nicht gottlos. Er ist berührt vom Göttlichen. Bringt dich deinem Gott näher, wer das auch sein mag, und zwar mehr als irgendein dämlicher Priester, der dich mit gesegneten Opferspeisen vollstopft."

Zail Singh hat es schon immer erstaunlich gefunden, dass Krishnamurthy, der aus einer hochkastigen Brahmanen-Familie stammt und tatsächlich mit einer überaus frommen Frau verheiratet ist, mit Religion nichts im Sinn hat. Zu einer Zeit, in der es neuerdings sogar in den Ministerien der geheiligten Hallen im North und South Block zum guten Ton gehört, öffentlich Frömmigkeit zu bekunden, ist Krishnamurthy durch und durch säkular geblieben. Einige höhere Chargen haben angedeutet, es könnte der Sache dienlich sein, wenn Krishnamurthy unter der neuen Regierung seine brahmanische Herkunft ins Spiel brächte, um Anschluss an den engsten Kreis um den Premierminister zu bekommen. Aber Krishnamurthy hat noch nie die religiöse Karte ausgespielt, und das hat seiner Vertrauensstellung beim PM auch nicht geschadet.

„Sie sind aber sicher nicht gekommen, um Rachmaninow zu hören oder über Religion zu reden, Zail Singh. Also, was ist schiefgelaufen? Irgendetwas muss ja los sein, wenn Sie selbst zu mir fahren, und das bei der Eiseskälte. Kommen Sie, spucken Sie es aus. Wie ist es mit einem Kaffee? Ich mache mir sowieso einen."

„Ja, gern, danke, Boss." Zail Singh folgt Krishnamurthy durch die Drahtverkleidung und durch den Flur in die altmodische Küche, wo vom Herd das intensive Aroma von südindischem Kaffee ihm in die Nase dringt. „Wir, äh, wir haben ein Problem, Boss."

Krishnamurthy beschäftigt sich damit, den Kaffee umzurühren und eine ordentliche Portion Zimtpulver hineinzugeben. „Hmmm. Und? Was ist es?"

„Yadav, unser Mann in Chabahar, ist verschwunden. Er muss sich alle 24 Stunden bei der Führung melden. Jetzt ist es 72 Stunden her, dass wir von ihm gehört haben. Die Zivilisten, die in der Logistikfirma arbeiten, wo wir ihn zur Tarnung untergebracht hatten, haben ihn als vermisst gemeldet. Einer vom Konsulat hat daraufhin Erkundigungen eingezogen. Anscheinend hat die Polizei einen Zeugen gefunden, der beobachtet hat, wie Yadav in einem Lastwagen Richtung pakistanische Grenze fuhr. Aber von dem Laster gibt es keine Spur."

Krishnamurthy gießt den fertigen Kaffee durch ein Sieb in zwei Gläser und reicht eins davon Zail Singh. „Sie glauben, Yadav wurde von den Pakistanern entführt."

„Vor zwei Stunden kam eine Eilmeldung von Deaf Leopard herein, über den Notfallkanal. Demnach gab es in Kreisen des pakistanischen Geheimdienstes einige Aufregung, es heißt, ein indischer Spion wäre gefangen worden."

„Deaf Leopard fürchtet, Yadav könnte ihn enttarnen." Es ist eine Aussage, keine Frage.

„Ja. Deshalb hat der Leopard riskiert, über eine nichtautorisierte Leitung die Meldung abzuschicken."

„Wieviel weiß Yadav über Deaf Leopard?"

„Er kennt nicht seine Identität. Aber zu seinem Job in Chabahar gehörte, dass er Informationen von Quellen bekommt, die wir von Deaf Leopard haben. Sein Netzwerk war das Netzwerk des Leoparden. Also selbst wenn er keinen Namen nennen kann, wird ein erfahrener Vernehmer seine Schlüsse ziehen können."

Krishnamurthy nippt nachdenklich an seinem Kaffee, als würde er nicht über das Schicksal eines Menschen, sondern über eine komplexe mathematische Gleichung nachdenken. „Er wird nicht lange durchhalten. Vielleicht ein paar Monate. Aber irgendwann brechen sie ihn."

„Er hat ein intensives Überlebenstraining für solche Situationen absolviert. Und er ist einer unserer Besten. Eine Zeitlang kann er sie mit falschen Angaben hinhalten."

„Niemand hält auf unbestimmte Zeit durch. Irgendwann bricht jeder zusammen. Nein, wir müssen ihn rausholen."

„Aber wie denn, Boss? Für die Medien ist das doch ein gefundenes Fressen. Die Pakistanis können sagen, sie haben einen indischen Spion auf pakistanischem Territorium gefangen, und dann wird es wie damals mit den toten Soldaten in Kargil."

„Nicht, wenn wir es als erste bekanntmachen."

„Sie meinen, wir sollen vor aller Welt zugeben, dass wir einen Spion in Pakistan hatten?"

„Er war ja nicht in Pakistan, Zail Singh. Er ist in Iran entführt worden. Wir geben bekannt, dass einer unserer Leute, der mit Routinearbeit befasst war, in einem souveränen Staat gekidnappt wurde und dass die Pakistaner ihn umbringen wollen. Wir zwingen sie damit, mit ihm ans

Licht der Medienöffentlichkeit zu treten. Sie müssen sich irgendetwas ausdenken, um seine Festnahme zu legalisieren, und dann können wir den Internationalen Gerichtshof anrufen, damit sein Fall dort verhandelt wird. Wir machen denen so viel Dampf, dass sie ihn nicht mehr so rannehmen können, wie sie wollen. Sobald die Sache raus aus der Illegalität ist, können sie keine harten Vernehmungstechniken mehr anwenden, weil sie auf die Weltöffentlichkeit Rücksicht nehmen müssen. Sie müssen ihm einen Verteidiger zugestehen und den ganzen Quatsch. Sehen Sie, die rechnen damit, dass wir Yadav verleugnen, das würde ihnen nämlich die Zeit geben, ihn nach Strich und Faden auszuquetschen. Aber wenn wir den Spieß umdrehen, treiben wir sie in die Enge. In Kargil haben sie den Fehler begangen, dass sie ihre eigenen Männer nicht zurückgenommen haben, weil sie angeblich nicht ihre waren. Wir machen es andersherum. Wir bekennen uns zu Shivlal Yadav. Verflixt noch mal, wir machen einen Helden aus ihm!"

„Aber den Iranern wird das nicht gefallen. Wir hatten sie nicht über Yadav informiert."

„Mit denen können wir reden. Sie werden sich zwar nicht freuen, aber viel mehr als auf uns werden sie auf die Pakistanis sauer sein. Ich glaube kaum, dass ihnen der Gedanke schmeckt, dass ein ausländischer Nachrichtendienst auf iranischem Boden derart dreist verdeckte Operationen durchführt."

„Gut, und was dann?" Zail Singh widmet sich genießerisch der schaumigen Süße des Filterkaffees nach südindischer Art. „Was nützt das Deaf Leopard, und wie bekommen wir dadurch Yadav zurück? Einfach laufen lassen werden die Pakistaner ihn nicht. Sie werden ihn vor Gericht stellen."

„Wir brauchen einen, gegen den wir ihn austauschen können. Sprechen Sie mit der Abteilung in Kathmandu. Die hatten einen pakistanischen Spitzel im Visier. Ich möchte, dass Sie persönlich bis morgen einen Plan entwickeln, wie wir ihn entführen können. Fragen Sie auch in Colombo und Dhaka nach. Vielleicht haben die auch irgendwelche illegalen Pakistaner auf ihrer Liste. Je mehr wir haben, desto mehr Druck können wir ausüben."

„Sie nehmen an, die Pakistaner werden handeln? Chef, die werden sich nie und nimmer auf so ein Geschäft einlassen. Besonders nicht, wenn wir nur Leute auf Vertragsbasis oder V-Leute aufbieten können. Die können sie als entbehrlich abschreiben, aber einen echten indischen Agenten werden sie nicht aus den Händen geben, bis sie alles aus ihm herausgeholt haben."

„Sie haben recht, einfach wird es nicht sein. Deshalb müssen Sie den richtigen Mann in der pakistanischen Regierung ansprechen. Keinen moralisch angreifbaren Schwächling und keinen Hardliner vom Militär. Wir brauchen einen in der Mitte, und wir müssen ein Angebot machen, das gut genug ist, dass beide Seiten mitziehen."

Zail Singh trinkt den letzten Schluck Kaffee und stellt das leere Glas auf den Tisch. „Es gibt da einen. Den Nationalen Sicherheitsberater, Samir Ali Khan. Der spricht vielleicht mit uns."

„Sagen Sie mir etwas über ihn." Krishnamurthy nimmt einen tiefen Zug von der Zigarette, die ihm die ganze Zeit über aus dem Mundwinkel gehangen hat. Die lange Aschefahne fällt endlich auf den Tisch, aber er achtet nicht darauf, greift stattdessen nach dem Kaffeetopf, um seine Tasse aufzufüllen.

„Er ist weder ein General noch ein Politiker. Er ist ein Polizist. Hat die Prüfung für die höhere Beamtenlaufbahn bestanden, Jahrgang ... ich denke, 98 oder 99."

„Ziemlich jung für einen Berater in Sachen nationale Sicherheit."

„Scheint ein kluger Kopf zu sein. Vor fünf Jahren wurde er zum Generalinspekteur von Belutschistan ernannt, also zum obersten Chef der Polizei des Bundeslandes. Der jüngste, den es je gegeben hat. Dann gab es ein Unglück, seine ganze Familie kam bei einem Selbstmordanschlag auf den Amtssitz des Generalinspekteurs ums Leben. Das hat ihn zu einem leidenschaftlichen Gegner der Dschihadisten gemacht. Seitdem ist er geradezu kometenhaft aufgestiegen. Das Militär vertraut ihm, weil er sich voll einsetzt und nicht zimperlich ist, wenn es darum geht, mit den Aufständischen umzugehen. Er hat die ganze Gruppe, von der der Anschlag ausging, aufgespürt. Und er ist unbeirrbar drangeblieben, bis Belutschistan wahrhaftig stabil war, das ist nicht mal denen gelungen. Als Hamdani Premierminister wurde, hat er ihn ins Büro für Staatssicherheit geholt, erst als Stellvertreter, und dann auf den Posten selbst. Soweit uns Informationen vorliegen, vertraut Hamdani ihm bedenkenlos. Es gibt auch irgendeine persönliche Verbindung, ich glaube, sein Vater war vor Jahren Hamdanis Anwalt. Wie auch immer, seine Kompetenz nötigt allen den größten Respekt ab."

„Interessant. Klingt tatsächlich wie der Mann, den wir suchen. Können wir ihn irgendwie umdrehen?"

„Es heißt, er ist unbestechlich."

„Das ist nicht gut. Sehr viel haben Sie mir ja nicht gerade zu bieten, oder?"

„Sorry, Chef."

„Trotzdem habe ich das Gefühl, dass dieser Samir Ali Khan unsere Chance ist. Wir müssen einen Weg finden, um an ihn heranzukommen. Finden Sie alles über ihn heraus, was Sie können. Persönliches, Berufliches, alles. Bis morgen früh will ich alle noch so intimen Einzelheiten über diesen Mann kennen."

„Chef, ein bisschen mehr Zeit brauchen wir schon. Wir haben nur Open Source-Infos, damit können wir kein ordentliches Profil erstellen."

„Es geht nicht anders. Ich muss bis acht Uhr wissen, wie wir den Kontakt zu ihm bekommen, denn um neun treffe ich den Premierminister, um ihn darüber zu informieren, wie wir es anstellen wollen, Yadav zurückzuholen."

„Das, was Sie sich da vorgenommen haben – so etwas haben wir noch nie gemacht. Da wird das Verteidigungsministerium mit hereingezogen, das Kabinett muss auf dem Laufenden gehalten werden. Chef, damit können wir einen Krieg heraufbeschwören."

„Wir haben keine Wahl, Zail Singh. Der Schutz von Deaf Leopard hat absoluten Vorrang. Alles andere spielt keine Rolle. Nicht mal Yadav. Ehrlich gesagt, das Beste, was uns passieren könnte, ist, dass die Pakistaner Yadav umbringen, ob absichtlich oder nicht. Dann könnten wir nach Herzenslust unserer Empörung über ihre Barbarei Ausdruck geben, und vor allem, Deaf Leopard wäre sicher. Der ist die ergiebigste Quelle, die wir je in Pakistan gehabt haben, mit Zugang zu all ihren Geheimdienstleuten. Einer, der uns sagen kann, mit wem ihre Generale ins Bett gehen und was sie am nächsten Morgen zum Frühstück essen. Wenn der PM will, dass diese Quelle weitersprudelt, muss er uns helfen, im Schlamm zu wühlen. Selbst wenn es dadurch zum Krieg kommen könnte."

„Ob er sich darauf einlässt?"

„Er redet doch die ganze Zeit darüber, dass er die Inder überall in der Welt schützen will. Da hat er seine Chance, das in die Tat umzusetzen. Morgen sehen wir, ob er der Safran-Tiger ist, als der er sich gibt, oder bloß eine orangefarbene Mietzekatze."

„Und was sollen wir inzwischen mit Deaf Leopard machen? Wenn er in Gefahr ist aufzufliegen, sollen wir ihn herausschleusen?"

„Können wir nicht. Wir haben in Pakistan schlichtweg nicht die Leute, so etwas durchzuziehen. Der Leopard wird vorläufig alleine klarkommen müssen. Antworten Sie ihm: Lage verstanden. Arbeiten dran. Bedeckt halten."

„Alles klar, Chef. Ich gehe jetzt besser ins Büro und mache mich an die Infos für das Profil." Zail Singh geht entschlossen zum Ausgang, wendet sich noch einmal um: „Oh, Chef, ich habe da noch etwas vergessen. Wir haben da was von der DGSE in Frankreich. Ein Typ namens Giroud. Er hat die Botschaft in Paris angerufen, meinte, Sie würden ihn von Ihrer Zeit in Singapur her kennen."

„Giroud, vom französischen Geheimdienst? Ja, den kenne ich. Er war in der französischen Botschaft stationiert, als ich dort war. Wir sind meistens freitags nach der Arbeit zusammen was trinken gegangen, an Clarke Quay. Was will er?"

„Unserem Mann in Paris hat er gesagt, er hätte da einen Fall, an dem Sie vielleicht interessiert wären. Irgendwas mit einem Terrorverdächtigen, den sie festgenommen haben. Er behauptet, seine Mutter käme aus einer indischen Fürstenfamilie."

„Indische Fürstenfamilie? Von wo?"

„Hat er nicht gesagt. Alles, was er hatte, war ein Name. Qizilbash."

2. Kapitel

Paris
9. Januar

Sie betritt das Flugzeug als erste. So hat sie es stets gehalten, schon bevor sie reich genug für Privatjets war. Als erste hinein, als erste hinaus. Als sie jung war, hat Alina Faruq es getan, weil sie es nie abwarten konnte, dass die Reise endlich losging, es war aufregend und abenteuerlich zu reisen. Später wurde es zur Gewohnheit, zum Anspruch, ein Zeichen, dass sie etwas Besonderes war und daher ein Recht darauf hatte, von lästigen Dingen wie Schlange stehen und dem Gebrüll anderer Leute Kinder verschont zu bleiben. Ihr früherer Ehemann war besonders gut darin, seine Besonderheit zu inszenieren. Adil bereitete es diebisches Vergnügen, sich direkt zum Boarding Gate vorzudrängeln, ohne sich um die neidischen Blicke der Economy-Passagiere oder, wie er sie nannte, „Proleten“, zu kümmern. „Ich zahle 3000 Dollar für einen Platz in der ersten Klasse, dafür sollen sie mir verdammt noch mal erlauben zu tun, was ich will“, pflegte er zu sagen. „Sollen froh sein, dass ich von ihnen nicht verlange, dass sie mir den Arsch küssen.“

Der Steward führt sie zu ihrem Platz in der ersten Reihe der Business Class und wartet geduldig, bis sie es sich bequem gemacht hat. Er hat nichts dagegen, ihr zu Diensten zu sein. Sie ist eine überaus attraktive Frau, hochgewachsen, mit schulterlangem dunklen Haar und einer makellosen olivfarbenen Haut. Er vermutet in ihr eine Schauspielerin oder ein Supermodel. Eher Schauspielerin, denn für ein Supermodel sieht sie ein bisschen zu alt aus. Nur ein bisschen, denn sie ist noch immer atemberaubend schön. Auf ihrem Boarding Pass hat er auch das Etikett „Premium Invitation Only“ bemerkt, das sie als Elite kennzeichnet, als besonders geschätzte Kundin der Fluggesellschaft. Er hat keine Einwände, als sie ihren Pelzmantel und die Prada-Tasche achtlos auf den Nachbarsitz wirft. Er weiß, dass sie über zwei Bordkarten verfügt, beide sind auf ihren Namen ausgestellt, was bedeutet, dass sie reich genug ist, für ihren persönlichen Komfort auch den freien Sitz neben ihrem zu kaufen. Das macht sie zu einem Fluggast, den man nicht verärgern darf, unter keinen Umständen.

Sie braucht erst einmal ein paar Minuten, um zur Besinnung zu kommen. Dafür hat sie sich eine feste Routine angewöhnt, und die befolgt sie unweigerlich, wenn sie fliegt. Zuerst holt sie ihre Lektüre aus der Prada-Tasche, diesmal die letzte Nummer der British Vogue, eine Khaleej Times und eine dicke Mappe mit Korrespondenz, die ihre Arbeit betrifft. Dann werden die eleganten hochhackigen Manolo Blahnik-Schuhe abgestreift und unter dem Sitz verstaut, es folgen die sorgfältige Anwendung von reichlich Feuchtigkeitscreme, ihre spezielle Marke, zuerst im Gesicht, dann auf den Händen, und schließlich ein Schluck Champagner aus dem Glas, das der Steward ihr gereicht hat. Jedes Mal in dieser Reihenfolge. Karl hat sich darüber lustig gemacht und gesagt, es wäre Ausdruck ihrer Zwangsstörung. Die Tränen kommen ihr, als sie an ihn denkt, und sie ist froh, dass sie ihre überdimensionierte Sonnenbrille nicht abgenommen hat.

Irgendwie seltsam, an Karl als jemand zu denken, den es nicht mehr gibt. Er gehörte zu Alinas Leben, seit sie sechzehn war. Er war damals der trendige aufsteigende Stern der französischen Modewelt und sie eine Oberstufenschülerin an einem Pariser Lycée mit einem Job an der Supermarktkasse. Karl Sarkozy hatte sie entdeckt und sie zu einem Model gemacht, und er war ihr Mentor und bester Freund geworden. Er witzelte immer, er wäre die schlechte Gewohnheit, die sie einfach nicht ablegen konnte. In den dreißig Jahren ihrer Bekanntschaft gab es nur eine Zeit, in der sie einander fremd wurden, das war damals, als sie Adil heiratete. Karl konnte nie etwas mit Adils großspuriger und forscher Art anfangen, mit dieser Verkörperung eines New Yorker Investmentbankers. Adil wiederum sah in Karl natürlich nie den genialen Modemacher, sondern einen alten Schwanzlutscher, der auf künstlerisch machte. Nach Karls Meinung warf sie ihr Leben weg, wenn sie so einen Neandertaler heiratete. In aller Uneinigkeit waren sie sich einig, aber die Folge war, dass sie einander wesentlich seltener sahen, besonders nachdem sie nach der Hochzeit nach New York gezogen war. Trotzdem war es Karl, der ihr vor drei Jahren aufhalf, als sie am Boden lag, wegen der Untreue ihres Mannes ebenso wie wegen der Erkenntnis, dass es mit ihrer Karriere als Model endgültig vorbei war.

Karl brachte sie zurück nach Paris und zeigte ihr, dass es für sie ein Leben nach der Scheidung und ihrer Zeit als Model gab. Er machte sie in seiner Firma zur Partnerin und lehrte sie, das millionenschwere Unternehmen einer internationalen Modemarke zu leiten. Und sobald er ihr alles beigebracht hatte, was er wusste, sobald er jedem klargemacht hatte, dass sie seine Nachfolgerin sein würde, und nachdem er sicher war, dass sie allein zurechtkäme, hatte er ihr elegant den Weg freigemacht, indem er an Komplikationen bei einer eigentlich unproblematischen Herzoperation starb. Sie ist sicher, er hätte an dieser Stelle ihrer Gedanken freundlich gelacht wie immer und eine Bemerkung gemacht, wie wunderbar doch alles zusammenpasste.

Sechs Monate ist das nun her, aber sie kann noch nicht an Karl denken, ohne zu weinen. Ihr Vater in der Zeit ihrer Kindheit in Karachi war unnahbar und förmlich gewesen, ständig damit beschäftigt, mit einer scheinbar unerschöpflichen Menge von Brüdern, Stiefbrüdern, Onkeln und angeheirateten Onkeln über die Reste eines einstmals mächtigen Familienunternehmens zu verhandeln. Ein Wirtschaftsimperium, das auf der Strecke geblieben war, dank den letzten beiden Patriarchen, von denen der eine sich von seiner sexuellen Lust hatte hinreißen lassen, der andere von seiner Sehnsucht nach dem Jenseits. Ghulam Faruq hatte als ihr Nachfolger die Rolle des Gemäßigten zu spielen und dafür zu sorgen, dass für das Vermögen der Familie nach den weltlichen und geistlichen Exzessen von Vater und Großvater wieder geordnete Verhältnisse geschaffen wurden. Infolgedessen hatte er für seine Töchter wenig Zeit übrig. Alinas Mutter stand ihr näher, wenn sie auch nicht weniger streng mit ihr und ihrer älteren Schwester Mano war. Sie erinnerte sie ständig an die königliche Herkunft der Familie und ermahnte sie, sich als letzte Nachkommen einer Linie, die bis zum letzten osmanischen Sultan in Istanbul zurückging, stets würdevoll zu benehmen. Maman schärfte den Mädchen auch ein, wie wichtig es wäre, da es keinen männlichen Nachkommen gab, dass sie eine gute Partie machten, nicht zuletzt wegen der oft prekären Lage von Familienunternehmen. Zu diesem Zweck war Alina nach Frankreich geschickt worden, auf dasselbe Internat, das schon ihre Mutter besucht hatte, damit sie dort den letzten Schliff bekam. Die vier Jahre ältere Mano hatte es vorgezogen, in Pakistan zu bleiben, mit katastrophalen Folgen, wie Maman es sah. Mano hatte ihre College-Jahre mit einer langen Reihe von männlichen Freunden und mit Partys gefüllt, und um das Maß vollzumachen, hatte sie sich schließlich in einen Jungen verliebt, den Maman als alles andere als standesgemäß betrachtete: er war der Sohn eines bloßen Bankdirektors und strebte nichts Höheres an als eine feste Stelle in der *lokalen* Niederlassung eines multinationalen Unternehmens.

Also war Alina für die letzten vier Jahre ihrer Schullaufbahn an das Lycée Molière am Rand von Paris verfrachtet worden, in sicherer Entfernung von den Einflüssen unerwünschter pakistanischer Jungen. Und dort, während sie an der Kasse des Supermarktes im 12. Arrondissement saß, wo sie an Wochenenden jobbte, hatte Karl sie zum ersten Mal gesehen. So wie er es gerne erzählte, war er in den Laden gegangen, um sich eine Packung Gauloises zu kaufen, und war überwältigt von der exotischen Schönheit des Mädchens an der Kasse gewesen. Mit ihrer Erlaubnis hatte er ein Foto von ihr gemacht, und am nächsten Tag war er wiedergekommen und hatte ihr einen Job bei seinem laufenden Shooting angeboten. Der Rest ist Geschichte. Karl sagte immer, es war die teuerste Packung Gauloises, die er je gekauft hatte.

Karl fehlt ihr. Die letzten Monate in Paris waren hart. Alles hier erinnert sie an ihn. Eine Straßenecke, wo Karl aus einer Laune heraus einen Schnappschuss von ihr gemacht hat, aus dem später eine preisgekrönte Kampagne wurde, das Büro des Maklers in der Rue de l'Université, wohin er mit ihr gegangen war, um die Schlüssel für ihr erstes eigenes Apartment abzuholen, das winzige vietnamesische Lokal, in das er sie oft ausführte, weil er behauptete, es hätte das beste *pho* in Paris. Er war die Konstante in ihrem Leben, ihr Polarstern, während Männer über die Jahre kamen und gingen wie unberechenbar durch den

Kosmos wandelnde Kometen. Kerim etwa, ihre erste Liebe, ihr erster Akt heimlicher Rebellion, der Junge aus der Vorstadt, ein harter Gangstertyp, der die Verehrer ihrer Schwester im Vergleich wie Heilige aussehen ließ. Er war in jeder Hinsicht genau die Sorte Junge, die Maman, hätte sie es herausgefunden, gehasst hätte. Dann war da Enrique, der Latino, ein Sänger, mit dem sie sich in ungeahnte Tiefen sexueller Ausschweifungen stürzte. Wenn Kerim eine Schulmädchenfantasie war, so war Enrique der feuchte Traum einer jungen Frau. Ihr Ehemann hätte eigentlich das Gegengift dafür sein sollen, ihr Versuch, nach Jahren der Unabhängigkeit als Model ein geordnetes, „normales" Leben nach der Vorstellung ihrer Eltern zu führen. Adil war jemand, den sie akzeptieren konnten, ein New Yorker Investmentbanker aus Lahore und obendrein der Sohn eines Bekannten der Familie. Aber Adil hatte seine eigenen Neurosen, die Gewohnheit, Kokain zu konsumieren, und ein Faible für einen rasanten Lebensstil in die Ehe gebracht, zu einer Zeit, wo sie selbst endlich bereit gewesen war, es etwas ruhiger angehen zu lassen. Die Erwartungen der beiden waren so unterschiedlich, dass es einfach nicht gutgehen konnte, selbst wenn Adil nicht den Ehrgeiz gehabt hätte, jede einzelne russische Nutte in Manhattan zu ficken.

Und dann gab es natürlich auch noch Ihn. Alina nimmt die *Khaleej Times* und schaut auf das Bild auf der Titelseite. Die Schlagzeile lautet: „Nationaler Sicherheitsberater von Pakistan Samir Ali Khan trifft indischen Amtskollegen in Abu Dhabi." Auf dem Foto wirkt er älter und strenger, aber für sie ist es immer noch Sam. Ihr Sam. Das Leben scheint es gut mit ihm gemeint zu haben. Er hat noch den schlanken Körper seiner Jugendjahre, sieht im Grunde aus, als hätte er seit dem College kein Pfund zugelegt. Und sein graumeliertes Haar lässt ihn noch distinguierter und attraktiver aussehen. Sie legt die Zeitung zur Seite und blickt auf den leeren Platz neben sich. Unwillkürlich denkt sie an ihn, überhaupt immer, wenn sie in einem Flugzeug sitzt. Schließlich hat ihre gemeinsame Geschichte in einer sehr ähnlichen Situation begonnen, auf einem Flug nach Hause.

Dezember, fünfundzwanzig Jahre früher

„Entschuldigung, äh, Miss?“

„Ja?“

„Ich fürchte, Sie sitzen auf meinem Platz.“

Alina sieht fragend zu dem jungen Mann auf, der mit einem verlegenen Ausdruck auf dem Gang steht. Es ist nicht das erste Mal, dass ihr so etwas passiert. Genaugenommen passiert es fast jedes Mal, wenn sie alleine unterwegs ist. Irgendein Typ, der versucht, auf diese Weise den Platz neben der hübschesten Frau im Flugzeug zu ergattern, um sie anzumachen. Mit den Jungs kommt sie noch zurecht, sie kann ihnen einfach sagen, sie sollen abhauen. Schwieriger ist es, wenn es alte Männer sind. Alinas natürliche Höflichkeit macht es ihr schwer, grob zu ihnen zu sein, selbst wenn es offensichtliche Schürzenjäger sind. Aber dieser Junge scheint anders zu sein, nicht so aufgeblasen. Außerdem scheint er seinen Spruch nicht richtig gelernt zu haben. Er müsste doch nach dem Platz neben ihr fragen, nicht sie von ihrem vertreiben. Das wäre ja, sich ins eigene Fleisch zu schneiden. Dennoch kann sie sich keinen anderen Grund vorstellen, warum er volle zehn Minuten nach dem Start hier ankommt. Sie wünscht sich, dass wenigstens einmal einer der Kerle ein bisschen originell ist.

„Ich glaube, Sie irren sich. Ich sitze hier, seit ich das Flugzeug bestiegen habe. Wenn es Ihr Platz wäre, hätte die Besatzung mich sicherlich aufgefordert, ihn zu wechseln.“

Er nickt bedächtig, als würde er sich bemühen, ihre Worte tief in sich aufzunehmen, als hätte sie gerade eins der Gesetze des Universums enthüllt. Vielleicht ist er etwas zurückgeblieben. Zumindest etwas langsam von Begriff. Aussehen tut er allerdings normal, mehr als das, er sieht irgendwie pfiffig aus. Aber man kann es einem ja nicht unbedingt ansehen, ob er geistig gesund ist. Er hält ihr seinen Boarding Pass hin. Schon will sie ihn mit einer barschen Bemerkung abwimmeln, da fällt ihr Blick auf die Sitznummer, und ihr wird klar, dass sie wirklich auf eben diesem Platz sitzt.

„Moment, das kann doch nicht sein. Wie können wir beide dieselbe Nummer haben?“ Sie vergleicht die beiden Bordkarten, prüft beide genau.

„Äh, ich vermute, Sie sitzen auf der Gangseite, ich habe den Fensterplatz.“

Sie starrt wieder auf die Bordkarten, als versuchte sie, ihre geheime Bedeutung zu entschlüsseln. „Oh. Sorry.“

Alina ist es ein wenig peinlich, und mehr als ein wenig ist sie verärgert, dass sie den Platz tauschen soll, nachdem sie es sich gerade bequem eingerichtet hat. „Eigentlich kommt mir das jetzt ziemlich ungelegen. Hätten Sie nicht vor dem Abflug darauf kommen können, dass es Ihr Platz ist?“ Sie sieht ihn finster an und zieht sich wütend die Kopfhörer aus den Ohren.

Der Junge senkt den Kopf und beißt sich auf die Lippen, als müsste es ihm peinlich sein, dass er den ihm zustehenden Sitzplatz gefunden hatte. „Es tut mir leid, dass ich Ihnen Unannehmlichkeiten bereite, ich war vorher schon da, aber Sie, äh, Sie waren, äh, beschäftigt. Ich wollte nicht stören. Ich, äh, ich wäre auch gar nicht gekommen, aber die Stewards haben mich angewiesen, sofort nach dem Start meinen eigenen Platz einzunehmen. Sehen Sie, ich war spät dran, und äh, ich musste einen der Klappsitze nehmen. Das ist gegen die Flugbestimmungen. Ich wollte mir einen anderen Platz suchen, aber das Flugzeug ist voll besetzt.“

Jetzt erst sieht sie ihn richtig an. Er ist hochgewachsen und sportlich schlank. Sie mag große Männer. Und hinter seiner Brille hat er wirklich schöne Augen. Im Übrigen ist alles an ihm unbestreitbar pakistanisch, von der schwarzen Lederjacke vom Zainab Market bis zu seinem Akzent, der in ihren Ohren gar kein Akzent ist. Unter der Jacke trägt er ein T-Shirt mit University College London-Aufdruck. Er ist genau der Typ, den sie meidet wie der Teufel das Weihwasser. Der Typ Sohn von Freunden ihrer Eltern, erstes Jahr an der Uni, zum ersten Mal raus aus dem Kokon, noch immer an Mamas Nabelschnur, aber mit einem Gebaren, als wären es echte Männer, widerliche Kerle, die ihre Eier testeten, indem sie Frauen anbaggerten. Nicht wie Kerim. Über Kerim kann man sagen, was man will, aber eins ist er, ein richtiger Mann. Trotzdem, dieser Junge hat etwas an sich, was Vertrauen einflößt, was nicht bedrohlich ist. „Augenblick mal. Sie haben auf einem Notsitz gesessen, anstatt hierher zu kommen und mich aufzufordern, den Platz freizumachen?"

„Tut mir aufrichtig leid. Ich bin hereingekommen, kurz bevor sie die Türen geschlossen haben, es war höchste Zeit für den Abflug, ich habe mich auf einen Platz ganz hinten gesetzt, aber dann kam in der letzten Minute so eine alte Dame. Wirklich, sorry! Und als ich zuerst an Ihnen vorbeikam, da, äh, schienen Sie, äh, irgendwie aufgebracht zu sein, da wollte ich Sie nicht belästigen. Sie können übrigens gern den Fensterplatz behalten, ich kann ja hier am Gang sitzen."

Sie antwortet nicht, und jetzt ist es ihr noch unangenehmer, dass er gesehen hat, wie sie weint. Wortlos nimmt sie ihre Tasche von dem Nachbarsitz und klemmt sie unter die Armlehne. Sie setzt die Kopfhörer wieder auf und dreht sich zum Fenster. Der junge Mann setzt sich still hin und macht keinen Versuch, sich weiter mit ihr zu unterhalten. Er nimmt ein Buch aus seinem Rucksack und beginnt zu lesen. Sie wird das Gefühl nicht los, ihn schon einmal gesehen zu haben. In den kommenden Jahren wird Alina Faruq immer wieder erstaunt feststellen, dass sie auf jenem schicksalhaften Flug um ein Haar überhaupt nicht mit ihrem Sitznachbarn gesprochen hätte. Was sie dann doch dazu bewegt, ist ein zufälliger Blick auf das Buch, in das er vertieft ist. *The Life of Omar Khayyam*, von Harold Lamb. Ein Buch, das sie niemals vergessen und für das sie ewig dankbar sein wird.

„Sie kennen Omar Khayyam?"

Der Junge sieht nervös von seinem Buch auf, als wäre er besorgt, was für eine Reaktion die falsche Antwort wohl hervorrufen würde. „Äh, nein. Ich habe seine Rubaiyat nicht gelesen. Aber das hier ist eine Biographie von Omar Khayyam."

„Ich liebe seine Gedichte."

„Er ist ein faszinierender Mensch. Hatte ein bewegtes Leben."

„Darf ich Ihnen vor dem Abendessen etwas zu trinken bringen?" Eine Stewardess schiebt den Getränkewagen den Gang hinunter, gerade als Alina sich wieder die Kopfhörer aufsetzen will.

„Nein danke.“

„Drink! For you know not whence you came, or why; Drink! For you know not why you go, or where. (Woher du kommst, du weißt es nicht, noch was dich hergeweht, drum trink! Warum du gehst, du weißt es nicht, noch wie es weitergeht, drum trink!)“

Alina lacht, zum ersten Mal seit, wie es ihr vorkommt, ewigen Zeiten. Sie sieht wieder den Jungen an. Er lächelt sie an, mit einem strahlenden, einnehmenden Lächeln, das seinem Ausdruck die Schüchternheit nimmt. Das spontane Zitat des Vierzeilers zaubert sogar der mürrischen Stewardess ein Lächeln ins Gesicht.

„Sie kennen also doch Omar Khayyam.“

„Den Vers habe ich aus dem Buch. Irgendwie schien er mir gerade jetzt zu passen. Ich dachte, Sie könnten vielleicht einen Drink gebrauchen, nach, Sie wissen schon, vorhin.“

Alina wendet sich der wartenden Stewardess zu und bestellt eine Rum-Cola. Sie nimmt das Getränk entgegen und streckt ihm die Hand hin: „Hi, ich bin Alina. Alina Faruq.“

„Ich weiß.“

„Wie bitte? Woher denn?“

„Wir sind uns, äh, schon früher begegnet. Mehrmals. Letzten Sommer, als Sie nach Ihrem Bachelor-Examen in Karachi waren, am French Beach. Ihre Eltern haben in ihrem Strandhaus eine Beach Party veranstaltet. Wir haben, äh, etwas gechillt. Und dann auf einer Party bei einer Freundin, Kamila, glaube ich. Wir sind zusammen hingefahren. Ich bin Samir. Samir Ali Khan.“

„Shit, das ist mir jetzt aber peinlich. Sie sind der Sohn von Onkel Ali, stimmt‘s? Ich habe Sie überhaupt nicht erkannt.“

„Ist schon okay. Ich habe nicht erwartet, dass Sie mich wiedererkennen. Bei Ihrer Arbeit als Model treffen Sie wahrscheinlich jeden Tag hundert neue Leute.“

„Nein, nicht deshalb. Ich ... es war gerade eine schwere Zeit für mich. Tut mir echt leid.“

„Yeah, hab ich mir schon gedacht, als ich Sie so gesehen habe. Ich wollte fast fragen, ob alles in Ordnung ist, aber das wäre vielleicht ein bisschen sehr dreist gewesen."

„Also haben Sie sich lieber ganz hinten versteckt, so weit wie möglich entfernt von dem hysterischen Frauenzimmer?" Sie zieht spöttisch die Augenbrauen hoch.

„Mir schien, Sie wollten etwas allein sein. Und ein aufdringlicher Kerl, der sich als Familienfreund aufspielt, wäre so ziemlich das letzte, was Sie sich wünschten."

„Das war sehr nett von Ihnen. Danke." Sie nippt an ihrer Rum-Cola und bemerkt, dass er für sich nur ein Gingerale bestellt hat. „Sie trinken keinen Alkohol, oder nicht im Flugzeug?"

„Ich trinke keinen Alkohol."

„Aus religiösen Gründen? In dem Fall, sorry!" Sie zeigt auf ihr Glas.

„Nein, nein, nicht aus religiösen Gründen. Ich will bloß nicht die Kontrolle verlieren."

„Wow. Kontrollfreak. Interessant, Herr Khan!"

„Tja, so was in der Art. Und? Besser?"

„Ich – äh, das ist eine lange, komplizierte Geschichte."

„Wissen Sie, jemand hat mir mal gesagt, wenn man eine lange und komplizierte Geschichte erzählen will, ist es am besten, man erzählt sie einem Fremden im Flugzeug. Auf diese Weise hat man einen objektiven Zuhörer. Ernsthaft, dazu gibt es psychologische Tests!"

Sie lacht wieder. Es ist unglaublich. Sie einmal zum Lachen zu bringen, war schon bemerkenswert, aber das zweimal zu schaffen, innerhalb ein und desselben Gesprächs, das ist der Rekord. Sie kann sich nicht erinnern, dass sie das je getan hätte, seit damals, als sie ganz neu mit Kerim zusammen war. „Aber sehen Sie, Herr Khan, da liegt ja gerade das Problem. Sie sind eben kein vollkommen Fremder, sondern ein Freund der Familie. Was würden die Psychologen dazu sagen?"

„Ehrlich gesagt, ich glaube nicht, dass unsere Eltern sich besonders gut verstehen. In Wirklichkeit verabscheuen sie einander vermutlich. Ich wette, mein Vater hat den Ihren wegen irgendwas verklagt. Wenn er es noch nicht getan hat, macht er es bestimmt noch. Er hat das mit praktisch jedem getan, den wir kennen. Er glaubt, weil er selbst Anwalt ist, hat er das Recht dazu. Damit wären wir Prozessgegner, oder zumindest potentielle Gegner, und nach pakistanischem Zivilrecht können zwei gegnerische Parteien bei einem Rechtsstreit nicht als Familienfreunde definiert werden. Ich bin also, hier und jetzt, nach geltendem Recht quasi ein Fremder. Dieses „Familienfreund"-Ding sollte Sie nicht in Verlegenheit bringen. Außerdem darf nach der Genfer Konvention von 1954 über den zivilen Luftverkehr nichts von dem, was Sie mir im Flugzeug mitteilen, an Tante, Onkel, *Chachi, Mami, Khala, Chunnu Munnu* oder was es noch an Verwandten gibt, weitergegeben werden. Sie genießen also vollkommene Immunität, ganz gleich, was Sie mir sagen."

Sie lacht so heftig, dass ihr ein bisschen Rum-Cola aus der Nase kommt. Sogar er wagt jetzt ein schiefes Grinsen. Sie weiß nicht warum, aber er flößt ihr Vertrauen ein. Daher entschließt sie sich spontan, ihm von dem erzählen, in was sie die letzten drei Jahre lang niemand in Pakistan eingeweiht hat.

„Die Sache ist, Samir, ich habe mich von meinem Freund getrennt."

„Was, gerade eben, bevor Sie das Flugzeug bestiegen haben?"

„Nein, vor drei Tagen. Aber, äh, ich musste weinen, weil ich gerade eine SMS von ihm bekommen hatte. Es war, äh, es war keine sehr nette SMS. Kerim war eigentlich kein besonders netter Typ. Nur wollte ich das nie sehen."

„Tut mir leid. Waren Sie länger zusammen?"

„Drei Jahre."

„Ein Franzose? Sie wohnen noch immer in Paris, richtig? Das haben Sie mir im Sommer erzählt."

„Franzose algerischer Abstammung. Und ja, ich lebe in Paris. Meine Arbeit ist hauptsächlich dort. Ich war jetzt zu einem Shooting in London, deshalb bin ich auf diesem Flug."

„Ich gehe mal davon aus, dass Ihre Eltern nichts davon wissen? Sie wären vermutlich nicht entzückt, wenn sie erfahren müssten, dass Sie mit einem Franko-Algerier ausgehen."

„Nun kennen Sie mein dunkles Geheimnis, Herr Khan. Ich habe stets versucht, meine beiden Leben, in Karachi und in Paris, voneinander zu trennen."

„Wenn Ihr Freund nicht so sympathisch war, wieso haben Sie es drei Jahre mit ihm ausgehalten?“

„Ganz schön neugierig, dafür, dass wir gerade mal fünf Minuten miteinander reden. Finden Sie die Frage nicht ein bisschen sehr persönlich?“

„Verzeihung, ich wollte Sie nicht aushorchen. Ich meine nur, ... also was ich meine, ist, Sie hätten ihn ja jederzeit laufen lassen und sich etwas Besseres suchen können.“

„Wieso? Vielleicht war er ja klug und schön.“

„Kann sein, dass er aussieht wie Tom Cruise und so klug ist wie Albert Einstein, aber Ihnen könnte er nie das Wasser reichen. Ich meine, Sie sind ... fantastisch. Und wunderschön.“

Was er da heraussprudelt, wundert oder überrascht sie nicht. Von Männern Komplimente zu hören, ist sie gewohnt, schließlich ist sie ein Model. Aber sein Verhalten amüsiert sie: er verstummt und zieht sich in sein Schneckenhaus zurück, als wäre der überaus humorvolle und charmante Mann, mit dem sie sich gerade unterhalten hat, nichts als ein Hirngespinst. Bei jedem anderen wäre jetzt ein Antrag gefolgt. Seine Reserviertheit ist ihr sympathisch. Mit einem Mal möchte sie nicht, dass die Unterhaltung aufhört.

„Danke, Herr Khan, das ist sehr nett von Ihnen. Sie haben ja recht, ich hätte ihn schon längst verlassen sollen. Er war niemals besonders nett. Aber als ich nach Paris kam, war ich anfangs sehr einsam. Ich kannte niemand, und an meinem Internat waren alle kalt und abweisend. Den Lehrern ging Disziplin über alles, und wie an allen solchen Mädchenpensionaten hatten sie ausschließlich das Ziel, aus uns perfekte kleine Stepford-Frauen zu machen. Die Schülerinnen waren noch schlimmer. Alles reiche Zicken, die sich amüsieren wollten, während sie lernten, wie man sich ein arrogantes Arschloch mit Adelstitel angelt. Für die war ich ein Emporkömmling aus irgendeinem *Beur*-Land, von dem sie noch nie gehört hatten.“

„Beur?“

„Ein rassistischer Ausdruck. So nennen die in Frankreich Leute mit ... arabischer Herkunft. Das erste Jahr an dieser Schule war ich todunglücklich. Dann habe ich Kerim getroffen, und alles wurde anders.“

„Er war auch an der Schule?“

„Oh, nein. Kerim wäre das Letzte gewesen, was man am Lycée Molière geduldet hätte. Er kam aus einer *Banlieue* in der Nähe. Ein Vorstadtkind. Hing bei der Schule herum. Eigentlich sollte er als Lieferant für eines der Catering-Unternehmen arbeiten, aber ... Ich kann kaum glauben, dass ich Ihnen das erzähle ... also, er dealte mit Hasch, vertickte es an die Mädchen der Schule.“

„Aha. Ihr Freund, der, über den Sie Tränen vergossen haben, war also ein Dealer.“ Wieder das schiefe Grinsen.

„Wenn Sie das sagen, klingt es, als wäre ich mit Pablo Escobar gegangen. So war es nicht. Kerim hat ein paar Haschisch-Sticks an verwöhnte reiche Gören verkauft. Jeder in der *Banlieue* macht das.“

„Und wie haben Sie beide sich getroffen?“

„Eines Tages bin ich von der Schule zum Supermarkt gegangen, da kam er an und sagte *Assalam alaikum*. Ich hatte damals solches Heimweh, dass ich fast angefangen habe zu heulen, als er mich so ansprach. Es war so wunderbar, diese Worte von jemand zu hören. Er sagte, er hätte mich an der Schule beobachtet und gesehen, dass ich anders war als die anderen Mädchen. Erstens war ich eine der wenigen, die noch nie Drogen bei ihm gekauft hatten, und zweitens war ich immer allein. Er hat dann mit mir geredet, hat mich gefragt, wo ich herkomme. Als ich es ihm gesagt habe, wusste er tatsächlich, wo Pakistan liegt. Es war einfach schön, dass jemand sich so für mich interessierte.“

„Kommen Sie, das fällt mir jetzt schwer zu glauben. Ausgerechnet Sie hatten Schwierigkeiten, jemanden zu finden, der sich für Sie interessiert? Sie? Sie sollten ab und zu mal einen Blick in den Spiegel werfen!“

„Na ja, auch wenn Sie sich das nicht vorstellen können, es war eine harte Zeit. Ich war nicht die, die Sie heute vor sich sehen. Kein Model, sondern nur ein sehr einsames Mädchen aus Karachi, das in einem beschissenen Vorort von Paris festsaß. Kerim war toll. Er hat mir eine ganz neue Welt gezeigt. Dass ich mich in Paris verliebt habe, verdanke ich ihm.“

„Und wo lag das Problem?“

„Als ich meine Chance bekommen habe und angefangen habe, als

Model zu arbeiten, habe ich neue Leute kennengelernt, habe Freundschaften geschlossen. Kerim war das nicht recht. Er wollte, äh, mein Geld „managen". Ich wollte aber von niemand gemanagt werden. Ich ... ich liebte Kerim, aber ich wollte nicht von ihm bevormundet werden. Das ärgerte ihn. Er, äh, er wurde gewalttätig. Ich habe versucht, mit ihm klarzukommen. Eine Zeitlang ging es. Aber als er mich das dritte Mal geschlagen hat, habe ich beschlossen, dass eine von Gewalt geprägte Beziehung auf Dauer nichts für mich ist. Also habe ich die Polizei gerufen, er wurde wegen Körperverletzung festgenommen, und ich bin gegangen. Das war vor vier Tagen, bevor ich nach London musste. Mein Freund Karl hat dort für mich ein Shooting organisiert, so dass ich verschwinden konnte, während seine Anwälte sich um ein Näherungsverbot kümmerten, damit Kerim mir nie mehr Gewalt antun kann. Deshalb habe ich mich auch entschieden, den Urlaub zu Hause zu verbringen. Nur, obwohl ich weiß, dass es richtig war, die Polizei zu rufen, fühle ich mich so schuldig. Als hätte ich Kerim verraten. Was die Polizisten sehen werden, ist doch nur ein *Beur* aus der *Banlieue*, und dann machen sie ihn scheißfertig. Sorry, ich rede sonst nicht so, aber so ist es nun mal. Er schreibt mir SMS. Sagt, er liebt mich noch. Aber er ist wütend, sehr wütend. Wie gesagt, wenn er sauer ist, ist er nicht besonders nett."

„Ich weiß, Sie sind ein kluges Mädchen, und Sie brauchen keinen, der Ihnen das sagt. Aber es gibt nichts, absolut nichts, weswegen Sie Schuldgefühle haben müssen. Kerim hat eine Grenze überschritten, als er die Hand gegen Sie erhoben hat. Ich wollte, ich wäre da in Paris gewesen. Ich ... niemals hätte ich ihm erlaubt, Ihnen auch nur ein Haar zu krümmen." Sie ist überrascht von dem Nachdruck, mit dem Samir das sagt, und von den Emotionen, die in seinen Worten mitschwingen. Aus seinen Augen funkelt gerechter Zorn, und in diesem Moment ist sich Alina sicher, wenn die beiden in Paris einander begegnet wären, hätte der männliche Kerim mit all seiner Welterfahrung es nicht mit diesem mageren bebrillten Frischling aus Karachi aufnehmen können.

„Äh, Samir, in Karachi wissen die nichts davon, nicht meine Eltern, auch nicht meine Schwester. Sie sind der erste, dem ich das erzählt habe ..."

„Schon klar. Niemand wird davon erfahren. Versprochen.“

„Danke. Und danke für das, was Sie eben gesagt haben. Es bedeutet mir viel. Sie sind wirklich ein sehr netter Mensch. Dass ich Sie vorhin nicht erkannt habe, tut mir sehr leid. Es war nur so, die ganze Sache mit Kerim, ich war total durcheinander. Sie müssen mich für eine schreckliche Person gehalten haben, so unhöflich und selbstsüchtig.“

„Ist schon in Ordnung, machen Sie sich keine Gedanken.“

„Gut, und was ist mit Ihnen? Über mich wissen Sie jetzt alles, aber von Ihnen haben wir noch gar nichts gehört, Herr Khan. Wie vielen Frauen haben Sie das Herz gebrochen? Haben Sie eine Freundin in London, oder gibt es jemand, den Sie in Karachi zurückgelassen haben?

„Nichts davon. Ich bin nicht ... Ich habe eigentlich noch nie eine längere Beziehung gehabt.“

„Jetzt bin ich es, die das kaum glauben kann. Wie denn, charmant, gutaussehend, und noch nie erlebt, dass verzweifelte Jungfrauen sich vor Sehnsucht nach Ihnen verzehren?“

„Es, äh, scheint nie zu klappen. Die Mädchen, die ich mag, interessieren sich nicht für mich.“

„Sie zeigen bestimmt nicht richtig, was in Ihnen steckt. Ok, wann haben Sie sich das letzte Mal für jemand interessiert, und es kam nichts zurück?“

„Letzten Sommer. In Karachi.“

“Gut, und welches Mädchen war so dumm, dass es Sie hat abblitzen lassen? Jemand, den ich kennen könnte?“

„Ich möchte das lieber nicht sagen.“

„Na los, Samir! Ich habe Ihnen mein Herz ausgeschüttet, da können Sie mir ja mindestens den Namen des Mädchens verraten.“

„Nun, das ... waren Sie.“

Nun verschlägt es ihr die Sprache. „Oh. Aber Sie ... äh ... Sie haben doch nie etwas gesagt. Ich meine, Ich wusste ja nicht ... Sie haben sich nie klar ausgedrückt.“

„Ich dachte, ich hätte es klar gemacht. Aber rückblickend sehe ich, dass dem wohl nicht so war. Tut mir leid, ich bin einfach nicht gut in sowas. Und nach dem, was Sie mir jetzt gesagt haben, waren Sie damals gänzlich von der Sache mit Kerim in Anspruch genommen. Sie hatten wahrscheinlich kein Interesse an mir. Selbst wenn ich deutlicher geworden wäre, glaube ich nicht, dass etwas zwischen uns passiert wäre."

„Ja. Vermutlich haben Sie recht."

„Wow. Das ist bestimmt der vertrackteste Flug meines Lebens. Wäre ich mal lieber auf dem Notsitz geblieben."

„Nein! Ich meine, ohne Sie wäre ich den ganzen Flug über neben der Spur gewesen. Und glauben Sie mir, ich fühle mich geehrt. Nach allem, was Kerim mir geschrieben hat, ist es total schmeichelhaft zu hören, dass ein netter Mensch wie Sie an mir interessiert sein könnte. Es ist nur, ich habe halt gerade Schluss mit Kerim gemacht, und ich glaube, ich bin noch nicht bereit, mit jemand anders etwas anzufangen. Ich brauche Zeit, um über einiges nachzudenken."

„Hey, das verstehe ich doch. Ich habe es nicht gesagt, weil ich mir irgendetwas davon verspreche. Ich will auf keinen Fall als der zwielichtige Kerl rüberkommen, der die Notlage eines Mädchens ausnutzt, um sie anzumachen. Ich habe es nur gesagt, weil Sie mich gefragt haben. Wie gesagt, ich bin nicht gut in sowas, und letzten Sommer war ich wohl ziemlich begriffsstutzig."

„Ein zwielichtiger Kerl werden Sie nie sein. Ich finde Sie ausgesprochen sympathisch, und ich würde Sie gern näher kennenlernen. Als Freund. Vielleicht können wir in den Ferien mal was zusammen unternehmen." Sie hält ihm die Hand hin. „Abgemacht?"

„Abgemacht."

Der Rest ist, wie es so schön heißt, Geschichte.

3. Kapitel

Islamabad
9. Januar

Wenn er die Augen schließt, sieht er sofort die Felsen vor sich. Winzige, durch die Explosion zersplitterte Bruchstücke, die wie wärmegesteuerte Raketen auf seine Frau und seine Tochter zurasten und sie zerfetzten. Asmas verdammte Leidenschaft für bescheuerte Steingärten! Hätte sie nicht den Garten so lassen können, wie er war? Vielleicht wären sie dann ja noch am Leben!

Samir Ali Khan geht das Nacht für Nacht durch den Kopf. Es macht ihn wahnsinnig. Die Bilder tauchen auf, überfluten ihn, ohne dass er etwas dagegen tun kann. Deshalb überlässt er sich dem Schlaf immer erst, wenn er körperlich vollkommen ausgelaugt ist. Das versetzt ihn in die Lage, nachts etwa vier Stunden schlafen zu können, mehr allerdings nicht. Seit fünf Jahren ist das nun so.

Seine Mitarbeiter sehen in ihm etwas Dämonisches. Er schläft kaum, isst einmal am Tag, rennt zehn Kilometer bergauf, ob auf den Bergpfaden im Norden von Islamabad oder auf dem Laufband, und hält sich mit schwarzem Kaffee wach. Er weiß, dass seine Lebensweise ihnen Angst einjagt. Er arbeitet die ganze Zeit, geht, mal bei Tagesanbruch und mal mitten in der Nacht, unentwegt irgendeiner Aufgabe nach. Sie glauben, er hätte übermenschliche Fähigkeiten. Vielleicht, flüstern sie einander zu, hat die Tragödie, die seine Familie getroffen hat, ihm übernatürliche Kräfte verliehen, wie in den Comics von Superhelden. Oder Allah hat ihm, um ihn für den Verlust von Frau und Kind zu entschädigen, Macht über einen echten Dschinn gegeben.

Samir weiß, dass er weder über übernatürliche Kräfte verfügt noch einen Dschinn in seiner Gewalt hat. So zu leben, wie er es tut, gibt ihm die Kraft, den Tag zu überstehen. Die Arbeit hält ihn am Leben, beschäftigt seinen Geist mit komplexen Problemen. Ohne das hätte ihn schon längst die Dunkelheit verschlungen.

Jede Nacht durchlebt er wieder *den* Tag. Er hat noch immer Asmas Parfüm in der Nase. Fleurs de Rocaille, der Duft von Frühlingsblumen gemischt mit Ambra und Sandelholz. Er kann die feine Textur des Kleides seiner Tochter spüren, das Gefühl des Stoffes an seinen Fingern, wenn er von der Arbeit kommt und sie zur Begrüßung in die Arme nimmt.

Es war ein trockener und windstiller Juniabend. Die Luft stand, wie es sie nur im Sommer in Quetta tut. Asma und Nida waren gerade erst eine Woche vorher aus Lahore eingeflogen. Es war ihr erster Besuch in Quetta. Er selbst war am Ort, seit er im März zum Generalinspekteur von Belutschistan ernannt worden war. Die Lage war kritisch. Jeden Tag wurde die Liste potentieller Opfer länger. Schiiten, Hazara, Panjabis, Armeeangehörige und Polizisten. Polizisten sowieso. Polizisten wurden unweigerlich erwischt, bei jedem Anschlag. Daher ging auch kein Polizist freiwillig nach Belutschistan. Und diejenigen, die schon da waren, versuchten verzweifelt, von hier wegzukommen. Samir war der Einzige, der aus freiem Willen auf seinen bequemen Job als Polizeichef von Lahore verzichtet hatte, um den Posten in Quetta zu übernehmen. Er erinnert sich noch, wie stolz er darauf war, der jüngste Generalinspekteur in der Geschichte des Landes zu sein. Er war gerade 42 geworden, und so eine Herausforderung konnte er einfach nicht ablehnen.

Die ersten drei Monate stürzte er sich in die Arbeit, versuchte herauszufinden, was los war. Es ging nicht in seinen Kopf, dass jede einzelne ethnische oder religiöse Gemeinschaft darauf aus zu sein schien, die andere zu töten. Nicht dass er naiv war. Schließlich war er in Karachi aufgewachsen und hatte jahrelang als Polizist in Lahore gearbeitet. Nicht genau Städte, in denen man mit Naivität weiterkam. Aber Belutschistan war anders. Hier herrschte Hass in einem Ausmaß, das ihm fremd war. Die Jungs vom Geheimdienst hatten eindrucksvolle Präsentationen über die Geschichte der Gewalt in der Provinz, aber in seinen Augen war das der reine Bullshit mit PowerPoint-Unterstützung. In diesen ersten Monaten, bevor die Welt um ihn dunkel wurde, sagte er jedem, der es hören wollte, dass nicht die öffentliche Ordnung das Problem in Belutschistan wäre, sondern der fehlende gesellschaftliche Zusammenhalt. Wenn es in der Gesellschaft nur freundlicher und fairer zuginge, wenn alle einander liebhätten und *Kumbaya* sängen, würden auch nicht so viele Leute ihr Leben verlieren. Im Rückblick kann er sich über seine Einfalt nur wundern.

Asma und Nida kamen, sobald das Schuljahr zu Ende war. Bei dem, was er als Abenteuer seines Lebens verstand, sollte seine Familie dabei sein, so war es sein Wunsch gewesen. Er hatte Ausflüge mit ihnen in die landschaftlich reizvollen Teile der Provinz geplant. Seiner zehnjährigen Tochter wollte er Orte zeigen, von denen sie nie auch nur geträumt hätte. Die Pir-Ghaib-Wasserfälle, den verborgenen Hindutempel in Wadh, den Strand der Insel Astola. Lauter Orte, wo es heftige und gewalttätige Unruhen gab. Aber es würde ein Zeichen setzen, wenn der Generalinspekteur mit seiner Familie die entferntesten Winkel der Provinz besuchte, wenn sie genau dort ihre Ferien verbrachten, wo man Angst davor hatte, nachts die Schnellstraße zu benutzen, und manchmal sogar tagsüber. Es würde ihnen zeigen, dass er fest entschlossen war, hier zu bleiben und Ordnung zu schaffen. Dass Samir Ali Khan keiner war, der sich ins Bockshorn jagen ließ. Am nächsten Tag wollten sie ihre Rundreise mit einem Ausflug zur Ziarat-Residenz beginnen, wo Muhammad Ali Jinnah die letzten Tage seines Lebens zugebracht hatte.

Asma hatte sich ab dem ersten Tag der Aufgabe gewidmet, „aus diesem Loch ein Heim zu machen", wie sie sich ausdrückte, wenn sie von seinem Amtssitz sprach. Dabei hatte es mit ihrem Steingarten-Fimmel angefangen. Sein Vorgänger im Amt hatte halbherzig mit einer Gestaltung des Gartens begonnen, aber war nur so weit gelangt, dass er auf dem weiträumigen Rasen einen Haufen Steine hatte absetzen lassen. Asma hatte beschlossen, dass aus dem Haufen ein Steingarten werden sollte. Jeden einzelnen Tag jener Woche konnte man sie sehen, wie sie eine ganze Armee von Gärtnern und Wachtmeistern anwies, Sträucher umzusetzen und Felsen einzuzementieren. Bis Freitag war ihr Werk fast fertig. Asma sagte, der Zement sollte richtig durchtrocknen, während sie in der Ziarat-Residenz waren.

An diesem Freitag war er früh nach Hause gekommen, rechtzeitig zum Spätnachmittagstee. Asma hatte von der Bäckerei des Serena-Hotels einen Kuchen schicken lassen, Schwarzwälder Kirschtorte, oder doch das einer Schwarzwälder Kirschtorte Ähnlichste, was man in der Bäckerei zustande bringen konnte. Sie sagte ihm, er sollte sich umziehen und zu ihnen in den Garten kommen. Das waren die letzten Worte, die sie je an ihn richten würde.

Er hörte den ohrenbetäubenden Krach im Wohnzimmer, eine Millisekunde, bevor die Schockwelle den Boden unter ihm aufriss. Er erinnert sich daran immer wie in Zeitlupe, als wenn die Zeit selbst sich verlangsamte, damit jede Szene sich unauslöschlich in sein Bewusstsein einätzte. Einen Augenblick lang hatte er Asma und Nida gesehen, als ihre Körper von der Explosion zurückgeworfen wurden. Aus dem unschuldig aussehenden Steingarten war blitzartig eine Mordmaschine geworden, die tödliche Projektile ausspuckte. Asma und Nida hatten keine Chance. Die Splitter machten aus ihren Körpern einen Schweizer Käse.

Er verwünscht sein Glück, den Umstand, dass ein schwerer Eichentisch, der auf ihn fiel, ihm das Leben gerettet hat. Er verwünscht Asma für ihre Aufforderung, sich vor dem Tee erst noch frischzumachen. Wäre er nicht duschen gegangen, hätte er zusammen mit ihnen sterben können. Hätte er doch nur die ganze Wucht der Explosion abbekommen! Die Ermittler teilten ihm später mit, dass die Angreifer einhundert Kilo Sprengstoff in dem Suzuki Hiroof hatten, den sie in die Mauer direkt hinter dem Steingarten gefahren hatten. Irgendein Major, ein Ballistik-Experte oder sowas, belehrte ihn mehrere Tage später, dass dadurch, dass die Mauer an genau der Stelle gerammt worden war, wo die Steine lagen, der Anschlag wahrscheinlich nur ein Minimum an Opfern gefordert hatte, weil die Explosion durch Sand und Kies abgemildert worden war. Samir fragte nicht nach, wie der Experte dazu kam, zehn Polizisten, die das Haus bewachten, fünf Zivilisten, die die Zaghoon Road entlanggegangen waren, sowie Frau und Tochter des Generalinspekteurs als ein Minimum an Opfern zu bezeichnen.

Danach kam die Dunkelheit. Als das Klingeln in seinen Ohren aufgehört hatte und er noch nicht in der Lage war, Stimmen und das Geräusch der Sirenen deutlich zu hören, gab es nur Dunkelheit. Der Anschlag hatte bei Sonnenuntergang stattgefunden und hatte im Umkreis von einem Kilometer zu Stromausfall geführt. Das verbliebene Dämmerlicht wurde vom Staub abgehalten. Und so saß er im Dunkeln, allein mit den Leichen seiner Frau und seiner Tochter.

In den Tagen danach verbreitete die Presse allerlei Berichte über seinen Heldenmut. Wie Generalinspekteur Samir Ali Khan sich ohne Hilfe hinter dem Eichentisch aufgerappelt hatte, sich den Staub abgeklopft und trotz der furchtbaren Tragödie, bei der vor seinen Augen seine Familie umgekommen war, sich sofort allen voran in die Schlacht gestürzt hatte. Der unbeugsame Samir Ali Khan, der darauf bestanden hatte, seine verwundeten Männer im Krankenhaus zu besuchen, auch wenn die Gefahr eines weiteren Anschlags bestand. Der eiserne Generalinspekteur, der persönlich die Ermittlungen in die Hand nahm. Aber so sah es nur in den Heldengeschichten aus, die die Medien verbreiteten. In Wahrheit erinnert er sich an kaum etwas von dem, was in jener Nacht noch geschah. Er weiß, dass er eine Ewigkeit in der Dunkelheit auf die beiden Körper gestarrt hat. Die erste Stimme, die er wahrnahm, war die von Sajjad, seinem Geheimdienstchef. Sajjad war es auch, der ihn dort herausholte. An irgendeine Diskussion, ob er zum Krankenhaus fahren sollte oder nicht, hat er keinerlei Erinnerung. Irgendwie war er dort gewesen. Da er das Alleinsein nicht ertragen konnte und weil das Bild der beiden Körper ihm nicht aus dem Kopf ging, wanderte er durch die Stationen und traf dort auf seine Mitarbeiter. Was er zu ihnen sagte oder was sie antworteten, hat er nicht behalten. Aber er weiß noch, dass, wenn er bei ihnen war, der Schmerz nicht ganz so unerträglich war.

Er war wie in Trance gewesen. Vage erinnert er sich, dass Sajjad eine Menge in seinem Namen getan hat, er hat Befehle gegeben, Gespräche mit dem Ministerpräsidenten, dem Befehlshaber der Armee und anderen Würdenträgern geführt. Sein eigenes Gehirn war wie in Nebelschleier gehüllt. Ob er schlief oder nicht, er merkte es kaum. Aber als der Morgen graute, hob sich der Schleier von seinem Bewusstsein, und nur noch ein Gefühl blieb da. Purer Hass. Jetzt verstand er Belutschistan. Er war Teil der Blutfehde. Der Hass war ihm in die Knochen gefahren.

Er ließ die Leichen nach Lahore zurückbringen, aber zu der Beerdigung ging er nicht. Er hatte ihnen die letzte Ehre erwiesen, als er bei ihnen in den Trümmern seines zerstörten Wohnzimmers gesessen hatte. Für ihn machte es keinen Sinn, sich drei Tage lang das Gejammer von Verwandten anzuhören, die ihm nichts bedeuteten und denen er, da war er sich sicher, auch nichts bedeutete. Er würde Asmas und Nidas Andenken in Ehren halten, indem er schonungslos noch den letzten der Bastarde verfolgte, die sie ermordet hatten.

Damals wurde Samir zu dem rücksichtslosen Mann, als den man ihn kennt. In jener Nacht in den Ruinen der Generalinspekteursresidenz hatte er eins verstanden. Sein Schmerz würde nur aufhören, wenn er ohne Erbarmen seine Feinde bekämpfte. Nach diesem Tag nahm die Polizei in Belutschistan keine Verhaftungen mehr vor. Und zwar von niemand. Aktivisten, ob Dschihadisten oder Nationalisten, wurden festgenommen, verhört und erschossen. Es spielte keine Rolle, ob einer der Sohn eines Stammesführers war oder ein mittelloser Madrasa-Student; wenn er in gewalttätige Aktionen verwickelt war, landete er auf einer kalten Metallplatte im Leichenschauhaus.

Aus späterer Sicht war das Ausmaß der Gewalt, die Samir entfesselte, kaum glaublich. In den ersten sechs Monaten nach dem Anschlag wurden fünfhundert Aktivisten getötet. Samirs Offensive war so plötzlich und so brutal, dass die Terroristen wie gelähmt waren. Auf seiner eigenen Seite wusste man nicht, wie man mit seiner Art umgehen sollte. Das Militär lernte schnell, ihm aus dem Weg zu gehen. Sie wussten, er war ein Schlächter, und ein verdammt effektiver. Der Ministerpräsident dagegen musste die Proteste der Öffentlichkeit und die Beschwerden vieler Stammesführer gegen die Tatsache abwägen, dass sich Samirs Methoden für ihn in Form grenzenloser Möglichkeiten auszahlten, bei den zahlreichen Verträgen zum „Wiederaufbau“ und zur „Rehabilitation“ der leidgeprüften Provinz verdeckte Provisionen abzuschöpfen. Ein schlauer Fuchs und mit allen Wassern belutschischer Politik gewaschen, ließ er Samir freie Hand. Für ihn war es eine Win-win-Situation. Hatte Samir Erfolg, so würde er selbst als der starke Mann dastehen, der in der Provinz die Ordnung wiederhergestellt hatte. Liefen die Dinge aus dem Ruder, konnte er immer noch alles auf den blutrünstigen Generalinspekteur schieben, der offensichtlich das nötige Augenmaß verloren hatte, nachdem er den Tod seiner Angehörigen hatte mitansehen müssen.

Aber Samir verlor keineswegs die Kontrolle. Er überrumpelte die Aufrührer in einer Weise, dass sie nicht anders konnten, als sich zu unterwerfen. Anfangs dachten sie, Samir würde aufhören, sobald sie sich die Polizisten vornahmen und gezielt Anschläge auf sie verübten. Aber sie erkannten sehr schnell, dass das gar keine gute Idee war. Jedes Mal, wenn ein Polizist getötet wurde, ordnete Samir Vergeltungsmaßnahmen gegen die Familien der Rebellen an. Für jeden seiner eigenen Leute tötete er fünf von ihren. Bald hörten die terroristischen Anschläge auf Polizisten auf.

Innerhalb eines Jahres war der Frieden wiederhergestellt. Die verschiedenen Widerstandsgruppen waren entweder in den Untergrund gegangen oder an den Verhandlungstisch gekommen. Von den Tätern, die an dem Anschlag beteiligt gewesen waren, hatte die Polizei alle bis auf einen gefasst und getötet. Die Ermittlungen wiesen auf einen Mann namens Akhtar Bungalzai als den Drahtzieher. Damals war der noch eine relativ unbedeutende Figur in dem komplizierten Netzwerk von islamistischen und nationalistischen Aufständlern in Belutschistan. Begonnen hatte er seine Laufbahn als Leibwächter eines der regierungsfeindlichen Sardars, also eines Stammesführers. Als sein Chef in die Berge ging, um unterzutauchen, begleitete Bungalzai ihn. Durch ihn hielt der Sardar die Verbindung zur Außenwelt, tauschte Nachrichten mit seinen Anhängern aus. Die Geheimdienste konzentrierten sich auf seine Söhne, die nach ihrer Meinung das Heft in der Hand hielten, solange der alte Mann abgetaucht war. Niemals kam ihnen der Gedanke, den unscheinbaren Leibwächter ins Visier zu nehmen, der sich mit Leichtigkeit in den wilden Stammesgebieten Belutschistans bewegte.

Oder vielleicht doch. Nach ungefähr einem Jahr wurde der Schlupfwinkel des Stammeschefs entdeckt, und bei einem Schusswechsel kam er ums Leben. Von dem Leibwächter, der dem Sardar gewöhnlich nicht von der Seite wich, gab es keine Spur. Mehrere Stammesangehörige, unter ihnen einer der Söhne des Getöteten, äußerten den Verdacht, dass es der Leibwächter selbst war, der sich als ein Judas entpuppt und den

Sardar verraten hatte. Aber die Regierung hatte ihr Ziel erreicht und kein Interesse daran, die Sache weiter zu verfolgen. Sowieso würden sie kaum etwas auf das geben, was eine Handvoll Landesverräter sagte.

Bungalzai verschwand also eine Weile, nur um mehrere Monate später im Gewand eines Kommandanten der Dschihadisten-Bewegung wiederaufzutauchen. Er behauptete, er hätte der nationalistischen Sache abgeschworen und kämpfe nun im Namen des Islam. Er war dann in eine Reihe von Morden verwickelt, zum überwiegenden Teil an Rivalen, aber nichts Aufsehenerregendes. Wirklich Eindruck gemacht hatte Bungalzai nicht bis zu dem Moment, in dem der Suzuki Hiroof gegen die Mauer prallte. Als sein Name in dem Fall auftauchte, hatte Sajjad zuerst sogar ernstliche Zweifel geäußert, dass Bungalzai für eine Tat dieser Größenordnung überhaupt die Eier in der Hose hätte oder auch das intellektuelle Format besäße. Aber jeder Hinweis, den sie fanden, jeder Verdächtige, der festgenommen wurde, jeder Informant, den sie anzapften, führte zu Bungalzai. Mit diesem Anschlag hatte er sich den Ruf erworben, einer der ganz Großen in diesem Spiel zu sein.

Bungalzai blieb auf freiem Fuß. Er hatte sich nach Süd-Wasiristan abgesetzt, wo er mit der Geschichte von seinem Anschlag auf den Amtssitz des Generalinspekteurs in Quetta Anhänger um sich scharte und Gelder sammelte. Anschläge auf beiden Seiten der Grenze festigten sein Image als kühner und einfallsreicher Kämpfer. Sein Ansehen unter Gleichgesinnten stieg mit jedem Angriff. Der ehemalige Leibwächter, der nur bis zur vierten Klasse die Schule besucht hatte, wurde als Mufti anerkannt, weniger für seine Gelehrsamkeit als für seine Heldentaten. Und er wurde zur gehassten und gefürchteten Person, gejagt von Amerikanern wie Pakistanern. Die Amerikaner setzten zehn Millionen Dollar als Belohnung für seine Ergreifung aus, und die Pakistaner schickten 20.000 Soldaten in das Tal von Shawal, um ihn vor Gericht zu bringen. Aber Bungalzai ließ sich nicht fangen.

Samir verließ Belutschistan zwei Jahre nach dem Anschlag. Seine Reputation war sprunghaft angestiegen, und der neue Premierminister holte ihn nach Islamabad. Als Berater des Premierministers für die Sicherheit der Nation war er mit größeren und gewichtigeren Dingen befasst. Aber eins wurmte ihn: dass er es nicht geschafft hatte, Bungalzai auszuschalten. Ihn zu finden, wurde zur Obsession. Wann auch immer bei einem abgehörten Telefonat oder in dem Bericht eines Informanten sein Name fiel, überprüfte Samir die Quelle und speicherte die Information im Gedächtnis ab. Als Bungalzais Männer die Armee-Schule überfielen und die Kinder entführten und ermordeten, fuhr Samir an den Ort, wo man ihre Leichen entdeckt hatte. Er sah sich jeden der kleinen Körper genau an und prägte sich ihre Gesichter ein, und mit jedem Kind, das er ansah, steigerte sich sein Verlangen, es Bungalzai heimzuzahlen. Wie ein Basarhändler handelte er mit Amerikanern und Afghanen, machte Tauschgeschäfte und feilschte um das Leben von Männern, alles mit dem Ziel, Bungalzai zu fassen zu bekommen. Aber drei weitere Jahre lang blieb das Schicksal Bungalzai gewogen.

Bis heute.

Vor der Schlafzimmertür sind gedämpfte Stimmen zu hören. Anscheinend sind sie sich nicht einig, ob sie ihn wecken sollen. Es ist 4.30 am Morgen, und ihm ist klar, sie müssen ihn über das Kommuniqué unterrichten, das soeben von der Leitwarte des Geheimdienstes in Rawalpindi eingetroffen ist, dasselbe Kommuniqué, das die Agentur selbst eine Stunde vorher von der amerikanischen Botschaft erhalten hat und das er auf seinem iPhone bereits gelesen hat, wohin es ihm der Stationschef der CIA in Islamabad direkt geschickt hat, noch bevor es über die offiziellen Kanäle gegangen ist. Für ein Kommuniqué ist es kurz. Genaugenommen besteht es nur aus einem Satz, wenn man die üblichen Formeln weglässt: „Mufti Akhtar Bungalzai getötet bestätigt durch UAV in Khost, Afghanistan."

Samir sieht noch einmal auf das leuchtende Display, nimmt jedes Wort in sich auf, während er den Text auf Mehrdeutigkeiten überprüft, die dafür sprechen könnten, dass Bungalzai doch überlebt hat. Seit einer Stunde tut er das schon, seit dem Moment, als das Blinken auf seinem Telefon die Nachricht angezeigt hat. Er überlegt, ob er aufstehen und die Tür öffnen soll, um seine Mitarbeiter aus ihrer Ungewissheit zu erlösen. Dann blickt er noch einmal auf die Nachricht, dreht sich um und schließt die Augen. Nicht nötig, zur Tür zu gehen. Heute kann er vielleicht zum ersten Mal nach fünf Jahren wieder einschlafen.

4. Kapitel

Islamabad
31. Januar

Der Wachmann wirft ihm einen zweifelnden Blick zu, als er ihm sein altes Nokia 3210 aushändigt. „Entschuldigung, wie war gleich Ihr Name?“

„Constantine D’Souza. Sie fragen das jetzt zum dritten Mal.“

„Ja. Aber Sie sind kein *gora*, kein Weißer. Auf unserer Liste steht Con-sen-din De Suza als Ausländer. Und Sie sind kein Ausländer.“

Constantine beißt die Zähne zusammen. „Ja, danke sehr, dass Sie mich auf etwas hinweisen, was offenkundig ist. Aber ich bin Constantine D’Souza, das versichere ich Ihnen.“

„Es ist nur ...“, der Sicherheitsmann sieht noch einmal misstrauisch auf das zerschrammte Mobiltelefon, „also, sind Sie sicher, dass Sie *hier* eine Verabredung haben? Im Büro des PM?“ Normalerweise muss er Leute kontrollieren, die offensichtlich sehr viel höher stehen als dieser kahl werdende, übergewichtige Mann in seinem schäbigen Anzug und der Polyester-Krawatte. Er ist nicht jemand, der übertriebenen Wert auf Kleidung legt, aber er sieht genug Leute durch diese Türen gehen, um am Aussehen ihren Rang zu erkennen. Nach seiner Erfahrung sind Leute, die etwas zu sagen haben, auch sorgfältig gekleidet. Der Anzug ist ein Zeichen der Macht. Deshalb kann der Wachmann nicht fassen, dass dieser schlecht angezogene Mann mit dem sonderbaren Namen und einem steinzeitlichen Telefon einen Termin im Sekretariat des Premierministers haben soll.

„Ich wurde zu einem Meeting hier eingeladen. Ich bin vom Department.“

Dem Wachmann sind seine Zweifel anzusehen. „Schön, haben Sie einen Mitarbeiterausweis?“

„Also bitte! Natürlich nicht. Ich gehöre verdammt noch mal zum

Department. Zu einem Geheimdienst, nicht zur Verkehrspolizei. Wir rennen nicht herum und zeigen unsere Ausweise!"

„Es tut mir leid, aber ich kann Sie nicht hereinlassen, ohne Ihre Identität zu überprüfen." Er spricht jetzt in entschiedenerem Ton. Er merkt, dass der seltsame Besucher kurz davor ist zu explodieren. Nette Abwechslung, denkt er sich. Wahrscheinlich ist es irgendein kleiner Regierungsangestellter, der versucht, sich in das Büro des PM hineinzumogeln. Wenn man schon versucht, sich hier einzuschleichen, sollte man wenigstens so aussehen, als würde man hierhergehören.

Constantine ist drauf und dran auszurasten, da betritt Rashid das Foyer. Er zeigt dem Wachmann seinen Ausweis, den er an einem Band um den Hals hängen hat, und zieht Constantine durch den Metalldetektor.

„Rashid Sethi, stellvertretender Sekretär Nationale Sicherheit. Der gehört zu mir."

Der Sicherheitsmann, noch immer im Zweifel, lässt Constantine durch, aber besteht darauf, das Telefon einzubehalten. „Sie können es beim Hinausgehen abholen. Nur befugtes Personal darf Telefone mit hineinnehmen."

„Passen Sie auf, dass mein Handy nicht verlorengeht."

Mit höhnischem Ausdruck sieht der Wachmann zu, wie Rashid Constantine wegzieht. Leise, aber gerade noch hörbar, kommentiert er: „Wäre wahrscheinlich am besten, wenn dieses Handy hier verlorenginge."

Constantine kocht vor Wut, aber Rashid schubst ihn weiter. „Verfluchter *chutia tulla*! Scheißbulle! Es gab eine Zeit, da hätte ich ihm in den Arsch getreten!"

„Komm schon, Consendin. Du bist selber ein Bulle. Zumindest warst du es mal. Reg dich nicht unnötig auf, wir sind eh schon spät dran."

Rashid lotst ihn durch ein Labyrinth von Treppenhäusern und Fluren, die sich tiefer und tiefer in den Bauch des monströsen Gebäudes hineinzuwinden scheinen. Von außen hat es den Anschein, als sei das Sekretariat des Premierministers ein Fort aus der Zeit der Moghul-Herrschaft, aber im Innern sieht es mit seinen auf die Schnelle hochgezogenen Zwischenwänden, den freiliegenden Computerkabeln und den billigen Sperrholzmöbeln wie das Büro eines zweitklassigen Bauträgers aus.

„Was ist das überhaupt für ein Meeting, und wieso hast du mich hergerufen? Hätte ich irgendwas vorbereiten sollen? In der Zentrale haben sie mir überhaupt nichts gesagt, außer dass ich sofort herkommen sollte.“

„Nur kein Stress! Es ist eine länderübergreifende Spionageabwehr-Konferenz, organisiert vom Nationalen Sicherheitsberater, dem NSB. All die Jahre haben sie sich auf Terrorismus eingeschossen, und jetzt haben sie einen indischen Spion gefangen, da erinnern sich die Nachrichtendienste, dass es mal sowas gab wie Spionageabwehr und Gegenspionage. Der NSB hat mich gebeten, nach Leuten Ausschau zu halten, die Erfahrung darin haben, echte Erfahrung, nicht die üblichen Schreibtischtäter. Und ich habe gedacht, wer, wenn nicht du? Du hast länger bei der Spionageabwehr gearbeitet als irgendjemand sonst, den ich kenne. Nebenbei bemerkt, ist es gut, wenn du mal beim NSB dein Gesicht zeigst. Wahrscheinlich gibt es Ende des Jahres Beförderungen, kurz bevor du pensioniert wirst. Der Nationale Sicherheitsberater wird den Vorsitz bei der Vergabe von Auszeichnungen führen. Er kommt selbst ursprünglich von der Polizei, wie du. Könnte sein, dass da für dich was rausspringt. Wäre doch nicht schlecht, wenn du als Direktor in Pension gingst, nicht als Stellvertretender Direktor, wie?“

„Verdammt unwahrscheinlich, dass sie mich befördern. Vermutlich werden sie irgendeinen Bürohengst von der Zentrale hochhieven, so einen, der noch nie an der Front war, aber seine Zeit damit verbringt, bürokratische Ärsche hier drin zu küssen.“

„Consendin, es ist, wie ich dir schon immer gesagt habe. Du musst an deiner sozialen Kompetenz arbeiten. Irgendwie schaffst du es immer, die Leute zu verprellen, die dir helfen könnten. Nur deshalb haben sie dich zweimal bei der Beförderung übergangen. Das hat nichts mit irgendeiner Verschwörung gegen dich zu tun. Auch nicht damit, dass du Christ bist. Versuch doch einfach mal, mit den Leuten klarzukommen! Weißt du noch, in dem Kurs für Führungskräfte? Du hast dich mit allen Ausbildern angelegt, und was war das Ergebnis? Dass sie dich bei der Abschlussbewertung schlechter beurteilt haben. Du hast nur noch ein paar Jahre, Consendin. Du solltest wirklich zusehen, was du jetzt noch für dich rausschlagen kannst.“

„Sag mal, Rashid, wie lange kennst du mich jetzt? Acht Jahre? Neun? Du weißt doch genau, dass ich nicht Consendin heiße, sondern Constantine. Mit t. Herrgott, wann sagst du es endlich mal richtig?“

Rashid Sethi schmunzelt. „Ich weiß, dass du Constantine heißt. Aber ich nenne dich trotzdem lieber Consendin. Hey, hat nicht dein Superbullenfreund Akbar Khan dich auch so genannt? Wieso dann nicht ich?“

„Akbar hat es so ausgesprochen, weil er es nicht besser wusste. Du dagegen ... du weißt schon, ach, egal, nenn mich doch, wie du willst.“ Constantine seufzt resigniert.

„Gut. Jetzt hör zu. Wenn wir reingehen, setzt du dich hin und spielst den braven Jungen. Hör zu, was die Jungs von der Agency sagen, und wenn du was hast, sag’s ihnen, aber bleib sachlich. Fang keinen verfickten Streit mit den Militärs an.”

Der Konferenzraum ist klein, nicht ein großer Konferenzraum der Sorte, die Constantine von den Fernsehnachrichten kennt. Hier herrscht eine intimere, geschäftsmäßige Atmosphäre. Um den langen rechteckigen Tisch stehen zwanzig Stühle, und fast alle Teilnehmer sitzen schon auf ihren Plätzen, als sie den Raum betreten. Ein Oberstleutnant in Uniform müht sich an einem Laptop mit letzten Änderungen für eine Präsentation ab. Rashid manövriert Constantine zu einem Platz am unteren Ende des Tisches und setzt sich neben ihn.

„Wer sind diese Leute? Ich erkenne keinen davon.“

Rashid lächelt und senkt seine Stimme zu einem kaum vernehmlichen Flüstern: „Deshalb sage ich ja, du musst mehr rausgehen. Alles Leute von den Geheimdiensten und von der Regierung. Die auf unserer Tischseite sind alle vom NSB oder vom Büro des PM oder, in deinem Fall, vom Department. Die auf der anderen Seite“, er deutet mit dem Kopf zu den Männern, die ihnen gegenübersitzen, „sind alle von der Agency, der nationalen Sicherheitsbehörde, unserem größten Auslandsnachrichtendienst.“

„Wieso sind so viele von denen dabei?“

„Weil dem NSB dieser Spion ziemliche Kopfschmerzen bereitet. Er hat das Meeting eigens für diesen Fall einberufen. Da die Agency den

Inder noch in Gewahrsam hat, sind von denen Leute aus allen Abteilungen dabei, die mit der Sache zu tun haben, damit sie auf jede Frage, die der NSB stellen könnte, eine Antwort haben. Wenn der ein persönliches Interesse an irgendeinem Fall hat, werden sie immer nervös. Wir übrigens auch. Wenn du ihm nicht antworten kannst, zerreißt er dich in der Luft. Die Agency geht eben auf Nummer Sicher, wenn sie so viele Leute schicken. Siehst du den Typ schräg gegenüber, an der Ecke? Das ist General Shahram. Der Generaldirektor für Spionageabwehr. Wenn sogar der kommt, Mann, das will was heißen – der kommt sonst nie!"

„Aber wie kommen die Agency-Leute dazu, vor dem Nationalen Sicherheitsberater zu kriechen? Das haben sie doch noch nie bei irgendwem getan."

„Dieser NSB ist anders. Er hat den Job nicht aus politischen Gründen bekommen. Vor ihm haben sie Respekt. Was der in Belutschistan getan hat, das muss einfach jeder bewundern. Und obwohl er vom Premierminister ernannt wurde, verhält er sich nie so, als wäre er dem PM irgendwie verpflichtet. Scheiße, sogar der PM, bei all seinen politischen Ränkespielen, hört auf den NSB, wenn es um Sicherheit und Information geht. Er ist ein Stratege, penibel in seiner Arbeit und stets pünktlich. – Siehst du? Es ist Punkt zehn, und da ist er."

Rashid hat noch nicht zu Ende gesprochen, als sich die Tür öffnet und ein distinguiert aussehender grauhaariger Mann mit Brille, in altmodischem Anzug und Krawatte eintritt. Auch ohne ein Wort zu sagen, strahlt er Autorität aus. Er nimmt den Platz am Kopfende ein, und ohne sich mit Begrüßungen oder sonstigen Floskeln aufzuhalten, nickt er leicht, zum Zeichen, dass das Meeting beginnt. Der Oberstleutnant, der noch mit seiner Präsentation beschäftigt war, geht etwas verwirrt, weil er nicht damit gerechnet hat, dass er so schnell drankommt, zum Projektorbildschirm. Er klickt auf den Laserpointer in seiner Hand, und auf der ersten Folie erscheint ein gigantisches Bismillah in arabischer Schrift.

„Äh, Bismillah al-Rahman al-Rahim, meine Herren. Äh ...", der Oberstleutnant muss mehrmals klicken, bis das nächste Bild aufgerufen wird, was seine Nervosität noch verstärkt. „Meine Präsentation hat die folgenden Teile, Erstens, Einleitung, Zweitens, Hintergrund der Operation ..."

„Oberstleutnant, ich denke, den Vorspann können wir uns sparen." Seine Stimme ist ruhig, weder freundlich noch zurechtweisend, ein klarer Befehl, dem widerspruchslos zu folgen ist. Dabei wendet Samir Ali Khan nicht einen Moment den Blick von der Leinwand. „Ach ja, und lassen Sie undurchsichtige Abkürzungen und aufwändige Tabellen beiseite. Sprechen Sie zu mir bitte so einfach wie möglich. So, als würden Sie einem Kind etwas erklären."

„Ja, Sir. Natürlich, Sir." Von seinem Platz am anderen Ende des Tisches, nahe dem Bildschirm, kann Constantine sehen, wie sich auf der Stirn des Oberstleutnants Schweißtropfen sammeln, während er versucht, sich zusammenzunehmen. Er ist einer der besten Kämpfer der Agency an der PowerPoint-Front und hat die letzten 24 Stunden darauf verwendet, eine Präsentation vorzubereiten, deren pièce de résistance undurchsichtige Abkürzungen und aufwändige Tabellen sind. Für ihn kommt die Anweisung des Nationalen Sicherheitsberaters der Aufforderung gleich, mit gebundenen Händen in den Krieg zu ziehen. Es ist einfach ungerecht! Aber zu diesem Kommentar dämpft er seine Stimme so, dass niemand es hört.

Einen Moment später hat er sich so weit gefasst, dass er weiterreden kann. „Sir, vor sechs Monaten haben wir als Reaktion auf die verstärkte Aktivität des indischen Geheimdienstes in Belutschistan die Operation Anaconda gestartet. Unseren Ermittlungen zufolge gab es in der Provinz mehrere neue Netzwerke der Inder, vor allem in der Gegend von Gwadar. Gesteuert werden sie von Iran aus. Weitere Untersuchungen führten zu diesem Mann." Auf dem Bildschirm erscheint das Bild eines mittelalten unrasierten Mannes, das bereits auf allen Fernsehkanälen gezeigt worden ist, seit die Nachricht von dem indischen Spion aufkam. „Shivlal Yadav, ein verdeckter Ermittler des indischen Geheimdienstes, stationiert in Chabahar. Er dirigiert die Netzwerke in Belutschistan und schickt ihnen Geld und Instruktionen."

„Instruktionen für was genau?"

„Sir, zwei von seinen Netzwerken waren mit terroristischen Aktivitäten in Belutschistan betraut. Eine dritte Gruppe sollte Informationen über den Ausbau des Hafens von Gwadar und die chinesischen Aktivitäten dort sammeln. Ein viertes Netzwerk war für den Austausch von Nachrichten und für Kuriere zuständig. Es gab noch ein fünftes, auf das ich später zurückkomme. Yadav haben wir aufgespürt, indem wir das Kuriernetz überwacht haben. Wir beobachteten, dass einige, aber nicht alle Kuriere regelmäßig die Grenze bei Jor überquerten. Wir konnten der Spur bis Chabahar folgen, wo wir Yadav als Führungsoffizier identifizieren konnten. Als wir Yadav durch unsere lokalen Quellen überprüfen ließen, stellte sich heraus, dass er ein Geist war. Er hatte keinerlei Hintergrund. Er war aus dem Nichts in einer indischen Firma aufgetaucht, die am Hafen arbeitet. Das machte es höchst wahrscheinlich, dass es sich um einen indischen Agenten handelte. Also haben wir uns einen der Kuriere vorgenommen. Wir konnten einen von seinen Vertrauensmännern umdrehen, damit er Yadav auf pakistanisches Territorium lockt, aber ..."

„Wie haben Sie ihn umgedreht?"

„Sir, wir, äh, haben seine Familie gefunden. Haben sie aufgegriffen, ihm versprochen, dass seine Brüder und Söhne Jobs im Staatsdienst bekommen, wenn er kooperiert. *Wenn* er kooperiert. Jedenfalls, er sagte, Yadav über die Grenze zu bringen, wäre unmöglich. Daher wurde beschlossen, dass wir das Risiko eingehen, ihn auf iranischem Staatsgebiet zu entführen. Der Kurier sollte ihn nur nah genug an die Grenze bringen, damit wir wieder schnell raus könnten. Der Kurier hat das so hinbekommen, und wir konnten Yadav kurz hinter der Grenze einsammeln und ihn herüberbringen."

„Die Iraner sind sehr verstimmt über Ihre kleine Operation, Oberstleutnant. Ich habe mir von ihrem Außenminister einiges anhören müssen. Ich hoffe, Sie bekommen aus Yadav wenigstens etwas Vernünftiges heraus."

„Ja, Sir. Wir haben ihn noch nicht lange befragen können, aber er hat etwas absolut Brisantes ausgespuckt. Sehen Sie, Sir, das fünfte Netzwerk, das er betrieben hat, das war extrem wichtig. Es hat ihn mit einer geheimen Quelle in den höchsten Kreisen unserer Regierung verbunden."

„Sie meinen ... was? Dass wir einen Maulwurf in der Regierung haben?“

„Ja, Sir. Wir haben das bis jetzt noch niemand gesagt. Wir hatten die Hoffnung, dass wir mehr Zeit für Yadav haben würden, aber die Inder fürchten wohl, je länger Yadav bei uns ist, desto größer ist die Wahrscheinlichkeit, dass er sagt, wer der Maulwurf ist. Unserer Meinung nach haben sie aus diesem Grund öffentlich bekanntgemacht, dass ihr Mann aus Iran entführt wurde.“

„Sie glauben also, die Inder sind an die Öffentlichkeit gegangen, um den Maulwurf zu schützen? Hätten sie die Sache nicht ohnehin publik gemacht?“

„Sir, normalerweise hätten sie erst einmal abgewartet. Sie hätten mit den Iranern geredet und versucht, sie zu beschwichtigen, denn Yadav war illegal da, ein heimlicher Agent auf ihrem Grund und Boden. Das mögen die Iraner auch nicht. Außerdem hätten sie, nach unseren bisherigen Erfahrungen, zuerst versucht, einen V-Mann von uns aufzugreifen, jemand, mit dem sie handeln könnten. Sechs Tage nach Yadavs Entführung wurde tatsächlich ein Vorstoß unternommen und in Kathmandu ein Schläfer entführt, der in unserem Auftrag arbeitete. Aber ihnen muss klar gewesen sein, dass dieser Mann allenfalls nebensächliche Bedeutung hatte, vor allem verglichen mit Yadav. Nie und nimmer wäre damit ein Austausch zustande gekommen. Solche Unternehmungen erfordern Zeit und Geduld, und die Inder bekommen ihren Mann am ehesten zurück, wenn sie kein großes Aufheben darum machen. Wenn erst die Medien Wind davon bekommen, gleich auf welcher Seite der Grenze, wird alles zehnmal komplizierter, denn dann kochen patriotische Gefühle hoch, mit denen man auch noch umgehen muss. Das wissen die Inder alles, und trotzdem haben sie die Nachricht von der Entführung von sich aus den Medien zugespielt.“

„Das erklärt nicht, wie sie damit ihren Maulwurf schützen wollen, Oberstleutnant.“

„Sobald sie es publik gemacht hatten, konnten wir die Sache nicht mehr leugnen. Es gab zu viele Fragen, und wir mussten es zugeben. Ein paar Details haben wir ‚überarbeitet‘, zum Beispiel haben wir angegeben, dass der Spion auf pakistanischem Gebiet festgenommen wurde, zugleich haben wir es so hingedreht, dass es wie ein Sieg auf unserer Seite aussah. Das Problem ist nur, sobald wir ihn offiziell in Gewahrsam haben, müssen bestimmte Rechtsverfahren durchlaufen werden, wir müssen ihn der Polizei übergeben und Anklage erheben, ein Gerichtsverfahren einleiten. Und das heißt, die Inder haben das Recht auf konsularischen Zugang, was wiederum bedeutet, wir können keine, äh, erweiterten Verhörtechniken anwenden, und die Identität des Maulwurfs wird nicht preisgegeben."

„Wie lange haben Sie ihn jetzt? Und geben Sie mir nicht die offizielle Version, Oberstleutnant, seit wann haben Sie ihn wirklich?"

„Seit dem 8. Januar, Sir."

„Und in den drei Wochen, die seither vergangen sind, haben Sie nicht geschafft, die Identität des Maulwurfs herauszufinden?"

„Sir, die Inder sind schon sieben Tage nach der Entführung an die Öffentlichkeit gegangen. Wir haben also in der Tat nur so viel Zeit gehabt, um ihn zu vernehmen."

„Gut. Und gibt es überhaupt etwas, was Sie über den Maulwurf wissen?"

„Yadav behauptet, er kennt nicht seine wahre Identität, aber wir glauben, dass er lügt. Er kennt nur den Decknamen: Deaf Leopard, Tauber Leopard."

„Sie nehmen an, er lügt. Aber dass dem Führungsoffizier nicht die Identität eines so hochrangigen verdeckten Agenten offengelegt wird, entspricht doch durchaus der gängigen Praxis. Vielleicht sagt er ja die Wahrheit. Was sonst weiß er denn über den Maulwurf?"

„Nur, dass Deaf Leopard Zugang zu den höchsten Ebenen unserer nationalen Sicherheitsbehörde hat. Das Netzwerk, über das Yadav Kontakt zu Deaf Leopard hielt, diente überwiegend dazu, Botschaften vom Maulwurf an Yadav zu schicken. Informationen über alle möglichen Bereiche, die den Staat betreffen, ziviler wie militärischer Art. Einiges ist derart vertraulich, dass wir hier nichts darüber sagen können, aber wir können Sie persönlich darüber unterrichten, Sir. Soviel ist unstrittig, Deaf Leopard hat Zugriff auf so ziemlich alles, und wenn er nicht enttarnt wird, ist der Schaden, den er der nationalen Sicherheit in diesem Land zufügen wird, nicht abzusehen."

„Was hat Yadav jetzt für eine rechtliche Stellung?"

„Er ist in Haft, aber wir bringen ihn als ausländischen Agenten, der versucht hat, militärische Geheimnisse auszuspionieren, vor das Militärtribunal. Das erlaubt uns, ihn weiter in Gewahrsam zu halten, statt ihn der Polizei zu übergeben. Außerdem bekommt er dann keinen normalen Prozess, sondern wird nach Militärrecht verurteilt. Aber wie Sie sicher in den Medien verfolgt haben, versuchen die Inder das zu verhindern, indem sie den Internationalen Gerichtshof anrufen."

„Und jetzt, Oberstleutnant, haben Sie ein Problem. Wenn die Sache derart international aufgeblasen wird, können Sie mit Ihrem Gefangenen gar nichts mehr anfangen. Und wie ich vermute, haben Sie mich deshalb um dieses Meeting ersucht, weil Sie mit Ihren Ermittlungen zu diesem Deaf Leopard in eine Sackgasse geraten sind. Sie erhoffen sich jetzt Hilfe von den anderen Sicherheitsdiensten. Liege ich richtig?"

„Äh, ja, Sir."

„Was wollen wir denn mit Yadav im Endeffekt erreichen?" Der Einwurf kommt von Constantine. Rashid Sethi stößt ihn unter dem Tisch an, aber Constantine blickt unbeirrt den Oberstleutnant an.

Der ist überrascht. Bisher hat das Meeting aus einem Dialog zwischen ihm und dem Nationalen Sicherheitsberater bestanden. „Bitte?" Da er auf diese Frage nicht vorbereitet ist, dreht er sich hilfesuchend nach General Shahram um. Aber der General spielt an seinem Mobiltelefon herum, als ginge die ganze Unterredung ihn nichts an.

Samir sieht mit neuerwachtem Interesse Constantine an. „Ja, das ist eine sehr gute Frage. Wer sind Sie und wozu gehören Sie?"

„Constantine D'Souza, Sir, vom Department. Ich habe mich nur gefragt, Sir, was wir in Bezug auf den Agenten anstreben. Was wollen wir dafür haben? Denn irgendwann werden wir ihn doch eintauschen müssen. Das ist jetzt die einzige denkbare Lösung."

„Wir sehen es nicht so. Die Inder haben nichts, was sie uns im Gegenzug anbieten können."

Constantine hört den ärgerlichen Ton in der Antwort des Oberstleutnants und beschließt weiterzumachen, trotz einem weiteren Stoß in die Rippen von Rashid. „Aber Oberstleutnant, Ihrem Bericht zufolge haben die Inder schon einen V-Mann in Kathmandu festgenommen. Und auf Ihren Folien sehe ich, dass es eine weitere Festnahme in Colombo gab?“

„Das hat damit nichts zu tun. Wir haben die Folie als generelle Information eingebaut, da gab es irgendeine Auseinandersetzung mit Einheimischen wegen Geld. Dies hier ist etwas anderes. Und wie ich bereits gesagt habe, der Mann in Kathmandu war absolut nebensächlich, nichts wert.“

„Die neue Regierung in Sri Lanka unterhält beste Beziehungen nach New Delhi, Oberstleutnant. Finden Sie nicht, dass es ein seltsamer Zufall ist, dass Ihr Informant genau in dem Moment mit dem Gesetz in Konflikt kommt, als Yadav festgenommen wird? Es scheint mir nicht unvorstellbar, dass die Inder auf Sri Lanka Druck ausgeübt haben, ihn zu verhaften. Und Ihr Mann in Nepal mag ja für das große Ganze keine Rolle spielen, aber in einem Punkt wohl doch. Es ist eine Frage der Ehre. Er ist unser Verbindungsmann, und wenn jemand bereit ist, für uns zu arbeiten, ist damit unausgesprochen die Erwartung verbunden, dass wir ihn bei Problemen irgendwie heraushauen, besonders, wenn auch das Problem in unserer Verantwortung liegt. Wenn Sie zulassen, dass die Inder ihn verschleppen, ohne dass Sie etwas unternehmen, werden Sie in Zukunft kaum jemand finden, der mit Ihnen arbeiten will. In Indien haben sie zwar, wie Sie richtig gesagt haben, Oberstleutnant, keinen so dicken Fisch wie Yadav, aber gegen Qualität werden sie Quantität setzen. Wenn sie drei oder vier Ihrer V-Leute in der Region aufsammeln, dann wird Ihnen nichts anderes übrigbleiben, als Yadav gegen die einzutauschen.“

Zum ersten Mal blickt sogar General Shahram von seinem Handy auf und richtet einen interessierten Blick auf Constantine. Der Oberstleutnant scheint mehrere Sekunden lang ratlos zu sein, was er antworten soll, als Samir das Wort ergreift.

„Nun, Oberstleutnant, ich denke, Herr D’Souza hat ein paar wesentliche Punkte erwähnt. Wie es aussieht, haben wir uns noch nicht ausreichend mit diesem Herrn beschäftigt, und wir haben schon viel Zeit verloren. Zeit, in der wir hätten versuchen können, diesem Maulwurf auf die Spur zu kommen. Oberstleutnant, ich schlage vor, dass Sie alle relevanten Informationen, die Sie aus Yadav herausgeholt haben, mit den anderen anwesenden Organen teilen. Ich ordne an, dass für die Aufspürung des Maulwurfs eine eigene Sondereinheit eingerichtet wird, die direkt mir unterstellt ist. Inzwischen, General Shahram, sollten wir die Bedingungen einer Resolution zu der Sache ausarbeiten. Wegen des Internationalen Gerichtshofes müssen wir mit massivem Druck der internationalen Gemeinschaft rechnen. Wir sollten also Vorschläge bei der Hand haben, die ich dem PM vorlegen kann. Ich danke Ihnen, meine Herren."

***

General Shahram nimmt die Sonnenbrille aus seiner Jackentasche und wischt sehr langsam und bedächtig mit einem seidenen Taschentuch die Gläser ab. Währenddessen beobachtet er alles, was um ihn vorgeht. Er sieht, wie der bedauernswerte Oberstleutnant mit niedergeschlagener Miene seine Unterlagen zusammenpackt. Er ist kein schlechter Kerl, ein ordentlicher Offizier, nur nicht gewohnt, in einer Konferenz so zusammengestaucht zu werden, und vielleicht ist er für die Spionageabwehr auch nicht aufgeweckt genug. Er sieht Rashid Sethi Constantine aus dem Konferenzraum schieben, sieht, wie er im Flüsterton auf ihn einredet. Vermutlich wird Constantine von seinem Kollegen zur Schnecke gemacht, weil er jemand von der Agency vor allen bloßgestellt hat. Er kennt Leute von Sethis Art nur zu gut. Typischer arschkriechender Speichellecker, misst seine eigene Bedeutung an der Anzahl der Meetings, an denen er teilnimmt, und will jegliche Unruhe vermeiden, weil es womöglich seiner Karriere schaden könnte. Ratten wie Sethi wuseln dem General ständig um die Stiefel. Der Mann bei ihm aber ist von anderem Schlag. Bemerkenswert. Der hat die richtigen Instinkte für die Spionageabwehr, Instinkte, wie sie ein Mitarbeiter im Außendienst braucht. Constantine D'Souza. Er schreibt es sich in sein Notizbuch.

Den Namen muss er sich merken.

Als er sich erhebt, signalisiert ihm ein Adjutant, dass der Nationale Sicherheitsberater ihn sprechen will. Das ist endlich mal jemand, vor dem er Respekt hat. Messerscharfer Intellekt, und geradezu genial, wenn es um die Sicherheit des Staates geht. Und das, obwohl er von der Polizei kommt. Durchaus beeindruckend. Nicht wie der vorige NSB, so ein stumpfsinniger politischer Handlanger des Premierministers. Verbrachte mehr Zeit damit, sich zu überlegen, was für Snacks bei diesen Meetings serviert werden sollten, als damit, sich mit dem Thema zu befassen, um das es ging. Kebab-Kriege führen, hat Shahram das genannt.

Vor dem Konferenzraum wartet Samir in der Lobby auf ihn. „Herr General, begleiten Sie mich ein Stück. Sie waren dort drin sehr schweigsam."

„Nun ja, ich habe bewundernd zugesehen, wie Sie meinen Oberstleutnant an die Kandare genommen haben."

„Mein lieber Shahram, was erwarten Sie denn von mir? Soll ich ihn schonen, nur weil er für Sie arbeitet? Ihr Mann ist ein Idiot. Dieser D'Souza vom Department hat sehr viel klarer als er gesehen, was in der Sache steckt."

„Kein Einwand."

„Mal ernsthaft, die Inder haben uns verarscht, oder? Wie schlimm ist es?"

„Ich gebe zu, damit, dass sie es so schnell publik gemacht haben, haben sie uns in die Ecke gedrängt. Muss schon sagen, Krishnamurthy hat Schneid."

„Wer ist Krishnamurthy?"

„Chef der indischen Auslandsnachrichtendienste. Durch und durch professionell. In unserer Branche ist er als Großmeister bekannt, denn wie ein Großmeister im Schach denkt er fünf Züge weiter als jeder andere. Keiner sonst hätte diesen Zug gemacht."

„Wieviel Schaden hat der Maulwurf schon angerichtet? Dieser Deaf Leopard?"

„Es ist merkwürdig. Offenbar ist Deaf Leopard in einer Position, wo er, oder sie, an eine Menge Informationen herankommt. Es fällt auf, dass er an Yadav zwar sensible Daten, aber nichts Entscheidendes weitergegeben hat. Nach dem, was er geliefert hat, müsste er aber auch Zugriff auf noch vertraulichere Informationen haben. Das heißt, der Maulwurf hat sich bewusst dagegen entschieden, sie weiterzugeben. Dennoch. Ich denke, wir haben Glück, dass wir von diesem Maulwurf erfahren, bevor es zu spät ist. Wegen Yadav werden wir uns schon irgendwie einigen, aber der Maulwurf, den müssen wir ausgraben, so schnell es geht."

„Ich nehme an, die Abschusscodes für die Atomraketen sind noch sicher? Sonst hätten Sie mir wohl gesagt, ich muss meinen Chef verhaften." Samir schmunzelt.

„Ja. Wir können nicht hundertprozentig sicher sein, aber wir gehen davon aus, dass Deaf Leopard nicht der Premierminister ist." Auch Shahram lächelt, als er auf Samirs Scherz eingeht.

Jetzt lacht Samir laut auf. „Das muss ich mir merken! Ausnahmsweise glaubt mein Freund General Shahram, dass der Premierminister unschuldig ist!"

„In dieser Sache, ja. Aber es gibt ein paar andere Fragen in Hinblick auf den PM. Die würde ich gerne mit Ihnen besprechen."

„Ok. Was ist das Problem?"

„Dem Premierminister ist sehr an seiner Politik der Entspannung mit Indien gelegen. Sie wissen das natürlich, schließlich helfen Sie ihm bei der Entwicklung dieser Strategie. Spricht auch nichts dagegen, und persönlich halte ich es für einen Schritt in die richtige Richtung, eine Vision. Nur kommt sie vielleicht fünf Jahre zu früh. Die Inder sind nicht dazu bereit, und wir auch nicht. Und wenn jetzt in beiden Ländern die Medien diese Yadav-Geschichte herumposaunen, dann ist unserer Ansicht nach Entspannungspolitik jetzt einfach nicht am Platz. Wir würden gerne intervenieren, versuchen, den PM ein bisschen von seinem Enthusiasmus abzubringen."

Samir schüttelt den Kopf. „Shahram, Sie wissen doch, dass es so nicht funktioniert. Das Verhältnis, das ich zu ihm habe, basiert darauf, dass er seine politische Linie verfolgt und ich ihm Möglichkeiten aufzeige. Das geht nur so lange, wie er sich sicher ist, dass niemand, und

Sie am allerwenigsten, mich beeinflusst. Wenn Sie jemand brauchen, der auf ihn einwirkt, bin ich der Falsche. Wenden Sie sich an einen seiner politischen Anhänger, jemand wie Anwar Tarin Malik. Ja, genau, ATM. Der ist ein raffinierter kleiner Scheißer und bestimmt zu allem bereit, um sich bei Ihnen einzuschmeicheln."

„Wenn es mir um eine ukrainische Nutte für 200.000 Rupien die Nacht zu tun wäre oder um eine Villa in Emirates Hills, würde ich bestimmt mit ATM reden. Aber ich brauche jemand, der vernünftig mit dem PM spricht, und der Einzige, auf den ich mich da verlassen kann, ist Samir Ali Khan."

„Politische Entscheidungen liegen in seiner Zuständigkeit, Shahram. Er ist kein Dummkopf. Bedenken Sie, er ist dreimal zum Premierminister gewählt worden, er hat einen Universitätsabschluss von Oxford in Internationale Beziehungen, und er hat mit den Indern schon zu tun gehabt, als Sie und ich noch ganz am Anfang unserer Laufbahn standen."

„Das ist es ja gerade, was mir Sorgen macht."

„Ach, hören Sie auf, Shahram, Sie können doch nicht allen Ernstes glauben, dass er mit den Indern unter einer Decke steckt! Ich arbeite an der Sache doch mit ihm zusammen!"

„Er steckt nicht mit ihnen unter einer Decke, Samir. Aber seine Entspannungspolitik liegt ihm zu sehr am Herzen. Es ist sein Vermächtnis. Zweimal hat seine Regierungszeit frühzeitig geendet, wegen Korruption. Jetzt ist er das dritte Mal an der Macht, und es gibt wieder nichts Vorzeigbares. Die Wirtschaft liegt am Boden, er hat keine Gesetze durchgebracht, und in seiner Partei gibt es interne Streitereien. Der Friede mit Indien ist seine letzte Chance, etwas Großes zu bewerkstelligen."

„Na und, was ist schlecht daran?"

„Gar nichts, auch ich will Frieden. Aber ich glaube nicht, dass jetzt die Zeit dafür ist. In vierzehn Monaten wird in Indien gewählt, und bevor das Ergebnis der Wahlen feststeht, haben die Annäherungsversuche unseres PM gar keinen Sinn. Wir verschenken alles und bekommen nichts dafür. Und wenn auf sämtlichen Kanälen jetzt Yadavs Gesicht zu sehen ist, können Sie sicher sein, dass es genügend rechtsextreme Irre gibt, die dem PM nach dem Leben trachten, falls er Indien gegenüber nicht Stärke zeigt."

Sie haben inzwischen mehrere Säle durchschritten, und Samir bleibt vor der großen Tür zu seinem persönlichen Büro stehen. „Ich werde sehen, was sich machen lässt, aber ich kann Ihnen nichts versprechen."

„Das ist alles, worum ich Sie bitte. Danke, Nationaler Sicherheitsberater." Der General wendet sich zum Gehen, hält dann noch einmal inne. „Ach, fast hätte ich vergessen, Ihnen meine Glückwünsche auszusprechen. Wie ich höre, haben die Amerikaner geschafft, Bungalzai zu töten, und zwar ungewöhnlich sauber. Super."

„Das ist Ihren Leuten zu verdanken. Sie haben ihn all die Jahre gejagt. Die Amerikaner haben bloß Glück gehabt."

„Jeder weiß, dass Sie es waren, der uns und die Amerikaner gedrängt hat, an dem Schweinehund dran zu bleiben. Den sind wir los! Hoffentlich können Sie jetzt besser schlafen, lieber Freund."

5. Kapitel

Islamabad
3. Februar

„Man hat mir zugetragen, dass Ihr Freund, der General, Sie aufgesucht hat."

„Herr Premierminister, Ihre Informationsquellen setzen mich immer wieder in Erstaunen."

Premierminister Ammar Hamdani ist ein kleiner, fast zwergenhafter Mann, mit dichtem schlohweißem Haar und einem runzeligen Gesicht, das ihn wie einen gütigen Großvater aussehen lässt. Traf man ihn außerhalb seiner derzeitigen prunkvollen Umgebung an, konnte man ihn leicht für einen wohlhabenden Rentner halten, vielleicht einen Arzt oder Beamten im Ruhestand. Nicht viele würden auf die Idee kommen, dass dieser freundliche alte Mann dreimal die Wahl zum Premierminister gewonnen und fast vierzig Jahre lang mit eiserner Faust die größte politische Partei im Land regiert hat. Hinter dem großen Mahagonitisch in seinem Büro wirkt Hamdani noch kleiner, aber Samir Ali Khan kennt niemand, der so souverän Macht ausübt.

„Wenn General Shahram sich mit Ihnen trifft, macht er kaum ein großes Geheimnis daraus. Und da Sie mich direkt danach um eine Unterredung gebeten haben, vermute ich stark, dass der gute General Sie gebeten hat, mir etwas zu übermitteln. Ich kann Sie zum Timing nur beglückwünschen, gerade habe ich Tee bestellt."

Hamdani drückt auf einen Knopf, und sogleich schieben livrierte Bedienstete Servierwagen voller Kuchen, Keksen, Samosas, Sandwiches und Pastetchen herein. Samir, der gegenüber dem PM Platz genommen hat, muss lächeln, als Hamdani sich genießerisch dem opulenten Angebot zuwendet. Seine Augen leuchten wie die eines Kindes, als er ein Paar exquisiter Eclairs entdeckt. Eins davon verzehrt er genüsslich, die Sahne quillt heraus und verschmiert ihm die Wange, da blickt er auf und bemerkt, dass Samir die Lakaien fortgewinkt hat, ohne sich etwas zu nehmen.

„Ich bitte Sie, Samir. Einmal können Sie doch eine Ausnahme machen! Halten Sie sich immer noch an Ihre Regel von einer Mahlzeit pro Tag?"

„Vielen Dank, aber ich nehme keinen Zucker mehr zu mir. Und Sie in Ihrem Alter sollten auch zurückhaltend damit sein!"

Hamdani lacht, während er sich die Sahne vom Kinn wischt. „Wenn Sie erst einmal so alt sind wie ich, mein lieber Junge, brauchen Sie sich keine Sorgen mehr zu machen. Ich habe elf Jahre im Gefängnis verbracht und weitere zwölf in dem Irrenhaus hier. Zwei Dinge hat mich die Politik gelehrt: erstens hat es keinen Zweck zu versuchen, das eigene Leben durch Fitness oder Diäten zu verlängern, und zweitens, wenn du ein Eclair siehst, iss es, denn du weißt nicht, wann die nächste Gelegenheit kommt."

Er bietet Samir die Platte mit Eclairs an, der lächelt und lehnt erneut ab. Hamdani verleibt sich selbst ein weiteres ein. „Schade. Ihr Vater war da ganz anders. Er wusste seinen Afternoon Tea zu schätzen. Für solche Eclairs hätte er mit mir bis aufs Messer gekämpft, ob ich Premierminister bin oder nicht."

„Ja, mein Vater liebte es zu essen. Es gibt vieles, was er tat, aber ich nicht."

„In seinem Büro gab es das beste *Chaat*. Wenn ich zu ihm kam, ließ er es extra für mich besorgen. Ich glaube, er bekam es aus Nursery. Er wusste, wo in Karachi man am besten essen konnte, wo es das beste *Bun Kebab*, das beste *Nihari*, das beste Eis gab. Ein echter Gourmet von Junk-Food, das war er. Ich weiß noch, das muss ... das muss damals gewesen sein, nachdem meine erste Regierung abgesetzt wurde. Ihr Vater verteidigte mich gegen die Anschuldigungen von Korruption, die die neue Regierung gegen mich erhob. Wir hatten eine Gerichtsverhandlung in Saddar, ich war in Pindi verhaftet worden und wurde für die Anhörung nach Karachi geflogen. Bis es zu Ende war, war es später Nachmittag, und sie wollten mich mit einem Militärtransport direkt nach Pindi zurückbringen. Ich habe mit der Faust auf den Tisch gehauen und dem Richter gesagt, ich würde mich nicht aus dem Gerichtsgebäude wegrühren, bis ich zumindest etwas zu essen bekommen hätte. Den Richter brachte das etwas aus der Fassung, aber er gewährte mir eine halbe Stunde Aufschub, damit ich im Gericht etwas zu mir nehmen konnte. Damals war das nicht so wie heute, niemand hatte irgendetwas vorbereitet, also fragte ich Ihren Vater, was ich hier innerhalb von dreißig Minuten zu essen bekommen könnte. Und wie stets hatte er eine Lösung. Er schickte einen seiner Mitarbeiter los, und fünf Minuten später schwelgten wir in dem besten *Murgh cholay* von ganz Karachi. Ich habe in meinem Leben ja einige üppige Mahlzeiten genossen, aber dieses Hähnchen in Kichererbsen in dem leeren Gerichtssaal, mit nur Ihrem Vater und mir, habe ich als eine der besten in Erinnerung, die ich je erlebt habe. So, nun erzählen Sie mal, was wollen General Shahram und seine Freunde?"

„Sie haben Zweifel an unserer Entspannungspolitik mit Indien."

„Ja, sicher haben sie das. Lassen Sie mich raten, sie halten es grundsätzlich für eine vernünftige Strategie, aber die Zeit ist ihrer Meinung nach nicht günstig dafür. Ungefähr so?“

„Ja, Herr Premierminister.“

„Das, oder etwas Ähnliches, ist es, was ich seit dreißig Jahren höre. Es ist niemals die richtige Zeit dafür. Entweder sind es die Wahlen, oder Kargil, oder 9/11, oder sonst irgendetwas. Irgendwann müssen wir uns aber für Verhandlungen entscheiden. Wie denken Sie selbst darüber? Haben Sie seit unserem letzten Gespräch Ihre Meinung geändert? Schließlich waren Sie dabei, als wir uns entschlossen haben, in diese Richtung zu gehen.“

„Herr Premierminister, ich bin absolut von Ihrer Vision überzeugt. Ohne unsere Beziehungen zu Indien zu verbessern, können wir nicht weitermachen, da bin ich vollkommen Ihrer Meinung. Aber die Agency meint, dass die Festnahme dieses indischen Spions momentan zu Spannungen führt. Er hat gesagt, dass es in der Regierung einen Maulwurf gibt. Jetzt auf Verhandlungen zu drängen, während die Inder uns vor dem Internationalen Gerichtshof anklagen und während bei uns ein Spitzel herumläuft, der unsere Geheimnisse an sie verhökert, ist vielleicht nicht optimal.“

„Dieser Agent mit seiner Maulwurfsgeschichte kommt ihnen da ziemlich gelegen, finden Sie nicht? Glauben Sie, da ist etwas dran?“

„Ich denke nicht, dass die Leute von der Spionageabwehr das vorgeschoben haben. Sie kommen bei der Suche nach dem Maulwurf nicht weiter, deshalb kommen sie und hoffen auf unsere Unterstützung. Wenn das ein Trick wäre, um Sie von der Entspannungspolitik abzubringen, hätten sie nicht so viel Aufwand treiben müssen. Ich denke, den Maulwurf gibt es.“

„Verlassen Sie sich nicht nur auf das, was sie sagen. Stellen Sie eigene Ermittlungen an.“

„Selbstverständlich, Sir. Aber was soll ich Shahram und seinen Freunden sagen?“

„Sagen Sie ihm ... ich nehme ihren Rat an. Vorläufig. Wir verschieben die Gespräche mit den Indern um ein paar Monate. In der Zwischenzeit kümmern Sie sich darum, dass Sie dieser Sache mit dem Maulwurf auf den Grund gehen. Ich will nicht, dass die Agency mir mit irgendwelchen Überraschungen aufwartet."

„Ja, Herr Premierminister. Aber wir brauchen auch nicht untätig herumzusitzen. Die Maulwurfsangelegenheit betrifft die Inder, nicht die Afghanen. Und wir hatten als nächsten Schritt in Ihrem Plan doch vorgesehen, dass wir auf Ahmad Ghilzai in Kabul zugehen. Jetzt ist ein guter Zeitpunkt dafür. Er war von der Nachricht, die wir ihm über Mufti Bungalzai zukommen lassen haben, sehr angetan."

„Ja, Bungalzai war für die Afghanen eine ebenso große Bedrohung wie für uns. Jeder freut sich, dass er tot ist. Sie haben recht, das ist ein guter Einstieg für einen echten Dialog mit Ghilzai. Ihre Freunde von der Spionageabwehr sollten damit kein Problem haben, zumal es ja einer ihrer Mitarbeiter war, dank dem die Amerikaner Bungalzais Standort lokalisieren konnten. Nebenbei, ich werde Ihnen die Bevollmächtigung erteilen, die Sache mit den Afghanen abzustimmen. Dann hat Shahram erst recht keinen Grund, sich zu beklagen. Gehen Sie nach Kabul. Zum Teufel, nehmen Sie Shahram mit, wenn Sie wollen. Aber bringen Sie Ghilzai dazu, von Indien Abstand zu halten. Wenn uns das gelingt, werden die Inder selbst uns anflehen, mit ihnen zu reden. So betrachtet, könnte eine Verzögerung im Grunde sogar förderlich sein."

„In Ordnung, Herr Premierminister. Ich werde mich gleich um Kabul bemühen."

„Gut. Dann ist da noch etwas, worum ich Sie bitten möchte, Samir."

„Natürlich, Herr Premierminister."

„ATM möchte Sie sprechen."

„Wieso das denn, Sir? Meine Arbeit hat mit ihm nichts zu schaffen."

„Nun, das stimmt nicht ganz. Das Department-Büro in Karachi hat damit begonnen, eins seiner Geschäfte unter die Lupe zu nehmen. Er möchte Sie bitten, das abzublasen."

„Es tut mir leid, Herr Premierminister, das kann ich nicht tun. Als Sie mich in Ihr Team berufen haben, habe ich klargestellt, ich würde keinerlei politische Einmischung in meine Arbeit dulden, und Sie haben das akzeptiert."

„Nun hören Sie mal, es geht hier nicht um eine Staatsangelegenheit. Treffen Sie ihn doch einfach und hören Sie ihn an."

„Sie wissen, dass es mit ihm nie so einfach geht. Er will, dass die Ermittlungen eingestellt werden, weil er weiß, dass er in Schwierigkeiten ist, und so etwas mache ich nicht. Offen gesagt, Herr Premierminister, auch Sie sollten sich von ihm distanzieren. Jedes Mal, wenn er wieder in einen Skandal verwickelt ist, werden Sie mit hineingezogen. Sie sind ein Mann von Bedeutung, und Sie werden Bedeutendes für dieses Land leisten. Was politisch dabei herauskommt, wenn Sie mit Abschaum wie ATM in Verbindung gebracht werden, möchte ich mir nicht vorstellen."

„Sie können sich leicht solche Urteile erlauben. Sie sind ein Beamter mit einem sehr ordentlichen Gehalt, Dienstwohnung, drei Fahrzeugen und garantierter Pension, ganz gleich, wer auf meinem Posten sitzt. Das Schlimmste, was Ihnen passieren könnte, ist, dass Sie statt als Nationaler Sicherheitsberater als Chef des Statistischen Bundesamts eingesetzt würden. Ich bin Politiker, Samir. Ich muss mit Leuten aller Art verkehren. Was bei der Verbindung mit ATM politisch herauskommt, wie Sie es ausdrücken, ist, dass er als Sponsor über beachtliche Mittel verfügt. Politik ist eine kostspielige Angelegenheit. Ich muss an die nächste Wahl denken. Ich werde ihn nicht zu meinem Finanzminister machen, aber ich brauche die 500 Millionen, die er mir geben wird, damit mein idiotischer, in Harvard graduierter Finanzminister und fünfzig weitere Mitglieder der Nationalversammlung gewählt werden. So etwas bringen Sie einem in Oxford nicht bei."

„Herr Premierminister, er erzählt überall herum, er hätte Sie vollkommen im Griff. Es gibt mindestens zwei Dutzend Beamte und Polizisten, denen er die Anstellung verschafft hat, inklusive Ihr eigener Stabschef."

„Ich bin jetzt zum dritten Mal im Amt. Ich brauche keinen Stabschef. Ich bin mein eigener Stabschef. Falls Anwar glaubt, er würde sein Schäfchen ins Trockene bringen, indem er mir seinen Schützling vor die Tür setzt, bitte sehr. Er hat noch nie etwas von mir bekommen, wenn ich es ihm nicht geben wollte. Ich bitte Sie nicht zu tun, was er verlangt, nur, dass Sie ihn einmal anhören. Sie sind zu streng in diesen Dingen, Samir. Ihr Vater war ein kluger Mann, und er war nicht so. Er hätte sich mit ATM getroffen. Er kannte die Höhen und Tiefen in der Politik. Er wusste, was es heißt, Politik zu machen."

„Wie gesagt, Herr Premierminister, es gibt vieles, was mein Vater getan hat, was ich aber nicht tun würde." Samirs Tonfall ist mit einem Mal kälter und härter geworden. „Er hat versucht, einen Richter zu bestechen, und als es nicht geklappt hat und herauskam, hat er sich umgebracht. Das würde ich auch nicht tun."

„Sie sollten nicht so von ihm reden. Das ist nicht die ganze Wahrheit, Samir."

„Es ist die einzige Wahrheit, die ich kenne. Und die einzige, die die Welt akzeptiert. Wenn es weiter nichts gibt, dürfte ich mich jetzt verabschieden, Herr Premierminister?"

„Ihr Vater war ein guter Mensch. Er liebte seine Familie, und er tat alles für sie. Das ist etwas, was Respekt verdient. Dieser Richter war ein Schuft. Ein korrupter Scheißkerl, der einstweilige Verfügungen unterschrieb und unter dem Kriegsrecht ins Amt gekommen war. Das wusste jeder. Er hat das Ihrem Vater angehängt, weil der mein Anwalt war und weil der Nachrichtendienst, mit dem Sie jetzt so dicke sind, ihn stürzen wollte. Ihr Vater hätte mit ihnen verhandeln können, er hätte mich verkaufen können. Aber er hat es nicht getan. Er hätte sich im Sinne der Anklage schuldig bekennen können, eine Verwarnung einstecken und seine Karriere fortsetzen können. Die Gerichte sind voll von moralisch angeschlagenen Anwälten, die viel mehr getan haben als das, weswegen Ihr Vater angeklagt war. Aber er war ein Ehrenmann. Wie der große Feldherr Gnaeus Domitius Corbulo stürzte er sich in sein Schwert. Um der Ehre willen."

Samir starrt den Premierminister an, ohne Zeichen von Emotion. „Ich bin kein Historiker, Sir, aber ist Corbulo auch Pleite gegangen und hat seine Familie mittellos hinterlassen?"

„Sie sind noch jung, Samir. Sie haben Schreckliches durchgemacht, aber Sie sind noch ein junger Mann. In meinem Alter werden Sie Menschen vielleicht weniger schnell aburteilen. Für seine Familie ist ein Mann zu allem Möglichen bereit. Manchmal trifft er dabei vielleicht die falsche Entscheidung, aber es geschieht doch aus dem Wunsch heraus, das Beste für seine Familie zu tun. So war es bei Ihrem Vater, und genauso verhält es sich bei Anwar. Sie verdammen Anwar für irgendwelchen Unsinn, den er gesagt haben mag, aber im Grunde ist auch er ein anständiger Kerl. Nach dem Tod Ihres Vaters ... ja, es gab Schulden. Es ist alles so schnell gegangen, dass Ihr Vater keine Zeit hatte, die nötigen Vorkehrungen zu treffen, bevor er ... ging. Es war Anwar, der eingesprungen ist. Er hat all die Schulden Ihres Vaters beglichen, und zwar, ohne dass es Ihrer Mutter und Ihnen es zu Bewusstsein kam. Sie haben es vielleicht Ihrem diplomatischen Geschick zugeschrieben, dass die Gläubiger so schnell bereit waren, einzulenken. Nein, es war Anwars Geld, das ihnen das Maul gestopft hat. Und das hat er nicht getan, weil ich es ihm gesagt hätte oder weil er sich davon irgendetwas von mir versprochen hat. Er hat es nur so getan, aus freien Stücken, weil er es für richtig hielt. Weil Ihr Vater auch sein Anwalt gewesen war und für uns beide ein Freund. Denken Sie mal darüber nach, bevor Sie ihn genauso verurteilen, wie Sie das mit Ihrem Vater tun! Alles, worum er Sie ein Vierteljahrhundert später bittet, ist ein Gespräch. Wenn Sie es nicht für mich tun wollen, tun Sie es um Ihrer Mutter willen. Für die Last, die er ihr damals abgenommen hat."

„Ist das alles, Herr Premierminister"

„Ja."

***

Der Stabschef des Premierministers ist vollkommen kahl, leichenblass und hat stark vorstehende Schneidezähne, was ihn wie einen Nosferatu im Anzug aussehen lässt. Auch sein Verhalten lässt zuweilen an einen Vampir denken, denn er neigt dazu, in den Sälen des Amtssitzes des Premierministers ahnungslosen Beamten aufzulauern, die mit Akten im Büro des Premierministers ein und aus gehen. Als junger Bezirksbeamter vor dreißig Jahren in Sialkot hat er sich mit einem aufstrebenden Bauunternehmer angefreundet, einem ehrgeizigen Mann mit Ecken und Kanten, der es öfter mal nicht so genau nahm, wenn er dadurch profitieren konnte.

Über die Jahre hat Anwar Tarin Malik, oder ATM, wie ihn Freunde wie Feinde nennen, erfolgreich daran gearbeitet, dass sich die Kanten abgeschliffen haben, aber er hat niemals den Geschmack daran verloren, jede Gelegenheit, legal oder illegal, zu ergreifen, um schnelles Geld zu machen, ob es sich um Dollars handelt, Euro oder Yuan. In Rupien legt er sein Geld seit den Atomtests vor zwanzig Jahren nicht an, und seit dem Brexit nimmt er prinzipiell auch keine Schmiergelder oder Provisionen mehr in Sterling entgegen. Dummheiten sollten seiner Ansicht nach nicht belohnt werden, ganz besonders dann nicht, wenn sie auf nationaler Ebene begangen wurden. Seine Anhänger bezeichnen ihn als politischen Drahtzieher par excellence, als modernen Svengali für Ammar Hamdani. Seine Kritiker behaupten, sein Spitzname ATM hätte weniger mit den Anfangsbuchstaben seines Namens zu tun als damit, dass er für den Premierminister so etwas wie einen Geldautomaten darstellt, der für ihn Einzahlungen vornimmt und bei Bedarf Geld ausspuckt.

Aber in einem Punkt sind sich alle einig: dass Anwar Tarin Malik ein unheimliches Talent hat, Menschen zu sammeln. Er sammelt sie, wie andere Leute Briefmarken sammeln, kauft sie, bewahrt sie auf und benutzt sie, wie und wann es erforderlich ist. Zwar tut er das mit Menschen jeder Couleur, aber die wertvollsten Stücke seiner Sammlung sind Regierungsmitarbeiter. Die drei Amtszeiten von Ammar Hamdani als Premierminister haben es ihm ermöglicht, eine beachtliche Anzahl solcher Exemplare zu erwerben. Ihm sind die jüngeren am liebsten, ehrgeizige Jungspunde, die für ihre Karriere zu allem bereit sind. Der Stabschef ist ein gutes Beispiel. Seit er damals in Sialkot stationiert war, hat ATM dafür gesorgt, dass er vorankam. Malik hat ihm, mal durch politische Beziehungen, mal mit klingender Münze, seine Posten verschafft. Das Resultat ist, dass er in jedem Bezirk und in jeder Stadt, in der der Stabschef Dienst tat, lukrative Wohnbaugesellschaften und Industriegebiete aufgebaut hat, mit Land, das er für Spottpreise aufkaufen konnte, dank dem Stabschef, der die lokalen Landbesitzer unter Druck setzte. Auch sein Schützling ist dabei zu einem sehr wohlhabenden Mann geworden. Jede neugegründete Immobiliengesellschaft von

Malik bedeutet für den Stabschef Baugrundstücke, die er gratis erhält. Als Ammar Hamdani das zweite Mal die Wahl zum Premierminister gewonnen hat, hat Malik ihn auf den Posten eines Chief Commissioner von Islamabad gehievt, wofür der ihm die bescheidene Spende von zweihundert Hektar Bauland in bester Lage hat zukommen lassen. Dieses Mal hat Malik es für am günstigsten gehalten, ihn hier, direkt vor der Tür des Premierministers, zu platzieren, so dass der Stabschef jede Akte, die in das Büro des Premierministers wandert, darauf überprüfen kann, ob Anwar Malik daraus Profit schlagen könnte.

Und so streift der Stabschef heute durch die Flure des Amtssitzes und wartet auf Samir Ali Khan. Als der das Vorzimmer des Premierministers betritt, stürzt er sich auf ihn wie ein Geier auf einen Kadaver.

„Herr Malik würde gern mit Ihnen sprechen." Nosferatu ist nervös, denn der Nationale Sicherheitsberater ist einer der wenigen Staatsdiener, die sich von dem Stabschef des Premierministers nicht einschüchtern lassen. Überdies ist Samir Ali Khan dafür bekannt, dass er Leute wie ihn zur Sau macht. Daher stellt er sich so vor Samir, dass er nicht zu übersehen ist, aber nicht so, dass er ihm den Weg verstellt. Er schlägt einen gemäßigten Ton an, es soll nicht wie ein Befehl klingen, sondern wie ein Vorschlag. Nosferatu weiß, dass Samir Ali Khan, anders als er selbst, Anweisungen von ATM überhaupt nicht leiden kann.

Samir starrt ihn eine ganze Minute lang voller Abscheu an. Er ballt die Fäuste, lockert sie, ballt sie wieder. Nosferatu hält sich eine Akte unter die Nase, um seine Hasenzähne zu schützen, weil es aussieht, als wollte Samir ihm gleich eine verpassen. Zu seiner großen Erleichterung nickt der Nationale Sicherheitsberater schließlich.

Die beiden Männer durchqueren den öffentlichen Teil des Gebäudes und erreichen die private Residenz im zweiten Stock. Sie betreten ein prunkvolles Wohnzimmer, das mit Möbeln im Louis XIV-Stil ausgestattet ist. Auf der gegenüberliegenden Seite des Raumes geben raumhohe Fenster den Blick auf eine atemberaubende Parklandschaft frei. Die Rasenflächen des Amtssitzes des Premierministers scheinen bis zum Horizont zu reichen, ein sattgrüner Teppich gesprenkelt mit Springbrunnen, eine Versailles-Imitation mitten in den Margalla-Hügeln. Es gibt dort sogar eine Menagerie mit seltenen Tieren. Pfauen schreiten über das Gras, und auf einer Trauerweide sitzen bunte Sittiche. In der Mitte des Zimmers thront auf einem Sofa ein alter Mann in einem elegant geschnittenen Maßanzug von der Savile Row, mit einem orangenen Einstecktuch von Hermès in der Brusttasche. Er stützt sich auf einen Gehstock mit silbernem Knauf. Ein deutlich jüngerer Mann steht an seiner Seite, mit seinen zurückgegelten Haaren, der auffallenden Armbanduhr und den roten Hosenträgern könnte man ihn für einen Effektenhändler halten, der geradewegs vom New York Stock Exchange kommt, so um 1987 herum. Ein Mann in mittlerem Alter, der Samir vage bekannt vorkommt, sitzt gegenüber dem alten Herrn auf einem Stuhl. Auf dem Tisch zwischen ihnen steht eine Platte mit Walnüssen, Pinienkernen, Feigen, getrockneten Aprikosen, Pistazien, Cashewnüssen und Mandeln.

Anwar Tarin Malik sieht Samir unverwandt an, starrt ihn an wie ein Habicht seine Beute, während er langsam eine getrocknete Aprikose zerkaut. Unvermittelt verziehen sich die dünnen Lippen zu dem falschesten Lächeln, das Samir je gesehen hat.

„Samir Ali Khan, wie schön, Sie auch einmal zu sehen! Sie sind jetzt, na, fast drei Jahre hier, was? Aber nicht einmal haben Sie mich besucht. All Ihre Freunde im Staatsdienst, und übrigens auch viele Ihrer Kollegen von der Polizei suchen mich regelmäßig auf. Aber Sie nicht. Wäre ich weniger großzügig, müsste ich gekränkt sein."

„Ich bin kein sehr kontaktfreudiger Mensch, ATM." Samir benutzt den Spitznamen, es soll beleidigend wirken und signalisieren, dass er sich selbst in keiner Weise als ihm untergeordnet betrachtet. „Die meisten meiner Kollegen halten mich für ein ziemliches Arschloch."

Samirs aufgesetzte Vulgarität zeigt Wirkung. Er sieht, wie ATMs Gesicht sich vor Ärger rosa verfärbt, aber er starrt dem älteren Mann kühl in die Augen. Schließlich muss Malik wegschauen, er wendet sich der Platte mit Trockenobst zu. Er nimmt sich eine Handvoll Pistazien und befreit sorgsam die Kerne aus der Schale.

„Das Department, also der Inlandsgeheimdienst, ist doch Ihnen als dem Nationalen Sicherheitsberater unterstellt?" Malik sieht nicht auf, er scheint sich ganz auf die Pistazien zu konzentrieren.

„Ja.“

„Und der Leiter des Departments in Karachi, Sajjad Ghani, das ist doch Ihr Protegé? Er arbeitet für Sie?“

„Er arbeitet für die Sicherheit dieses Staates.“

„Er arbeitet für den Premierminister, und ich berate den Premierminister, also arbeitet er im Grunde für mich. Sajjad Ghani hat sich ein wenig unklug verhalten. Er hat eine Untersuchung über gewisse Angelegenheiten eingeleitet, die mich betreffen. Ich befehle Ihnen, das abzustellen. Ich befehle Ihnen außerdem, ihn auf einen anderen Posten zu versetzen. Lassen Sie ihn in, was weiß ich, Chitral oder Gilgit, arbeiten. Es ist mir egal, wo, solange es irgendwo weit weg ist. Irgendwo, wo er über seine Fehler nachdenken kann.“

„Und wie sollte ich wohl dazu kommen, das zu tun?“

Die drei anderen Männer sind verblüfft von Samirs Respektlosigkeit. Sie sehen ihn alle an, und der Stabschef erwägt sogar, etwas zu sagen, aber er überlegt es sich anders, nachdem er den Ausdruck auf Samirs Gesicht gesehen hat. ATMs blasse Gesichtsfarbe ist jetzt tiefrot, aber auch ihn bewegt Samirs Miene zu einem Versuch, seiner Antwort durch einen gemäßigten Ton die Schärfe zu nehmen.

„Weil ich es Ihnen sage, mein Lieber. Weil ich der Berater des Premierministers bin und Ihnen befehle, es zu tun.“

„Lassen Sie mich ein paar Dinge klarstellen. Ich bin nicht Ihr Lieber, und ich denke gar nicht daran, Sajjad Ghani irgendeinen Blödsinn zu übermitteln. Sie sind nicht der Berater des Premierministers, sondern ein Kuppler, ein Emporkömmling, der sich sonstwas darauf einbildet, weil er ein paar korrupte Federfuchser wie diesen Arschkriecher hier in der Tasche hat.“ Der Stabschef zuckt zusammen, als Samir den Blick auf ihn richtet. „Sagen Sie dem PM, falls Sajjad Ghani auf ATMs Weisung versetzt wird, und wenn es nur von seinem Büro bis zu diesem Flur ist, dann bekommt er am nächsten Morgen mein Rücktrittsgesuch.“

„Zum Donnerwetter, Junge! Was bilden Sie sich ein! Wissen Sie, wer ich bin? Haben Sie eine Ahnung, wozu ich fähig bin, wenn Sie mich ärgern? Ich werde es Ihnen zeigen! Ich habe Ihre Mutter unterstützt, als Ihr Vater starb, zu einer Zeit, als Sie noch ein Dreikäsehoch waren. Wie können Sie es wagen! Ich bin Anwar Tarin Malik!“

„Ich weiß, wer Sie sind, und ich weiß, was Sie getan haben. Drohen Sie mir noch ein einziges Mal, und ich schlage diesen kostbaren Stock auf Ihrem Schädel entzwei. Sie können mich mal am Arsch lecken.“

***

„Sam ... Sam!“

Seit Jahren hat ihn niemand mehr Sam genannt. Nach seinem Auftritt im Wohnzimmer kann Samir sich nicht vorstellen, dass Anwar Tarin Malik oder jemand von seinen Kohorten es wagen würden, ihm hinterherzulaufen, geschweige denn ihn mit seinem Kindheitsnamen anzureden. Die Neugier lässt ihn innehalten und sich umdrehen. Der dickliche Mann mittleren Alters, der Samir irgendwie bekannt vorgekommen ist, eilt auf ihn zu.

„Sam, warte!“ Der Mann sieht aus, als stünde er kurz vor einem Herzinfarkt. „Warte ... erinnerst du dich nicht? Fred ... Freddy ... Farid Lalwani, aus der Schule!“

„Farid ... Fred! Lieber Himmel, ich habe dich nicht erkannt!“

„Ich habe ein paar hundert Pfund zugelegt seit damals. Aber du siehst bombig aus!“

„Danke. Fred, was machst du hier? Bist du von Karachi weggezogen?“

„Nein. Nein, ich bin noch in K-town. Ich ... äh... ich wollte versuchen, über Herrn Malik an einen Vertrag zu kommen. Ich baue Wasseraufbereitungsanlagen, und es gibt da mehrere große staatliche Projekte, an denen ich interessiert bin. Jemand hat mir Herrn Malik empfohlen. Wenn es um Verträge mit der Regierung geht, hat er das letzte Wort ... aber ... nun ... du weißt schon, wenn du was von ihm willst, verlangt er einen hohen Preis, den musst du zahlen ... du weißt ja, wie es ist...“

„Nein, weiß ich nicht.“

„Klar. Natürlich nicht ... aber was du da gemacht hast ... Ich habe schon viele Meetings mit ATM erlebt, und dass einer so mit ihm redet, also, das habe ich noch nie gesehen. Jeder kriecht ihm in den Hintern.

Verflucht, Sam, du hast Mut. Aber sollte mich ja nicht wundern. War schon damals so. Du warst von uns allen immer der Draufgängerischste, schon in der Schule."

„Wie geht es den anderen? Hast du noch mit jemand Kontakt?"

„Doch, ja. Tony, erinnerst du dich an Tony Harun? Er ist in Karachi, führt das Textilunternehmen seines Vaters. Homo ist gerade mit seiner Bank aus Singapur zurück, und Rash ist Musikproduzent. Bill und Chads sind in den USA, und Lambu macht anscheinend biologische Landwirtschaft in Hampshire oder Shropshire, irgendwo in einer von diesen ländlichen Grafschaften in England. Kannst du dir das vorstellen? Lambu, als Landwirt?"

„Mein Gott. Ich weiß nicht, ob ich essen möchte, was Lambu anbaut. Falls er früher überhaupt etwas züchten wollte, war es Hasch. Und seine Zehennägel."

Fred lacht schallend. „Ja, Mann, echt! Hey, diesen Sommer kommt er nach Karachi. Seine Schwester heiratet. Bill und Chads und Tina, eine Menge Leute aus unserer Klasse kommen. Wir machen was aus der Hochzeit, kleine Wiedervereinigung. Komm doch auch! Bist du oft in Karachi? Es wäre toll, wenn du dabei wärst! Ich bin sicher, die würden dich alle gern wiedersehen, nach so langer Zeit."

„Ich bin seit Jahrzehnten nicht in Karachi gewesen, Fred. Nicht, seit wir nach Lahore gezogen sind."

„Ach so. Ja. Das war kurz, nachdem dein Vater ... ja, sorry, Mann. Manche Leute können schrecklich grausam sein. Was einige damals gesagt haben ... scheiße. Unsere Eltern vor allem ... mein Vater und Alinas Mutter ... das war schon übel. Sogar hier drin ... ich meine, ich muss nun mal mit ATM zusammenarbeiten, aber was er über deine Mutter gesagt hat ... das war nicht in Ordnung. Als du weggezogen bist, haben wir dich wirklich vermisst. Ich weiß, wir waren damals schon alle im College, also nicht, dass wir jeden Tag zusammen herumgehangen haben, aber irgendwie waren wir doch noch füreinander da. Mindestens per Telefon. Aber du ... du bist einfach verschwunden. Wir wollten anrufen, sehen, ob alles in Ordnung bei dir ist, aber damals wolltest du mit keinem von ... uns reden, ich versteh das ja. Und dann, Jahre später, als deine, äh, Frau und deine Tochter in Quetta umgekommen sind, wollten Tony, Lambu und ich wieder Kontakt zu dir aufnehmen ... aber es war so lange her, wir wussten nicht, wie du darauf reagieren würdest, wir hatten Angst, dass du sagen würdest, wir sollten abhauen. Tut mir leid, Mann, war echt blöd von uns. Wir hätten für dich da sein müssen, als du es brauchtest. Ist zu spät jetzt, aber ich musste das trotzdem mal sagen."

„Danke, Fred. Es bedeutet mir auch jetzt noch eine Menge. Es war wohl für uns alle nicht leicht. Aber danke."

„Hey, immerhin ist es für dich anscheinend nicht schlecht gelaufen. Du bist zur Polizei gegangen, wurdest zum Helden, dann Nationaler Sicherheitsberater. Jeden Tag bist du in der Zeitung und im Fernsehen. Wir sind alle stolz auf dich, Sam."

„Hör zu, Fred, ich muss jetzt zu einem anderen Meeting, aber wenn du heute Abend in der Stadt bist, können wir zusammen essen gehen. Ich würde gern noch etwas darüber hören, was aus euch allen geworden ist, aber lieber irgendwo, wo es etwas gemütlicher ist als auf dem Flur im Amtssitz des Premierministers."

„Tut mir leid, Sam, ich muss um sieben zurück nach Karachi. Aber denk mal drüber nach, ob du nicht zu unserem Treffen bei der Hochzeit kommen kannst. Es ist nächsten Monat, ich schicke dir die genauen Daten. Wäre super. Für uns alle. Es ist zwanzig Jahre her, Sam. Wir sind alle dabei, und Alina kommt auch. Lambus Schwester heiratet anscheinend einen Cousin von ihr. Sie ist ebenfalls seit ein paar Monaten wieder in Karachi."

Der Name rührt etwas in ihm an. „Alina ist zurück? Ich dachte, sie wäre in Paris oder in New York. Ist sie nicht verheiratet?"

„Jetzt geschieden. Vor drei oder vier Jahren, glaube ich, vielleicht länger. Ja, sie war ein paar Jahre lang in New York, ihr Mann war ein Banker dort. Aber nach der Scheidung ist sie nach Paris gezogen und jetzt vor ein paar Monaten zurück nach Hause. Ihrem Vater geht es geschäftlich nicht so gut. Sie hat die Leitung des Unternehmens übernommen. Gib mir deine Nummer, dann schick ich dir alles per WhatsApp. Aber denk drüber nach, Sam, wir würden dich sehr gern wiedersehen!"

6. Kapitel

Karachi
17. März

„Chef, ist das wahr? Haben Sie wirklich zu ATM gesagt, er soll Sie am Arsch lecken?“

„Vermutlich hat die Agency in allen Räumen des Amtssitzes des Premierministers Wanzen. Sie können sich von General Shahram ein Transkript schicken lassen.“ Samir kann ein Grinsen nicht unterdrücken. Er nimmt einen Schluck von seinem schwarzen Kaffee. „Aber wieso interessiert Sie das jetzt noch? Es ist zwei Monate her, Sajjad.“

„Ja, Chef, aber man redet immer noch darüber. Ich bin schockiert. In all den Jahren, die ich beim Geheimdienst bin, ist mir niemand untergekommen, der so unverblümt Forderungen gestellt hat. Aber ich möchte Ihnen nur sagen, ich bin Ihnen sehr dankbar, dass Sie mir die Stange gehalten haben.“

„Keine Ursache, Sajjad. Sie haben nur Ihre Arbeit getan. Seither hat keiner etwas zu Ihnen gesagt, hoffe ich?“

„Das meinen Sie doch nicht ernst! ATMs Leute lassen mich vollkommen in Ruhe. Es ist, als hätten sie Angst, sich mit der Pest zu infizieren, wenn sie mir nahekommen. Und Sie? Hat der Premierminister deswegen irgendetwas gesagt?“ Sajjad Ghani zieht die letzte Zigarette aus der zerknitterten Packung Marlboro Lights, die auf seinem Schreibtisch liegt, zündet sie an und nimmt einen tiefen ersten Zug, genießt die Wirkung des Nikotins in seinem Blut.

„Ich hatte dem Premierminister von vornherein gesagt, dass ich nicht mit ATM sprechen will, weil ich schon wusste, was er wollte. Er bat mich, ihn wenigstens anzuhören. Das habe ich getan, habe ihn angehört, war in keiner Weise einverstanden mit dem, was er sagte, und habe ihm gesagt, er kann mich mal. Ich habe getan, worum der PM mich gebeten hat. Dass ich tue, was ATM von mir verlangt, habe ich nie gesagt."

„Aber ATM ist sein Busenfreund und Spezi, seit ewig. Ist er nicht hingegangen und hat dem PM gesagt, er soll Sie feuern?"

„Hört sich beinahe an, als wären Sie enttäuscht, Sajjad. Nach dem, was ich gehört habe, ist er zum PM gegangen, und der PM hat ihm gesagt, er soll sich um seinen eigenen Kram scheren und sich nicht in meine Angelegenheiten einmischen." Samir trinkt seinen Kaffee aus und zwinkert Sajjad Ghani zu. „Übrigens ist ATM nicht der Einzige, der schon lange enge Beziehungen zum PM hat."

„Bravo, Chef. Und ich vermute, dass Sie ATM erfolgreich auflaufen lassen haben, ist der Grund, dass Sie endlich mal wieder in Karachi sind? Sie wollen Ihren Sieg in der Stadt am Meer feiern?"

„Sie haben so oft von all den Veränderungen hier gesprochen. Ich wollte einfach mal herkommen und mir selbst ein Bild machen. Aber zurück zu ATM und den Ermittlungen gegen ihn. Sie haben mir auf dem abhörsicheren Handy mitgeteilt, dass Sie mit mir persönlich über bestimmte Punkte sprechen wollen. Worum geht es?"

„Ja, genau. Wir haben im Zuge unserer Nachforschungen einiges herausbekommen. Das ist auch der Grund, warum ATM sich jetzt Sorgen macht. Er ist ja ein Meister darin, Spuren zu verwischen. Seit Jahren kassiert er illegale Provisionen und Bestechungsgelder, aber bisher hat niemand ihm etwas nachweisen können. Sein Name taucht nirgends auf. Der Mann stiehlt seit dreißig Jahren, und nicht einmal hat er einen Fehler begangen. Bis jetzt."

„Ich habe Ihre Berichte gelesen, aber daraus scheint mir nicht hervorzugehen, wie es zu dem Ermittlungsverfahren gekommen ist. Was hat ATM denn dieses Mal anders gemacht, was ihn auffliegen lässt?"

„Lassen Sie mich Ihnen eine Geschichte erzählen. Es ist in vieler Hinsicht eine schöne Geschichte, eine Liebesgeschichte, anrührend, wenn Sie auf so etwas stehen. Vor etwa acht Jahren machte eine junge Frau, die eine Hostessen-Agentur betrieb, die Bekanntschaft eines sehr mächtigen und gut vernetzten Immobilienentwicklers. Normalerweise war dieser einflussreiche Herr ein vernünftiger Mensch, keiner, der zugelassen hätte, dass irgendetwas seinem Unternehmen in die Quere kam, und ganz sicher nicht die Chefin eines Luxusbordells. Üblicherweise hätte er die Dienste von ein paar ihrer Mädchen gebucht, aber seltsamerweise verguckte er sich in die Madame selbst."

„Eher ungewöhnlich in dieser Branche, nicht wahr?"

„Nun war die Madame auch eine außergewöhnliche, eine besondere Frau. Damals war sie Ende Dreißig, eine Frau von Welt, großartige Gesellschafterin und jemand mit einem feinen Gespür für Politik. Diese Qualitäten machten auf unseren Freund großen Eindruck, sehr viel mehr, als ein zwanzigjähriges Flittchen mit festen Titten und einem knackigen Po es hätte tun können. Er war erheblich älter als sie, aber sie schmeichelte seinem Ego. Sie wusste, worüber er gerne sprach, lernte, wo und was er gerne aß, welche Weine er bevorzugte. Kurzum, sie wurde für ihn zur perfekten Begleiterin. Natürlich hatte unser mächtiger Freund auch eine Familie, eine prominente obendrein, aber es gab keine Konflikte, weil die dynamische Dame praktischerweise in Dubai ansässig war, also außer Sichtweite."

„Dubai? Wie oft besuchte er sie?"

„Recht oft. Auf der Höhe ihrer Verbindung war er mindestens einmal die Woche dort, manchmal noch öfter. Da er dort auch Geschäftsinteressen wahrnahm und Geldwäsche betrieb, fiel es nicht weiter auf. In den Armen der jungen Dame vergaß er Sorgen und Stress. Er liebte es, sich mit ihr zu unterhalten, über seine Geschäfte und über seine Politik, und mit der Zeit wurde sie zu seiner Vertrauten. In manchen Angelegenheiten beriet sie ihn sogar. Einige Male erwies sich der Umstand, dass sie rechtzeitig eingriff, als überaus profitabel für unseren Freund, mit der Folge, dass er desto stärker ihren Rat zu schätzen begann."

„Unser Freund ist ATM, nehme ich an?"

„Kein anderer. Die Jahre vergingen, und inzwischen liebte ATM die Dame wirklich und war bereit, alles für sie zu tun, außer sie zu heiraten. Genau das war das eine, was sie sich von ihm vor allem anderen gewünscht hätte, aber sie verstand seine Lage, mit einer Ehefrau und fünf erwachsenen Söhnen in Karachi, und drängte ihn nie zur Heirat. Andererseits fand sie schon, dass sie nach all den nützlichen Ratschlägen, die sie ihm so oft hatte zuteilwerden lassen, ein Recht darauf hatte, als Partnerin in sein Geschäft einzusteigen. Darin sah sie für sich selbst eine Zukunft jenseits ihrer Tätigkeit als Chefin eines Luxuspuffs. Die Verbindung mit unserem Freund konnte ihr dazu verhelfen, selbst zur Großunternehmerin zu werden, und die Zeit war günstig, da gerade Wahlen stattgefunden hatten und ATMs engster Kumpel Ammar Hamdani wiedergewählt worden war. Das bedeutete offenbar eine Goldgrube mit jeder Menge Deals und Verträge für unseren Freund. Die Dame ersuchte ihn also, sie zur Partnerin in einem, nur einem einzigen, seiner zahlreichen Konzerne zu machen. Und in einer Anwandlung von Leidenschaft stimmte er zu. So wie er es sah, war es die logische Fortsetzung ihrer Verbindung, wenn sie zur erfolgreichen Geschäftsfrau mit legalem Handel aufstieg. Als der großzügige Liebhaber, der er war, ließ er sie selbst aussuchen, in welches seiner Unternehmen sie ohne Eigenbeteiligung als 50-Prozent-Teilhaberin einsteigen würde. Sie entschied sich für ein Entsorgungsunternehmen, das er einige Jahre vorher zu dem Zweck gegründet hatte, dass kommunale Verträge indirekt ihm zugeleitet wurden. Es hieß Tatti Uthao Ltd, kurz TUL. Der Name unseres Freundes stand nicht im Briefkopf der Firma, aber das spielt keine Rolle, jeder wusste, wer der Chef war.“

„Warum ein Entsorgungsunternehmen?“

„TUL hatte garantierte Umsätze. Bei jeder öffentlichen Ausschreibung für die städtische Abfallbeseitigung gewann diese Firma den Auftrag, denn die Stadtregierung wurde ja von Ammar Hamdanis Partei kontrolliert. Wenn Sie eine Runde durch unsere schöne Stadt machen, werden Sie freilich schnell sehen, dass von Müllentsorgung praktisch keine Rede mehr sein kann. Die ganze Stadt wird mehr und mehr zu einem riesigen Abfallhaufen. Das ist so, weil TUL nichts als eine leere Hülse ist, ein Mittel, um öffentliche Gelder auf private Bankkonten umzuleiten. Der Dame war das bewusst, aber genau dieser Umstand machte es umso attraktiver. Schließlich hatte sie nicht ernsthaft die Absicht zu arbeiten. Sie wollte dasselbe wie unser Freund.“

„Das schnelle Geld.“

„Genau das. Jedenfalls gab es eine mündliche Vereinbarung zwischen den beiden. Wozu brauchten zwei Liebende auch größere Rechtsverbindlichkeit? Unser Freund war Feuer und Flamme, und bei seinem nächsten Besuch in Dubai klärte er die neue Teilhaberin über alle Details der ‚formellen' und ‚informellen' Aktivitäten der Firma auf. Die Probleme kamen, als er zurück in Karachi war. Als er die Papiere ausstellen ließ, die die geänderten Besitzverhältnisse widerspiegeln sollten, merkte sein ältester Sohn etwas und beschloss dazwischenzugehen."

„Lassen Sie mich raten. Der Thronanwärter hielt nichts davon, dass die Mätresse seines Vaters mitspielen sollte."

„Sunnyboy gab dem lieben Papa zu bedenken, dass die fragliche Firma zu seinem Anteil des Familienimperiums gehörte. Er hatte herausgefunden, dass die scheinbar zufällig gewählte Dame ATMs Geliebte war, und wie es Söhne tun, wenn sie ihre Väter dazu bringen wollen, etwas herauszurücken, was diese nicht geben wollen, drohte er, ATMs kleines Geheimnis seiner Mutter zu verraten. Nun ist die Gattin unseres Freundes eine respekteinflößende Frau. Sie ist die einzige Person, die ATM so richtig die Hölle heißmachen kann. Bei der Drohung seines Sohnes bekam er kalte Füße. Anstatt die Firma auf den Namen seiner Geliebten überschreiben zu lassen, gab er sie an seinen Sohn zurück und verpflichtete ihn damit zum Schweigen."

„Die Dame war wahrscheinlich nicht allzu glücklich darüber."

„Sie war außer sich. Bei seinem nächsten Besuch in Dubai machte sie unserem Freund die Hölle heiß. Sie warf ihm Verrat vor. Bei seinen Aufenthalten in Dubai, denen er immer voller Sehnsucht entgegengeblickt hatte, wurde die Atmosphäre jetzt so angespannt und bitter, dass er sich gar nicht mehr darauf freute. Sechs Monate lang ging das so. Mittlerweile hatte er so viel Ärger deswegen gehabt, dass er sich sagte, selbst wenn er sie einmal geliebt hatte, wäre die Beziehung es nicht wert, all diese Unannehmlichkeiten auf sich zu nehmen. Er kaufte ihr eine Wohnung in der Nähe des Burj Khalifa und schrieb ihr einen Scheck aus, nicht riesig, aber doch eine beträchtliche Summe, als Entschädigung. Dann sagte er ihr, er würde sie nicht wiedersehen."

„Ich bin sicher, die Entschädigung war angemessen. Also, wo war das Problem?"

„Ganz recht. Die Dame war verletzt, aber mit der Zeit hätte sie sich schon damit abgefunden. Sich für Körper und Zeit bezahlen zu lassen und dann fortgeschickt zu werden, ist schließlich das zentrale Geschäftsmodell in ihrem Gewerbe. Aber richtig rasend machte es sie, als sie erfuhr, dass er einen Monat, nachdem er mit ihr Schluss gemacht hatte, nach Dubai gekommen war und mit einer viel jüngeren Frau, dazu noch einem Glamour-Model, angebandelt hatte. Eine verschmähte Frau ist die gefährlichste Waffe der Welt, und sie war entschlossen, ihn zu Fall zu bringen, ganz gleich, wie mächtig er war. Sie fand also den Weg zu uns, und zwar mit Dokumenten, die ATM ihr vorgelegt hatte und die dokumentierten, wie das Entsorgungsgeschäft betrieben wurde. Er hatte sie bei ihr gelassen, als er davon ausging, dass sie die Leitung übernehmen würde. Nach der Trennung hatte er sich nicht darum gekümmert, sie zurückzuholen, ob aus Nachlässigkeit oder weil er sich nicht vorstellen konnte, dass sie ihm gefährlich werden würde."

„Das war leichtsinnig."

„Extrem. Es war ein gravierender Fehler von ihm, denn diese Unterlagen enthalten jede Menge Details: Namen von Beamten, die illegale Aufträge erteilten, Bankkonten, wo Geld deponiert und gewaschen wird, Datum und Uhrzeit früherer Transaktionen und Einzelheiten, aus denen die Verbindung des Entsorgungsunternehmens zu Anwar Tarin Malik hervorgeht. Sie hat es schlau angestellt, hat nichts übereilt, sondern zuerst alles gelesen und verstanden, bevor sie zu uns kam, ein volles Jahr, nachdem die Beziehung beendet worden war. Als wir daraufhin damit begonnen haben, die richtigen Leute zu vernehmen, bekam er es mit der Angst zu tun. Deshalb ist er zum PM gerannt."

„Komisch, dass ATM ausgerechnet wegen einer Frau zu Fall kommt. Hätte nicht geglaubt, dass er überhaupt ein Herz hat."

„Die Liebe macht Dinge mit uns, die wir uns nicht vorstellen können, Chef. Wir fahren auf alle Fälle mit den Ermittlungen fort, aber ich wollte mit Ihnen über bestimmte Aspekte sprechen."

„Nämlich?"

„Wir nehmen an, dass TUL eine Durchgangsfirma ist. Da für ATM die Verträge mit der öffentlichen Hand eine lukrative Einkommensquelle darstellten, wurde das Geld von TUL in eine ganze Reihe anderer Unternehmungen abgezweigt. Die Firma ist gewissermaßen ein goldener Schlüssel, durch den wir Zugang zu der komplexen Funktionsweise von ATMs Geschäftsimperium erhalten. Deshalb gehen wir bei unseren Nachforschungen sehr bedächtig und diskret vor. Ihr Auftritt bei ATM hat damit aufgeräumt, dass er versucht, sich einzumischen und unsere Ermittlungen zu verhindern, aber es gibt ein weiteres mögliches Problem. Wir sind der Ansicht, dass einige Geschäfte dieser Firma mit Konten getätigt wurden, die mit anderen hochrangingen Individuen verbunden sind."

„Zum Beispiel?"

„Dem Premierminister."

„Ist er direkt beteiligt?"

„Nein, Sir. Aber wie es aussieht, hat es Transaktionen zwischen TUL und Leuten gegeben, die unseren Erkenntnissen nach für ihn arbeiten. Sein Majordomus, und der Mann, der seine Ländereien verwaltet. Ich betone, es handelt sich um erste Sondierungen, noch keine festen Ergebnisse. Aber wir denken, dass es ausreichend Verdachtsmomente gibt, um genauer hinzuschauen. Wenn Sie es wollen."

„Was, denken Sie, werden Sie finden?"

„Ganz ehrlich, ich weiß es nicht, Chef."

„Vermuten Sie."

„OK. ATM ist bekannt als Ammar Hamdanis Finanzmanager. Er soll für all seine persönlichen und politischen Ausgaben sorgen. Der Premierminister ist jemand, der das große Ganze im Blick hat, weniger den Kleinkram, und ATM ist ihm gefällig, indem er sich um alles Nötige kümmert. Es kann gut sein, dass von dieser Firma Beträge an Mitarbeiter des PM gegangen sind, für laufende Ausgaben oder anderes. Es ist auch möglich, dass der PM gar nicht davon weiß. Aber da es aus unlauteren Geschäften stammt, ist es schmutziges Geld, und das wirkt sich auch auf die Empfänger aus. Wie ich schon gesagt habe, all das ist momentan reine Spekulation. Ich habe keinerlei Beweise. Trotzdem. Genau solche Dinge sind es, die einen Shitstorm in den Medien lostreten würden. Ich weiß, dass Sie und der Premierminister mit sehr heiklen diplomatischen Dingen befasst sind, denen ein Skandal sicher sehr schlecht bekäme. Deshalb wollte ich von Ihnen persönlich wissen, was wir tun sollen. Ich kann die Sache sofort abblasen, wenn Sie wollen, und die Ermittlungen auf ATM beschränken."

„Seit wann denken Sie daran, Ermittlungen einzuschränken? In Quetta hatten Sie nie solche Bedenken."

„Das war anders, Chef. Damals haben wir Terroristen in den Bergen gejagt. Da hieß es töten oder getötet werden. Hier geht es um eine Menge, und ich weiß, dass Sie schon viel in die Arbeit an dieser Friedensinitiative mit dem Premierminister hineingesteckt haben. Ich weiß auch, dass Shahram und seine Jungs nicht davon begeistert sind, und der PM ist sowieso nicht die Sorte Politiker, die sie sich schon immer gewünscht haben. Deshalb frage ich. Ich kann diesen Teil der Untersuchungen jetzt abstellen, und niemand wird je davon erfahren. Sie können den Premierminister schützen."

„Der Premierminister braucht keinen Schutz. Ich glaube, dass er nichts Unrechtes getan hat, und wenn doch, verdient er auch nicht, dass wir ihn decken. Um jedes Missverständnis auszuräumen: Sie werden die Sache prüfen, bis ins Kleinste, egal wohin das führt. Und über das, was Sie herausfinden, erstatten Sie ausschließlich mir Bericht. Passen Sie auf, dass nichts heraussickert. Ich will, dass die Sache unter Verschluss bleibt, bis wir genau wissen, womit wir zu tun haben. Klar?"

„Ja, Chef. Verstanden."

„Gut. Nun sagen Sie mir, was Sie über den indischen Maulwurf in der Hand haben."

„Wir haben uns angesehen, was die Agency uns mitgeteilt hat. Es war die Zusammenfassung der Informationen, die von Deaf Leopard an Yadav gegangen sind. Daraus haben wir ein paar Schlüsse gezogen. Erstens, dieser Deaf Leopard ist entweder in Karachi oder in Islamabad. Alles, was er weitergegeben hat, kommt aus diesen beiden Orten. Zweitens, es ist offensichtlich, dass der Maulwurf Yadav nicht alles übermittelt. Ob aus geschäftlichem Kalkül oder aus strategischen Gründen, weiß ich nicht, aber er hält Informationen zurück. Zum Beispiel ist eins der Dokumente Teil des Protokolls einer Kabinettssitzung von einer der

Provinzen. Der Teil, den Yadav bekommen hat, enthält Zahlen über die Einstellung von mehr Personal bei Polizei und paramilitärischen Einheiten. Aber ich habe mir das ganze Sitzungsprotokoll angesehen. Der nächste Tagesordnungspunkt, der für die Inder von sehr viel größerem Interesse sein könnte, betraf eine interne geheime Einstufung der Kapazitäten von Terroristen auf subnationaler Ebene in Sindh und Belutschistan. Wenn Deaf Leopard an einen Teil des Protokolls herankam, hätte er doch ebenso leicht das ganze bekommen können. Es gibt keinen Grund, warum ihm der zweite Teil hätte entgehen sollen. Aber er oder sie hat es nicht weitergegeben. Ein weiteres Beispiel ist ein Dokument, das wir in Yadavs Mobiltelefon gefunden haben. Es ist ein Memorandum aus dem Finanzministerium, der Haushaltsvoranschlag für das Sekretariat des Premierministers. Interessant, auf jeden Fall. Aber Sie werden mir zustimmen, wenn ich meine, aus geheimdienstlicher Sicht ist das viel weniger aufschlussreich als der Haushaltsvoranschlag für die Nachrichtendienste, Department und Agency. Und die findet man in demselben Memorandum. Nur wurde dieser potentiell heikle Teil des Dokuments nicht an Yadav übermittelt."

„Was für wirtschaftliche Interessen könnten den Maulwurf bewogen haben, diese Informationen zurückzuhalten?"

„Vielleicht will er mehr Geld aus den Indern herausholen. Kann sein, dass er sie nur auf den Geschmack bringen will, bis sie bereit sind, mehr zu zahlen. Keine Ahnung. Wie gesagt, es macht nicht wirklich Sinn."

„Irgendwelche Erkenntnisse zur Identität des Maulwurfs?"

„Wir haben eine Liste von 35 Beamten, Politikern und Militärs erstellt, die zu diesen Dokumenten Zugang hatten, in Karachi oder Islamabad. Wir überprüfen jeden von ihnen gründlich, Mätressen, Liebhaber, untreue Ehefrauen, Verwandte in Indien, Finanzen, bevorzugte Internetseiten, Faible für Pornos mit Sunny Leone, einfach alles, egal wie unwahrscheinlich. Alles, was darauf deuten könnte, dass die Person bereit sein könnte, die Seite zu wechseln. Bei der Agency führen sie parallel dazu ihre eigenen Ermittlungen durch."

„Irgendwer auf der Liste, der besonders bemerkenswert ist?"

„Ein paar Generale, drei Minister, der Gouverneur von Sindh. Und natürlich Sie."

„Lassen Sie mich bitte wissen, wenn bei meiner Überprüfung irgendetwas Relevantes auftaucht. Würde gerne wissen, ob es da eine geheime Geliebte gibt oder ob mein Browser-Verlauf verrät, dass ich irgendwie unbewusst eine abnorme sexuelle Leidenschaft für Sunny Leone habe."

„Chef, so viel, wie Sie arbeiten, wäre ich schockiert, wenn aus Ihrem Browser-Verlauf hervorginge, dass Sie einmal in den letzten drei Jahren eine Folge von Downtown Abbey gesehen haben."

„Glauben Sie, der Maulwurf könnte nichts als ein Trick der Agency sein, um die Politik des Premierministers zu behindern?"

„Das wäre eine schwere Anschuldigung, Chef. Wollen Sie andeuten, dass die Agency sich das ausgedacht hat?"

„Ich will gar nichts andeuten. Bei der Menge an Details, die sie beigebracht haben, wäre es eine unglaublich raffinierte List. Aber ich muss alle Möglichkeiten abwägen. Deshalb möchte ich, dass Sie Ihre besten Leute von der Spionageabwehr darauf ansetzen. Ich will, dass das Department den Maulwurf entlarvt, bevor irgendwer sonst es tut. Was ist mit diesem Constantine D'Souza? Er scheint einen guten Riecher zu haben. Was ist das für einer?"

„Er ist wie Sie, von Haus aus ein Polizist. Ist seit zehn Jahren bei uns. Da war doch dieser Gefechtsspezialist, Akbar Khan, der Rambo der Polizei von Karachi, erinnern Sie sich? Mit dem hat er früher gearbeitet. Dann kam er zum Strafvollzug, blieb dort ein paar Jahre, und danach kam er zu uns."

„Ich erinnere mich gut an Akbar Khan. Ein Held, irgendwie. Hat eine Menge Verbrecher getötet. Aber warum ist dieser Constantine nicht zur Polizei zurückgegangen?"

„Fürchtet sich vor seinem eigenen Schatten. Vielleicht, weil er Christ ist. Wollte keinen Job, wo er was riskiert oder wo er mit Politikern oder Militär zu tun hat. Sagt, er wollte nicht enden wie Akbar Khan. Ehrlich, ich wundere mich, dass er überhaupt je mit Akbar Khan gearbeitet hat. Die beiden könnten vom Temperament her nicht unterschiedlicher sein. D'Souza soll angeblich maßgeblich daran beteiligt gewesen sein, dass Akbar Khan diesen gekidnappten Amerikaner, Jon Freedland, befreit hat. Als er zu uns gestoßen ist, hat er sich gleich am ersten Tag für die Spionageabwehr beworben, weil es die abgelegenste und isolierteste Abteilung ist. Dort ist er seither die ganze Zeit gewesen. Er ist unser bester Mann in der Spionageabwehr, das kann ich Ihnen garantieren. Aber er ist ein komischer Kerl, misstrauisch bis dorthinaus. Sieht hinter allem und jedem indische Intrigen."

„Klingt, als wäre es genau der Richtige, um eine Ermittlung dieser Art zu leiten. Ich habe das Gefühl, wir brauchen einen misstrauischen Spinner, um diesen Maulwurf aufzuspüren."

„OK, Chef, wenn Sie meinen, setze ich ihn darauf an."

„Machen Sie, was Sie für richtig halten, aber finden Sie den Maulwurf vor der Agency."

„Sie denken, die würden es vertuschen, wenn sie ihn finden?"

„Weiß ich nicht. Aber wenn da was im Busch ist, will ich der erste sein, der davon erfährt."

„Verstanden, Chef. Ich setze meine besten Leute dafür ein. Und ich werde sogar Constantine mit hinzuziehen."

„Danke, Sajjad." Samir wirft einen nervösen Blick auf seine Armbanduhr. „Gibt es noch etwas?"

„Nichts Offizielles, Chef. Aber wo Sie so lange nicht in Karachi waren, dachte ich, wir könnten Sie zum Abendessen und zu einer Hafenrundfahrt einladen."

„Danke, Sajjad, aber ich habe schon eine Verabredung. Will ein paar alte Freunde treffen. Allerdings, könnte ich vielleicht ein Zivilfahrzeug bekommen?"

„Selbstverständlich, Chef. Sie bekommen den Land Cruiser und einen Mann als Eskorte ..."

„Ich möchte lieber etwas weniger Auffälliges. Lassen Sie die Begleitung, ich fahre selbst. Bin seit Jahren nicht in Karachi Auto gefahren."

„Kein Problem. Ich lasse einen Wagen für Sie bereitstellen. Kennen Sie sich in der Stadt aus?"

„Ich denke ja. Als wir vorhin zu der konspirativen Wohnung hier gefahren sind, habe ich eine ungefähre Vorstellung davon bekommen, wo wir sind. Nicht weit von meiner früheren Wohnung, ich schätze mal, Phase 6?"

„Stimmt. Sie haben einen guten Ortssinn, Chef. Ich besorge Ihnen den Wagen. Wir haben im Mövenpick eine Suite für Sie reservieren lassen, Sie können Sie nutzen, wann immer Sie wollen."

„Vielen Dank, Sajjad."

7. Kapitel

Karachi
17. März, abends

Samir Ali Khan hat nicht, wie er behauptet hat, eine ungefähre Vorstellung davon, wo in Karachi er sich befindet. Er weiß es genau. Als er in den Toyota Land Cruiser steigt, den Sajjad Ghani ihm zur Verfügung gestellt hat, blickt er auf die Häuserreihe vor sich. Das konspirative Haus ist absichtlich unauffällig. Was es von anderen abhebt, sind nur die beiden Polizeifahrzeuge, die davor parken. Aber als Samir den Zündschlüssel dreht, wird ihm bewusst, dass das Quartier, das der Geheimdienst benutzt, nur vier Häuser vom Wohnsitz seines Vaters entfernt liegt. Das Haus, in dem er aufgewachsen ist, ist eine Reminiszenz an die Architektur der 1980er, als in Karachi ‚Weißes-Haus'-Imitationen mit hervorstehendem Portikus und dorischen Säulen in Mode waren. Die Säulen sind jetzt von Schlingpflanzen überwuchert, und die Bezeichnung ‚Weißes Haus' ist kaum noch angemessen, denn die abblätternde Farbe und Schichten von Schmutz lassen das Gebäude bestenfalls als ‚Graues Haus' erscheinen. An dem massiven eisernen Gittertor hängt ein Schild ‚Zu verkaufen', und der Gesamteindruck ist der eines Gebäudes, das schon bessere Zeiten gesehen hat. Aber als der Anwalt Raja Ali Khan es bauen ließ, war es ein eindrucksvolles Herrenhaus, das den

Ehrgeiz und das Selbstvertrauen des führenden Juristen von Karachi widerspiegelte.

Raja Ali Khan erinnerte seinen Sohn bei jeder Gelegenheit daran, dass ihm nichts auf dem Silbertablett serviert worden war, sondern dass er sich hochgearbeitet hatte. Sein eigener Vater war Sekretär in einer Kanzlei in Lahore gewesen, am Rande einer Welt von Macht und Reichtum, aber niemals Teil davon. Raja Ali Khan hatte sich zum Ziel gesetzt, in diese Welt einzudringen, wie hart er auch dafür arbeiten müsste. Schon in der Schule und während der ganzen Zeit seines Studiums, am Government College in Lahore und sogar noch, als er begann, als Anwalt bei der renommierten britischen Anwaltskammer des Middle Temple zu arbeiten, lebte er von Stipendien. Als er aus London zurückkehrte, ließ er sich nicht in Lahore nieder, wo man ihn als Sohn eines Gerichtsschreibers kannte, sondern in Karachi, wo er sich neu erfinden konnte. Sein Erfolg überstieg selbst seine kühnsten Träume, er wurde zum angesehensten Strafverteidiger in der Stadt und zum Staranwalt für die Hautevolee von Karachi. Das Haus sollte Zeugnis von dieser Karriere ablegen, jeder prunkvolle Balkon und jede kitschige Säule ein Beleg dafür, wie weit es der Besitzer im Leben gebracht hatte.

Seinen einzigen Sohn erzog Raja Ali Khan dazu, die Welt, die er geschaffen hatte, zu erben. Er ermahnte ihn zwar, dass man es ohne harte Arbeit zu nichts brachte, aber was der junge Mann sich wünschte, bekam er auch. Samir war der erste in seiner Klasse, der ein eigenes Auto besaß, mit Fünfzehn, drei Jahre, bevor er nach dem Gesetz überhaupt die Erlaubnis hatte zu fahren. Aber die gesetzlichen Bestimmungen waren für Raja Ali Khan nur eine Formalität. Zum 18. Geburtstag erhielt Samir eine Vacheron-Constantin-Uhr, limitierte Sonderedition 1963. Anwalt Khan machte sich keine Gedanken, ob es angemessen war, einem Teenager eine Armbanduhr im Wert von 15.000 Dollar zu schenken. Die Ferien verbrachten die Kinder im Winter in Courchevel und im Sommer in San Remo. Kein Aufwand war zu hoch, um die Fiktion einer reichen und erfolgreichen Familie aufrechtzuerhalten.

Nur war es leider nicht mehr als das. Eine Fiktion. Eine Lüge, um den Schein zu wahren, während die Realität ganz anders aussah. Raja

Ali Khan war ein überaus erfolgsverwöhnter Anwalt, aber dass er allein aus eigener Kraft so weit gekommen wäre, war eine Verzerrung der Tatsachen. Nicht selten ging er faule Kompromisse ein und machte Geschäfte mit einer Reihe von fragwürdigen Typen. Im Laufe der Jahre waren viele Richter bestochen, gegnerische Anwälte gekauft und Mandanten betrogen worden, damit Raja Ali Khan seine führende Stellung behielt. Er war außerdem der Ansicht, es wäre für das, was er tat, nützlich, politische Rückendeckung zu haben, also bemühte er sich um die Freundschaft von Leuten wie Ammar Hamdani und Anwar Tarin Malik. Aber Raja Ali Khan hatte so viel Dreck am Stecken, dass selbst dann, wenn der Richter ihn nicht mit einer Sting-Operation in die Falle gelockt hätte, früher oder später die Rechnung für seine Aktionen fällig gewesen wäre.

Es war nicht so, dass Samir keine Ahnung von Anwalt Khans Machenschaften gehabt hätte, aber kein Sohn ist bereit, von seinem Vater das Schlechteste zu glauben. Seine Mutter war eine einfache Frau, eine pflichtbewusste Hausfrau, die niemals allzu viele Fragen über das berufliche Leben ihres Gatten gestellt hatte. Als das Verhängnis über sie hereinbrach, waren beide daher mehr als erschüttert. Samir erinnert sich sehr gut an jenen Tag, eine weitere bittere Erfahrung, die sich für alle Zeiten seinem Gedächtnis eingeprägt hat. Es war der Beginn der Semesterferien, und er war erst eine Woche zuvor zurückgekommen. Seine Eltern hatten ihn in London abgeholt, dabei hatte sein Vater in nichts zu erkennen gegeben, dass irgendetwas nicht stimmte. Das Einzige, was anders war als sonst, war, dass sie ihren üblichen Ferienaufenthalt vorzeitig abbrachen, weil Raja Ali Khan wegen einer dringlichen Sache nach Hause musste. Es war Juli und in Karachi schon um acht Uhr morgens unerträglich heiß und schwül. Raja Ali Khan hatte die ganze Nacht über in seinem Büro gearbeitet und hatte sich jede Störung verbeten. Als Samir auf dem Weg zum Frühstück an der Tür zum Arbeitszimmer seines Vaters vorbeikam, bemerkte er einen schwachen üblen Geruch. Er öffnete die Tür, und das, was er vor sich sah, konnte er sein ganzes Leben lang nicht mehr vergessen. Sein Vater saß hinter seinem imposanten Schreibtisch, die graue Hirnmasse war über den ganzen

Ledersessel verspritzt, dort, wo sein Kinn gewesen war, gähnte ein Loch, und Fragmente von Zähnen, Knorpel und Blut waren hervorgequollen und hatten sein weißes Hemd dunkelrot verfärbt. Dank der glühenden Hitze hatte bereits die Verwesung eingesetzt.

Samir kamen damals spontan zwei Fragen in den Sinn. Er wunderte sich, warum die einsame Fliege, die um die Leiche herumschwirrte, wobei die absolute Stille im Raum ihr Gebrumm noch lauter erscheinen ließ, nicht von dem Gestank abgestoßen wurde. Und er sah die blutgetränkte Pistole, die in den kraftlosen Fingern seines Vaters hing, eine wunderbare Walther PPK, und fragte sich, wo sein Vater den Schalldämpfer herhatte, der auf den Lauf montiert war.

Das war der Moment, in dem Samir Ali Khans Leben sich von Grund auf änderte. Er war in der Schule immer gut zurechtgekommen, weder war er ein Genie noch eine Sportskanone, auch kein Romeo, aber auch niemals ein Außenseiter gewesen. Er war beliebt und unter seinen Freunden als bedingungslos loyal bekannt. Die pompöse Zurschaustellung von Reichtum und Macht seines Vaters hatten seinem Charakter erstaunlich wenig anhaben können, aber er war an ein sorgloses Luxusleben gewöhnt. Bisher war er durchs Leben geschlendert, ohne jemals etwas Vernünftiges zustande zu bringen, im Vertrauen darauf, dass das Vermögen seines Vaters schon dafür sorgen würde, dass alles glatt ging. Er hatte begonnen, Jura zu studieren, weil es das war, was Raja Ali Khan wünschte, in der Annahme, er würde sich ihm eines Tages der Kanzlei anschließen.

Aber all das wurde mit jenem mörderisch heißen Julitag anders. Über Nacht fand Samir heraus, dass das Familienvermögen erschöpft war. Am *Soyem*, dem dritten Tag nach dem Tod seines Vaters, kamen die Mitarbeiter der Kanzlei zu Samir und seiner Mutter, bekundeten ihr Beileid und informierten Frau Khan anschließend, dass ihr Mann die Firma in den Bankrott getrieben hatte. Raja Ali Khan hatte nicht nur versucht, den Richter zu bestechen, wofür ihm rechtliche Sanktionen drohten, sondern er hatte auch die meisten seiner Freunde und all seine Mandanten hintergangen, hatte ihnen Geld abgenommen und es in betrügerische Geschäftsmodelle nach dem Ponzi-System gesteckt. Das Geld, inzwischen eine stattliche Summe, war natürlich verloren, und nun klopften die Gläubiger an die Tür. Nachdem er lange und gründlich über das Problem nachgedacht hatte, hatte Raja Ali Khan sich für die wenig elegante, aber effektive Lösung in der Form entschieden, dass er sich das Leben nahm und seiner Frau und seinem Sohn den Schlamassel hinterließ.

Am schmerzlichsten ist die Erinnerung an die öffentliche Schande. Sie ist schlimmer als der Schock, einen Körper mit herausgeblasenem Hirn zu finden, schlimmer als die Trauer über den Verlust des Vaters in jungen Jahren. In demselben Kreis von Freunden, den sie kannten, seit er und seine Schwester geboren waren, in deren Häusern sie zum Essen und zum Spielen gewesen waren, deren Kinder mit ihnen die Schule und die Universität besuchten, waren Samir, seine Mutter und seine jüngere Schwester mit einem Mal Ausgestoßene. Nach der Zeremonie am dritten Todestag verwandelte sich der Strom der Trauergäste, die sie aufsuchten, in eine noch längere Schlange von Klägern, jeder von ihnen mit einer Geschichte, wie der große Raja Ali Khan ihn in der einen oder anderen Weise betrogen hatte. Freds Vater, der behauptete, Khan sei ihm zehn Millionen Rupien schuldig, lancierte in seiner Zeitung eine Kampagne gegen den Anwalt, in deren Verlauf all die Skandale des Verstorbenen ausgebreitet wurden, all die schmutzigen Details seiner Versuche, Richter und Zeugen zu bestechen, seine angeblichen Affären mit Schauspielerinnen und das Blendwerk, mit dem er seine Mandanten getäuscht hatte. Freds Vater war damals verbittert, vielleicht verständlicherweise. Die Schwindeleien des Anwalts hatten beinahe dazu geführt, dass die Zeitung, die seit siebzig Jahren in Familienbesitz war, geschlossen werden musste. Weniger berechtigt war die Reaktion von Alinas Mutter. Sie war mit seinen beiden Eltern gut befreundet gewesen, und sie war die Mutter des Mädchens, das er liebte. Ausgerechnet sie hatte sich abgewandt und verbreitet, die Khans gehörten nicht zu der Sorte Leute, mit denen sie und ihre Familie zu verkehren wünschten.

Es kostete Samir Jahre, bis er den unterschwelligen Hass nachvollziehen konnte, den sein Vater anscheinend in seinen früheren Freunden ausgelöst hatte. Die Einsicht kam, nachdem er schon mehrere Jahre Polizist gewesen und die Abgründe menschlicher Gefühle und Verhaltensweisen kennengelernt hatte. Es war gar kein Hass. Es war Furcht. Raja Ali Khan war so etwas wie ein *consigliere*, ein Mafia-Ratgeber, für eine Klasse sehr einflussreicher, aber ebenso lasterhafter Menschen gewesen. Er war der Hüter ihrer Geheimnisse, derjenige, der wusste, wer den Fiskus betrogen hatte, wer heimlich ein uneheliches Kind hatte und wer das Hausmädchen umgebracht und ihre Leiche entsorgt hatte. Er kannte die wunden Punkte seiner Freunde und hatte sie rücksichtslos zu seinem Vorteil ausgenutzt. Nach außen waren sie alle Freunde. Sie tranken abends ein Glas Scotch zusammen, aber sie fürchteten ihn, weil er so viel wusste. Zugleich waren sie abhängig von ihm, denn er war der Einzige, von dem sie sicher sein konnten, dass er ihre Angelegenheiten mit der größtmöglichen Diskretion behandelte. Also nahmen sie jahrelang schweigend in Kauf, dass er ihnen ihr Geld abknöpfte, bis er durch Selbstüberschätzung und Torheit zu Fall kam. Der Tod von Raja Ali Khan war für seine Mandanten ein ebenso einschneidendes Ereignis wie für seine Familie. Es war eine Befreiung für sie, aber verbunden mit der Unsicherheit, was danach geschehen würde. Deshalb hatten sie das getan, was ihnen in den Kopf kam: den Toten zu beschimpfen, ihn zu verunglimpfen und seine Familie in den Dreck zu ziehen, so dass, selbst wenn etwas von ihren Geheimnissen ans Licht kommen sollte, die Auswirkungen abgemildert würden.

Eigentlich hätten sie sich gar keine Sorgen zu machen brauchen. Raja Ali Khans Zusammenbruch war so dramatisch und so umfassend, dass die kleinen Geheimnisse, die er gehütet hatte, in seiner Totalität untergingen. Seine Kanzleien wurden liquidiert, das große Haus und die Autos verkauft, um einen Teil der Schulden abzudecken, und Samirs Mutter zog nach Lahore zurück. Sie hatte eine Tochter in bald heiratsfähigem Alter, und in Karachi waren deren Aussichten nach dem Skandal nicht rosig. Sie zog zu ihren Verwandten. Ihre Träume waren sowieso nie so grandios gewesen wie die ihres Mannes. Samir konnte seine Studien in London nicht fortsetzen, weil kein Geld mehr da war, daher zog auch er mit seiner Mutter und Schwester nach Lahore. Raja Ali Khan, der Sohn eines Gerichtsschreibers, war von Lahore nach Karachi gezogen, um sich selbst neu zu erfinden und um Ruhm und Reichtum zu erwerben. Dreißig Jahre später trat sein Sohn die umgekehrte Reise an, aber zum selben Zweck: um sich selbst neu zu erfinden.

Mit der Zeit wurde das Gefühl von Schmerz und Demütigung schwächer. Mit dem Geld, das ihnen geblieben war, kaufte die Mutter ein bescheidenes Haus in Lahore und verheiratete seine Schwester bei der ersten sich bietenden Gelegenheit an einen Ingenieur, der in Saudi-Arabien arbeitete. Samir vergaß sein früheres Leben und fing von vorne an. Er beendete sein Jura-Studium an einem College in Lahore, aber da er keinen Wunsch mehr verspürte, Anwalt zu werden, meldete er sich für das Examen für den öffentlichen Dienst an, bestand die Prüfung und ging zur Polizei. Er baute neue Beziehungen auf und fand neue Freunde. Im Laufe der Jahre erwarb er sich sogar Ruhm und Vermögen. Das, was er nicht wieder fand, war Liebe.

Es ist das erste Mal, dass er sich das selbst eingesteht. Es klingt herzlos, wenn er so etwas über eine Frau denkt, die ihm stets treu war und die seinetwegen einen so tragischen Tod erlitten hat, aber es ist wahr, verliebt war er in Asma niemals. Natürlich *liebte* er sie, sie war seine Frau und die Mutter seines Kindes. Sie war ihm auch nicht aufgezwungen worden. Sie war entfernt mit ihnen verwandt und hatte sich mit seiner Schwester angefreundet, als sie nach Lahore zogen. Er hatte sie bei der Hochzeit seiner Schwester gesehen und auch mit ihr gesprochen. Als er so weit war, dass er auf eigenen Füßen stand, war er selbst es gewesen, der seiner Mutter vorgeschlagen hatte, sie sollte die Ehe mit ihr arrangieren. In Asma hatte er eine Frau gesehen, die ihm eine hervorragende Partnerin sein würde. Und das war sie auch gewesen, in jeder Hinsicht außer einer. Sie war nicht Alina.

Es schmerzt ihn, das zugeben zu müssen, aber Samir hat für Asma nie die wilde, verzehrende Leidenschaft empfunden wie für Alina. Die „Eine“, die Liebe seines Lebens, würde immer Alina sein. Sie war die einzige Frau, vor der er Verse von Omar Khayyam rezitiert hatte, die einzige, über die er je ein Liebeslied gedichtet hatte, die einzige, die sein Herz gebrochen hatte. Damals konnte er einfach nicht glauben, dass sie so grausam sein konnte. Als sein Vater gestorben war, war sie in Paris gewesen. Sie war niemals zurückgekommen, um ihm in der schweren Zeit beizustehen. Zuerst hatte sie Entschuldigungen vorgebracht, hatte ihren zermürbenden Zeitplan angeführt, der ihr nicht erlaubte, wegzufahren. Aber später, nachdem ihre Mutter ihre Meinung über die Familie Khan überall publik gemacht hatte, hatte Alina mit der Wahrheit herausgerückt. Sie hatte von ihrer Familie die ausdrückliche Weisung, sich von ihm fernzuhalten. Eine weitere Verbindung war unerwünscht. Samir fand es unbegreiflich, dass Alina, seine unbeugsame, temperamentvolle Alina sich so zahm den Wünschen ihrer Mutter gefügt hatte. Aber so war es. Einfach so, ohne einen Blick zurückzuwerfen, war sie aus seinem Leben verschwunden.

Als er die früher einmal vertrauten Straßen entlangfährt, überkommt ihn etwas wie Heimweh. Die Umgebung hat sich geändert. Alte Häuser wurden abgerissen, neue gebaut, die Mauern um die Grundstücke sind höher geworden, es gibt mehr Wachpersonal. Aber man kann noch einen Hauch der alten Zeit spüren. Der *Paan*-Laden, wo Bill, Chads und er heimlich Zigaretten rauchten, ist noch an derselben Straßenecke, nur ist es jetzt ein Supermarkt. Die breite Straße neben dem Strand ist noch da, über die Fred und er während der Schulzeit so oft gefahren sind und einander ihre wiederholten Misserfolge beim Flirten geklagt haben. Auch Lambus altes Haus ist noch da, und die Fassade aus verblassenden roten Ziegeln und die efeubedeckten Mauern erinnern ihn an verqualmte Jam-Sessions, wo langhaarige Jungen versuchten, mit ihren Gitarren die Songs von Bon Jovi und Bryan Adams nachzuspielen.

Die Erinnerung lässt ihn lächeln. Es hat etwas Surreales an sich, dass er irgendwann einmal ein headbangender Rockmusiker sein wollte. Niemand in seinem jetzigen Leben könnte ihn sich so vorstellen. Selbst Asma hat diese Seite von ihm nie kennengelernt. Wie einfach alles war, wie unschuldig, damals, bevor die schwierigen Zeiten begannen. Manchmal scheint ihm, dass der Tod seines Vaters ein Einschnitt war, mit dem jene unbeschwerte Zeit unwiderruflich zu Ende ging. Zwei Jahre danach stürzten die Zwillingstürme des World Trade Center ein, und in der ganzen Welt verbreiteten sich Schrecken und Trostlosigkeit. Und seither, so scheint es Samir, hat sein eigenes Leben sich im Herzen der Finsternis abgespielt.

Lambus Straße ist mit glänzenden SUVs, Audis, BMWs und gelegentlich Ferraris vollgestopft, alle Fahrer warten darauf, dass sie an der Reihe sind, die Autoschlüssel den Leuten vom Parkservice zu übergeben. Er parkt in einiger Entfernung. Bei dem Gedanken, dass er verärgert über den großen Geländewagen war, den Sajjad Ghani ihm übergeben hat, weil er ihn für zu protzig hielt, kann er ein Grinsen nicht unterdrücken. Er wollte ein Fahrzeug, mit dem er nicht auffallen würde, deshalb hat er auch eine offizielle Eskorte abgelehnt. Aber als er sagte, wohin er fahren wollte, hat Sajjad ihn beruhigt, sein Land Cruiser wäre genau das Richtige. Und er hatte recht. Sein zehn Jahre altes Modell sieht im Vergleich zu einigen der anderen allenfalls ein bisschen zu bieder aus.

Die Hochzeit von Lambus Schwester ist das Ereignis der Saison, die Verbindung von zwei alteingesessenen großen Unternehmen, eines Immobilienriesen und eines Textilmagnaten mit Wurzeln im Panjab. Eine ganz Woche lang sollen die Festlichkeiten dauern, aber der heutige Abend ist von besonderer Bedeutung. Lambu, der nach fünfzehn Jahren in England nach Pakistan zurückgekommen ist, will eine Art Klassentreffen veranstalten, eine Themenparty mit dem Motto „Schule“, zu der alle ehemaligen Mitschüler eingeladen sind. Männer und Frauen mittleren Alters erscheinen in alten Schuluniformen, Faltenröckchen und weißen Hemden mit der ketchup-rot und ei-gelb gestreiften Schulkrawatte, die ihnen lose am offenen Kragen hängt. Eine Band mit einer attraktiven Sängerin schmettert Hits aus den 90ern. Als er eintritt, dringt in ihrer sinnlichen Stimme eine Melodie an sein Ohr, die ihm vage bekannt vorkommt. Und dann fällt es ihm ein: es ist *ihr* Song, der, den sie früher gespielt haben.

There you go, midnight promises again, yeah
But they're broken by the dawn
You want to go further, faster every day, baby
But in the morning, you'll be gone
And I'm alone
Why save your kisses for a rainy day
Baby let the moment take your heart away

Einige Leute erkennen ihn und starren ihn ehrfürchtig an. Er weiß nicht recht, wie er darauf reagieren soll. Es ist unfassbar lange her, seit er an solch einer Veranstaltung teilgenommen hat. Er lächelt schwach zurück, nickt ihnen zu, tapert wie ein alter Mann durchs Haus. Fred kommt auf ihn zu, Bill und Chads sind bei ihm, sie umarmen ihn wie einen lange vermissten Bruder. Bill erzählt einen Witz, der heute ebenso kindisch ist wie vor dreißig Jahren, und alle lachen laut, wie sie es schon drei Jahrzehnte früher getan haben. Er hofft inständig, dass es nicht Tränen sind, die ihn nur noch verschwommen sehen lassen. Die Schlagzeile erscheint vor seinem inneren Auge: Nationaler Sicherheitsberater bei Wiedersehensparty in Tränen aufgelöst. Er berührt seine Wange und spürt erleichtert, dass sie trocken ist. Aber die alten Erinnerungen sind überwältigend. Die Decke scheint über ihm zu kreisen, und die Gespräche um ihn werden zu unverständlichem Stimmengewirr. Nur den Song hört er ganz klar:

Have you ever needed someone so bad, yeah
Have you ever wanted someone
You just couldn't have
Did you ever try so hard
That your world just fell apart
Have you ever needed someone so bad

Chad stellt ihm eine sichtlich jüngere Japanerin vor, Samir glaubt verstanden zu haben, dass es seine Frau ist. Er schüttelt ihr die Hand, lächelt höflich und versucht, etwas Passendes zu murmeln, da fällt sein Blick über ihre Schulter auf eine Erscheinung. Eine Erscheinung in einem weißschimmernden, schulterfreien Kleid, das ihren Unterarm zur Geltung bringt, um den sich ein eintätowierter Urdu-Vers ringelt. Außer ihm ist sie die Einzige auf der Party, die keine Schuluniform trägt. Sie steht mit dem Rücken zu ihm, aber auch ohne dass er ihr Gesicht sieht, weiß er, dass sie es ist.

Karachi
Silvester, 21 Jahre früher

„15-40."

Samir lässt den Tennisschläger kreisen und wischt sich mit dem Schweißband an seinem Handgelenk über die feuchte Stirn. Auf der anderen Seite des Netzes verflucht seine Partnerin sich selbst für ihren Doppelfehler beim Aufschlag. Der Schiedsrichter gewährt ihr noch einen Versuch. In Samir steigt das Lampenfieber. Nur noch ein Punkt, dann hat er das Turnier gewonnen. Er wischt sich noch einmal über die Stirn und prüft die Zugfestigkeit der Bespannung seines Schlägers. Ganz kurz schaut er auch zur weitgehend leeren Tribüne hinüber. Sie sitzt da, sieht wie immer fantastisch aus, schaut ihm zu und reckt den Daumen nach oben, wenn er hinsieht. Dass sie da ist, steigert seine Nervosität noch. Für sie möchte er so gern gewinnen. Im Grunde seltsam, weder interessiert sie sich für Tennis noch ist sie seine Freundin. Sie ist nur da, weil er sie darum gebeten hat. Dennoch war sie jeden einzelnen Turniertag dabei, nur für ihn. Sie sind Freunde, nichts weiter. Das hat sie auf dem Flug von London klargestellt. Aber er wünscht sich, dass er den Pokal gewinnt, und dann will er ihn vor ihr hochhalten.

Seine Gegnerin räuspert sich und schlägt den Ball auf die Grundlinie, genervt, dass Samir die Zeit vergeudet. Schließlich stellt er sich in Position, gespannt, sein ganzes Gewicht auf den Fußballen, und wartet auf den Aufschlag. Das Adrenalin durchflutet ihn. Aber seine Gegnerin scheint noch aufgeregter zu sein als er und schafft es, den Ball ein weiteres Mal ins Netz zu schlagen. Samir sieht wieder zu ihr auf. Sie ist nach vorn auf die Kante ihres Sitzes gerutscht und fixiert ihn, als gäbe es in der ganzen Welt niemand außer ihm. Seine Tennispartnerin legt einen laschen Aufschlag hin, nach drei Fehlern will sie nur noch den Ball über das Netz bekommen. Der Ball fliegt ihm praktisch vor den Schläger, Samir tritt zurück und schlägt den Ball mit einer Rückhand down the line wie im Lehrbuch über das Netz. Man hört nichts als den dumpfen Aufschlag des Balls hinten am Zaun und ihren Freudenschrei über seinen Sieg. Spiel, Satz und Sieg.

Die Preisverleihung geht zum Glück schnell vonstatten, und als sie vorbei ist, verlassen die wenigen mürrischen alten Clubmitglieder, die zugesehen haben, den Platz und gehen zum Bridge-Raum, während er seine Schläger einpackt. Sie ist die Einzige, die von der Tribüne zu ihm herunterkommt.

„Wow, Herr Khan, toller Preis!"

Die formelle Anrede bringt ihn auf, obwohl er weiß, dass sie nur aus Spaß so redet. Sie hat es seit ihrem Zusammentreffen im Flugzeug die ganze Zeit getan. Für ihn ist es ein Signal, dass sie ihn weiter auf Distanz hält, trotz der ellenlangen Gespräche, die sie seither miteinander geführt haben. Mit ihr hat er so offen geredet wie noch nie mit irgendeinem Mädchen. Und wie ihm scheint, hat auch sie ganz ungeschminkt mit ihm gesprochen, über Kerim, darüber, wie sehr ihre Eltern den Freund ihrer Schwester missbilligten und wie sie rundweg ablehnten, ihr die Heirat mit ihm zu erlauben. Sie hat mit ihm über all ihre Sorgen und Probleme gesprochen. In den drei Wochen seit ihrer Ankunft in Karachi haben sie sich so daran gewöhnt, emotional füreinander da zu sein, dass er sich nicht mehr vorstellen kann, einzuschlafen, ohne, wie sie es täglich tun, um Mitternacht am Telefon mit Alina zu plaudern.

„Also, was haben Sie heute Abend vor? Werden Sie zur Feier Ihres Sieges einen draufmachen, Herr Khan?"

„Nee, ich bin müde. Werde wohl einfach zu Hause bleiben."

„Steigt da nicht eine Silvesterparty bei Ihrem Freund Tony? Gehen Sie nicht hin?"

„Ich mag Silvesterpartys grundsätzlich nicht, aber diese wird besonders ätzend. Alle von der Schule kommen und reden Blödsinn über ihre großartigen Abenteuer im College. Sie sind das erste Mal wieder zu Hause, also legen sie es alle darauf an zu zeigen, was für Casanovas sie sind. Alle Jungs kommen mit irgendeiner Freundin, weil jeder um Mitternacht jemand zum Küssen braucht. Wenn man keine Freundin hat, ist man von vornherein außen vor, steht in der Ecke mit den anderen Losern und sieht zu, wie die andern sich amüsieren. Glauben Sie mir, das habe ich letztes Jahr gehabt und keine Lust, es zu wiederholen."

„Wow. Ich habe ja ein paar Jahre in Paris gelebt, aber dass hier jetzt alle so freizügig geworden sind... Außer Ihnen natürlich, Herr Khan. Sie haben heldenhaft Ihre Tugend bewahrt."

„Haha, sehr witzig. Glauben Sie mir, es gibt viele, die genauso unschuldig sind wie ich, nur gibt es außer mir keiner zu. Wie Sie das sagen, klingt es, als würde jeder ständig mit jedem ins Bett springen. So ist es überhaupt nicht. Die Leute wollen, dass es so ist, aber es ist halt nicht so."

„Ich weiß nicht, ich war noch nie auf einer Ihrer berühmten Schulpartys. Mano hat die so beschrieben, als würden da ausschweifende Orgien gefeiert, aber ich war immer weg, deshalb habe ich nie das zweifelhafte Vergnügen gehabt."

„Sie haben nicht viel verpasst."

„Und, wieso haben Sie keine?"

„Habe keine was?"

„Eine Freundin. Gibt es niemand aus der Schule, mit der Sie gern gehen würden?"

„Kann keine erkennen."

„Mir scheint, Sie brauchten nicht lange zu suchen, um eine Begleitung für die Party zu haben. Nehmen Sie doch eine Freundin mit. Ich würde mitgehen. Bestimmt haben wir Spaß."

„Spaß ... Sie ... Sie würden mit *mir* gehen?"

„Ja, Spaß. Ein alter Ausdruck dafür, dass man etwas zum Vergnügen tut. Sie können bei Ihren Freunden damit Eindruck schinden, dass Sie eine superheiße Nummer zur Party mitbringen."

„Äh ... ich würde niemals ... wissen Sie, also sowas ... würde ich nicht ..."

„Entspannen Sie sich, Herr Khan, ich ziehe Sie nur auf. Ich weiß doch, dass Sie das nicht tun. Also was ist, holen Sie mich ab, oder treffen wir uns dort?"

Er hat immer noch das alberne Lächeln im Gesicht, als er sie abends abholt. Er kann sein Glück nicht fassen. Auf der Fahrt muss er sich anstrengen, die Augen auf der Straße zu halten, denn sie sieht einfach umwerfend aus. Bei Tony zieht sie alle Blicke auf sich, die Mädchen durchbohren sie mit missgünstigen Blicken, und die Jungen sehen sie begehrlich und ihn neidisch an. Von seiner Begegnung mit Alina auf dem Flug und ihren regelmäßigen nächtlichen Gesprächen hat er niemand erzählt, daher überrascht es selbst seine engsten Freunde, als er mit ihr am Arm ankommt. Kurz vor Mitternacht tanzen sie langsam zu „Unchained Melody“ von den Righteous Brothers. Sie sehen einander in die Augen und lächeln, weil es so kitschig ist, aber dennoch, er sieht, wie ihr das dunkle Haar über die Schultern fließt und auf ihrer olivenfarbenen Haut liegt, und er ist vollkommen verzaubert.

„Hat Spaß gemacht heute Abend. Danke, dass Sie mich aufgefordert haben.“ Ihre Worte sind unerwartet, brechen den Bann.

„Ich habe Sie nicht aufgefordert, Sie haben es getan.“

„Wir wissen beide, der Grund, warum Sie es nicht getan haben, war lediglich, dass Sie Angst hatten, ich würde Nein sagen.“

„Äh ...“

„Ist schon in Ordnung, Samir. Ich weiß, was du für mich empfindest.“

„Das ist das erste Mal, dass du mich Samir nennst.“

„Ist wohl an der Zeit, ein paar Dinge zu ändern.“

Ihre Stimme klingt plötzlich tiefer, ernster, nicht mehr so unbeschwert. Von irgendwoher hört er Männer- und Frauenstimmen mit dem Countdown. „Aha, der Moment ist da, vor dem wir uns alle gefürchtet haben.“ Samir grinst nervös und versucht, ihrem Blick auszuweichen, aber sie schaut ihn an, wie sie es während des Tennisturniers getan hat, als wäre er das einzige Lebewesen im Universum.

„Wieso denn gefürchtet? Dieses Mal hast du doch jemand zum Küssen. Also los!“

Überwältigt vom Zauber des Augenblicks, erwidert Samir ihren Blick, löst die Hände von Alinas Hüften und nimmt ihr Gesicht in die Hand, zieht es zu sich. Er erwartet, dass sie jeden Moment zurückschreckt, dass sie ihn ohrfeigt, anschreit, aber sie tut nichts dergleichen. Stattdessen umarmt sie ihn noch fester und schließt die Lippen um seine. Für Samir Khan steht die Welt still. Alles um ihn, die Partygäste, der Lärm, tritt in seinem Bewusstsein in den Hintergrund. Der Mittelpunkt der Welt ruht auf ihren Lippen, die feucht, süß und kraftvoll gegen seine drücken.

Er weiß nicht, wie lange der Kuss dauert, aber als sie sich voneinander lösen, hat das Jubelgeschrei zur Begrüßung des neuen Jahres aufgehört, und die meisten Paare haben sich von der konfettiübersäten Tanzfläche in ruhigere Ecken zurückgezogen. Er grinst sie verschämt an, und sie lächelt scheu zurück.

„Wow."

„Sie können gut küssen, Herr Khan."

„Bin erleichtert, das zu hören. Das war das erste Mal."

„Wirklich? Dann sind Sie wohl ein Naturtalent."

Er sieht ihr wieder in die Augen und kann nicht anders, er muss ihre beiden Hände in seine nehmen. „Alina, ist das auch ok für dich? Ich will dich zu nichts drängen. Was ist mit Kerim?"

„Dead yesterdays and unborn tomorrows, why fret about it, if today be sweet (Was gestern war und was die Zukunft bringen mag, was kümmert's uns, ist heiter nur und schön der heut'ge Tag)*."*

Samir lacht und küsst sie wieder. „Ein Glück, dass es Omar Khayyam gibt!"

2. Buch

Sie

8. Kapitel

New York, fünf Jahre früher

„Willst du ’ne Linie, Baby?“

Alina wendet sich von der Aussicht auf die verstopfte Madison Avenue, auf die sie von ihrem Fenster im 20. Stock hinuntergeblickt hat, ihrer Freundin zu. Rani beugt sich über den niedrigen Couchtisch, in der Hand hält sie eine zusammengerollte Dollarnote, und vor sich auf dem Tisch hat sie zwei saubere Linien Kokain gezogen. Vor vielleicht nicht mehr als sechs Monaten hätte Alina sich ihr noch bereitwillig angeschlossen. Aber wenn sie Rani jetzt sieht, in ihrem offenen Bademantel, der BH und das Höschen gut sichtbar, die Pupillen geweitet und Reste von weißem Pulver um die Nasenlöcher, ist sie angewidert.

„Rani, zum Teufel, es ist vier Uhr nachmittags! Ich brauche keine zugeknallte Schlampe, ich brauche meine Freundin.“

„Ich weiß, Baby, ich weiß. Nur ein paar Linien. Gestern auf Riteshs Party haben sie mir Molly gegeben. Es war irre, ich konnte spüren, wie die Musik durch mich durch geht. Und ich war so geil, ich habe Ali dreimal gefickt, als wir zu Hause waren. Aber jetzt bin ich davon runter. Ich brauch nur eben eine kleine Stärkung. Du hättest gestern mitkommen sollen, Süße, wir haben dich vermisst.“

„Rani, du hast ein Kleinkind nebenan. Spinnst du oder was?“

„Reg dich nicht auf, Baby, bei Nimra ist das Mädchen. Ist für alles gesorgt. Deshalb habe ich Ali an Weihnachten gesagt, wenn er mir keine philippinische Kinderfrau besorgt, blase ich ihm auch keinen, wie er das mag.“ Rani öffnet den Mund und fährt sich lasziv mit der Zunge über die Lippen. „Alecia ist total zuverlässig. Ich brauche nichts zu tun außer Nimra ihren Gutenachtkuss zu geben. Einfach genial. Wir können Party machen, so viel wir wollen.“

So sehr sie davon abgestoßen ist, wenn sie ihrer Freundin zusieht, die durch den Geldschein eine Linie Koks schnupft, ist Alina doch bewusst, dass sie bis vor kurzem ein Teil dieser Welt war. Rani, Ritesh, Ali, sie alle waren Freunde von Adil, und als sie nach der Hochzeit hierherzogen, wurden es auch ihre Freunde. Die wilde Bande, so nannte Adil sie voller Stolz. Lauter Banker mit Wurzeln in Südasien und ihre Frauen, durchweg Leute, die bei der Arbeit bis ans Limit gingen und bei ihren Vergnügungen erst recht. Sicher, das war vielleicht nicht, was sie sich vorgestellt hatte, als sie eingewilligt hatte, Adil zu heiraten, aber sie selbst war ja gleichfalls nicht die Unschuld vom Lande. Wenn Adil seine Freunde unter den Größen der Finanzwelt hatte, so war sie doch ein Supermodel. Die Welt, aus der sie stammte, war es, wo das Feiern erfunden worden war. Vor Adil war sie zwei Jahre lang mit einem Rockstar gegangen. Die Eskapaden der wilden Bande hatten ihr daher nie etwas ausgemacht. Anfangs bewunderten Adils Freunde sie sogar dafür, dass sie so cool war. Deshalb hatte er sie auch heiraten wollen. Anders als sämtliche anderen pakistanischen Mädchen, die er kannte, passte Alina zu seinem Freundeskreis.

Obwohl sie sich an die üblichen Rituale hielten und ein Jahr lang miteinander ausgingen, bevor sie ihren Eltern sagten, dass sie einander liebten, war es für beide im Grunde genommen eine Vernunftehe. Alina, deren Karriere als Model nach fünfzehn Jahren an der Spitze der französischen Modeszene sich ihrem Ende näherte, hatte nach dem katastrophalen Zusammenbruch der Beziehungen mit Samir und Enrique vor allem das Bedürfnis nach einem ruhenden Pol in ihrem Leben. Zugleich brauchte sie jemand, der mit der Art von Leben, das sie geführt hatte, etwas anfangen konnte und es akzeptierte, und von den jungen Männern, die sie in Pakistan kannte, war das nicht zu erwarten. Adil lebte in New York, weit weg von neugierigen Verwandten und voreingenommenen Großfamilien. Für ihn auf der anderen Seite war sie eine Offenbarung. Ein Supermodel, das aus denselben Kreisen stammte wie er, die Kombination war phänomenal. Für ihn hatte ihre Vergangenheit nichts Negatives, im Gegenteil, es machte ihn an. Er hatte ohnehin längst den Entschluss gefasst, auf keinen Fall eins der braven Mauerblümchen zu heiraten, mit denen seine Eltern ihn ständig zu verkuppeln suchten. Für Adil Mansha war eine Frau wie Alina schlichtweg das große Los.

Die Hochzeit fand im traditionellen Panjabi-Stil statt, und alle hatten sie dazu beglückwünscht, das perfekte Paar zu sein. Sie gehörten befreundeten Familien an, hatten sich ineinander verliebt und bevorzugten beide einen ähnlichen Lebensstil. Jeder nahm an, dass es eine Verbindung auf Lebenszeit sein würde. Aber das war vor zwei Jahren gewesen. In New York hatte Alina das ständige Partyleben bald satt. Für Adil gehörten Kokain und Alkohol zu seinem Lebensstil. Wer nicht jeden Monat zehntausend Dollar für Drinks und Drogen ausgab, gehörte nicht zur Hautevolee der Wall Street. Man kann Alina sicherlich nicht vorwerfen, dass sie puritanisch ist, hat sie doch jahrelang regelmäßig mitgemacht, aber sie ist nicht abhängig davon. Nie hat sie zugelassen, dass Drinks und Drogen ihr Leben bestimmen. Adil ist nicht so stark. Er ist darauf angewiesen, dass seine Bedürfnisse stets sofort befriedigt werden, und das hat zu einem Riss in ihrer Ehe geführt.

„Ich verlasse ihn, Rani."

„Was? Nein, Baby, tu das nicht!"

„Adil vögelt mit anderen herum."

„Nein. Nein, das würde er niemals tun, er liebt dich viel zu sehr. Hat er dir nicht gerade erst dieses unglaublich teure Diamantenarmband von Cartier geschenkt?"

„Rani, ich pfeife auf das Armband. Geschenke sind mir egal. Aber ich kann nicht wegschauen, wenn er seinen Schwanz in jede Hure in New York reinsteckt."

„Aber wie kannst du dir da so sicher sein?"

„Letzten Monat musste ich für eine Woche nach Paris zu einem Arbeitstreffen mit Karl. Als ich zurück war, habe ich zufällig den Medikamentenschrank aufgemacht und gesehen, dass wir keine Kondome mehr hatten. Als ich abgereist war, war eine volle Packung mit 20 Stück dagewesen. Und Adil benutzt bei mir gar keine. Wir hatten sowieso seit Monaten keinen Sex gehabt, entweder war er zu müde oder total zugedröhnt. Ich habe ihn also gefragt, was mit den Kondomen ist. Und er wusste nicht, was er antworten sollte. Er hätte mir irgendetwas vorlügen können, vielleicht hätte ich ihm das sogar abgenommen. Zum Beispiel, dass er sie genommen hätte, um sich einen runterzuholen. Aber als ich ihn darauf angesprochen habe, hat er nicht den Mund aufbekommen. Er war nicht mal anständig genug, mit seinen Nutten in ein Hotel zu gehen. Er hat sie in unserer Wohnung gefickt, in unserem Bett."

„Aber Baby, vielleicht ist es ja gar nicht so. Komm schon, versuch erstmal, die Sache wieder in Ordnung zu bringen. Ihr seid so ein tolles Paar."

„Nein, sind wir nicht. Schon lange sind wir kein tolles Paar mehr. Wir sehen nur so aus. Und das ist im Grunde auch alles, was Adil je wollte. Ich will nicht länger so leben."

„Schau mal, Baby, Adil übertreibt es manchmal mit dem Koksen, und ich weiß, dass du willst, er soll es eine Weile langsamer angehen lassen. Aber er ist in Ordnung. Mit der Zeit kriegt er das schon wieder hin. Wieso macht ihr nicht ein Kind zusammen? Weißt du, vor Nimra hat Ali sich auch hier und da herumgetrieben, aber seit er Vater geworden ist, ist er total auf Zack."

„Ich werde niemals ein Kind mit Adil haben. Welche Werte würde ein Kokser und Betrüger diesem Kind wohl übermitteln?"

„Baby, das ist nur eine Phase. Die Jungs sind wegen der Arbeit nervös. In den nächsten fünf Jahren, wenn sie älter werden, wird alles ruhiger. Adil wird verstehen, was du von ihm verlangst, und für dich wird er sich ändern. Hey, wenn er kapieren soll, dass Herumvögeln uncool ist, zeig es ihm doch! Fang selbst was an, eine Affäre, oder meinetwegen auch nur Telefonsex. Danach betrügt er dich bestimmt nie wieder. Ich kann dir ein paar geile Typen vermitteln. Keine weiteren Verpflichtungen." Rani schüttet aus einer Ampulle eine weitere Linie Kokain auf den Tisch, wo noch immer eine nicht geschnupfte Linie liegt. „Damit hast du garantiert seine Aufmerksamkeit."

„Ich will seine Aufmerksamkeit nicht. Ich will keine Affäre, Rani, ich wollte eine Ehe. Und das, was Adil und ich haben, ist keine Ehe."

„Aber ihr wart doch glücklich. Wirf dein Glück nicht weg, weil du darüber gekränkt bist, dass er irgendeine billige Hure gefickt hat. Vergiss es einfach. Sieh das Große und Ganze. In deinem Alter ohne Partner, das ist nicht einfach, Schätzchen. Und was ist mit der finanziellen Unsicherheit? Es wird schon wieder, Baby. Hier, zieh eine Linie mit mir. Ich verspreche dir, danach fühlst du dich besser."

„Ich bin niemals glücklich gewesen, Rani. Seit Jahren. Und sein Geld kann mir gestohlen bleiben. Ich habe mein eigenes Geld verdient, seit ich sechzehn war. Ich brauche kein finanzielles Hilfspaket von Adil Mansha. Es hat keinen Sinn, Rani. Was du auch sagst, ich werde nicht bei ihm bleiben. Und du hörst mir nicht mal zu ..."

Verärgert über Ranis Kokserei und mangelnde Konzentration verlässt Alina ihren Platz am Fenster. Dabei bleibt ihr Blick an etwas hängen, was wohl auch Ranis Aufmerksamkeit von ihr abgelenkt hat. Der Fernseher läuft, und auf CNN wird ein zerstörtes Haus gezeigt. Im Kriechtitel heißt es: „Terrorangriff in Pakistan. Belutschistan: Haus von Polizeichef ausgebombt, Familie tot."

„Oh Gott. Die arme Familie." Rani schlägt sich vor Schreck die Hand vor den Mund. Sie dreht sich zu Alina um. „Sorry, Baby, ich habe nicht mitbekommen, was du gesagt hast. Das ist so traurig. Der arme Mann, seine Frau und Tochter ... mit anzusehen, wie sie sterben ... Das ist so schrecklich, ich kann es nicht aushalten. Brauche noch eine Linie."

Aber Alina hört nicht mehr hin. Sie sieht zuerst seinen Namen, dann erscheint ein Foto von ihm auf dem Bildschirm. Sie merkt, wie ihr heiße Tränen über die Wangen laufen, aber sie weiß nicht, wie lange sie weint. Wie gelähmt sitzt sie da, starrt auf den Fernseher. Erst als Rani sie packt und an die Brust drückt, wird ihr bewusst, dass sie laut geheult hat.

Karachi
6. Mai

Das Café ist ihr gut bekannt. Damals, in ihrer Kindheit, war es *der* angesagte Platz zum Abhängen. Allerdings war das in den 90ern, und jetzt sieht es aus, als wäre hier die Zeit stehengeblieben. Weder die Ausstattung noch die Speisekarte scheinen sich geändert zu haben. Alina kommen sogar die Kellner vertraut vor, es sind dieselben Gesichter wie von vor zwanzig Jahren, wenn auch leicht gealtert, und dieselben Uniformen, nur etwas abgenutzter. Der Name „The Old Place" wirkt ziemlich passend. Noch immer kommen vor allem junge Leute hierher, und sie als Frau mittleren Alters fällt auf. An einem langen Tisch in der Mitte des Raumes sitzt eine große Gruppe ausgelassener Jungen und Mädchen in Schuluniformen. Im Lokal sind fast nur die Jugendlichen zu hören, sie reden laut und geben Bestellungen für alles auf, was die Speisekarte hergibt. An den Seitentischen ist es stiller, und die trübe Beleuchtung zieht Paare im Teenageralter oder Anfang Zwanzig an, die sich hier treffen, um unauffällig Händchen zu halten. Einen Augenblick lang denkt sie, es war ein Fehler, dieses Lokal zu wählen, und ihr Bedauern über die falsche Entscheidung wird größer, als eine fette Kakerlake an ihren hochhackigen Jimmy-Choo-Pumps vorbei den Weg zur Küche einschlägt. Mit einem Blick, dem der Schock anzusehen ist, versucht sie die Aufmerksamkeit des Kellners darauf zu lenken, aber der hat nur ein Achselzucken für sie übrig, als wollte er sagen, das Lokal hätte einen guten Ruf als Treffpunkt, wäre aber nun einmal nicht unbedingt berühmt für seine Sauberkeit.

Genaugenommen ist es das einzige Lokal, das sie kennt. Sie hat beinahe zwanzig Jahre nicht in der Stadt gelebt, daher weiß sie nicht Bescheid über die neueren und schickeren Gaststätten, die in der letzten Zeit aufgemacht haben. Seit sie vor sechs Monaten zurückgekehrt ist, ist sie praktisch nie ausgegangen. Sie hat es vorgezogen, zu Hause zu bleiben und sich um ihren kränkelnden Vater zu kümmern. Außerdem hatte sie niemand, mit dem sie hätte etwas unternehmen können. Ihre Schwester Mano lebt jetzt mit Mann und Kindern in Hongkong, und Alina hat in Karachi nie sehr viele Freunde gehabt. Seit dreißig Jahren ist sie stets nur für kurze Zeit hier, um ihre Familie zu besuchen. Sogar ihr Ehemann stammte aus Lahore. Eigentlich war das, was sie mit Karachi verband, vor allem Samir. Nur als sie mit ihm zusammen war, hat sie die Stadt etwas kennengelernt und eine Zeitlang davon geträumt, den Rest ihres Lebens hier mit ihm zu verbringen. Damals waren sie unzertrennlich, und oft trafen sie sich in diesem Café, um über die Vergangenheit zu reden, und über ihre Zukunft. Für Alina war es ein kurzes Zwischenspiel voller Glück in ihrem Leben. Bis sie ihn verriet, zu einer Zeit, als er sie mehr denn je gebraucht hätte.

Sie wirft einen Blick auf die Armbanduhr, und ihre Nervosität kehrt zurück. Er hat sich nicht verspätet, sie ist eine halbe Stunde früher als verabredet gekommen. Warum, weiß sie selbst nicht, aber wenn sie bis zum ausgemachten Zeitpunkt gewartet hätte, hätten die Schmetterlinge im Bauch sie noch dazu gebracht, sich zu übergeben. Nicht, dass sie befürchtet, er würde gar nicht erscheinen, obwohl sie ihm nach der Art, wie es zu ihrer Trennung kam, keinen Vorwurf machen könnte, wenn er nicht käme. Aber der Samir, den sie gekannt hat, ist nie so gewesen. Wenn er sich verabredete, würde er auch kommen. Im Übrigen hat er ihr heute Morgen noch eine SMS geschickt, dass er mit dem Flug aus Islamabad angekommen ist und sie auf jeden Fall treffen will. Ihr ist bewusst, dass ihre Unruhe nichts ist als ihr brennendes Verlangen, ihn wiederzusehen. Als er auf Lambus Party auftauchte, hat es ihr den Atem verschlagen. Sie hatte nie im Leben erwartet, ihn hier anzutreffen, und als er auf sie zutrat, um sie zu begrüßen, glaubte sie ein Gespenst zu sehen. Sie war so überwältigt, dass sie nur ein paar höfliche Floskeln herausbrachte. Das gab anderen die Gelegenheit, sich einzuklinken. Jahrelang hatte niemand ihn gesehen, und da Samir Ali Khan nun ein sehr mächtiger Mann war, wollte naturgemäß jeder ihm die Hand schütteln. Nachdem sie sich von ihrem anfänglichen Schreck erholt hatte, hatte sie den dringenden Wunsch, mit ihm zu reden. Aber richtig reden. Sie wollte nicht Konversation treiben, wie es auf Partys gemacht wird, samt der üblichen Portion Klatsch, den man gehört hatte und weitergab, indem man so tat, als würde man sich für anderer Leute Leben interessieren. Sie wollte so mit ihm sprechen, wie sie früher miteinander gesprochen hatten, stundenlang die Nächte durchdiskutiert, oft bis zum Morgen, ohne Unterbrechung, außer ab und zu, um miteinander zu schlafen oder etwas zu trinken.

Bei Lambu hat sie gespürt, dass er sich das in gleichem Maße wünschte wie sie, aber auf der Party war es nicht möglich, ein mehr als oberflächliches Gespräch zu führen. Als Tony ihn zu einer anderen Gruppe fortzog, hat sie ihn deshalb am Arm gepackt und ihm zugeflüstert, dass sie wirklich gern hören wollte, wie es ihm ergangen war. Sie hat ihm ihre Telefonnummer zugesteckt, ohne sicher sein zu können, ob der Mann, der den Premierminister in Sachen Sicherheit für das ganze Land beriet, daran interessiert wäre, die Frau anzurufen, die ihn vor zwanzig Jahren unter demütigenden Umständen sitzenlassen hatte. Aber er hat sich gleich am nächsten Tag gemeldet und gesagt, er würde sie gern wiedersehen. Er musste zurück nach Islamabad, aber er versprach ihr, er werde sich bei seinem nächsten Besuch melden. Und so haben sie sich hier verabredet.

Die Tür öffnet sich, und ein dünner Strahl Sonnenlicht fällt in den schwach beleuchteten Raum. Zwei Männer, Anzug, Ohrhörer, Ausbeulungen unter dem Jackett, kommen herein, überprüfen den Raum. Einer von ihnen wirft einen Blick auf sie und spricht in sein Funkgerät. Zwanzig Sekunden später sieht sie Samir hinter einer Phalanx von gleichermaßen gekleideten und mit Ohrhörern ausgestatteten Leibwächtern hervor auf sich zukommen. Einer geht auf Position bei den Toiletten, zwei weitere bewachen den Eingang, angestarrt von den Restaurantgästen. Samir kommt an ihren Tisch und begrüßt sie mit einer ungeschickten Halb-Umarmung, dann setzt er sich. Sein Gesicht zeigt einen Ausdruck äußerster Verlegenheit.

„Sorry. Normalerweise versuche ich, meine Begleiter loszuwerden, aber ich war bei mehreren offiziellen Meetings, da konnte ich ihnen nicht entkommen."

„Ist ganz ok." Sie zögert. In Gegenwart des Leibwächters, der direkt hinter Samir steht, ist ihr unbehaglich zumute. Er bemerkt ihre Befangenheit und schickt den Mann kurzangebunden fort. „Entschuldige bitte. Es war ein verrückter Tag."

Sie lächelt. Auch nach 25 Jahren sieht er noch gut aus. Sein Körper ist schlank und straff, zeigt kein verräterisches Anzeichen fortgeschrittenen Alters wie bei den meisten Männern. Sein graumeliertes Haar verleiht ihm eine gewisse Würde, und seine Haltung drückt Selbstvertrauen aus. „Ich kann es mir vorstellen... das heißt, ich kann es mir nicht vorstellen. Was bedeutet es, wenn der Nationale Sicherheitsberater sagt, er hat einen verrückten Tag gehabt?"

„Na ja, ich musste heute früh an einem Hotline-Telefonat zwischen unserem Generaldirektor für militärische Einsätze und seinem indischen Pendant teilnehmen, bei dem es um Schießereien im Grenzbereich ging. Dann musste ich vor meinem Abflug nach Karachi kurz den Premierminister über ein paar Dinge informieren. Hier habe ich dann den Tag bei einem Meeting der Spitzenkommission verbracht, wo wir über verschiedene aufsehenerregende Fälle von Terrorismus in Sindh und Belutschistan diskutiert haben."

„Wow. Und ich dachte, bei mir wäre es hektisch gewesen, weil ich zwei Online-Konferenzen mit meinem Pariser Büro hatte. Versuchen Sie bei mir Eindruck zu schinden, Herr Khan?"

„So hast du mich seit Jahren nicht genannt. Genau gesagt, nicht mehr seit dem 31. Dezember 1995."

„Du hast immer noch ein gutes Gedächtnis für Daten."

„Und für Orte. Diese Spelunke weckt einiges an Erinnerungen."

„Ehrlich gesagt, dass ich diesen Ort vorgeschlagen habe, hat weniger mit alten Erinnerungen zu tun als den praktischen Grund, dass ich in Karachi sonst nichts kenne. Ich bin nicht viel in Gesellschaft. An dieses Café habe ich mich noch erinnert, und ich dachte, dir würde es genauso gehen."

Er schaut sie an, als der Kellner die Speisekarten bringt. Sie sieht auch hier so bezaubernd aus wie bei Lambu. Wie schon vor einer Ewigkeit. Er blickt auf die Speisekarte, damit es nicht so aussieht, als starrte er sie an.

„Die Speisekarte hat sich in den letzten zwanzig Jahren wohl auch nicht geändert.“

„Nein. Was war das, was wir immer zusammen gegessen haben? Schokoladenkuchen mit Vanilleeis?“

„Caked Alaska.“

„Caked Alaska, genau. Wollen wir uns eins teilen, um der alten Zeiten willen?“

„Ich nehme seit fünf Jahren keinen Zucker zu mir. Ich glaube, wenn ich Kuchen und Eis esse, löst es eine Schockreaktion in meinem Körper aus. Ich nehme nur schwarzen Kaffee. Wie geht es deiner Familie? Deinen Eltern? Karl? Mano? Hast du Kinder? Ich habe irgendetwas gehört, dass du geschieden bist?“

„Glücklich geschieden, vor viereinhalb Jahren. Keine Kinder. Mano ist in Hongkong. Karl, äh, ist letztes Jahr verstorben. Er hat mir sein Modeunternehmen vermacht. Meine Eltern sind hier, aber meinem Vater geht es nicht so gut. Deshalb bin ich vor allem zurückgekommen, um ihm beizustehen. Ich führe den größeren Teil seiner Firma mit meiner in einem Dachverband zusammen, wobei ich einige überflüssige Teile abstoße. Meistens habe ich mit der Arbeit zu tun oder mit Papa, daher kenne ich mich auch nicht mit den Cafés in Karachi aus.“

„Tut mir leid, mit Karl. Er war ein guter Mensch.“

„Er mochte dich sehr.“

„War ein paarmal sehr nett, wir drei zusammen.“

„Ja.“

„Also dein Vater arbeitet jetzt für dich?“

„Ja, irgendwie.“

Der Kellner bringt ihnen den Kaffee, und Samir nippt an seinem Becher. Wieder muss er sie ansehen, und in diesem Moment ist es ihm egal, dass er einen Cappuccino bekommen hat anstelle des Americano, den er bestellt hat. Sie trägt eine ärmellose Kurta, die ihm erlaubt, den eintätowierten Urdu-Vers von Ghalib zu lesen, der wie ein Armband um ihren Unterarm liegt: *ye na thi hamari qismat ke wisal-e yaar hota, agar aur jite rahte, yehi intezar hota* (Nicht war bestimmt mir, eins zu sein mit ihm, doch währt’ unendlich lange auch mein Leben, verlängerte sich nur der Schmerz, kann es doch nichts als ew'ge Sehnsucht geben).

„Du liest also auch mal etwas anderes als Omar Khayyam."

„Omar Khayyam zu lesen hat mir zu weh getan, nach dir."

Er trinkt einen Schluck Kaffee, ist sich nicht sicher, was er darauf antworten soll. Ihre Augen werden feucht, sie kämpft ganz offensichtlich mit den Gefühlen.

„Ich ... äh ..."

„Samir, ich wollte dir sagen, es tut mir furchtbar leid. Dass es so ... aufgehört hat. Als du mich gebraucht hast, war ich nicht da für dich. Ich hätte nicht auf meine Mutter hören dürfen, dass ich mich von dir fernhalten sollte. Klar, ich war jung, aber das ist keine Entschuldigung, ist es nie gewesen. Mein ganzes Leben habe ich in dem Bestreben zugebracht, eine unabhängige Frau zu sein, nicht an Ehemann oder Familie gebunden. Aber bei der schwerwiegendsten Entscheidung meines Lebens habe ich dieses Prinzip aufgegeben. Ich habe dich verloren, und ich habe dir nicht einmal gesagt, warum. Ich weiß, solche Erklärungen klingen künstlich und sinnlos, nach all der Zeit. Es gibt natürlich viel bedeutendere Dinge, mit denen du dich beschäftigen musst. Du hast das von damals weggesteckt, hast dir etwas aufgebaut. Aber ich habe mich all die Jahre furchtbar gefühlt. Ich trage schwer daran, und es wird mir auf ewig leidtun."

Die Tränen strömen ihr über die Wangen.

„Hey, Alina, es ... ist doch gut. Es ist lange her. Wir waren Kinder! Wir wussten es nicht besser. Du hast deine Gründe gehabt. Ich war als dein Freund sicher auch nicht vollkommen."

„Doch. Du warst wunderbar. Von allen Männern, die ich gehabt habe, warst du der einzige gute."

„Na, das ist ja eine ziemlich gewagte Äußerung, Alina Faruq. Wie konnte ich denn unter den Tausenden deiner Verehrer der einzige gute sein?"

Zum ersten Mal, seit sie hier sitzt, lächelt sie. „Es waren nicht Tausende, nur zwei nach dir, und glaub mir, du warst der Beste."

„Irgendwo habe ich gelesen, dass einer ein Rockstar war, stimmt das? Das muss doch mal was anderes gewesen sein nach dem alten

Langweiler, der ich bin."

„Enrique. Er war in Ordnung, hat einen Song über mich geschrieben. Einen besseren Song als der, den du mal zu schreiben versucht hast, das muss ich sagen. Aber wie alle Rockstars glaubte er, die ultimative Offenbarung für sämtliche Frauen der Welt zu sein. Und die wollte er möglichst vielen Frauen zuteilwerden lassen. Nachdem ich mir das eine Weile angesehen hatte, habe ich Stress gemacht. Und er fing an, mir auf den Zeiger zu gehen. Als er bei einem Konzert mehrere Mädels aufgegabelt hat, habe ich ihm Kontra gegeben, indem ich mit dem Drummer und dem Bassisten von seiner Band geschlafen habe, mit beiden gleichzeitig. Danach haben wir in gegenseitigem Einverständnis Schluss gemacht."

„Wundert mich nicht. Ich hatte nie den Eindruck, dass du der Groupie-Typ bist."

„Bin ich auch nicht. Das war genau das Problem. Enrique habe ich getroffen, als ich mit aller Gewalt versucht habe, dich zu vergessen. Ich dachte damals, er wäre die Lösung ... sozusagen als Anti-Samir. Habe mich geirrt."

„Und dein Mann?"

„Mein Ex-Mann stand auf Huren und Kokain. Ich bin kein Fan davon, von beidem nicht. Lange habe ich versucht, irgendwie klarzukommen. Ich wollte Stabilität, wie man es halt so erwartet, wenn man heiratet. Ich ... ich habe dich beneidet. Dass du jemand gefunden hast, mit dem du das Leben teilst ..., dass du geschafft hast, darüber ..., dass du über uns hinweggekommen bist. Ich habe deine Frau nur durch die Bilder und Kommentare auf Facebook kennengelernt. Manchmal, wenn ich so unglücklich war, habe ich dich online gestalkt. Klingt bescheuert, aber ich wollte eben wissen ... wie es mit dir weitergegangen ist ... nach uns. Ich wollte wissen, ob du glücklich bist oder ebenso elend wie ich. Du schienst sehr zufrieden mit deinem Leben zu sein. Und wenn ich das sagen darf, deine Frau sah sehr nett aus. Was da passiert ist, Sam ... ich war in New York, als es in den Nachrichten kam. Ich habe den ganzen Tag geheult. Niemand hat verstanden, worüber ich so sehr weinen musste. Es tat mir so wahnsinnig leid. Ich wollte dich anrufen. Aber ...

ich wusste nicht, was ich nach all der Zeit sagen sollte. Aber es tut mir wirklich sehr leid."

„Danke, dass du das sagst. Ja, Asma war eine wunderbare Frau ..." Er hält inne, ist sich unschlüssig, ob das, was er sagen möchte, angemessen ist. „... aber sogar mit ihr habe ich nicht alles geteilt. Seltsam, als sie noch am Leben war, hätte ich das so nie gesagt. Aber es gibt Seiten von mir, die außer dir niemand je kennengelernt hat. Und mit dir habe ich 22 Jahre lang nicht einmal gesprochen. Abartig, nicht wahr?"

„Nein, nicht abartig. Mir geht es genauso. Mit dir habe ich eine Vertrautheit gehabt wie niemals mit einem anderen menschlichen Wesen."

„Ich konnte dich nie vergessen, Alina. Es ist nur so, dass das Leben mich auf sehr andere Wege geführt hat, als wir uns vorgestellt haben, als wir zusammen waren. Aber vergessen habe ich dich niemals."

„Ich würde gern versuchen, dich wieder kennenzulernen. Ich wünsche mir, dass wir wieder Freunde sein können. Wir haben beide einiges durchgemacht. Manchmal braucht man einen alten Freund, um das Licht am Ende des Tunnels zu sehen."

„Das möchte ich sehr gern, Alina."

9. Kapitel

Luftraum über Kandahar, acht Minuten entfernt von Pakistan 28. Juni

Samir starrt aus dem Fenster des Gulfstream IV auf die karge Landschaft unter ihm, während der Flieger über den Bergen bei Spin Boldak eine Kurve beschreibt. Das Land um Kandahar scheint fast durchgehend bräunlich-golden gefärbt zu sein, gelegentlich unterbrochen von einem Fleck Grün, von einem Feld oder Obstgarten. Die Sonne brennt erbarmungslos auf die Erde herab, was ihn an die sommerliche Hitze von Quetta denken lässt. An Asma und Nida, und an *jenen* Tag. Es war ein heißer Junitag gewesen, wie heute. Es war *genau* heute vor fünf Jahren. Er schließt die Augen und sieht vor sich ihre Gesichter. Die letzten fünf Jahre hat er diesen Tag regelmäßig in einem Zustand der Erstarrung verbracht. Aber heute ist es anders. Er ist noch traurig, aber die Taubheit ist verschwunden. Seit drei Wochen hat er wieder Gefühle. Es sind Gefühle, von denen er nach jenem Tag nicht dachte, dass er sie jemals noch einmal haben würde.

Er wendet sich von dem Ausblick auf Südafghanistan ab und dem Innern des Flugzeugs zu. Gulfstream IV ist ein Spezialflieger für VIPs der pakistanischen Luftwaffe. Ein makellos livrierter Bedienter stellt ein Glas Orangensaft auf den Tisch vor ihm. Die Kabine ist luxuriös ausgestattet, mit dicken Teppichen und bequemen Ledergarnituren. Auf einem Flachbildschirm laufen ohne Ton die Nachrichten eines großen pakistanischen TV-Senders. Außer der Crew ist der einzige weitere Passagier General Shahram, der ihm gegenüber auf dem Sofa sitzt und in einem Dossier liest.

„Fliegen Sie immer so, General?"

„Mit der Sondermaschine? Meistens. Aber die meisten Flüge sind Truppentransporte. Nicht so schön wie das hier. Nur ausnahmsweise übernimmt die Luftwaffe Sonderflüge, für besondere Spielsachen und besondere Leute, zum Beispiel, wenn der Nationale Sicherheitsberater nach Kabul muss."

„Und, was denken Sie? Seit wir den Präsidentenpalast verlassen haben, sind Sie auffallend still."

„Weil in Kabul sogar die Kakerlaken Ohren haben. Was meinen Sie, wie es gelaufen ist?"

„Präsident Ghilzai hat einen sehr aufgeschlossenen Eindruck gemacht, vor allem als wir privat miteinander gesprochen haben, weniger im Kreis seiner Mitarbeiter. Aber du lieber Himmel, er redet und redet! Egal worüber, er findet einfach kein Ende. Einmal hat er mir glaube ich eine Vorlesung über die Marktdynamik des Kirschhandels in Quetta gehalten."

„Er macht das absichtlich, um für seine Aufpasser den Eindruck zu erwecken, er sei ein idiotischer Schwätzer. Deshalb sagt er nur dann Dinge von Bedeutung, wenn sie nicht anwesend sind. Was genau hat er zu Ihnen gesagt, als Sie allein waren?"

„Er sagte, er stimme vollkommen mit den Vorschlägen des Premierministers überein, auf allen Fronten die Kooperation zu verstärken, ob es um Handelsabkommen geht oder um Sicherheitsbelange. Er hätte die Nase voll, sich alles von seinen Koalitionspartnern diktieren zu lassen, die sämtlich mit den Indern unter einer Decke stecken."

„Fantastisch! Nur schade, dass weiter nichts daraus werden wird."

Samir seufzt resigniert. „Was soll das, General? Warum sind Sie immer so negativ? Wir haben doch nicht verlangt, dass er uns die Kontrolle über seine Geheimdienste oder über die Armee überträgt. Alles, was wir wollen, ist eine Ausweitung von Handelsaktivitäten. Ein paar Verträge hier und da, um sie stärker an uns zu binden. Was ist daran auszusetzen, wenn es dazu führt, dass die augenblickliche Spirale der Gewalt durchbrochen wird? Frankreich und Deutschland waren zwei Jahrhunderte hindurch Todfeinde, aber heutzutage kann sich niemand mehr vorstellen, dass sie einander kritisieren, von gewalttätigen Auseinandersetzungen ganz zu schweigen. Es ist nicht unmöglich, Shahram, dass Dinge sich ändern."

„Frankreich und Deutschland", grunzt General mit einem amüsierten Ausdruck. „Das berühmte Beispiel, das der Premierminister ständig anführt. Frankreich und Deutschland. Hat er wohl in Oxford gelernt, als er diesen Abschluss in Internationale Beziehungen gemacht hat, dem Sie so große Bedeutung beimessen. Wahrscheinlich hat er seit damals nicht aufgehört, von Frankreich und Deutschland zu schwafeln." Er nickt dem Flugbegleiter zu. Augenblicklich öffnet der ein Geheimfach und holt eine halbvolle Flasche Glenfiddich heraus, die er zusammen mit zwei eisgefüllten Kristallgläsern zwischen den beiden Männern auf den Tisch stellt. Der General gießt sich bedächtig einen Whisky ein, freut sich an dem Knistern der Eiswürfel. Er sieht Samir an, hält die Flasche einladend über das zweite Glas, aber Samir schüttelt den Kopf.

„Haben Sie nicht gesagt, Sie fliegen zum ersten Mal in dieser Maschine, General?“

„Richtig. Aber ATM benutzt sie ständig, um zwischen Karachi und Islamabad zu pendeln. Noch eine dieser kleinen Annehmlichkeiten, auf die der Scheißkerl ein Recht zu haben glaubt. Er hat immer ein paar Flaschen an Bord. Edles Zeug. Single malt, 16 Jahre alt. Wie Sie sehen, brauche ich nicht selbst im Flugzeug zu sitzen, um zu wissen, was darin vor sich geht, Herr Nationaler Sicherheitsberater.“ Shahram nimmt einen Schluck und wirft dem Flugbegleiter wieder einen Blick zu, worauf dieser sich zurückzieht.

„Warum wird aus meinen Vorschlägen nichts werden, General?“ Samirs Tonfall ist geschäftsmäßig kühl.

„Wissen Sie, mein Vater war nicht in der Armee. Er war Immobilienmakler in Gujranwala, ein schlechter übrigens. Aber eins habe ich von ihm gelernt. Im Leben, pflegte er zu sagen, dreht sich alles um den richtigen Standort.“ Er nimmt noch einen Schluck, schwenkt das Glas. „Standort, Standort, Standort. Bei Immobilien wie in der Politik. Dass Frankreich und Deutschland friedlich koexistieren können, liegt daran, dass sie geopolitisch betrachtet in einer Region liegen, die den Beverly Hills entspricht. Wir dagegen leben in einer saumäßigen Umgebung mit *chutiya*-Nachbarn. Mit Drecksäcken. Um hier zu überleben, müssen wir selbst *chutiyas* sein.“

„Wollen Sie damit sagen, dass die Agency der Friedensinitiative des Premierministers entgegenarbeiten wird? Ist das der Grund, warum Sie ihn und seine Verbündeten ausspionieren und ihm Ihre Spitzel ins Flugzeug setzen?“

„Entschuldigen Sie bitte, Sir. Ich hatte Durst, und vor allem hatte ich nach dem ewigen *kahwa*, dem grünen Tee, den wir im Palast des Präsidenten vorgesetzt bekommen haben, das dringende Bedürfnis nach einem richtigen Drink. Benommen, wie ich von dem ewigen *kahwa* war, habe ich mich möglicherweise nicht präzise ausgedrückt. Lassen Sie mich noch einen Versuch machen. Haben Sie bei unserem Besuch im Palast den ungewöhnlich gutaussehenden jungen Mann bemerkt, der uns den elenden *kahwa* servierte? Der war keinen Tag älter als 17, und seine Augen waren mit Kajal umrandet. Ein bisschen jung, um im Präsidentenpalast angestellt zu werden, und irgendwie unprofessionell, dass er mit Kajal um die Augen hereinkommt, um Tee zu servieren, finden Sie nicht?“

„Ich achte bei Gipfeltreffen mit Präsidenten gewöhnlich nicht auf Service-Personal.“

„Bedauerlich. Dieser junge Mann ist nämlich momentan die wichtigste Person in Afghanistan. Präsident Ghilzai liebt ihn. Ob es Liebe ist oder Begierde, kann ich nicht sagen, das spielt auch keine Rolle. Aber der Präsident von Afghanistan würde praktisch alles tun, um von dem Knaben einen geblasen zu bekommen. Und dieser Junge arbeitet für Gulbadin Naib, Chef des afghanischen Geheimdienstes und enger Freund des Großmeisters, Krishnamurthy.“

„Ahmad Ghilzai ist einer der erfahrensten Politiker, die wir in Südasien haben. So dumm kann er nicht sein.“

„Letzten Monat hat Präsident Ghilzai die Ratifizierung eines Zwei-Billionen-Dollar-Vertrages für die Elektrifizierung des Landes aufgehalten, nur weil der Junge sich beschwert hatte, der amerikanische Firmenvertreter, der zur Unterzeichnung des Abkommens angereist war, hätte ihn ‚komisch angesehen‘. Ghilzai ließ sich nicht umstimmen. Schließlich musste die CIA Gulbadin bitten, dafür zu sorgen, dass der Knabe seinen Vorbehalt zurücknahm, dann erst konnte der Vertrag ratifiziert werden. Tut weh zu sehen, wie ein erwachsener Mann sich wie ein liebeskranker Teenager zum Affen macht, aber so ist es. Wer diesen Jungen unter Kontrolle hat, regiert Afghanistan. Und so gern ich Ihnen helfen würde, auf den Jungen habe ich keinen Einfluss.“

„Wenn das so wäre, hätte Ghilzai uns doch nach dem formalen Meeting verabschieden können. Er brauchte sich nicht privat mit mir zu treffen, wenn er sowieso keinen meiner Vorschläge annehmen wollte.“

„Oh, ich kann mir vorstellen, dass Ghilzai heute Nacht im Bett mit seinem Geliebten Ihre Vorschläge durchgehen wird, das heißt, soweit ein 17-Jähriger in der Lage ist, über geopolitische Fragen zu diskutieren. Wahrscheinlicher ist jedoch, dass Ghilzai den Abend damit verbringt, sich von dem Knaben das Arschloch befingern zu lassen, während er sich einen runterholt. Aber morgen früh wird der Junge jedes

Detail Ihrer Vorschläge an Gulbadin weitergeben, der sucht sich dann heraus, was davon ihm selbst nützlich sein könnte, und verwirft alles andere. Ich bin mir ziemlich sicher, dass nicht alles von dem, was Sie vorgeschlagen haben, abgelehnt wird. Dafür wird schon ATM sorgen. Er ist an einer Reihe von Abkommen interessiert, bei denen es um Investitionen geht, und er hat Gulbadin sicherlich signalisiert, dass er die durchwinkt. Aber all die Sicherungsklauseln und Verpflichtungen, an denen uns aus Sicht der Sicherheit des Staates vor allem gelegen ist, werden auf dem Müll landen. In ein paar Monaten wird der Premierminister nach Kabul fliegen, mit Ghilzai *kahwa* trinken, ihn umarmen und sich fotografieren lassen, und wir werden verkünden, dass eine neue Ära afghanisch-pakistanischer Zusammenarbeit begonnen hat. Aber ändern wird sich nichts. Außer dass ATM und Gulbadin ein paar hundert Millionen Dollar reicher sind."

„Wie kommt ATM zu einer Verbindung mit Gulbadin? Gulbadin ist ein harter Mann, der hat in der afghanischen Politik dreißig Jahre überlebt, indem er all seine Rivalen umgebracht hat, wortwörtlich. ATM dagegen ist ein verweichlichter Wichser, der niemals die Salons von Karachi verlassen hat."

„Sie unterschätzen ihn, Nationaler Sicherheitsberater. Seine Verbindung zu Gulbadin ist sehr alt, geht auf die Zeit zurück, als Ammar Hamdani zum ersten Mal Premierminister war. Gulbadin war damals noch ein Niemand, ein ehemaliger Polizist aus Kabul, der sich vor den Taliban in Peshawar versteckte. Unsere Abteilung in Peshawar war nicht bereit, ihm irgendeinen Job zu geben. Aber ATM hat Geld in ihn gesteckt, hat ihm einen Job als Manager in einem seiner kleineren Unternehmen angeboten, das in grenzüberschreitenden Schmuggel involviert war. Die Erfahrung, die er dabei gewonnen hat, setzte Gulbadin ein, als die Amerikaner kamen, und das hat ihm geholfen, dahin zu kommen, wo er heute ist. Nach meinen Informationen ist in genau diesem Flugzeug drei Tage vor uns ATMs Sohn nach Kabul geflogen, der intelligente, nicht der Idiot, und hat sich mit Gulbadin getroffen. Wahrscheinlich ging es um seine Beteiligung bei diesen Abkommen. Natürlich war er inkognito dort. Es wird keine Hinweise auf den Besuch in irgendwelchen Listen oder Verlautbarungen geben. Stattgefunden hat er aber. Sie regen sich darüber auf, dass ich Spione in das Flugzeug des Premierministers setze, Nationaler Sicherheitsberater, aber ich versichere Ihnen, dafür habe ich gute Gründe. Nicht jeder ist so ehrbar wie Sie."

„ATM war niemals dabei, als wir die Vorschläge besprochen haben."

„Er nicht, aber der Premierminister. Und Sie können mir glauben, in Ihrem Paket gab es zwei, drei Abkommen, die ATM interessieren."

Samir nimmt einen großen Schluck Orangensaft und sieht wieder aus dem Fenster. Er hat einen bitteren Geschmack im Mund. „Ich glaube das nicht. ATM mag ja seine eigenen Interessen verfolgen, aber Ammar Hamdani ist es ernstlich um ein Abkommen mit Afghanistan zu tun. Und wir haben eine Chance, das durchzubringen. Ungeachtet Ghilzais Vorlieben für minderjährige Knaben, selbst wenn Gulbadin unsere Vorschläge betrachtet, wird er sie im eigenen Interesse annehmen. Machen Sie das nicht kaputt, nur weil Sie Ammar Hamdani nicht mögen."

„Bei allem Respekt, Sir, Sie verstehen nicht, worum es hier geht. Sie halten an dem Glauben fest, dass es zwischen Ammar Hamdani und Anwar Tarin Malik einen Unterschied gibt. Bei den beiden handelt es sich um zwei Seiten ein und derselben Münze. Persönlich habe ich nichts gegen Ammar Hamdani. Ich hoffe, er bekommt für seine Bemühungen in Afghanistan den gottverdammten Friedensnobelpreis. Aber den bekommt er voraussichtlich nicht dafür, dass er ATMs Geschäftsinteressen unterstützt. Sie sind klug genug, das zu verstehen. Deshalb benötige ich Ihre Unterstützung gegen diese Leute. Die interessieren sich einen Scheiß für die Interessen des Staates."

„Ich werde den Premierminister nicht hintergehen." Samir sieht General Shahram direkt in die Augen, mit einem kalten, scharfen Blick, der keinen Zweifel daran lässt, dass die Diskussion über das Thema beendet ist.

Shahram trinkt mit einem resignierten Schulterzucken seinen Whisky aus. Nach einer unangenehmen Stille, unterbrochen nur vom Klirren des Eises in seinem Glas, schneidet der General ein neues Thema an. „Danke übrigens für die Empfehlung dieses Londoner Anwalts für den Internationalen Gerichtshof. Er macht sich sehr gut. Seiner Meinung nach haben wir gute Argumente für den Yadav-Fall in Den Haag auf unserer Seite.“

„Gerry war einer meiner Professoren. Guter Mann, erstklassig in internationalem Strafrecht. Wo ist Yadav jetzt?“

„Während der Gerichtsverhandlung haben wir und die Polizei ihn abwechselnd in Gewahrsam gehabt. Nach dem Urteil haben wir ihn in einer speziellen Anlage untergebracht, die als Unterabteilung des Gefängnisses geführt wird. Der Richter war mit uns der Ansicht, dass es bei den normalen Häftlingen nicht sicher für Yadav wäre. Aber natürlich wird das Urteil nicht vollstreckt, bis der Prozess in Den Haag abgeschlossen ist.“

„Hat Gerry eine Vermutung geäußert, wie lange das dauert?“

„Nun ja, die Inder haben ein Interesse daran, dass es möglichst lange dauert, also werden sie alle Register ziehen, um den Prozess in die Länge zu ziehen.“

„Sind sie an Sie herangetreten, wegen einer möglichen Einigung?“

„Offiziell natürlich nicht. Aber hintenherum haben sie die Fühler ausgestreckt. Sie bieten im Austausch gegen Yadav die beiden Informanten an, die sie in Kathmandu und Colombo aufgegriffen haben. Wir halten Yadav aber für wertvoller als die beiden, also sind wir nicht darauf eingegangen. Sie versuchen, mehr Druck auszuüben. Vor vier Tagen haben sie noch einen Agenten von uns entführt, diesmal in Chittagong. Dieser Mann, Constantine D’Souza, hat recht gehabt. Die Inder setzen auf Menge. Sie versuchen so viele unserer zweit- oder drittrangigen Mitarbeiter zu erwischen, wie es nur geht, so dass wir irgendwann nicht anders können, als den Austausch gegen das Kronjuwel Yadav in Erwägung zu ziehen.“

„Gibt es irgendwelche Fortschritte bei der Suche nach dem Maulwurf?“

„Nein. Unsere Leute in der Agency kommen nicht weiter. Die Spur hat sich verloren. Wir haben versucht, Yadav noch einmal in die Zange zu nehmen, aber was dabei herausgekommen ist, ist nur, dass wir jetzt so gut wie sicher sind, dass er nicht gelogen hat. Er kennt die Identität von Deaf Leopard wirklich nicht. Ich vermute mal, da sind so viele Lücken und falsche Fährten im Spiel, dass nur der Großmeister in Delhi die wahre Identität kennt."

Das Flugzeug geht wieder in Querlage, und vom Kapitän kommt eine Durchsage, dass sie in pakistanischem Luftraum sind. Samir greift nach seinem Telefon und stellt es an. Darauf hat er gewartet, seit sie in Kabul abgeflogen sind.

„Hier werden uns die Afghanen oder die Amerikaner doch nicht mehr abhören, General?"

„Über die Afghanen brauchen wir uns keine Sorgen zu machen. Die Amerikaner hören überall auf der Welt mit."

„Wissen Sie, ob es hier WiFi gibt? Ich kann nicht auf meine WhatsApp-Nachrichten zugreifen."

„Ja, WiFi gibt es. Das Passwort ist FICKDIECIA20, alles groß und ohne Zwischenräume."

„Machen Sie Witze? Das WiFi-Passwort im Flugzeug des Premierministers ist FICKDIECIA20? Legen wir es darauf an, einen internationalen Konflikt hervorzurufen?"

„Ich habe es nicht ausgesucht. Was soll ich sagen, die Jungs von der Luftwaffe haben einen etwas eigenartigen Sinn für Humor. Wenn es Ihnen recht ist, Nationaler Sicherheitsberater, werde ich in Quetta aussteigen. Ich habe dort zu tun, aber Sie werden weiter nach Islamabad gebracht."

Samir hat nicht zugehört. Er hat die Nachricht gefunden, auf die er sehnlichst gewartet hat. Schon ihre Worte zu lesen, hebt seine Stimmung, über sein Gesicht geht sogar ein Lächeln. Das bleibt nicht unbemerkt.

„Alles in Ordnung, Samir?"

„Hmm? Oh, ja, Entschuldigung. Was haben Sie gesagt, Sie müssen in Quetta raus? Geht das überhaupt?"

„Dies ist ein Sonderflug. Wir können tun, was wir wollen. Wenn Sie irgendwo anders hinwollen als Islamabad, bitte sehr. Sagen Sie einfach dem Piloten Bescheid."

„Tatsächlich?"

„Sie haben für diesen Job wirklich ein zu schlichtes Gemüt, Samir. ATM nimmt diesen Flieger ständig, er fliegt damit frische Mangos,

Nutten und wer weiß was nach Islamabad ein. Sie sind der Nationale Sicherheitsberater. Diese Maschine steht Ihnen zur Verfügung."

„Ähm, wenn es nicht zu viele Umstände macht, würde ich gern in Karachi abgesetzt werden. Ich habe gerade gesehen, dass ich dort eine dringende Verabredung habe ..."

10. Kapitel

Karachi
28. Juni, abends

Als der altmodische schwarz-gelbe Datsun vor dem alten Haus hält, steigt in Samir eine Angst auf, wie er sie seit Jahren nicht mehr gespürt hat. Es gibt so viele Erinnerungen an dieses Haus ... Nervös greift er nach der Krawatte, will sie zurechtrücken, aber der oberste Knopf seines Hemdes ist ja offen, und die Krawatte hängt ihm lose um den Hals. Die Spontaneität seiner Entscheidung verunsichert ihn. Wie sieht das denn auch aus: Der Sicherheitsberater des Landes kehrt vom Gipfeltreffen mit einem ausländischen Staatsmann zurück und entscheidet sich aus einer Laune heraus, in Karachi auszusteigen, lässt sich nicht in einem offiziellen Wagen fahren, sondern nimmt ein klappriges altes Taxi vom Flughafen. Aktentasche und vertrauliche Korrespondenz, alles dabei. Und als er am Ziel ist, stellt sich heraus, dass die lumpigen 500 Rupien, die er in der Brieftasche hat, nicht ausreichen, um die Fahrt zu bezahlen. Wenn irgendein Angestellter so kopflos handelte, würde er ihn auf der Stelle feuern.

Der Wachmann am Tor mustert ihn misstrauisch, auch noch, als er seinen Namen nennt. Offensichtlich ist er nicht gewohnt, dass Männer in Anzügen mit Aktentaschen aus gewöhnlichen Datsun-Taxis steigen. Er bittet Samir draußen zu warten und schließt einstweilen wenig gastfreundlich das Tor. Hinter sich hört Samir den Taxifahrer dramatisch seufzen, wahrscheinlich verflucht er sich selbst dafür, dass er diesen scheinbar soliden Fahrgast mitgenommen hat, der sich als Schnorrer entpuppt hat. Er hupt und sagt Samir, er soll ihm einfach geben, was er dabeihat, lieber nimmt er das anstatt zu warten und noch mehr Verlust zu machen. Samir setzt an, mit ihm zu diskutieren, als sie heraustritt.

„Du hast zwar geschrieben, du wolltest mich überraschen, aber dass du in einem Taxi aufkreuzt, damit habe ich nun doch nicht gerechnet."

„Hi. Hör mal, hättest Du vielleicht 1500 Rupien für den Fahrer? Als ich heute Morgen in Kabul abgeflogen bin, wusste ich noch nicht, dass ich nach Karachi fahre, ich habe nicht genug Geld dabei."

Lächelnd fischt sie ein paar Tausenderscheine aus der Hosentasche und gibt sie dem Taxifahrer, der mit einem hörbaren Seufzer der Erleichterung abfährt. Sie ist zwanglos in ein ausgeblichenes T-Shirt und Jeans gekleidet und trägt kein Make-up, ihr Haar ist zu einem Pferdeschwanz zusammengebunden. Trotzdem ist sie schön wie eh und je, findet Samir. Er folgt ihr durch das Tor, bemerkt, wie elastisch trotz fortgeschrittenem Alter ihr Körper wirkt.

„Wow, Alina, du siehst genauso fit aus wie vor 25 Jahren. Unfassbar, wie du in Form bist."

„Ist das eine höfliche Art auszudrücken, dass ich immer noch einen knackigen Hintern habe?" Sie dreht sich mit einem schelmischen Lächeln um. „Soweit ich mich erinnere, hattest du für diesen Teil von mir ziemlich viel übrig."

„Nein, so habe ich das nicht gemeint ..."

„Nun, ich denke, ich habe wirklich einen schönen Po. Ich arbeite auch daran. Fünfzig Runden täglich im Pool und Yoga. Du siehst für einen Mann deines Alters aber auch ziemlich frisch aus."

Sie beißt sich spielerisch auf die Unterlippe und hebt die Augenbrauen, wie sie es früher auch getan hat. Genau das hat er stets an ihr geliebt, ihre Unverfrorenheit. Asma war in vielerlei Hinsicht eine großartige Frau, aber sie hatte nicht Alinas ungezähmten Geist. Ohne sich dessen bewusst zu sein, hat er sich all die Jahre danach gesehnt. Der Vergleich, ausgerechnet an diesem Tag, und die Tatsache, dass dabei seine tote Ehefrau, wie er sich eingestehen muss, schlechter abschneidet, lösen in ihm das Gefühl von Schuld aus.

Sie führt ihn in den Innenhof, der von einem langen, schmalen Schwimmbecken beherrscht wird. Das Haus ist, wie er es in Erinnerung hat. Zwar ist alles etwas gealtert, aber noch immer vorbildlich gepflegt. Zu einer Seite des Pools befindet sich eine Galerie mit raumhohen Fenstern, dahinter liegt ein herrschaftlicher Salon. Auf der anderen Seite des Beckens steht ein neues Gebäude, eine Art Anbau, den Samir noch nicht kennt. Hier gibt es keine Fenster im Erdgeschoss, aber im ersten Stock einen eleganten Balkon mit einem Holzgitter, das von blühenden Kletterpflanzen geschmückt wird. Da der Balkon bis zum Becken reicht, schweben Büschel von Bougainvillea und Prunkwinde über dem Pool, und gelegentlich fällt eine Blüte herab und unterbricht die Ruhe der glatten Wasseroberfläche.

Samir steht von Erinnerungen überwältigt wie gebannt da. Über diese Mauer ist er geklettert, um unbemerkt ins Haus zu gelangen, hier haben sie so viele Abende verbracht, mit Reden, Küssen, mit so viel. „Alina, dieser Ort ..."

„... ist voll von Erinnerungen, Samir. Unseren Erinnerungen. Ich denke jedes Mal an dich, wenn ich den Absatz sehe, auf dem du dich immer über die Mauer geschwungen hast. Vor ein paar Jahren hat der Verwalter angeregt, ihn abzureißen, weil er ein Sicherheitsrisiko darstellt. Schließlich könnte jeder so ins Haus kommen. Aber ich habe es abgelehnt."

„Gott, es ... es ist, als wäre ich erst gestern hier hereingekommen. Ich kann kaum glauben, dass es 25 Jahre her ist. Wo ist nur die Zeit geblieben?"

„*The tyrant Time will never spare a life ...* (Nie wird die Zeit, der grausame Tyrann, verschonen selbst die größte Macht)"

„... *He breaks the Dukes by day and Knights by night* (bei Tag bricht sie die Adligen, die Kön'ge bringt sie um bei Nacht)."

„Nach 25 Jahren beendest du noch immer meine Sätze, Samir Ali Khan."

„Nur, wenn es Omar Khayyam ist. Der ist mir geblieben. Jeden Tag, nachdem ich mit allen Akten und Geheimdossiers durch bin, lese ich ein oder zwei seiner Vierzeiler. Es hilft mir, mich mit der Welt zu versöhnen. Und es hat mich immer an dich erinnert."

Einen Moment lang sehen sie wortlos einander in die Augen. Dann nimmt sie seine Hand und geht auf das Haupthaus zu. „Komm, da sind ein paar Leute, die dich sehen wollen."

„Wer denn?"

Ohne zu antworten, verstärkt sie den Druck auf seine Hand. Sie betreten das Haus durch Glasschiebetüren und gelangen in den Salon. Eine alte Dame in einem exquisiten Chiffon-Sari, das Haar trotz ihres offensichtlich hohen Alters braun getönt, erhebt sich von der Couch, um den Gast zu begrüßen. Sie wirkt nervös, und das steigert sich, als sie Samir erkennt. Noch Jahre nach dem Bruch mit Alina hat er sich ausgemalt, wie er sich verhalten würde, wenn er je wieder ihrer Mutter begegnete, nach all dem Leid, das sie ihm und seiner Familie zugefügt hat. Aber jetzt, als es so weit ist, spürt er nichts.

„Wie geht es Ihnen, Exzellenz?"

„Frau Faruq, Ma'am, bitte. Ich bin kein Botschafter. Niemand braucht mich mit Exzellenz anzureden, und Sie am allerwenigsten."

„Ich bitte um Entschuldigung. Man hat mir beigebracht, auf die Form zu achten, wenn ich andere Leute anrede."

„Keine Förmlichkeiten bitte, Ma'm. Wie geht es Ihnen?"

„*Alhamdulillah*, gut. Außer dass die Zeit niemand verschont, weder Mann noch Frau, wie Sie sehen können."

„Sie sehen so rüstig aus wie immer."

„Und aus Ihnen ist ein gutaussehender vernünftiger junger Mann geworden. Was Sie so tun, können wir ja in den Nachrichten verfolgen."

„Ein junger Mann bin ich allerdings kaum mehr, Ma'm."

„Für mich schon. Das werden Sie immer bleiben."

„Wo ist Onkel Faruq? Geht es ihm gut?"

„Da ist er." Alina, die kurz den Raum verlassen hat, kommt mit einem Rollstuhl zurück, in dem ein alter Mann sitzt. In Samirs Erinnerung ist Ghulam Faruq eine überlebensgroße Figur, extrovertiert, laut, mit einem Drink in der einen und einer kubanischen Zigarre in der anderen Hand, stets zu einem Scherz aufgelegt, der die anderen zum Lachen bringt. Mit diesem Ghulam Faruq hat der alte Mann vor ihm keinerlei Ähnlichkeit. Die Schultern sind gekrümmt, die früher einmal perfekte Frisur ist einigen wenigen, ungekämmt wirkenden weißen Strähnen gewichen. Die Wangen, früher von einer gesunden rötlichen Farbe, die durch den täglichen Konsum von Alkohol noch rötlicher wurde, sind eingefallen. Auf einer Seite des Rollstuhls hängt eine Sauerstoffflasche, und der alte Mann atmet mühsam durch eine Maske. Als er Samir erblickt, leuchten seine Augen auf. Er bedeutet Alina, ihn näher an Samir heranzuschieben. Mit großer Anstrengung nimmt Ghulam Faruq sich die Maske vom Gesicht und winkt mit einem zitterndem Arm Samir heran, während er etwas Unverständliches murmelt.

„Mein Mann hatte letztes Jahr einen schweren Schlaganfall. Seither ist er teilweise gelähmt, und wie Sie sehen, ist sein Sprechvermögen eingeschränkt.“ Frau Faruq sagt es, bevor Samir etwas fragen kann.

Samir kniet vor dem Rollstuhl nieder, so dass der alte Mann ihm über das Gesicht streicheln kann. „Es tut mir sehr leid, Onkel, dass es Ihnen nicht gut geht. Ich hoffe, Sie passen gut auf sich auf!“

Tränen strömen Herrn Faruq über das Gesicht, als er wieder versucht, Worte zu formen. Schließlich gibt er frustriert auf und schluchzt nur noch. Samir tätschelt ihm die Schulter und dreht sich zu Alina um, aber sie sieht ihn nur ratlos an.

„Habe ich ihn irgendwie verletzt oder geärgert?“

„Nicht Sie, Samir. Mein Mann kann leider nicht mehr sprechen, aber was er Ihnen so verzweifelt mitzuteilen versucht, ist seine Bitte um Entschuldigung.“

„Entschuldigung, Frau Faruq? Wofür?“

„Für das, was wir Ihnen angetan haben, als Ihr Vater gestorben ist. Für das, was ich getan habe. Raja war einer der engsten Freunde meines Mannes, aber ich habe ihn dazu gebracht, sich nach Rajas Tod von Ihrer Familie zu distanzieren. Wegen der Umstände, unter denen Ihr Vater starb, und wegen der Enthüllungen, die auf seinen Tod folgten, hegte ich damals die Befürchtung, die weitere Verbindung zu Ihrer Familie würde sich auf meine eigenen Angehörigen schädlich auswirken. Deshalb habe ich meiner Tochter geraten, sich von Ihnen zu trennen. Die

Entscheidung, die ich damals in meiner Angst traf, muss für Sie sehr schmerzlich gewesen sein. Aus heutiger Sicht muss ich sagen, sie hat auch eine Menge Unglück in Alinas Leben gebracht. Mein Mann grämt sich schon seit Jahren deswegen. Er martert sich mit Schuldgefühlen. Er ... und ich ... waren sehr froh, als wir hörten, dass Sie zur Polizei gegangen sind. Er hat Ihre Karriere mit großem Interesse verfolgt. Als wir in den Nachrichten von Ihrer Familie hörten ... von der Katastrophe ... waren wir alle erschüttert. Sie müssen Unaussprechliches durchgestanden haben. ... Ich habe damals so sehr bereut, was ich getan habe. Mein Kind, ich weiß, Sie haben keinerlei Grund, es zu tun, aber könnten Sie einer alten Frau dennoch verzeihen?"

Sie legt in einer bittenden Geste vor dem Gesicht die Hände zusammen, aber Samir tritt zu ihr und nimmt ihre Hände in seine eigenen. „Ma'am, ich habe es vor ein paar Wochen schon zu Alina gesagt, und ich sage es jetzt wieder. Es gibt nichts zu verzeihen. Das ist alles lange her. Bitte. Ich möchte nicht, dass Onkel Faruq meinetwegen seine Gesundheit ruiniert." Er lässt ihre Hände los und beugt sich zu dem alten Mann hinunter, um ihn auf die Stirn zu küssen. „Sie brauchen sich nicht wegen irgendetwas schuldig zu fühlen, Onkel." Der alte Herr blickt zu ihm auf und lächelt, wegen der Lähmung ist es ein schiefes Lächeln. Noch immer fließen ihm Tränen aus den Augen, aber jetzt hat er dabei einen Ausdruck der Ruhe. Selbst in den Augenwinkeln von Frau Faruq, die gewöhnlich der Inbegriff von Haltung und anmutiger Selbstsicherheit ist, sieht Samir es feucht glänzen. Alina, die ebenfalls geweint hat, kommt hinter dem Rollstuhl hervor und umarmt ihn. Er drückt sie an die Brust, es ist das erste Mal seit Jahren, dass er etwas tut, ohne von seiner Umgebung Notiz zu nehmen.

„Komm, ich habe etwas für dich gekocht." Alina wischt sich die Augen und nimmt ihn wieder an die Hand. Sie zieht ihn über den Hof zu dem Anbau auf der anderen Seite des Swimmingpools. Der erste Stock ist zu einem schmucken Apartment umgebaut worden. Während das Haupthaus mit seinen klassischen Gemälden und Antiquitäten einen leicht muffigen Alte-Welt-Charme ausstrahlt, ist diese Wohnung modern und minimalistisch eingerichtet. An den Wänden hängen neben abstrakten Gemälden Fotos von Alina aus ihren Tagen als Model. Sie begibt sich in eine offene Küche, die dem Wohnbereich angegliedert ist, und rührt in dem Topf, der dampfend auf dem Herd steht.

„Hey, seit wann bist du denn zur Köchin mutiert? Das hast du doch immer gehasst."

„Seit ich allein in meiner Wohnung in Paris war. Nach der Trennung von dir war ich jahrelang einsam, und ich wollte sowieso nicht die Art Model sein, die sieben Tage die Woche ausgeht. Karl hat mich *casanière* genannt, ein Heimchen am Herd. Ich habe mich nach dem Essen von zu Hause gesehnt, also habe ich gelernt zu kochen."

„Diese Porträts von dir sind mit das Beste, was Karl je gemacht hat. Er hat dich ja seine Muse genannt. Er hat dich wirklich geliebt."

Alina wischt sich noch eine Träne weg, während sie den Inhalt des Topfes in eine Schüssel gibt. „Er fehlt mir sehr. Jedes Mal, wenn ich von der Welt auseinandergerissen wurde, hat er mich zusammengehalten. Auch nach meiner Scheidung. Und nach dir. Er hat mir ein Leben nach dem Modeln gegeben."

„Hatte seine Familie nichts dagegen, dass er dir sein Vermögen vermacht hat? Was ist aus seinem ... Ehemann geworden?"

„Gianfranco? Er ist zurück nach Italien gegangen. Von Karl hat er sämtliche persönliche Habe bekommen, aber mit dem Geschäft hatte er nie zu tun, war auch nicht interessiert. Als Karl krank wurde, hat er von Anfang an klargestellt, dass er mich als Nachfolgerin in der Firma wollte. Er sagte, da ich so eng mit der Schaffung seiner Marke verbunden war, läge es in meiner Verantwortlichkeit, dafür zu sorgen, dass es damit weiter ging. Er hat mir sozusagen auferlegt, mich um das Unternehmen zu kümmern."

„Das hast du offenbar fabelhaft hinbekommen. Nach dem, was man so liest, ist der Umsatz noch mal um 20% gestiegen, seit du die Leitung übernommen hast."

„Ach, lässt du deine Geheimdienstleute auch unsere Finanzen überprüfen? Ganz schön durchtrieben, Herr Khan."

Er lächelt. „Nein, das habe ich von Google. Wow, das sieht ja verlockend aus! Als du gesagt hast, du hast gelernt zu kochen, dachte ich, du meinst Pasta mit Soße. Ist das Biryani?“

„*Hyderabadi Biryani*. Geheimrezept aus der Familie meiner Mutter, wird seit zweihundert Jahren von Generation zu Generation vererbt. Aus der königlichen Küche der Nizams, damals war das Rezept ein Staatsgeheimnis. Komm, iss!“

Er nimmt einen Löffel voll, kostet das Aroma aus. „Deine Mutter ist eine Dame der alten Schule. Sie ist immer so herrschaftlich gewesen, einschüchternd. Wenn wir zusammen waren, habe ich nie Angst davor gehabt, dass dein Vater uns erwischt. Aber vor deiner Mutter hatte ich einen Heidenrespekt. So peinlich es mir ist, das zuzugeben, selbst heute habe ich mich in ihrer Gegenwart nicht ganz frei gefühlt, und, Mensch, ich bin immerhin der Nationale Sicherheitsberater dieses Landes.“

„Papa hat dich immer gemocht. Maman war ... eben Maman. Alles und jeder musste ihren hohen Ansprüchen genügen.“

„Schließlich ist sie eine Prinzessin. Ich nehme es ihr nicht übel.“

„Ich schon. Viele Jahre lang habe ich es ihr übelgenommen, dass ich ihretwegen dich verloren habe.“ Sie spielt mit dem Essen auf ihrem Teller, dann steht sie auf und nimmt eine Flasche Wein aus dem Schrank. „Wie wäre es mit etwas Wein dazu? Roter passt hervorragend zu Biryani.“

Er schmunzelt. Du bist heute schon die zweite Person, die mir Alkohol anbietet.“

„Hast du das erste Mal akzeptiert?“

„Nein. Ich trinke nicht, seit dem Tag unserer Trennung.“

„Dann solltest du dort wieder anfangen, wo du damals aufgehört hast.“ Ohne auf seine Zustimmung zu warten, schenkt sie ihm ein Glas ein, dann ein zweites für sich selbst.

Er nimmt einen tiefen Schluck, genießt den vollen, fruchtigen Geschmack. „Exzellent. Französisch?“

„Was sonst? Château Lafite 1978. Karl hat mich dazu gebracht, eine Kiste zu kaufen. Meinte, es wäre eine Investition in meine zukünftige Lebensqualität. Und, wie war Kabul?“

„Sehr schwül, um diese Jahreszeit. Im Winter soll es angenehmer sein. Der afghanische Präsident hat anscheinend einen 17-jährigen

Knaben als Geliebten. Oder vielleicht auch andersherum. Wie auch immer, mir wurde gesteckt, dass die Sicherheit unserer beider Nationen an diesem Verhältnis hängt."

„Ernsthaft?"

„Einen so gottverdammten Irrsinn kann man sich gar nicht ausdenken. Man fragt sich, was Sicherheit des Staates noch bedeutet, wenn sie am Arsch eines alten Päderasten hängt."

„Wow. Und woher weißt du das?"

Er zuckt die Achseln, gönnt sich einen weiteren Löffel des köstlichen Reisgerichtes, schmeckt den Safran, das zarte Fleisch. „Sorry, das kann ich nicht sagen. Sonst müsste ich dich anschließend töten." Er lacht leise über seinen eigenen Witz, und als er den Blick vom Teller hebt, sieht er, dass auch sie lächelt.

„Ihr Superspione redet alle gleich."

„Ach ja? Wie viele Superspione kennst du denn außer mir?"

„Gar keinen. Keinen echten jedenfalls. Aber das kommt in jedem zweiten Kitschfilm vor. Mein Ex hat mit solchen Sprüchen immer getan, als wäre er der James Bond der Finanzwelt. Tatsächlich hat er nur so herumgelabert. Bei dir ist es natürlich etwas anderes."

Er trinkt noch einen Schluck Wein. „Weißt du, so ein Essen habe ich seit fünf Jahren nicht gehabt. Vielleicht länger. Alles ist perfekt. Danke, Alina."

„Ich dachte mir, du hast es verdient, ganz besonders heute." Sie reicht ihm über den Tisch ihre Hand.

„Alina, wie ...?"

„Wie ich wissen konnte, dass heute vor fünf Jahren deine Familie ums Leben gekommen ist? Ich wusste es, Samir. Ich erinnere mich genau an den Tag, als es passierte, wo ich war und wie mir zumute war. Wie ich geweint habe, weil du so etwas erleben musstest. Seitdem spreche ich jedes Jahr an diesem Tag ein Gebet für dich und deine Familie. War es schwer für dich heute?"

„Es ist immer schwer. Aber heute war es etwas besser. Dank dir." Er drückt ihr dankbar die Hand.

Sie hält seine Hand fest. „Ich weiß, es klingt abgegriffen, aber ich kann mir nicht vorstellen, wie es gewesen sein muss, mitanzusehen, als es sie erwischt hat."

„Es ist seltsam. Seit fünf Jahren laufe ich wie mit Scheuklappen herum. In meinem Herzen war ein riesiges Loch, ich hatte keine Gefühle, nichts. Habe mit niemand darüber gesprochen. Ich habe nicht mal um Asma und Nida geweint, auch nicht, als ich allein war. Meine Mitarbeiter denken, ich bin von einem Geist besessen oder was weiß ich, weil es so aussieht, als empfände ich keinen Schmerz. Aber so war ich nicht immer. Nur, nach dem, was mit meinem Vater passiert ist, und ... mit dir ... habe ich irgendwie zugemacht. Habe Mauern um mich gezogen, damit niemand mehr Zutritt zu meinem Innern hat. Ich habe gelernt, mich bei Problemen auf praktische Fragen zu konzentrieren. Wie gut ich darin geworden war, habe ich erst ... dort gemerkt. In Quetta. An dem Tag und all die Jahre bis heute habe ich genau das gemacht. Schmerz und Wut habe ich in Arbeit erstickt. Ich bin kein Psychologe, aber ein bisschen bekloppt ist das wohl schon."

„Ich bin gleichfalls kein Psychologe, aber ich weiß, was bekloppt ist, wenn ich es sehe. Und glaub mir, Samir, du bist es nicht. Obwohl du allen Grund gehabt hättest, wahnsinnig zu werden. Ich habe Leute gekannt, die nicht mal ein Zehntel so Schlimmes erlebt haben, und sie sind dadurch totale Arschlöcher geworden, ohne einen Funken Verständnis für die Konsequenzen für sich selbst oder andere. Als wäre ihnen die Welt für das, was ihnen passiert ist, etwas schuldig. Und du, im Gegenteil, opferst dich auf, um anderen zu helfen. Und insofern magst du recht haben, normal ist das wohl wirklich nicht. Aber nur weil du nicht geweint hast, bist du noch lange nicht besessen, oder verrückt, oder sonst etwas. Du hast getan, was du tun musstest. Schwäche zu zeigen, konntest du dir nicht erlauben." Sie hält inne und nimmt seine Hand zwischen ihre beiden Hände. „Trotzdem, wenn du irgendwann das Bedürfnis hast, deinen Schmerz herauszulassen, deine Gefühle zu zeigen, egal wie, dann bin ich für dich da. Das bleibt dann nur zwischen uns beiden. Wie früher."

Er legt die Gabel hin und starrt einen langen Moment lang auf den Tisch. „Wie früher ... Ich habe dich vermisst, Alina. Es gab so oft Zeiten, zu denen ich dich an meiner Seite gebraucht hätte. Wo ich mir gewünscht habe, wir hätten uns nicht getrennt."

Sie sieht ihn an, steht dann auf, ohne etwas zu sagen, und holt aus einer Schublade eine kleine Schachtel. Sie öffnet den Deckel und hält die Schachtel wortlos Samir hin. Darin befindet sich eine Armbanduhr von Vacheron & Constantin, Sonderedition 1963.

„He, das ist ja die Uhr, die mir mein Vater zum 18. Geburtstag geschenkt hat! Ich dachte, ich hätte sie verloren." Samir nimmt die Uhr heraus, streicht zärtlich über das schwarze Lederarmband.

„Du hast sie bei mir in Paris vergessen, an dem letzten Tag, an dem wir zusammen waren. Etwa ein Jahr nach dem Tod deines Vaters habe ich sie in meiner Wohnung gefunden. Ich wusste, wie viel sie dir wert war, und habe lange darüber nachgedacht, ob ich sie dir irgendwie zukommen lassen könnte. Aber es hatte sich alles so schnell ... aufgelöst, ich wusste nicht, wie ich dich erreichen sollte. Und ein Teil von mir wollte sie wohl auch nicht abgeben. Die Uhr war ja der einzige Teil von dir, den ich noch hatte. So oft habe ich mir gewünscht, du wärst bei mir, Samir. Jedes Mal, wenn Enrique sich wie ein Idiot aufgeführt hat, jedes Mal, wenn mein Mann fremdgegangen ist, habe ich diese Uhr in die Hand genommen und mir Vorwürfe gemacht, dass ich dich verlassen habe. Ich habe ebenfalls ein Loch im Herzen, nur war ich nicht so gut darin wie du, es zu verdecken."

Wieder fließen ihr die Tränen über die Wangen. Samir legt die Uhr weg, steht auf und umarmt sie. Sie duftet so gut, es ist derselbe Duft wie vor über zwei Jahrzehnten. Sie legt ihm die Arme um den Hals und sieht zu ihm auf, und ehe er weiß, wie ihm geschieht, küsst er sie, und sie küsst ihn zurück.

11. Kapitel

Paris
3. August

Alles, was an ihr Ohr dringt, ist das Geräusch ihrer Hände und Füße, die die Wasseroberfläche durchschneiden, wenn sie wieder eine Runde beendet hat. Sie atmet schwer, und ihre Lungen brennen von der Anstrengung, nachdem sie 48 Runden geschwommen ist, ohne anzuhalten. Ihr Körper verlangt nach einer Pause, aber sie zwingt ihn weiter, hebt nur ganz kurz den Kopf aus dem Wasser, bevor sie zur 49. Runde ansetzt. Nur noch eine. Es ist ein kleiner Pool, aber für ihre Zwecke ausreichend. Für die geringe Größe entschädigen sie der Standort und das hohe Maß an Privatsphäre, das sie hier bekommt. Der Spa-Bereich im Hotel George V ist eine der exklusivsten Lokalitäten in Paris, er bietet den Hotelgästen eine Oase der Ruhe mitten in der Hektik der Großstadt. Sie kommt seit fünfzehn Jahren her, weil sie hier ganz bei sich sein kann. Von den Hotelgästen wird der Pool nur selten genutzt, und jetzt, an einem Nachmittag Mitte August, als die meisten Pariser die Stadt zu einem Aufenthalt auf dem Land oder an der Riviera verlassen haben, ist sie die einzige Benutzerin der ganzen Wellness-Abteilung.

Der Besuch im George V ist ein Ritual, das für sie zur Ankunft in Paris gehört. Ihre Wohnung in der Avenue Kléber, eine der sechs, die sie in der Stadt besitzt, ist nur fünf Minuten mit dem Auto entfernt. In der Regel kommt sie direkt vom Flughafen her. Das Schwimmen hilft ihr, den Jetlag zu überwinden. Heute gibt ihr der Sport außerdem die Möglichkeit, ungestört über den Anruf ihres Anwalts, Monsieur Deschamps, nachzudenken.

Es war ein seltsamer Anruf, den sie vor zwei Tagen in Pakistan entgegengenommen hat. Deschamps ist ihr persönlicher Anwalt in Paris, nicht einer von den zahlreichen Firmenanwälten, die sie für ihre geschäftlichen Unternehmungen beschäftigt. Er ist ein ernster Mann, sachlich und überaus diskret, und sie ist seit 25 Jahren seine Klientin. Noch etwas, was sie Karl zu verdanken hat. Sie kennt ihn bloß als Monsieur Deschamps, hat sich seinen Vornamen nie gemerkt. Als Monsieur Deschamps sie also in Karachi anrief, war ihr klar, dass es um etwas Ernstes ging. Er war niemand, der unnötig dramatisierte, er hatte nur gefragt, wie schnell es ihr möglich wäre, nach Paris zurückzukehren, weil es da eine dringende Angelegenheit gebe, die ihren Sohn betraf.

Ihren Sohn. Warum dieses Wort ihr einen Schauder über den Rücken jagt, kann sie auch nicht erklären. Üblicherweise verbinden sich mit diesem Wort Begriffe wie Liebe, Hoffnung, Zukunft. Aber in Alina hat es immer Furcht hervorgerufen. Ihr dunkles Geheimnis, das einzige, was sie weder mit ihren Eltern geteilt hat, noch mit Mano und vor allem nicht mit Samir. Ein Geheimnis, in das nur Karl, Kerim und sie eingeweiht sind. Und natürlich der unersetzliche Monsieur Deschamps.

Wenn sich über die Jahre jemand zu dem Jungen so verhalten hat, wie man es von Eltern erwartet, war es eher er als sie selbst. Nach der Entbindung war Monsieur Deschamps es, der sich um alle Formalitäten gekümmert hat, die Eintragung ins Geburtenregister, die Sorge dafür, dass ihr Name weder in den Krankenhaus- noch in den städtischen Unterlagen auftauchte, die Adoption durch eine ältere Algerierin in Kerims *Banlieue*. Und er war es auch, der in ihrem Auftrag Monat für Monat regelmäßig eine bestimmte Summe an die alte Frau geschickt hat. Wenn Alina überhaupt je etwas für ihren Sohn getan hat, so war es, ihm einen Namen zu geben. Zinédine, nach dem Fußballspieler, für den Kerim schwärmte. Kerim, unpraktisch wie immer, hatte den Jungen natürlich Zidane nennen wollen, aber sie hatte ihn davon überzeugen können, dass das als Vorname für ein Kind eher ungeeignet war.

Sie steigt aus dem Pool und geht zu den Umkleideräumen. Deschamps hat ihr nichts weiter gesagt, außer dass er sie im Hotel abholen würde und dass sie inkognito kommen solle. Sie kleidet sich entsprechend dezent, vermeidet alles, was ihrem Aussehen Glanz verleiht. Kein Make-up, keine teure Handtasche, statt hoher Absätze ein Paar flacher Sportschuhe. Zum Schluss wickelt sie sich einen Schal um den Kopf und setzt eine große Brille mit dunklen Gläsern auf. Als sie in den Spiegel schaut, erkennt sie sich selbst nicht wieder. Sie könnte irgendeine Hausfrau mittleren Alters der Pariser Mittelklasse sein, die auf Shoppingtour ging. Ihre Verkleidung ist so gut, dass Monsieur Deschamps sie in der Lobby erst erkennt, als sie ihm auf die Schulter tippt. Sein schiefes Lächeln signalisiert ihr seine Zustimmung zu ihrem Aufzug. Ohne ein Wort zu sagen, geleitet er sie zu seinem Wagen, einem bescheidenen zehn Jahre alten Peugeot 405.

In seinem dunklen Anzug und der altmodischen Krawatte, die er trotz Hitze und Ferien unweigerlich trägt, sieht Monsieur Deschamps aus wie ein Anwalt aus der Provinz. Nichts an ihm ist grell, nichts luxuriös, aber sie weiß, dass er ein sehr wohlhabender Mann ist, dank Klienten wie ihr selbst. Auch als sie aus dem Hotelparkplatz auf die Avenue George V fahren, sagt er nichts, bis sie ihn fragt.

„Monsieur Deschamps, was ist los?“

„Madame, Ihr Sohn wurde im Januar bei einem Anti-Terror-Einsatz in Seine-Saint-Denis verhaftet. Es war eine gemeinsame Operation von BRI und DGSE.“

Ein Einsatz von der Spezialeinheit der Polizei und dem Geheimdienst? Der Anwalt fährt fort: „Anscheinend kam sein Name bei einer Ermittlung zu den Angriffen von Brügge ins Spiel.“

„Mein Sohn ist mit den Terror-Anschlägen in Brügge in Verbindung gebracht worden?“

„Danach sieht es wohl aus. Ich habe leider noch nicht viel in Erfahrung bringen können. Ist alles streng geheim. Vor drei Tagen hat mich ein Mann angesprochen, der sich als Giroud vorgestellt hat. Er behauptet, ein Nachrichtenoffizier der DGSE zu sein, und man hat mir bestätigt, dass er tatsächlich beim Geheimdienst ist. Giroud hat irgendwie herausbekommen, dass Zinédine Karoachi Ihr biologischer Sohn ist. Als er mich danach gefragt hat, habe ich es zuerst geleugnet, aber es war nutzlos, er wusste sowieso alles. Er hat mich gebeten, Sie nach Paris zurückzurufen. Wenn Sie Ihren Sohn retten wollten, sagte er, sollten Sie kommen und ihn treffen.“

„Aber ... woher weiß er das? Niemand außer Ihnen, mir, Karl und Kerim weiß davon. Glauben Sie, Kerim ...?“

„Madame, ich möchte keine Mutmaßungen anstellen. Aber es ist ein Geheimdienst. Die haben Mittel und Wege, so etwas herauszufinden. Monsieur Giroud hat mir versichert, dass es eine höchst dringende Angelegenheit ist, bei der es um die Sicherheit des Landes geht.“

„Wo treffen wir ihn?“

„Im Gefängnis, La Santé.“

Alina sagt nichts mehr, während sie auf dem Pont de la Concorde die Seine überqueren, den Boulevard Saint-Germain in Richtung Montparnasse hinunterfahren. An der Ecke Rue de l’Université erhascht sie einen Blick auf ihre alte Wohnung, die erste, die sie je gekauft hat. Dass sie von ihrem eigenen Geld dieses Ein-Zimmer-Wohnklo kaufen konnte, ohne Hilfe ihrer Familie, im Alter von gerade mal neunzehn Jahren, hat sie damals unsagbar stolz gemacht. Es war der Beweis, dass sie es geschafft hatte. Sie liebte die Wohnung. Dritte Etage, mit einem Lift, der nie funktionierte, und einem Hausmeister, der blind, taub und stumm wirkte, wenn man mit ihm sprach, aber über alles, was in dem Gebäude los war, bestens Bescheid wusste. Das war die Wohnung, in der Samir und sie sich das erste Mal liebten, für sie war es das erste Mal überhaupt. Sie erinnert sich, wie er sie damals überrascht hat, als er plötzlich aus London eingeflogen war. Aber sie hatte ihn gleichermaßen überrascht, denn sie war zu einem Shooting weg und hatte ihr Mobiltelefon nicht dabei. Es war Januar, er hatte in eisigem Schneeregen draußen an der Bushaltestelle gewartet, denn der behämmerte Hauswart hatte ihn nach dem Aussehen als dubios eingestuft und ihn nicht ins Gebäude gelassen. Als sie zwei Stunden später nach Hause kam und ihn sah, bis auf die Knochen durchnässt, war sie gerührt. Das war der Moment, in dem sie beschloss, sie würde sich Samir ganz hingeben. Sie waren da schon ein paar Monate zusammen, aber waren nicht miteinander intim geworden, abgesehen von den wenigen Malen, wo sie miteinander geknutscht hatten. Kerim hatte immer mit ihr schlafen wollen, hatte sie angebettelt, beschwatzt und schließlich bedroht. Aber aus irgendeinem Grund hatte sie sich gesträubt, ihre Jungfräulichkeit bei ihm aufzugeben, und sie hatte sich durchgesetzt. In den ersten Monaten mit Samir war sie mit Sex vorsichtig gewesen, und er hatte sie nie gedrängt. An jenem Abend aber war etwas in ihr geschehen, jetzt wollte sie ihn im Bett. Sie waren die sechs Treppen hochgestiegen, sie hatte ihn aus den nassen Sachen geschält, und dann gingen sie drei Tage nicht mehr vor die Tür. Diese drei Tage gehören zu den glücklichsten in ihrem Leben.

Das Gefängnis sieht aus wie ein Relikt aus einer anderen Zeit. Es ist ein bedrohlich wirkender Festungsbau aus dem 19. Jahrhundert, mitten in einem von unscheinbaren Bürokomplexen und Geschäften beherrschten Viertel, das zunehmend gentrifiziert wird. Während Montparnasse auf dem besten Wege ist, sich zu einem der gefragtesten Stadtteile von Paris zu entwickeln, ist La Santé ein Denkmal der Vergangenheit der französischen Hauptstadt. Das Gefängnis ist das einzige in der Innenstadt, und es hat einen zweifelhaften Ruf nicht nur wegen der skandalösen Zustände, die in ihm herrschen, sondern auch deswegen, weil hier berüchtigte Terroristen, zurückgetretene Diktatoren, prominente Bankräuber und korrupte Besitzer von Fußballvereinen inhaftiert waren. Als Alina und Deschamps vor der hohen Mauer des Trutzbaus halten, herrscht auf der Straße drückende Stille.

„Ich dachte, sie hätten es zugemacht."

„Ja, es wurde vor einigen Jahren geschlossen, aber die Nachrichtendienste benutzen einen Teil des Gefängnisses noch für ‚besondere' Gefangene."

„Gott, was für ein schrecklicher Ort. Wie muss es für Zinédine sein, wenn er schon acht Monate hier sitzt."

„Vielleicht ist er gar nicht hier, Madame. Monsieur Giroud hat mich lediglich gebeten, mit Ihnen hierher zu kommen. Er hat nicht gesagt, ob Ihr Sohn hier sitzt oder woanders."

Auf der anderen Seite der Straße, gegenüber dem Haupteingang des Gefängnisses, befindet sich ein Café, in dem ganze Generationen freigelassener Insassen ihren ersten Schluck Freiheit gekostet haben. Die Schließung des Gefängnisses scheint sich nachteilig auf die Geschäftsinteressen des Lokals ausgewirkt zu haben, denn für einen Sonntagnachmittag ist es auffällig leer. Ein Barkeeper ist hinter der Bar damit beschäftigt, Biergläser zu trocknen, als einsamer Gast sitzt in einer Nische in der Ecke ein kräftig gebauter muskulöser Mann mit Bürstenhaarschnitt und Schnauzbart. Als sie das Lokal betreten, erhebt er sich und nickt Deschamps zu.

„Madame Faruq? Giroud. Danke sehr, dass Sie sich herbemüht haben. Oh, Monsieur Deschamps, Sie können sich einen Kaffee an der Bar bestellen, oder etwas Stärkeres, wenn Sie möchten. Ich möchte mit Madame Faruq gern unter vier Augen sprechen.“ Girouds Ton lässt keine Einwände zu, daher zieht Deschamps sich an die Bar zurück, in ausreichender Entfernung, dass er der Unterhaltung in der Nische nicht folgen kann. Ohne zu fragen, stellt der Barkeeper Alina einen Espresso hin, sobald sie gegenüber Giroud Platz genommen hat.

„Monsieur, was ist denn überhaupt los? Monsieur Deschamps hat mir kaum etwas sagen können.“

„Sie werden es zu gegebener Zeit erfahren, Madame. Aber zuerst möchte ich Ihnen einige Fragen zu Ihrer Vergangenheit stellen, um Identitäten und den zeitlichen Rahmen zu klären. Sie sind Alina Faruq? Haben früher als Model gearbeitet, sind jetzt Geschäftsführerin des Hauses Sarkozy, eines der führenden Modehäuser des Landes, das Ihnen von dem Gründer, Karl Sarkozy, hinterlassen wurde?“

„Ja.“

„Sie haben doppelte Staatsbürgerschaft von Frankreich und Pakistan und sind für dieses Treffen gerade aus Karachi zurückgekommen?“

„Ja.“

„Sie haben am 10. April 1999 in der Entbindungsklinik Maternité Port-Royal einen Knaben geboren, Zinédine Karoachi, richtig? Die Krankenhausdaten wurden freilich manipuliert, so dass Ihr Name als Mutter des Kindes nicht auftaucht. Auch erscheint Ihr Name nicht auf der Geburtsurkunde, die vom Standesamt ausgestellt wurde. Der Name des Vaters dagegen ist auf beiden Dokumenten vermerkt, es war Kerim Karouachi, wohnhaft im Département Seine-Saint-Denis, ein Kleinkrimineller und Drogendealer. Ist das soweit korrekt?“

Das Blut steigt ihr in die Wangen, als sie versucht, die aufsteigende

Panik zu bezwingen. „Ein Krimineller war Kerim nicht.“

„Oh doch, Madame, das kann ich Ihnen versichern. Ich habe hier vor mir die Akte über seine Vorstrafen.“ Giroud öffnet einen dicken Ordner. „Fünf Gefängnisstrafen, drei wegen Körperverletzung und zwei wegen Drogenhandel. Immerhin hat man bei ihm nichts Härteres als Marihuana und Haschisch gefunden, und das in relativ kleinen Mengen. Deshalb hat er nie länger eingesessen. Ich vermute, Sie und Monsieur Karoachi waren ein Paar?“

„Ja ... Er war mein Freund ... aber nicht als ... das Kind ... gezeugt wurde.“

„Nein? Wann haben Sie Ihre Beziehung mit Kerim Karoachi beendet?“

„Geht Sie das etwas an?“

„Es geht mich an, weil das Schicksal Ihres Sohnes möglicherweise davon abhängt, wie wahrheitsgemäß Sie meine Fragen beantworten.“

„Ich ... beendete meine Beziehung ... Kerim und ich sind auseinandergegangen, als ich noch zur Schule ging ... 1995.“

„1995? Aber vier Jahre später haben Sie ein Kind von ihm zur Welt gebracht?“

„Das ... war ein Unfall. Ich ... ich wurde vergewaltigt ... von einem von Kerims Freunden ... im Sommer 1998.“

„Das tut mir leid, Madame. Heißt das, Kerim ist nicht der biologische Vater von Zinédine?“

„Nein, ist er nicht.“

„Was ist wirklich passiert?“

„Ich war in Seine-Saint-Denis, um Kerim zu treffen. Wir waren nicht zusammen, aber wir hatten noch Kontakt, haben uns gelegentlich getroffen. Er war nicht da, stattdessen bin ich ... Jambo ... Jamil Bouteflika begegnet. Er war ein Freund ... na ja, ein Bekannter von Kerim. Damals hat er sich wie ein echter Gangster aufgeführt. Vielleicht war er mal Kerims Zulieferer oder so ... jedenfalls kannte er mich, und er wusste, dass ich Model war. Er hat mich um Geld gebeten. Mehrmals. Ich habe abgelehnt, bin weitergegangen ... Dann hat er gefragt, ob er ... ob er Sex mit mir haben könnte. Ich dachte, es sollte ein Witz sein.

Habe ihn geohrfeigt, vor seinen ... vor den Mitgliedern seiner Gang. Da ... hat er mich an den Haaren gepackt und hat mich in den Keller von dem Gebäude geschleppt, in dem Karim wohnte ... und hat sich an mir vergriffen."

„Sie haben ihn nicht angezeigt?"

„Es war in der *Banlieue.* Wissen Sie, wie viele Mädchen von solchen Kerlen in der *Banlieue* vergewaltigt werden? Und was glauben Sie, wie viele dieser Fälle wohl angezeigt werden? Und wie oft die Polizei dann irgendetwas unternimmt?"

Giroud hat als Antwort nur ein teilnahmsloses Achselzucken. „Was ist nach ... dem Vorfall passiert, Madame?"

„Ich weiß nicht, wie lange ich in diesem dreckigen Keller lag. Ich konnte mich nicht bewegen. Kerim hat mich gefunden und gerettet. Hat mich ins Krankenhaus gebracht, hat Karl Bescheid gegeben. Einige Wochen später zeigte sich, dass ich schwanger war."

„Warum haben Sie das Baby behalten? Für Frauen mit Ihrem beruflichen Hintergrund sind Abtreibungen doch relativ normal? In diesem Fall hätte es sich doch angeboten, das Kind abzutreiben."

„Vielleicht hört sich das für Sie absonderlich an, Monsieur, aber ich tue vieles, was andere ‚mit meinem beruflichen Hintergrund' vielleicht nicht tun. Ich bin Muslimin, und ich bin gegen Schwangerschaftsabbrüche. Ich wollte nicht ein menschliches Leben abtöten, selbst wenn es bei einer Vergewaltigung gezeugt worden war."

„Ah, jetzt verstehe ich. In den Krankenhausakten und der Geburtsurkunde wurde Ihr Name unterschlagen, um Sie zu schützen. Und Kerim hat sich als Vater eintragen lassen, um Sie und das Kind vor dem Stigma der Vergewaltigung zu bewahren."

„Ja. Ich wollte das Kind nach der Geburt zur Adoption freigeben. Aber Kerim kannte eine Frau, die ihr eigenes Kind verloren hatte und bereit war, das Baby aufzuziehen. Auf diese Weise konnte er dem Kind ein Zuhause geben, anstatt die Verantwortung in die Hände einer Adoptionsagentur zu legen. Auch das alles geschah diskret, denn wenn irgendetwas davon herausgekommen wäre, hätte es sich wahrscheinlich negativ auf meine Karriere ausgewirkt. Aber ich habe natürlich dafür gesorgt, dass die Frau regelmäßig finanzielle Zuwendungen für den Unterhalt des Kindes erhielt."

„Eine aktive Rolle bei der Erziehung wollten Sie nicht spielen."

„Nein."

„Wie oft haben Sie all die Jahre über Zinédine getroffen?"

„Ich weiß nicht. Ein paarmal. Er war noch ein Kind. Nachdem ich nach New York gezogen war, habe ich nicht mehr verfolgt, wie es mit ihm weiterging."

„Hmm. Und was geschah mit diesem ... Kerl, mit Bouteflika?"

„Kerim hat wohl gedroht, dass er ihn umbringt, wenn er ihn je wieder in der *Banlieue* sieht. Ich habe gehört, er soll nie wieder dort aufgetaucht sein. Anscheinend hat er Kerims Drohung ernst genommen. Was danach mit ihm war, weiß ich nicht."

„Interessant. Ihr Sohn hat diesen Bouteflika auch erwähnt. Anscheinend hat Kerim ihm gesagt, die Geschichte mit der Vergewaltigung wäre nicht wahr. Ich habe einige Nachforschungen angestellt und herausgefunden, dass ein Jamil Bouteflika alias Jambo 2007 in Seine-Saint-Denis erschossen wurde. Die örtliche Polizei geht von einem Mord unter Drogendealern aus."

Alina schnappt nach Luft. „Dann hat Kerim ihn doch umgebracht?"

„Nein, Madame. Kerim Karoachi hatte mit Bouteflikas Tod nichts zu tun. Er saß damals wegen Körperverletzung im Gefängnis, hier in La Santé. Wussten Sie das?"

„Nein. Wie gesagt, nachdem ich im Anschluss an meine Heirat in die Vereinigten Staaten gezogen bin, hatte ich keinen Kontakt mehr zu Kerim. Ich weiß, dass er irgendwann im Gefängnis war, aber ich wusste nicht, wann genau das war, oder warum. Mit Bouteflika musste es wahrscheinlich so kommen. Kerim hat von ihm gesagt, dass er kein besonders guter Dealer war, denn er hat immer versucht, seine Partner zu betrügen. Einer von denen hat ihn vermutlich erwischt."

„Möglich. Das hat auch die Polizei angenommen. Obwohl nach meiner Erfahrung rivalisierende Drogenhändler in der *Banlieue* selten teure israelische Söldner benutzen, wenn sie ihre Gegner umbringen wollen."

„Ich kenne mich mit *Banlieue*-Morden nicht aus, Monsieur."

„Nein, Madame, das habe ich auch nicht erwartet. Ich werde noch darauf zurückkommen, aber jetzt ist es erst einmal von Interesse festzustellen, dass Ihr Sohn, während Sie sich praktisch gar nicht um ihn gekümmert haben, Sie im Auge behalten hat. Er weiß eine Menge über Sie, viel mehr als Ihnen vermutlich lieb ist."

„Was? Wie das denn?"

„Kerim Karoachi starb 2013, mittellos. Nachdem er aus La Santé entlassen worden war, wurde er Alkoholiker. Das, zusammen mit jahrelangem Drogenmissbrauch, hat ihm einen frühen Tod beschert. Vermutlich starb er auch an gebrochenem Herzen. Obwohl Sie mittlerweile längst geheiratet hatten und in New York lebten, konnte er Sie nie vergessen und hat seinem Sohn alles Mögliche über Sie erzählt. Über Ihr Leben, Ihre Familie. Zum Beispiel, – der Familienname Ihrer Mutter ist Qizilbash, ja?"

„*Oui*. Aber woher ..."

„Das hat uns Zinédine gesagt. Er sagte, die Familie seiner Mutter wäre von königlicher Abstammung, in Indien. Ihre Mutter ist eine Nachfahrin der Herrscherfamilie des Fürstenstaates Hyderabad. Laut Zinédine war sie außerdem eine direkte Nachkommin des letzten osmanischen Sultans. Stimmt das?"

„Ja. Meine Mutter ist eine Urenkelin des letzten Sultans. Ihre Großmutter war eine osmanische Prinzessin, die in die Fürstenfamilie von Hyderabad einheiratete. Aber woher weiß er das denn? Das alles gehört keineswegs zu meinem öffentlichen Profil. Über Google werden Sie diese Informationen nicht finden. Diese osmanische Verbindung kann er von niemand als von einem engen Familienangehörigen erfahren haben."

„Kerim hat wohl sehr gut zugehört, als Sie ihm von sich erzählten, während Sie zusammen waren. Zinédine hat diese Familiengeschichten von ihm gehört. Biologisch verwandt oder nicht, Kerim ist in den Augen des Jungen sein wahrer *père*. Bedauerlicherweise haben die Erzählungen über den herrschaftlichen Hintergrund seiner Familie dazu geführt, dass er noch schlechter mit seiner Umgebung zurechtkam. Als Kerim starb, war Zinédine, oder Zizu, wie er genannt wird, gerade mal vierzehn. Kerim mag man manches vorwerfen, aber er war für Ihren

Sohn eine starke Vaterfigur. Nach seinem Tod kam Zizu in schlechte Gesellschaft. Bis er sechzehn war, hatte er schon alles durch: Drogen, Diebstahl, Körperverletzung, sexuelle Belästigung. Er war ein hartgesottener ‚Banlieue-Boy' geworden. Seine Adoptivmutter war eine gute Frau, aber er ließ sich von ihr nichts sagen, weil er wusste, dass sie nicht seine echte Mutter war. Von seiner leiblichen Mutter, der ‚Prinzessin', fühlte er sich im Stich gelassen. Dass Sie eine extrem bekannte Person des öffentlichen Lebens sind, eine Berühmtheit und eine äußerst erfolgreiche Geschäftsfrau, hat es für ihn mit seinem elenden Leben in der *Banlieue* nur noch schlimmer gemacht. Er suchte nach einem Vorbild, nach Orientierung, und leider fand er sie während eines kurzen Aufenthalts in der Jugendstrafanstalt. Ein islamistischer Prediger, Ali Mousawi, überzeugte ihn davon, dass der direkte Weg zur Erlösung der Jihad sei. Als Zizu diesem Mann von seiner familiären Verbindung zum osmanischen Reich erzählte, machte Mousawi ihm klar, dass es sein Schicksal als das eines der Erben des letzten osmanischen Sultans oder Imams der Gläubigen sei, für die Wiederherstellung des Kalifats zu kämpfen. Die Religion gab seinem Leben eine Richtung, und Mousawi wusste das zu nutzen. Er führte Zinédine bei Mitgliedern der Brüggener Zelle ein. Dafür begann Zizu ihnen bei der Verbreitung ihrer Botschaften über soziale Medien zu helfen. Er ist ziemlich gut darin. Er hat einschlägige Texte online gestellt, Chatrooms eingerichtet, wo Gleichgesinnte sich austauschen und angeworben werden können, und mehrere Twitter-Accounts betrieben, die mit Zellen des IS überall in Europa verbunden sind."

„*Mon Dieu!* Ich wusste nicht ..."

„All die Auflehnung, die er gegen Sie verspürte, floss in sein neues Engagement für den Dschihadismus. In seiner Sicht verkörpern Sie Säkularismus, Sinnlichkeit, Modernität und Verantwortungslosigkeit."

„Was geschieht mit ihm jetzt?"

„Das hängt nicht zuletzt von Ihnen ab, Madame. Wir halten ihn seit mehreren Monaten ohne Gerichtsverhandlung fest, das dürfen wir nach den Anti-Terror-Gesetzen. Er steht im Zentrum eines Netzwerks europäischer Terrorzellen, und was ihm zur Last gelegt wird, kann sehr schwerwiegend sein. Wenn es zu einem Gerichtsverfahren kommt, könnte er für viele Jahre hinter Gittern verschwinden, mit dem absehbaren Resultat, dass er noch weiter radikalisiert wird. Wollen Sie ihn davor bewahren?"

„Natürlich will ich das! Dafür, dass ich mich nicht um Zizus Erziehung kümmern wollte, hatte ich meine Gründe. Ich habe als Mutter versagt, aber herzlos bin ich nicht. Er ist trotz allem mein Sohn."

„Und wie stellen Sie sich vor, ihn zu retten? Wenn wir ihn laufen lassen, geht er wahrscheinlich direkt zurück zu seinen islamistischen Freunden. Haben Sie eine Vorstellung, wie Sie das verhindern könnten?"

„Ich ... ich könnte ihn zu mir nehmen. Er könnte bei mir wohnen. Ich könnte ihm ... einen besseren Weg zeigen, ihm ein besseres Leben bieten. Ich möchte ihm gerne helfen. Bitte glauben Sie mir das."

„Madame, entschuldigen Sie bitte, aber die letzten 21 Jahre haben Sie sich einen Dreck für Ihren Sohn interessiert. Vermutlich haben Sie mehr für die israelischen Killer ausgegeben, die Bouteflika umgebracht haben, als jemals für Zizu."

„Wie bitte? Was unterstellen Sie mir da?"

„Ich unterstelle nichts, Madame, ich rede von einer Tatsache. Die Ermittler vor Ort mögen sich ja eingeredet haben, dass es sich bei dem Bouteflika-Fall um eine Bandenabrechnung handelte. Vielleicht war es für sie nur ein Tod mehr unter Banlieue-Gangstern, sie waren froh, dass sie ihn los waren, oder hatten keine Lust, sich mit einer Menge Papierkram zu belasten. Aber ich bin kein Polizist, dem man irgendetwas vormachen kann, Madame. Ich erkenne eine Hinrichtung, wenn ich sie sehe. Das war einfach zu perfekte Arbeit. Bouteflika wurde gezielt in den toten Winkel der Video-Überwachungsanlage gelockt. Es gab keine Spuren, nichts. Es war, als wäre Bouteflika von einem Gespenst getötet worden. Das Einzige, was man fand, war eine leere Patronenhülse. Die Polizei hat sie nicht weiter untersucht, aber auf meine Anordnung wurde das nachgeholt. Die Patrone stammte aus einer schallgedämpften Waffe israelischer Produktion. Die Leute, die Bouteflika getötet haben, waren Profis. Sobald das außer Zweifel stand, war es ein Leichtes, die Spur des Geldes nachzuverfolgen. Vielmehr, ganz so leicht auch wieder nicht. Ihr Monsieur Deschamps versteht sich darauf, Briefkastenfirmen zu gründen und sie mit weiteren Briefkastenfirmen zu decken. Aber auch wir kennen uns damit aus. Meine Bewunderung, Madame, für Ihr Durchhaltevermögen. Neun Jahre nach der Tat haben Sie Ihren Vergewaltiger gefunden und ihn umbringen lassen. Und es ist Ihnen gelungen, fast vollkommen die Spuren zu verwischen."

Alina merkt, wie kalte Schweißperlen ihr wie Eistropfen den Rücken hinunterlaufen. „Monsieur, ich habe keine Ahnung, wie Sie zu diesen bizarren Anschuldigungen kommen. Seit dem Tag, als er mich vergewaltigt hat, habe ich von Jamil Bouteflika nichts gehört. Ich bin hergekommen, weil man mir sagte, dass Zizu in Schwierigkeiten steckt. Sie sagen mir, dass Sie ihn für den Rest seines Lebens in einem Kerker verschwinden lassen wollen. Natürlich will ich ihn vor diesem Schicksal bewahren."

„Und sich selbst auch."

„Ich brauche mich vor nichts zu bewahren. Wenn irgendjemand sonst gehört hätte, was Sie mir eben vorgeworfen haben, würde er denken, Sie hätten den Verstand verloren und würden irgendetwas zusammenspinnen."

„Nur dass ich sehr wohl bei Verstand bin, und eine Spinnerei ist das nicht. Ich habe Beweise." Giroud holt ein Stück Papier aus der Jackentasche. „Geht man nur weit genug zurück, findet man immer, welche Wege das Geld genommen hat. In solchen Angelegenheiten ist es grundsätzlich ratsam, in bar zu zahlen. Das war der einzige Fehler, den Monsieur Deschamps begangen hat, er hat nach sechsmaliger Geldwäsche eine Banküberweisung vorgenommen, und zwar an eine ‚Fashion Consulting'-Firma in Tel Aviv namens Gilad Associates. Allerdings hat man in der Modebranche von dieser Firma noch nie gehört, weder damals noch heute. Dagegen ist ein Tochterunternehmen davon ein wohlbekannter und sehr exklusiver privater Sicherheitsdienst, dessen Personal vornehmlich aus früheren Mossad-Agenten rekrutiert wird."

„Ich ..." Sie wendet sich nervös nach Deschamps um, die Angst ist ihr jetzt anzusehen. Giroud ist das nicht entgangen, lässig steckt er das

Papier wieder ein, kopfschüttelnd, als ginge es um eine Nichtigkeit. „Die DGSE interessiert sich nicht sonderlich für die Ermordung eines Drogenhändlers in der Banlieue vor dreizehn Jahren. Wie Sie gesagt haben, Bouteflika war ein Scheißkerl und hat wahrscheinlich bekommen, was er verdiente. Wir haben nichts dagegen, diesen *faux pas* zu übersehen. Und wir sind auch bereit, Ihnen dabei zu helfen, Ihren Sohn vor Schlimmerem zu bewahren. Falls Sie mit uns zusammenarbeiten."

„In Ordnung. Was soll ich tun?"

Giroud lächelt und nimmt einen tiefen Zug von der Zigarette, die ihm die ganze Zeit über aus dem Mundwinkel gehangen hat. Nach einer langen, bedeutungsschweren Pause drückt er die halbgerauchte Zigarette im Aschenbecher aus.

„Gut, Madame. Sehr gut. Meines Erachtens ist dies der einzige Weg, Ihren Jungen zu retten. Und keine Angst, wir bitten Sie nicht, sich irgendwelchen Risiken auszusetzen oder etwas Illegales zu tun. Ich möchte, dass Sie einen Freund von mir treffen. Er hat einige dringende Fragen an Sie. Vielleicht gibt es auch noch andere Aufgaben. Von Zeit zu Zeit werden Informationen weiterzugeben sein. Helfen Sie ihm dabei, Madame, und ich garantiere Ihnen, Ihr Sohn wird nicht unter Anklage gestellt, sondern in Ihre Hände übergeben. Und die Bouteflika-Akte bleibt geschlossen. Sind Sie einverstanden?"

„Was für Informationen? Und was für Aufgaben?"

„Madame, entweder Sie sagen Ja oder nicht. Die Bedingungen sind nicht verhandelbar. Wenn Sie es sich noch überlegen wollen, ist das in Ordnung, aber Zinédine bleibt solange in La Santé. Das ist vielleicht Ihre letzte Chance, dem Jungen etwas Gutes zu tun."

„Gut, ich bin einverstanden. Kann ich ihn sehen?"

„Ich denke nicht, dass es gut wäre, ihn sofort zu treffen. Momentan lassen wir ihn ein Programm zur Deradikalisierung durchlaufen, und dafür ist es nötig, dass er isoliert ist. Aber ich versichere Ihnen, dass man für ihn sorgt. Wir halten ihn separat von den anderen Häftlingen. Ich möchte Ihnen aber jetzt gleich meinen Freund vorstellen. Darf ich ihn herbitten?"

Sie nickt und nimmt die Sonnenbrille ab. Giroud gibt dem Barkeeper ein Zeichen, worauf dieser sofort hinter der Küchentür verschwindet. Eine Minute später kommt er zurück, bei ihm ist ein breitschultriger dunkelhäutiger Mann, der trotz der Augusthitze einen Wollschal um den Hals trägt. Der Mann wirkt mit seinem buschigen weißen Schnurrbart und dichten weißen Haar wie ein freundlicher alter Onkel. Er lächelt sie an, es ist ein beruhigendes, kein Raubtier-Lächeln, und setzt sich neben Giroud zu ihnen in die Nische.

„Begum Sahiba, es ist mir ein Vergnügen, Sie kennenzulernen. Mein Name ist Krishnamurthy."

3. Buch

Der Maulwurfsjäger

12. Kapitel

Karachi
6. September

Sosehr er es auch versucht, Constantine kann die durch das offene Fenster hereindringenden Geräusche des Saddar-Viertels im Zentrum der Stadt nicht ausblenden. Auch ohne hinzusehen, kann er an der zunehmenden Intensität des Hupens erkennen, dass die Zeit für den üblichen nachmittäglichen Stau im Stadtzentrum gekommen ist. Aus der Entfernung hört er dank der Verstärkung durch Lautsprecher die verpoppten Kaschmiri-Volkslieder, die gerade in Mode sind. Jeder, der im Showbusiness einen Namen hat, hat derzeit eine Kaschmiri-Nummer im Repertoire, um Solidarität mit den Menschen des von Indien besetzten Kaschmir-Tales zu zeigen. Er stellt sich an das Fenster, von wo aus man auf die zahlreichen Bürogebäude und Einkaufszentren von Saddar blickt. Die Einteilung des Viertels in verschiedene Abschnitte folgt funktionalen Gesichtspunkten. Die vier Blocks direkt unterhalb seines Büros sind der Tuchmarkt. Etwas weiter weg ist der Markt für elektronische Geräte, dort steht ein Dutzend Männer an der Straßenecke, sie halten Plakate hoch und gestikulieren wild, während sie ihren Protest gegen die Umsatzsteuer und die neu eingeführte Steuer auf den Verkauf gestohlener Mobiltelefone herausschreien. Sie halten Steuerbetrug und Hehlerei wohl für ihr angestammtes Recht, eine geheiligte über Generationen weitervererbte Familientradition. Einer der Nachteile eines Büros im Herzen von Karachi ist, dass man jeden Aufmarsch und jede Demonstration mitbekommt. Irgendein Anlass zum Protest findet sich immer. Heute sind es die Elektronik-Händler, morgen die Kaschmiris, übermorgen die Schiiten. Worum es auch gehen mag, der Ort, wo demonstriert wird, ist unweigerlich Saddar.

Constantine wischt sich die Schweißperlen von der Stirn und sieht vorwurfsvoll auf das kleine Loch in der Wand. Zwar hat man ein Stück Sperrholz darüber genagelt, aber mehrere Kabel ragen noch heraus. Früher gab es dort einmal eine Klimaanlage, aber der neue Verwaltungschef, der sich nach Jahren des Trinkens und Hurens zu einem linientreuen Wahhabiten gewandelt hat, hat die Demontage angeordnet, da nach den behördlichen Vorschriften kein Anspruch auf Klimaanlagen in den Büros von lediglich stellvertretenden Direktoren des Geheimdienstes besteht. Constantine blickt angewidert auf den sich stetig vergrößernden Schweißfleck unter seinen Achseln. Er murmelt Verwünschungen, gerichtet an den Verwaltungschef für sein missionarisches Gehabe, die Wahhabiten für ihren Puritanismus, die längst verstorbenen Autoren der Vorschriften für ihre Kurzsichtigkeit und Sturheit und an das Department dafür, dass es ihn nicht höher als bis zum stellvertretenden Direktor befördert hat.

Er nimmt eine Zigarette aus seiner Packung Gold Leaf. Das war früher auch Akbars Marke. Akbar verbrauchte zwei Packungen pro Tag davon, während er selbst damals gar nicht rauchte, er war ein Gesundheitsfanatiker, früherer Hockey-Spieler, Romeo des Polizeireviers und einiges mehr. Aber später im Leben entdeckte auch er die zweifelhaften Freuden des Rauchens für sich. Er fing damit an, als Mary ihn verließ, um mit ihrem Boyfriend von der Werbeagentur nach Australien zu gehen. Boyfriend klang vielleicht ein bisschen befremdlich für den Begleiter einer fünfzigjährigen verheirateten Frau und Mutter von zwei Töchtern, aber Constantine kann sich nicht überwinden, ihn Geliebter oder gar Partner zu nennen. Denn damit würde er vor sich selbst zugeben, dass Mary, seine liebe, bedingungslos ergebene Ehefrau Mary, ihn betrogen hat.

Letzten Endes kann er ihr aber keinen Vorwurf machen. In den zwanzig Jahren, die sie miteinander verbracht haben, hat er selbst sich nicht gerade als mustergültiger Ehemann erwiesen. Die ersten zehn Jahre machte er sich einen Namen als notorischer Schürzenjäger, schlief mit Prostituierten herum und trauerte der großen Liebe seines Lebens nach, der Naika, der erfolgreichsten Bordellchefin der Napier Road. Er hatte sich nie vollkommen damit abgefunden, mit der Frau verheiratet zu sein, die sein Vater für ihn ausgesucht hatte. Kurz nach der Sache mit Akbar und dem entführten amerikanischen Journalisten gab es eine Tauwetterzeit, einen Prager Frühling in seinem Eheleben. Unter dem Druck der Angst um sein Leben vertraute er sich Mary an, er stellte sie, was schon etwas grotesk anmutet, sogar Salma Begum, der Naika, vor. Ein paar Jahre lang ging alles gut. Aber dann wurde er rückfällig und ließ seine Affäre mit Salma wieder aufleben. Die Liaison des Leiters des Zentralgefängnisses mit der bekanntesten Nutte der Stadt war ein ziemlicher Skandal, Stoff für Klatsch und Tratsch in den Bordellen von Karachi ebenso wie unter öffentlichen Angestellten. Mary hielt zu Constantine, unterstützte ihn mit scheinbar unverbrüchlicher Treue und stellte die Lügen, die er ihr vorsetzte, nicht in Frage. Ihre Geduld und Stärke setzten ihn in Erstaunen, und erst im Nachhinein erkannte er, dass sie, während sie öffentliche und private Demütigungen hinunterschluckte, schon dabei war, den rechten Augenblick abzuwarten, zu dem sie ihn verlassen würde. Trost fand sie in den Armen des Marketing-Gurus, und als der vorschlug, gemeinsam nach Australien zu emigrieren, stimmte sie sofort zu.

Marys Abreise und das spektakuläre Scheitern seiner Ehe waren mit weiteren Kränkungen verbunden. Sie hatte die Mädchen mitgenommen, und er konnte nichts dagegen einwenden, schließlich hatten sie dank dem Werbefuzzi die Aussicht auf ein viel besseres Leben, als Constantine ihnen aller Voraussicht nach je würde bieten können. Das Höchste, was sie hier zu erwarten hatten, war seine bescheidene Dienstwohnung in der Preedy Street, Besuch einer von Nonnen geführten Schule und mit etwas Glück eine Anstellung auf mittlerer Ebene in irgendeiner multinationalen Firma, die Christen einstellte, weil sie für ihre Ehrlichkeit bekannt waren und besser Englisch sprachen als die meisten muslimischen Mitbewerber. In Australien dagegen läge ihnen die Welt zu Füßen. Was es für Constantine noch schwerer erträglich machte, war, dass ihm auch in anderer Hinsicht die Felle davonschwammen. Zu einem Zeitpunkt, als sich durch die Trennung endlich die Möglichkeit abzeichnete, ein gemeinsames Leben mit der einen Frau zu beginnen, die er immer geliebt hatte, erkrankte Salma an einem Krebs, der sich mit rasender Geschwindigkeit durch ihren Körper fraß und sie innerhalb weniger Monate dahinraffte.

Danach beschloss er, mit seiner Vergangenheit zu brechen. Er verließ die Wohnung und die Nachbarschaft, brach den Kontakt zu den wenigen Freunden ab, die zu ihm gehalten hatten, und ließ sich von der Polizei zum Geheimdienst versetzen. Sobald er dort war, bat er darum, ihn an irgendeinen einsamen Schreibtisch zu setzen, wo er mit niemand aus seinem früheren Leben zu tun haben würde. Für einen Mann, der eine vielversprechende Laufbahn sang- und klanglos abgebrochen hatte, war die Spionageabwehr der ideale Ort. Innerhalb des Departments galt diese Abteilung als Grabstätte jeglicher Ambition. Seit dem Zusammenbruch der Sowjetunion war man nicht mehr an eingeschleusten ausländischen Agenten interessiert. Seit zwanzig Jahren drehte sich alles um den Kampf gegen den Terrorismus, um al-Qaida, den IS und jede islamistische Gruppierung, die clever genug war, ein paar Dummköpfe anzuwerben, die bereit waren, sich in die Luft zu sprengen. Das war es, worauf die Welt schaute, worauf die Chefs schauten, worauf die Regierung schaute. Also wurden alle Mittel in die Terrorabwehr gesteckt. Amerikaner, Chinesen, Russen, jeder Geheimdienst mit einem Scheckheft, alle waren bereit, mit großzügigen Zuwendungen die Arbeit der Antiterror-Abteilung zu fördern, denn es gab ihnen das beruhigende Gefühl, dass sie auf diese Weise Tausende von Kilometern von ihren eigenen unberührten Stränden entfernt den Geist des Dschihadismus in eine Flasche bannten.

Constantine D'Souza war das ganz recht. Akbar hatte ihm vor Jahren die Gelegenheit gegeben, gegen die Islamisten zu kämpfen und die Anerkennung zu erwerben, die damit verbunden war. Aber Constantine hatte das damals schon abgelehnt, und jetzt wollte er es erst recht nicht. Alles was er wollte, war, in dieser vergessenen Nische der Geheimdienste zu verschwinden. So hat er zehn Jahre lang in diesem Raum verbracht, mit seinem rissigen Linoleum-Fußboden und seinen Wänden, von denen die Farbe abblätterte, umgeben von staubigen Akten und weitgehend sinnlosen Überwachungsberichten voller nichtiger Details über Individuen, die vielleicht ausländische Spione waren, vielleicht aber auch nur harmlose Fans russischer Programmkinos. So war es eben mit Spionageabwehr. Man erwischte nicht wie bei der Polizei am Ende den Bösewicht, sondern war schon froh, wenn man überhaupt eine Vorstellung davon bekam, wer die Bösewichte waren.

Mit der Zeit hat sich eine gewisse Zufriedenheit bei ihm eingestellt, oder doch wenigstens die verbitterte Einsicht, die ihn sein Leben so hat annehmen lassen, wie es nun mal ist. Jeden Morgen fährt er in seinem verbeulten alten Toyota Corolla, Modell 1996, von seinem nichtssagenden Ein-Zimmer-Apartment in der Nähe des Bahnhofs Karachi Cantonment zur Arbeit und bleibt in der Regel bis spät abends dort. Wozu soll er auch pünktlich Schluss machen, sowieso wartet niemand auf ihn. Ein paar Minuten lang täglich spricht er mit seinen Töchtern, entweder spät nachts oder frühmorgens, je nachdem, wo sie sich aufhalten. Malia lebt in Perth, wo sie Zahnmedizin studiert, und Katherina, seine Kleine, ist in Thailand, wo sie an einem Ferienort Yoga unterrichtet. Wenn er mit ihnen spricht, merkt er immer, dass sie in einer Welt leben, die ihnen unerreichbar geblieben wäre, wenn sie hiergeblieben wären, und das versöhnt ihn zunehmend mit Marys Untreue.

Anfangs haben die Mitarbeiter mit Missfallen seine abendlichen Überstunden beäugt, weil sie dadurch gezwungen waren, von ihrer eigenen strikten Beachtung der regulären Arbeitszeit abzusehen. Aber Constantine D'Souza ist ein anspruchsloser Mensch und zieht es im Grunde vor zu arbeiten, ohne dass wenig kompetente Mitarbeiter ihn dabei unterbrechen. Sie verlassen daher weiterhin pünktlich um fünf Uhr ihren Arbeitsplatz, während er an seinem Schreibtisch ausharrt, mit einem einzigen Untergebenen, der ihm ab und zu eine Tasse Tee bringt. Dadurch, dass er sich Tag für Tag durch die verstaubten Dossiers arbeitet und jedes Transkript einer aufgezeichneten Telefonunterhaltung sorgfältig liest, ist er der führende Experte des Departments für Spionageabwehr geworden. Es ist sein Pech, dass in den letzten zehn Jahren sich keiner einen Deut für Spionageabwehr interessiert hat, sonst wäre er ein Star des Geheimdienstes.

Er drückt die Zigarette aus und kehrt vom Fenster an seinen Schreibtisch zurück. Dort stapeln sich fünf Zentimeter hoch Transkripte von Telefonaten. Neunzig Prozent davon wird wohl harmloser Mist sein, Schwarzhändler, die sich als Geschäftsleute ausgeben, Anfragen an Konsularangestellte, zollfreie Alkoholika von ihren Reisen zu verkaufen, mittlere Beamte, die versuchen, an Mehrfachvisa für ihre Großfamilien zu kommen. Aber es kommt vor, wenn auch sehr, sehr selten, dass sich in all dem Müll eine wertvolle Information verbirgt. Constantine ist nicht sicher, in welche der beiden Kategorien, Müll oder wertvoll, das Transkript fällt, das vor ihm liegt. Er hat es schon viermal gelesen und kann sich trotzdem noch keinen Reim darauf machen. Er hat den Leiter der Transkript-Abteilung um Aufklärung gebeten, aber es gab keine. Schließlich hat er den Mann herbestellt, der das Transkript angefertigt hat. Als sich die Tür öffnet, sieht Constantine erwartungsvoll auf, aber nur sein Sekretär kommt herein.

„Haben Sie nicht dem Transkriptor gesagt, er soll zu mir ins Büro kommen?"

„Doch, Sir, aber es gibt ein kleines Problem."

„Was für ein Problem?"

„Sir, gestern kam ein Umlauf von der Verwaltung, dass auf Weisung der Bundesregierung alle Department-Mitarbeiter sich heute um Punkt 15 Uhr in der Haupthalle einzufinden haben, um ihre Solidarität mit den Menschen in Kaschmir zu bezeugen. Es werden die Nationalhymne und kaschmirische Volkslieder gesungen. Es ist obligatorisch, Sir, jeder geht hin, sogar die Läden und Märkte machen um 15 Uhr eine halbe Stunde zu."

„Und was hat das mit meinem Transkriptor zu tun?"

„Äh, Sir, es ist fünf vor drei. Sie werden ihn wahrscheinlich länger als fünf Minuten brauchen, da habe ich mir gedacht, wir verschieben es vielleicht besser bis nach dem Singen. Der Umlauf war eindeutig, es ist Pflicht, und die Teilnahme, oder Abwesenheit, wird überprüft."

„Sie wollen, dass ich meine Untersuchung in Sachen nationale Sicherheit verschiebe, wegen einer Gesangsveranstaltung? Sind Sie verflixt noch mal nicht bei Trost?"

„Sorry Sir, es ist nur, die Verwaltung sagt, es wird überprüft, wer teilnimmt ..."

„Sagen Sie der Verwaltung, wir sind hier beim Nachrichtendienst, nicht bei den Scheiß-Pfadfindern! Wir überprüfen, was andere Leute tun, nicht die lausige Teilnahme an einer Gesangsübung! Wenn Sie mir nicht in den nächsten fünf Sekunden den verdammten Transkriptor herbringen, hänge ich Sie an den Eiern auf und werfe Sie zu diesem Fenster hinaus!"

„Jawohl, Sir!" Der PA stürzt zur Tür hinaus, und Constantine zählt die Sekunden auf seiner Armbanduhr. Zum Glück für den Assistenten schlurft nur vier Sekunden später ein anderer Mann herein, ein stämmiger kleiner Mann mit öligem Haar und einem fettigen Stift hinter dem Ohr.

„Haben Sie das hier transkribiert?"

„Welche Code-Nummer, Sir?"

„MR 26879."

„Jawohl, Sir, das ist von mir."

„Wem gehört die Telefonnummer?"

„Die ist von irgendeiner Oberschicht-Dame, Sir. Vor ein paar Wochen wurde angeordnet, sie abzuhören, weil eine auffällig hohe Anzahl von Anrufen von ihrem Telefon an Nummern im französischen Konsulat ging, darunter eine, von der wir vermuten, dass sie einem verdeckt arbeitenden Geheimdienstler gehört."

„Irgendetwas Auffälliges in diesen Telefonaten?"

„Nein, Sir. Das heißt, wir sind nicht sicher. Sehen Sie, Sir, die Hälfte war auf Französisch, so dass wir nicht verstehen konnten, was sie da gesagt haben. Aber die auf Englisch waren alle normal."

„Und dieser Anruf hier war gestern?"

„Jawohl, Sir."

„Wer war der Gesprächspartner?"

„Auch so eine Dame der High Society, Sir."

„Und worüber reden sie?"

„Über irgendwelche sozialen Aktivitäten. Ich glaube, die beiden sind gemeinsam an irgendwelchen Wohlfahrtsveranstaltungen beteiligt."

„Was noch?"

„Äh ... Sir, Sie haben es ja vor sich. In dem Transkript."

„Ich weiß, was in dem Transkript steht. Habe es viermal gelesen. Ich will versuchen zu verstehen, was Sie da herausgehört haben. Was haben Sie verstanden?"

„Nun, äh, Sir, die Dame, also, sie scheint einen neuen ... Geliebten zu haben. Sie spricht über ... äh, Geschlechtsverkehr mit ihm, Sir."

Constantine starrt auf das sauber getippte Papier, das auf dem Stapel auf seinem Schreibtisch zuoberst liegt. Mit einem gelben Textmarker beginnt er, einzelne Teile hervorzuheben.

Anrufer: Na, Baby, was gibt's Neues? Alle reden über dich. Ist es wahr?

Ziel: Ist was wahr, Binny?

Anrufer: Über dich und Sam. Stimmt es, dass ihr wieder zusammen seid?

Ziel: Binny, bitte, du klingst, als wärst du noch in der Schule.

Anrufer: Irgendwie ist es doch auch so, oder? Du und Sam, das Super-Liebespaar vom College? Los, erzähl mir alles.

Ziel: Wir ... wir ... ich weiß nicht, ob wir zusammen sind, aber wir verbringen viel Zeit miteinander. Und Binny, es ist wahnsinnig. Ich kann dir gar nicht sagen, wie irre es ist, Sam wieder zu haben.

Anrufer: Ooh, ich wusste es! Das ist ja so toll! Du verdienst es, Baby. Weiß der Himmel, wie sehr du das nach all den Problemen verdienst. Also, wie ist er? Hat er sich stark verändert?

Ziel: Er ist so fantastisch wie vor fünfundzwanzig Jahren. In jeder Hinsicht.

Anrufer: In *jeder* Hinsicht? Habt ihr ...?

Ziel: Also echt, Binny!

Anrufer: Und, habt ihr?

Ziel: Ja.

Anrufer: Oh my God! Wie war es?

Ziel: Binny, Zeit, dass du mal erwachsen wirst.

Anrufer: Baby, ich bin fünfundvierzig, Hausfrau und Mutter von vier Kindern. Ich habe Krampfadern und Cellulitis, mein Ehemann ist ein langweiliger Buchhalter, und ich werde, bis ich sterbe, nie mit einem anderen Mann schlafen. Ich brauche ein bisschen Spannung im Leben! Also sag schon, wie war es?

Ziel: (lacht) Es war ... es war wie früher. Oder nein, besser. Er ist jetzt ... zärtlicher, bedachtsamer. Es war ... sehr intensiv. Wenn wir zusammen sind, ist es, als durchlebten wir die Erinnerungen eines ganzen

Lebens in Minuten- oder sogar Sekundenschnelle. Es ist einfach unglaublich großartig, mit ihm zu sein.

Anrufer: Wo macht ihr es und wann? Bei ihm? Hat er da eine Wohnung?

Ziel: Nein, er hat keine Wohnung, sie haben für ihn eine Suite im Mövenpick gebucht. Letzte Woche war er hier, nur für einen Tag. Aber wir waren nicht im Hotel. Zu viele, die uns da sehen würden, bei seiner Bekanntheit und so.

Anrufer: Hoffentlich habt ihr es nicht in deinem Zimmer bei deinen Eltern im Haus getrieben, Herzchen! Wie im College, ihn einzuschmuggeln, ohne dass deine Mutter euch erwischt!

Ziel: (lacht wieder). Darüber haben wir auch gesprochen. Wie lustig es wäre, mit Mitte Vierzig herumzuschleichen und sich heimlich zu treffen, wie mit Zwanzig. Aber nein, ich hatte mit ihm keinen Sex im Haus meiner Eltern. Ich bin mit ihm zu einer meiner Gästewohnungen gefahren. In Creek Vista habe ich eine Penthouse-Wohnung, die ich für ausländische Gäste freihalte. Dort sind wir hingefahren. Ich habe für uns gekocht, wir hatten eine Flasche Wein, wir haben den deaf leper angehört und darüber geredet, und dann ...

Anrufer: (kreischt freudig). Himmel, ich bin so neidisch auf dich, Mädchen!! Wann siehst du ihn wieder?

Ziel: Er plant, übernächste Woche für ein verlängertes Wochenende in die Stadt zu kommen. Er beruft irgendeine Konferenz über Law and Order oder so ein, das verbindet er dann mit einem Besuch.

Constantine sieht zu dem Transkriptor auf. „Was ist deaf leper?"

„Ich bin nicht sicher, Sir. Vermutlich ein tauber Lepröser, nehme ich an? Ein Leprakranker, der taub ist. Sie wissen doch, diese Leute mit einer Krankheit, dass Körperteile abfallen. Lepröse."

„Ich weiß, was Lepra ist. Wie heißen Sie?"

„Saqib, Sir. Saqib Memon."

„Saqib, können Sie mir bitte zwei Dinge erklären. Wenn die beiden in der Wohnung der Frau waren und dort gegessen haben, woher sollte dann bitte ein tauber Leprakranker kommen? Und wenn der Leprakranke taub wäre, wäre er vermutlich auch stumm, wie konnten sie ihn also hören? Was Sie geschrieben haben, ist Blödsinn."

„Äh ... keine Ahnung, Sir. Sie haben sicher recht. Einem tauben Leprösen könnte man wohl nicht zuhören."

„Sind Sie sicher, dass Sie es korrekt gehört haben?"

„Deaf leper war das einzige englische Wort, was mir Sinn zu machen schien, deshalb habe ich es geschrieben."

„Bringen Sie mir die Aufnahme. Und geben Sie die Telefondaten der Zielperson in das System ein. Mal sehen, ob wir interessante Kontakte entdecken. Fangen Sie mit dem vergangenen Monat an, dann können wir, wenn nötig, von dort weiter zurückgehen."

„Jawohl, Sir."

Als der Transkriptor den Raum verlässt, kann Constantine kaum seine Aufregung zügeln. Das ist es mit Spionageabwehr. Man wühlt sich durch einen Haufen Schwachsinn, und dann, aus dem Nichts, stößt man plötzlich auf Gold. Und wenn das geschieht, ist es ein so rauschhaftes Gefühl wie nichts sonst in der Welt. Was ihn vor allem interessiert, ist das, was die Zielperson über ihren Geliebten sagt. Der Name ist ungewöhnlich. Sam. Ein Christ, oder ein Weißer? Womöglich ein ausländischer Agent? Aber die andere Frau sagte, Sam wäre ein alter Freund, jemand, den sie seit ihrer Schulzeit kennen. Keine westliche Nachrichtenagentur könnte so lange einen verdeckten Ermittler im Land halten. Nein, Sam muss ein Spitzname sein. Vermutlich eine Abkürzung, vielleicht für Samir oder Samar? Wesentlicher war ein anderer Punkt. Die Zielperson hatte erwähnt, dass es sich um eine wichtige Person handelte, eine prominente Person. Er hatte eine Suite im Mövenpick. Herauszufinden, wer letzte Woche in dem Hotel eine Suite gebucht hatte, wäre nicht schwierig. Noch bedeutsamer war, dass er eine Konferenz über Law and Order einberief. Das bedeutete, dass Sam irgendeine hohe Stellung in der Regierung haben musste, jemand mit genügend Macht, nach Gutdünken solche Konferenzen anzuberaumen. Auch das wäre einfach herauszufinden, falls es übernächste Woche so eine Konferenz geben sollte. Constantines eigener Chef, Sajjad Ghani, würde an so einem Meeting auf jeden Fall teilnehmen.

Über diese Dinge denkt er noch nach, als Saqib mit einem altertümlichen Aufnahmegerät und einem Stapel von Ausdrucken mit allen Gesprächsdaten zurückkehrt. Constantine setzt sich Saqibs Kopfhörer auf und stellt das Gerät an. Während er auf die krächzenden Stimmen der Aufzeichnung hört, geht er die Gesprächsdaten durch und markiert mit seinem Textmarker Nummern, die ihm vielversprechend aussehen. Saqib beobachtet ihn, wie er das Band dreimal zurückspult, bevor er die klobigen Kopfhörer absetzt.

„Es ist deaf leper, oder, Sir?“

Constantine antwortet nicht. Stattdessen nimmt er das Telefon und ruft seinen Sekretär an. Der ist dankenswerterweise von der obligatorischen Volksliedsingerei zurück. „Notieren Sie die folgende Nummer: 0519255003. Es ist eine Regierungsnummer in Islamabad. Finden Sie heraus, wem sie gehört.“

„Oh, das ist einfach, Sir. Die ist vom Sekretariat des Premierministers. Alle Nummern mit 9255 gehören zum Büro des PM. Ich war früher in der Zentrale in Islamabad, Sir, im Büro des Generaldirektors. Da haben wir ständig dort angerufen, deswegen weiß ich das.“

„Finden Sie heraus, wem genau diese Nummer gehört.“

„Jawohl, Sir.“

Der Transkriptor sieht Constantine hoffnungsvoll an: „Äh, kann ich dann gehen, Sir?“

„Es war nicht leper.“

„Nicht, Sir? Ich hätte schwören können, dass sie das gesagt hat. Was ist es dann?“

„Leopard. Deaf Leopard. Und ja, Sie können gehen, aber eins noch: wie lautet der Name der Zielperson?“

„Lassen Sie mich nachschauen, Sir.“ Saqib nimmt sich den schmierigen Stift vom Ohr und blättert in einem kleinen Notizbuch. „Alina Faruq, Sir. So heißt die Dame.“

„Danke.“

Saqib steht auf und räumt seine Gerätschaften zusammen, aber Constantine bemerkt seine Gegenwart schon nicht mehr. Er ist tief in Gedanken und nimmt kaum wahr, dass der Transkriptor den Raum verlässt. Auf seinem Notizzettel streicht er ‚leper‘ durch und ersetzt das

Wort durch ‚leopard', dann starrt er weiter auf das Papier. Er ist so versunken, dass es mehrmals klingelt, bevor er auf der Sprechanlage den Anruf seines Assistenten annimmt.

„Sir, die Nummer, die ich heraussuchen sollte. Vom Sekretariat des PM. Die gehört dem Nationalen Sicherheitsberater, Sir. Es ist seine Privatnummer."

„Danke."

Constantine legt den Hörer ab und lehnt sich zurück. Das Hämmern in seinem Kopf erinnert ihn auf einmal daran, dass er den ganzen Tag noch nichts gegessen hat. Aber der Gedanke an Essen liegt ihm momentan fern. Im Augenblick kann er nur an eins denken: wer ist Alina Faruq, und warum hat sie in den letzten zehn Tagen sechsunddreißig Mal den Nationalen Sicherheitsberater angerufen?

13. Kapitel

Karachi
September (zwei Wochen später)

Tausend elektrische Impulse wandern durch ihren Körper in seinen, jedes Mal, wenn er in ihr ist. Der Rausch ist stärker, als eine Droge ihn auslösen könnte. Sie ist eine Meisterin in der Kunst der Liebe, und sie weiß, wie sie jeden Zentimeter ihres Körpers, ihrer Finger, Lippen, Zehen, wie sie ihr Geschlecht einsetzen muss, um ihre eigene Lust und die ihres Partners zu vergrößern. Eine derartige Ekstase hat Samir Ali Khan niemals erlebt.

Schweißgebadet lösen sie sich voneinander. Sie geht duschen, während er im Bett liegen bleibt und in einen tiefen Schlaf hinabsinkt. Seit Jahren hat er nicht mehr so geschlafen, vollkommen weltvergessen und ohne an all seine Pflichten und Probleme zu denken. Er wacht erst von dem unablässigen Summen seines Dienst-iPhones auf.

„Ich hätte dein iPhone in die Küche legen sollen.“ Ihr Haar ist noch nass, und sie hat nichts an außer einem Hemd, dessen drei oberste Knöpfe offen sind und ihm einen verführerischen Einblick auf ihre Brüste gewähren. „Dann hättest du noch etwas schlafen können.“

„Das ist von der Arbeit. Ich musste drangehen.“ Er schreibt seine SMS zu Ende und legt das Telefon zur Seite, als sie sich ihm auf den Schoß setzt und ihm einen temperamentvollen Kuss gibt.

„Du siehst so friedlich aus, wenn du schläfst.“

„Ich bin seit Jahren nicht so entspannt gewesen. Nach Quetta habe ich nicht mehr als drei oder vier Stunden pro Tag geschlafen. Du hast mir Ruhe geschenkt.“

„Im Bett aber nicht, Mr. Khan. Da bist du ein wahrer Tiger. Bist du sicher, dass du nicht ein wenig schwindelst, wenn du sagst, du hattest in den letzten fünf Jahren keine Frauen? Mir sieht es eher nach regelmäßiger Übung aus.“

Er lächelt, küsst sie lange und atmet dabei den Duft ihrer Haarspülung ein. „Ich kann wohl mit einiger Sicherheit sagen, du würdest in diesem Land eine ganze Reihe über 80jähriger finden, deren sexuelle Aktivität in den letzten fünf Jahren meine weit übersteigt.“

„Mag sein, aber nur, weil in diesem Land bekanntlich die geilsten Achtzigjährigen der Welt leben. Soll nicht dein Freund ATM ziemlich viril sein? Wenn man Fred glauben kann, vernascht er immer noch zwei Nutten pro Nacht. Und Ammar Hamdani scheint auch nichts anbrennen zu lassen.“

„Der Premierminister ist keine Achtzig. Noch nicht. Und Fred hat meines Erachtens eine überbordende Fantasie.“

„Hat der PM dich nie gebeten, ihm einen rassigen Knackarsch zu vermitteln? Ich hätte gedacht, das wäre es, warum er sich einen so gutaussehenden nationalen Sicherheitsberater als Flügelmann gesucht hat.“

„Wie es aussieht, verehrte Frau Faruq, ist Fred nicht der Einzige mit Hirngespinsten über Ammar Hamdanis Privatleben. Hast du vielleicht eine abartige Neigung für alte Männer? Gleich bittest du mich noch, Nacktfotos von ATM zu besorgen. Wobei mir einfällt, damit könnte wahrscheinlich General Shahram dienen."

„Uch, bitte, mir wird gleich schlecht. Ich hasse den Kerl. Konnte ihn nie leiden, auch nicht, bevor er zu dem eingebildeten Ekel wurde, der er heute ist. Er war einer von Papas ältesten Freunden, aber ich habe ihn immer für einen Widerling gehalten."

„Es scheint, dass er in einigen Leuten solche Empfindungen auslöst."

„Fred hat erzählt, du wärst mit ihm aneinandergeraten. Er hat irgendwas über deine Mutter gesagt?"

„Er dachte, er könnte mich vereinnahmen, wie er das mit anderen tut, indem er mich damit unter Druck setzt, dass er uns finanziell aus der Patsche geholfen hat, als mein Vater Selbstmord begangen hat. Es ist ihm nicht gelungen. Seither ist er fuchsteufelswild, weil er keinen Einfluss auf meine Arbeit nehmen kann."

„Ist das ein Problem? Dass er sauer ist? Papa pflegte zu sagen, wenn ATM zu Ammar Hamdani sagt, dass der Tag Nacht ist und die Nacht Tag, dann lässt Hamdani im ganzen Land die Uhren umstellen, ohne auch nur einen Blick aus dem Fenster zu werfen."

„Glücklicherweise habe auch ich beim PM noch ein gewisses Ansehen. Nicht so viel wie früher, aber doch genug. Immerhin wird er es mich wissen lassen, falls er keine Verwendung mehr für mich hat. Und ehrlich gesagt würde ich keine Tränen vergießen, wenn ich da raus wäre. Besonders jetzt. Ich könnte dann nach Karachi zurückgehen und bei dir sein."

Sie bietet ihm ihr Glas Wein an, und er leert es in einem Zug. „Bist du wegen ATM in der Gunst des Premierministers gesunken?"

Samir zuckt mit den Achseln und füllt aus einer Karaffe, die auf dem Frisiertisch steht, das Glas. In ihrer Gesellschaft zu trinken, gefällt ihm. „Vor ein paar Monaten hat ATM verlangt, dass meine Leute Ermittlungen über ihn einstellen. Ich habe das abgelehnt. Danach war der PM, nun, nicht kalt, aber auch nicht so herzlich wie vorher. Bei den Ermittlungen über ATMs schmutzige Geldquellen waren Verbindungen zutage getreten, die alte Mitarbeiter von ihm zu belasten schienen. Wir mussten sie befragen, und es wurde zwar keine Anklage erhoben, weil anscheinend nichts Illegales oder Kriminelles vorlag, aber Ammar Hamdani hat es wohl als persönliche Kränkung aufgefasst, dass seine Leute überhaupt verhört wurden, während er der amtierende Premierminister ist. Nicht dass er direkt etwas gesagt hätte, dazu ist er zu sehr Gentleman, und ich weiß auch, dass er mich sehr schätzt und respektiert, aber in den letzten Monaten hat es doch eine gewisse Abkühlung der Beziehungen gegeben."

„Ich würde das an deiner Stelle nicht auf die leichte Schulter nehmen. ATM ist skrupellos, der geht über Leichen. Es gibt da ein Mädchen, Atika, sie arbeitet für mich. Superintelligent, Uniabschluss im Ausland, kümmert sich im Alleingang darum, Papas kompliziertes Finanzsystem neu zu strukturieren. Auch der Mann, mit dem sie verheiratet war, ein total netter Mensch, Banker, nicht viel an Erbvermögen, aber beide hart arbeitende, absolut tüchtige Leute. Sie besaßen nur einen Vermögenswert, das war ein altes Haus in Clifton, Familienerbstück. Es war eins dieser weitläufigen Anwesen aus der Kolonialzeit. ATM hatte schon alles andere in der Straße aufgekauft, weil er dort ein Einkaufszentrum bauen wollte. Sie wollten es nicht verkaufen und gingen auf seine Angebote nicht ein. Das war gegen Ende von Ammar Hamdanis voriger Amtszeit. Sobald Hamdani dann wieder Premierminister wurde, sorgte ATM gleich in der ersten Woche dafür, dass Atikas Mann von seiner Bank die Kündigung erhielt. In der zweiten Woche schickte er eine Polizeieinheit zu ihrem Haus, um es zwangsweise räumen zu lassen. Sie wurden aus ihrem eigenen Haus vertrieben. Gegen sie lag eine Anklage vor, dass sie auf ihrem Grundstück ein Bordell betrieben. Völlig aus der Luft gegriffen natürlich. Du hast ja gesehen, wie es Papa geht, aber als er das gehört hat, war er so erbost über diese Ungerechtigkeit, dass er ATM angerufen hat, um dagegen zu protestieren. ATM war super-höflich und bot an, die Sache in Ordnung zu bringen. Und zwar unter der Bedingung, dass Atika und ihr Mann ihm das Anwesen für ein Zehntel des eigentlichen Wertes verkauften. Ein Zehntel! Er hatte ihnen nie verziehen, dass sie ihm nicht zu Willen waren, die ganzen zehn Jahre und mehr, die Ammar Hamdani nicht im Amt war."

„Tut mir sehr leid für deine Freunde. Ich wollte, du hättest mich angerufen, ich hätte versucht, ihnen zu helfen."

„Ich bin sicher, du hättest es versucht. Und wahrscheinlich wäre es dir sogar gelungen. Mensch, ich wollte, ich wäre damals in Kontakt mit dir gewesen. Aber was ich nur sagen wollte, sei vorsichtig!"

„ATM ist ein Maulheld. Er greift mich an, aber nur bis zu einem bestimmten Punkt, denn er weiß genau, dass ich hart zurückschlage. Und ihm ist klar, ich habe genügend gegen ihn in der Hand, um ihm das Leben schwer zu machen. Dazu weiß er, dass General Shahram und die Agency auf meiner Seite stehen. Die hätten schon dafür gesorgt, dass er von der Bildfläche verschwindet, wenn ich sie nicht davon überzeugt hätte, dass Ammar Hamdani Himmel und Hölle in Bewegung setzen würde, um ihn zurückzubekommen. Ich versuche, den PM ein wenig aus seiner Abhängigkeit von ATM herauszuholen, meine Freunde vom Militär hätten ansonsten nichts dagegen, zwei Fliegen mit einer Klappe zu schlagen."

„Und woher kommt diese Solidarität mit Ammar Hamdani? Naiv bist du ja bestimmt nicht. Früher hat er eine Menge krumme Sachen gemacht. Schließlich ist er Politiker."

„Er ... ich weiß nicht. Natürlich hat er einiges auf dem Kerbholz. Und ATM ist ein Mühlstein um seinen Hals. Aber ich glaube, dass er bei all seinen Fehlern doch derjenige ist, der eine echte Vision für das hat, was mit diesem Land geschehen soll. Ein Freund hat mir neulich gesagt, dass unser Land darunter leidet, dass wir in einer beschissenen Umgebung leben und beschissene Nachbarn haben. Jedenfalls so ungefähr. Ammar Hamdani ist einer, der einen Plan hat, wie wir da rauskommen. Shahram und meine anderen Freunde dagegen haben nichts im Sinn außer immer wieder dieselben alten Tricks durchzuspielen."

„Ich denke, du siehst in ihm so etwas wie deinen Vater. Es gibt eine Menge Ähnlichkeiten." Mit dem Mittelfinger massiert sie ihm leicht Hals und Schultern. „Komm, essen wir etwas. Ich habe uns Pasta mit einer Pilz-Sahne-Soße gemacht."

Er folgt ihr, ohne sich die Mühe zu machen, sich etwas überzuziehen. Das Wohnzimmer ist klein und spärlich möbliert, eine gemütliche Ecke mit Bistrotisch gleich neben der Küchenzeile dient als Esszimmer.

Durch die Erkerfenster auf der anderen Seite des Raumes hat man hier im 25. Stock eine fantastische Aussicht bis zum Meeresufer. Sie nimmt von einem Stapel Schallplatten eine LP und legt sie auf den altmodischen Plattenspieler. Es ist aus Puccinis Tosca. Samir kennt es nicht, aber es gefällt ihm, und er setzt sich lächelnd vor seinen Teller dampfender Pasta. Sie sieht zu, wie er isst, nimmt sich von Zeit zu Zeit eine Nudel von seinem Teller. Sie spricht erst, als er den halben Teller leer gegessen hat. „Samir, ich muss dir etwas sagen."

„Ja?"

„Als ich letzten Monat nach Paris geflogen bin ... das war nicht wegen der Arbeit. Ich habe dich angelogen."

Er hört zu essen auf und sieht sie fragend an. „Sondern?"

„Mein Anwalt hat mich wegen eines Notfalls zurückgerufen. Mein privater Anwalt, nicht der von der Firma. Ich ... es gibt da etwas, was ich einundzwanzig Jahre lang verschwiegen habe."

„Nämlich?"

„Erinnerst du dich an die Nacht vom WM-Endspiel?"

„Natürlich, wie könnte ich das vergessen? Wir waren doch dabei, im *Stade de France*. Wir waren so betrunken, ich habe keine Ahnung, wie wir es zurück zu dir geschafft haben. Das war das letzte Mal, dass ich ... dass wir ... es gemacht haben. Also bis jetzt, natürlich. Ich musste am nächsten Tag abfliegen, und ein paar Wochen später brachte mein Vater sich um."

„Zwei Tage, nachdem du Paris verlassen hattest, bekam ich eine Mitteilung von Kerim. Er hatte irgendwelche Probleme und bat mich um ein Treffen. Ich bin dafür in die *Banlieue* gefahren. Er verspätete sich etwas. Leider. Denn während ich auf ihn wartete, wurde ich angegriffen und vergewaltigt. Einen Monat lang war ich im Krankenhaus. Deshalb konnte ich auch nicht nach Karachi kommen, als dein Vater starb. Ich wollte nicht, dass irgendwer wusste, was passiert war, und habe dringende Termine vorgeschoben. *Maman* legte sowieso keinen Wert darauf, dass ich kam, weil sie mitten in ihrer Kampagne gegen deine Familie war und es die Sache erleichterte, wenn sie es so aussehen lassen konnte, als wäre ich ganz auf ihrer Linie. Im Krankenhaus stellte sich dann heraus, dass ich schwanger war."

„Warum hast du mir das nicht gesagt?"

„Samir, ich war traumatisiert. Dass ich vergewaltigt worden war, war ein Schock, mit dem ich nicht umgehen konnte. Ich liebte dich, aber ich wusste nicht, wie ich es dir sagen konnte. Ich konnte mir auch nicht vorstellen, wie ich es meinen Eltern vermitteln könnte. Die Einzigen, die davon wussten, waren Karl und Kerim, die haben alles Nötige für mich arrangiert."

„Was war mit ... der Schwangerschaft?"

„Eine Abtreibung kam für mich nicht in Frage. Irgendwie konnte ich das nicht. Karl ließ mich zweimal in eine Privatklinik einweisen, wo sie das gemacht hätten, aber beide Male bin ich weggelaufen. Nur, wenn ich das Kind bekam, wie hätte ich das vor dir und meinen Eltern geheim halten können? Also habe ich das größte Opfer meines Lebens gebracht ... ich habe unsere Liebe aufgegeben, um mein Geheimnis zu bewahren. Ich bekam das Kind, einen Jungen, und Kerim fand ein Zuhause für ihn. Ein Jahr lang habe ich mich in Paris von allen zurückgezogen, angeblich, weil mich die Trennung von dir so mitgenommen hatte und ich wütend auf meine Mutter war, die mir das eingeredet hatte. Sie glaubt bis heute daran. In der Tat war ich ja wütend auf sie und verzweifelt wegen der Trennung, aber ... damals kam es mir eben auch als Vorwand gelegen. In Karachi war ich erst wieder vier Monate nach der Entbindung. Bis dahin war alles geklärt, außer der Sache mit dir. Dich zu verlieren, habe ich wegen Zinédine auf mich genommen. Ich glaube, ich habe ihm das nie verziehen. Vielleicht ist das der wahre Grund, warum ich ihn von Anfang an auf Abstand gehalten habe und ihn in der *Banlieue* aufwachsen ließ."

Sie fürchtet einen Wutausbruch von ihm, aber es kommt keiner. Er legt ruhig seine Gabel hin und schiebt den Teller von sich. Als er spricht, zeigt seine Stimme keinerlei Aufregung. „Du hättest es mir sagen sollen, Alina. Ich habe jahrelang darüber gegrübelt, warum unsere kleine perfekte Welt kaputtgegangen ist, habe mir selbst die Schuld gegeben, weil ich nicht glauben konnte, dass meine Alina sich ohne weiteres den Forderungen ihrer Mutter fügt. Und schließlich habe ich dich

Jahre hindurch gehasst, weil du uns einfach so aufgegeben hattest. All das hättest du uns ersparen können, wenn du mir nur die Wahrheit gesagt hättest. Ich hätte dir bestimmt mit dem Baby geholfen. Ich hätte gesagt, dass es meins ist."

„Das war die Zeit, als in deiner Welt gerade alles auseinanderbrach, Samir. Du hattest Probleme genug, wie hätte ich dich auch noch damit belasten können?"

Er steht auf und geht zum offenen Erkerfenster. In der Ferne funkeln Lichter über dem Arabischen Meer. „Timing. Der richtige Zeitpunkt, das ist immer mein Problem gewesen. Schlechtes Timing. Wie alt ist dein Sohn jetzt?"

„Er ist ein junger Mann. Ein junger Mann, der in Schwierigkeiten steckt. Das war es nämlich, warum ich nach Paris zurückmusste."

„Was war?"

„Ich musste zu einem Treffen mit einem Mann, der sich als Mitarbeiter des französischen Geheimdiensts vorgestellt hat. Er hat mir gesagt, Zinédine wäre ein Islamist. Er sitzt im Gefängnis, anscheinend war er in irgendwelche schlimmen Sachen verwickelt. Der Mann sagt, er hat sich den Terroristen angeschlossen, weil er mich dafür hasst, dass ich ihn verlassen habe. Sie wollen, dass er mit ihnen kooperiert. Und ich soll ihn dazu bringen. Das ist der Preis dafür, dass sie ihn laufen lassen. Ich ... weiß nicht, wie so etwas läuft. Kann man einem Mann vom Geheimdienst trauen? Und kann einer, der sich dem radikalen Islamismus verschrieben hat, je wieder normal werden? Diese ganze Welt ... deine Welt, mir ist das fremd. Aber ich möchte eine Chance haben, einmal im Leben Zinédine fair zu behandeln. Ihm die Möglichkeiten geben, die er nie gehabt hat, auch wenn es dafür reichlich spät ist. Ich möchte meine Fehler wiedergutmachen. Wahrscheinlich hat es ja keinen Zweck. Aber mit dir hat Gott mir auch eine zweite Chance gegeben. Ich wünsche mir, dass mein Sohn auch eine hat. Und ich bitte dich, mir dabei zu helfen, auch wenn dir das wahrscheinlich gerade jetzt nicht sehr gelegen kommt."

„Was soll ich tun?"

„Ich kenne mich mit all dem nicht aus. Könntest du ... vielleicht mit den Franzosen reden? Sie sagen, Zizu will mich nicht sehen. Aber vielleicht, wenn du ihn triffst, und wenn du mit denen sprichst, könntest du die Situation besser einschätzen. Bitte, Samir, ich muss das für ihn tun."

Er geht zu ihr und nimmt sie in die Arme. Er küsst sie auf die Stirn und dann auf die Lippen, schmeckt die salzige Träne, die ihr über die Wange läuft. „Ja."

„Ja?"

„Ich rede mit den Franzosen. Und ich werde nach Paris fliegen und deinen Sohn treffen."

„Samir, danke ... es tut mir so leid, alles ..." Die Stimme versagt ihr, und ein ganzer Strom von Tränen bricht jetzt aus ihren Augen.

„Was geschehen ist, ist geschehen, Alina. Jetzt müssen wir sehen, dass dein Sohn noch eine Zukunft bekommt." Er küsst sie wieder, worauf sie ihn um den Hals fasst und ihn an sich zieht. Ein jahrelang unterdrücktes animalisches Bedürfnis in ihm bricht sich Bahn, und ohne eine Sekunde nachzudenken, reißt er ihr das Hemd herunter und fährt mit den Händen über ihre perfekten Brüste und ihre weiche Vagina, bevor er wieder in sie eindringt.

***

Als sie erwacht, kann sie sich nicht erinnern, wie sie aus dem Wohnzimmer ins Bett gelangt sind. Es fühlt sich wund an untenherum, aber es ist ein gutes Wundsein, eins, das die Leidenschaftlichkeit ihrer Beziehung bestätigt. Im Zimmer ist es stockdunkel, und sie tastet nach ihrem Telefon auf dem Boden, um nach der Uhrzeit zu sehen. Das Leuchtdisplay zeigt an, dass es drei Uhr früh ist. Außerdem beleuchtet es ihn, der hellwach und immer noch nackt am Fenster sitzt.

„Alina, in der Nacht damals nach dem WM-Endspiel, weißt du noch? Als wir zu Hause waren, haben wir uns sofort geliebt wie zwei Besessene."

„Ja. Es war so eine Wahnsinnsstimmung, wir haben es gemacht, während der Fernseher mit den Highlights lief. Ich weiß noch, dass du gekommen bist, als Petit das entscheidende Tor geschossen hat."

„Wir haben nicht verhütet, stimmt's?"

„Also vorher habe ich die Pille genommen, aber da nicht mehr. Deshalb bin ich nach der Vergewaltigung ja schwanger geworden."

„Und dass du ... angegriffen wurdest, das war die Woche drauf? Nachdem wir zusammen gewesen waren?"

„Ja. Zwei Tage danach."

„Du hast doch keinen Vaterschaftstest machen lassen? Weil du eh angenommen hast, dass die Schwangerschaft die Folge der Vergewaltigung war?"

„Nein."

„Dann könnte ... dein Sohn ja auch ... unser Sohn sein?"

Sie kann im Dunkeln nicht seinen Gesichtsausdruck erkennen. Nach kurzem Zögern bestätigt sie es: „Möglich wäre es."

14. Kapitel

Karachi
7. Oktober

Angenehm ist es hier, ganz anders als an seinem eigenen Arbeitsplatz. Unauffällig gelegen in der vornehmen Vorstadt von Clifton, wirkt es genau wie die Art keimfreie Behörde, an die sich, wenn überhaupt, die hochnäsigen Bewohner dieses Stadtteils bei Bedarf wenden würden. Ein Ort, der ihnen die Sicherheit gibt, dass ihre Steuern sinnvoll angelegt werden, wohin sie in ihren Louis Vuitton-Lederschuhen und mit ihren Gucci-Gürteln zum Preis einer Mittelstreckenrakete gehen können, ohne zu befürchten, dass etwas *daran kommt*. Nicht wie das Loch in Saddar, in dem er arbeitet, mit seiner feuchten Hitze und seinen staubigen Ordnern, wo der Gestank, der aus der Toilette auf der anderen Seite der Halle herüberdringt, einen würgen lässt. Oder wie die alte Polizeiwache auf der Preedy Street, wo er einmal angefangen hat, wo die weißgekalkten Wände vom ständigen Spucken mit Betelsaft rot gefärbt sind, mit der Zelle, die nach altem Schweiß und Angst roch, ganz gleich wie oft sie sie putzten. Dieses Büro, der Amtssitz seines Chefs, riecht nach Lavendel. Man merkt sofort: es ist ein Ort für anständige Leute.

Die Klimaanlage summt leise, nach einer Weile wirkt das Geräusch einlullend, und das geschmackvolle Blumenarrangement auf einem Nebentischchen bewegt sich sanft im kühlen Lufthauch. Von den Wänden sehen die Porträts der früheren Amtsinhaber streng und ohne Andeutung eines Lächelns auf ihn hinunter. Trotz der niedrigen Raumtemperatur merkt Constantine, wie sich unter seinen Achselhöhlen dunkle Kreise bilden. Das perfekte Ambiente verstärkt aus irgendeinem Grund seine Nervosität noch.

Die friedliche Atmosphäre wird durch das stürmische Eintreten seines Chefs unterbrochen. Sajjad Ghani fällt in den Raum ein wie eine Lawine, hinter ihm betritt sein Gefolge, bestehend aus Assistenten und Stenographen, das Büro. Er nimmt Constantines Gegenwart mit einem flüchtigen Nicken zur Kenntnis, während er weiter in sein Mobiltelefon spricht, auch noch, als seine Mitarbeiter ihm einen geordneten Stapel Aktennotizen auf den Schreibtisch legen. Dass ihm gegenüber an dem langen Konferenztisch der stellvertretende Direktor der Abteilung für Spionageabwehr sitzt, löst keine Reaktion aus. Constantine weiß, dass Sajjad Ghani ihn nicht mag. Es ist einer der Gründe, warum das Treffen in einem Konferenzraum stattfindet anstatt in Ghanis persönlicher Suite innerhalb des Gebäudes. Es soll Constantine klarmachen, dass er für ihn keine Zeit hat. Ghanis Sekretär hat sich im Vorfeld nach dem Grund erkundigt, wozu er um einen Termin gebeten hat, und die Audienz wurde erst bewilligt, nachdem Constantine versichert hatte, es gehe um eine höchst dringliche Angelegenheit, die Jagd nach dem Maulwurf.

Constantine stört all das nicht. Er ist über das Alter hinaus, in dem er sich nach dem Lob eines Vorgesetzten gesehnt hat. Seine Karriere ist sowieso zu Ende, und das hat er sich selbst zuzuschreiben. Schließlich war es sein ausdrücklicher Wunsch, sich bei der Spionageabwehr zu verkriechen. Allerdings macht Sajjad Ghanis persönliche Abneigung das Gespräch schwieriger, und das macht ihn nervös, denn er weiß nicht, wie er das, was er auf dem Herzen hat, vorbringen soll.

Ghani beendet sein Telefonat und fängt an, die Papiere vor ihm zu unterzeichnen. Als der Stapel etwa zur Hälfte reduziert ist, sieht er schließlich auf und sieht über den Brillenrand sein Gegenüber an. „Also, was wollen Sie mir mitteilen? Sie haben meinem PA gesagt, es wäre dringend."

„Es geht, äh, um den Maulwurf, Sir. Den Deaf Leopard."

„Und? Haben Sie ihn gefunden?"

„Ich glaube, ich habe eine Spur, Sir."

Ghanis Interesse ist erwacht. Er hört auf, sich mit den Papieren zu beschäftigen, und lehnt sich im Sessel zurück, während er seinen stellvertretenden Direktor wie bisher über den Rand der Brille ansieht. „Weiter."

„Vor ein paar Tagen bin ich in einem Transkript auf den Namen Deaf Leopard gestoßen. Der Anruf ging von einer Oberschicht-Dame aus, Frau Alina Faruq, wohnhaft Haus Nr. 95, 28. Straße, Khayaban-e Sehar. Es handelt sich um eine Geschäftsfrau, sehr erfolgreich, doppelte Staatsbürgerschaft französisch-pakistanisch. Sie ist Geschäftsführerin von Sarkozy Fashions in Paris und Faruq Textiles hier in Pakistan. Früher war sie Model. 46 Jahre alt, vor fünf Jahren von einem New Yorker Banker namens Adil Mansha geschieden."

„Und was weiß die geschäftstüchtige Frau Faruq über Deaf Leopard?"

„Das weiß ich noch nicht, Sir. Aber irgendetwas weiß sie, und ... sie kennt den Sicherheitsberater des Premierministers. Intim."

„Woher wissen Sie das alles?"

„Sie hat das Wort ‚Deaf Leopard' in einem Gespräch verwendet, das wir abgehört haben. Zuerst war nicht ganz klar, ob wir das richtig verstanden haben, aber ich habe es mir ein halbes Dutzend Mal selbst angehört, um sicher zu sein. Als wir ihre Gesprächsdaten überprüft haben, stellte sich heraus, dass ihr häufigster Kontakt Herr Samir Ali Khan ist."

„Könnte ein anderer Samir Ali Khan gemeint sein?"

„Nein, Sir. Sie hat über zwei Dutzend Anrufe bei seiner Dienstnummer in Islamabad getätigt."

„Sie sagen, sie kennt den Nationalen Sicherheitsberater intim. Was meinen Sie damit?"

Constantine atmet tief durch. Das ist der schwierigste Teil. „Sie, äh, scheinen eine Affäre zu haben, Sir."

Sajjad Ghani fällt vor Schreck beinahe vom Stuhl. „Was? Sagen Sie das nochmal!"

„Sieht aus, als hätten sie eine Affäre, Sir."

„Kennen Sie den Nationalen Sicherheitsberater, D'Souza?"

„Nein, Sir."

„Ich für mein Teil kenne ihn sehr gut. Ich habe drei Jahre in Belutschistan für ihn gearbeitet und weitere zweieinhalb Jahre hier. Insgesamt fünfeinhalb Jahre, in denen wir Tag für Tag miteinander gesprochen haben, miteinander gearbeitet haben, gegessen haben, Pläne zur Vernichtung der Terroristen geschmiedet haben. Ich habe ihn damals aus den Trümmern seiner Residenz in Quetta geborgen. Und in all diesen Jahren habe ich nicht einmal gesehen, dass er sich auch nur nach einer Frau umdreht. Nicht vor dem Tod seiner Frau und nicht danach. Und Sie warten mir hier mit einer Story über eine angebliche Affäre mit irgendeiner Bessere-Gesellschafts-Tussi in Karachi auf? Wo sind die Beweise?"

Constantine zittern die Hände, als er eine Reihe schwarz-weißer Überwachungsfotos aus dem Aktendeckel holt, den er die ganze Zeit an die Brust gedrückt gehalten hat. „Ich habe ihn selbst observiert, Sir. Nachdem sie von Deaf Leopard gesprochen hatte, habe ich angeordnet, dass sie rund um die Uhr überwacht wird. In der fraglichen Nacht war ich selbst dort. Der Nationale Sicherheitsberater betrat um 20.45 Uhr ihre Wohnung in Creek Vista und verließ sie am nächsten Morgen um 6 Uhr. Wenn Sie genau hinschauen, können Sie ihn auf dem Foto erkennen. Er fuhr einen Geländewagen Toyota Land Cruiser Modell 2012. Ich habe es mit dem zuständigen Beamten abgeglichen, Sir. Dieses Büro verfügt über einen 2012 Land Cruiser im VIP-Pool. Und an jenem Tag ist eingetragen, dass der Wagen von dem Nationalen Sicherheitsberater angefordert wurde. Der Fuhrparkleiter hat auch bestätigt, dass derselbe Wagen dem NSB schon bei früheren Besuchen zur Verfügung gestellt wurde. Die, äh, Dame hat sich außerdem telefonisch einer Freundin gegenüber, äh, über ihre intimen Beziehungen ausgelassen, Sir."

„Ich habe noch nie von dieser Frau gehört. Er kommt nicht oft nach Karachi. Stimmt, in der letzten Zeit haben seine Besuche zugenommen, aber trotzdem, ich kann das nicht glauben."

„Es ist eine alte Bekanntschaft, Sir. Sie war mal, äh, seine Freundin, als sie beide aufs College gegangen sind. Sie kennen sich seit Jahren. Ich habe mit einer Bekannten von ihr gesprochen. Es ging um eine Visumsangelegenheit für ein philippinisches Hausmädchen, das habe ich genutzt, um sie zu befragen. Sie hat das bestätigt. Samir Ali Khan und Alina Faruq sind miteinander gegangen, bis zum Tod seines Vaters. Da haben sie sich getrennt. Der Informantin zufolge waren sie ziemlich verliebt ineinander. Jetzt sind sie nach Jahren wieder zusammengekommen."

„Gut, er trifft sich also mit einer Frau. Na und? Ehrlich gesagt, bin ich erleichtert, das zu hören. Und was hat diese Dame, diese Alina Faruq, mit Deaf Leopard zu schaffen? Wo ist die Verbindung? Haben Sie eine Hypothese?"

„Sir, ich habe den Verdacht, dass die Dame für eine ausländische Nachrichtenagentur arbeitet. Sie hat die französische Staatsbürgerschaft, sie ist in Kontakt mit Individuen, die wir für Angehörige des französischen Geheimdienstes halten, und in einem Telefongespräch fiel der Name Deaf Leopard. Sie ist zu genau der Zeit wieder in das Leben des Nationalen Sicherheitsberaters getreten, als wir mit den laufenden Ermittlungen begonnen haben. Das sind zu viele Zufälle, Sir. Sie hat keinen direkten Kontakt mit den Indern, aber es ist denkbar, dass die Verbindung über die Franzosen läuft."

Sajjad Ghani schiebt sich die bifokale Brille fast bis auf die Nasenspitze hinunter und starrt Constantine eine gefühlte Ewigkeit lang an. Constantine ist sich nicht sicher, ob er noch etwas sagen soll oder nicht, und gerade, als er den Chef um eine Antwort bitten will, kommt von diesem eine Frage: „Sie haben nicht zufällig Drähte am Körper?"

„Sir? Drähte? Nein, warum sollte ich das?"

„Vielleicht arbeiten Sie ja für den Scheißkerl ATM, der mich zum

Narren halten will. Um den Nationalen Sicherheitsberater wie einen Idioten aussehen zu lassen. Das scheint mir die einzige plausible Erklärung dafür zu sein, dass Sie mir mit einer derart absurden Idee kommen. Sie wollen mich glauben machen, dass diese Alina eine verdeckte Ermittlerin ist, die zugleich für die Franzosen und die Inder arbeitet. Und die sollen sie darauf angesetzt haben, den Sicherheitsberater des Premierministers zu, ja was? zu verführen, zwanzig Jahre, nachdem sie schon mal etwas miteinander hatten? Was denn, haben die sie zwanzig Jahre lang auf der Gehaltsliste gehabt, für den unwahrscheinlichen Fall, dass er es noch einmal mit ihr versuchen will? Ich weiß, dass dieser sogenannte Großmeister in Delhi ein verfluchtes Genie sein soll, aber das ist jetzt wirklich haarsträubend! Eigentlich hoffe ich sogar, dass Sie verkabelt sind, dann können Sie sich unsere Unterhaltung noch mal selbst vorspielen, damit Sie erkennen, wie scheiß-bescheuert Sie sich anhören!"

„Sir, ich versichere Ihnen, ich trage kein Mikro noch bin ich Teil irgendeines Komplotts von Herrn Malik. Ich kenne ihn nicht einmal."

„Na, er würde sich für den Mist sicher sehr interessieren. Wäre genau das Richtige für den alten Drecksack, Klatsch über das Sexleben des Nationalen Sicherheitsberaters, das könnte er prima einsetzen, um den Premierminister dazu zu bringen, uns von den Ermittlungen gegen ihn zurückzupfeifen, gerade wo wir kurz davor sind, ihn zu erwischen."

„Sir, ich weiß von keinen Ermittlungen ..."

„Ich muss meinen stellvertretenden Direktor der Spionageabwehr auch nicht über alle geheimen Ermittlungen aufklären, mit denen ich befasst bin. Haben Sie eine Ahnung, was dieser Klatsch, den Sie da verbreiten, anrichten kann? Endlich mal haben wir ATM am Arsch. Wir haben seine Konten einfrieren lassen, seine frühere Geliebte ist bereit, vor Gericht gegen ihn auszusagen, wir haben sogar schon einen Haftbefehl für seinen Sohn beantragt. Seit Monaten versucht er sich da herauszuwinden. Er hat den Premierminister gebeten, mich aus dem Weg zu schaffen. Dass ich noch hier sitze, verdanke ich allein der Tatsache, dass Samir Ali Khan sich hinter mich gestellt hat. Ohne ihn gäbe es überhaupt keine Ermittlungen in dieser Sache. ATM hat es geschafft, jeden anderen mundtot zu machen, der es gewagt hat, einen Ton zu sagen, aber gegen Samir Ali Khan kommt er nicht an. Und ausgerechnet jetzt bringen Sie mir ein ... ein Märchen über eine Frau, die eine Affäre mit dem NSB hat und Verbindungen zu Deaf Leopard haben soll? Sie haben keine Beweise außer einer mehrdeutigen Bemerkung während eines Telefongesprächs und dem Umstand, dass sie mit dem NSB schläft. Mit unbegründeten Bettgeschichten und Räuberpistolen, die Sie sich zusammenspinnen, gefährden Sie, was wir fast ein ganzes Jahr lang erarbeitet haben. Damit kommen Sie nicht durch, aber wenn ATM davon Wind bekommt, wird er es aufblasen und damit Druck auf den Premierminister ausüben. Er könnte so weit gehen, dass er den Premierminister dazu bringt, Samir Ali Khan als Sicherheitsberater zu entlassen."

„Sir, das ist keineswegs meine Absicht. Ich meine nur, dass die Indizien eine weitere Untersuchung rechtfertigen würden, zumal Deaf Leopard eine Gefahr für die Sicherheit des Staates darstellt."

„Zum Teufel mit Deaf Leopard. Wir wissen nicht mal, ob sich dahinter eine reale Person verbirgt. Langsam glaube ich, es ist ein Geist, den General Shahram ausgebuddelt hat, um uns Angst einzujagen. Und wir rennen herum wie die Blöden, ohne den kleinsten Fetzen an Beweismaterial, um nach Maulwürfen in der Regierung zu suchen! Ich meine, wenn dieser Deaf Leopard so ein hochrangiger Agent ist, wieso speist er die Inder dann mit Kleinkram ab? Sie haben ja selbst gesehen, was die Agency uns an Verhörprotokollen mit Yadav geschickt hat. Nichts davon reißt einen vom Hocker. Mir scheint, als Maulwurf ist dieser taube Leopard eine verdammte taube Nuss!"

„Sir, ich glaube, Deaf Leopard ist echt ..."

„Was Sie glauben, interessiert mich einen Dreck. Sie beenden auf der Stelle Ihre Ermittlungen über das Privatleben des Nationalen Sicherheitsberaters! Ich wusste gleich, es war ein Fehler, Sie mit dieser Deaf-Leopard-Geschichte zu betrauen. Ich habe auch dem NSB gesagt, dass Sie ein paranoider Irrer sind und hinter jeder beschissenen Topfpflanze einen indischen Spion sehen würden. Aber aus unerfindlichen Gründen hielt er es für richtig, dass Sie die Ermittlungen übernehmen. Ich freue mich schon darauf, ihm zu sagen, wie sehr er sich geirrt hat! Schließen Sie die Akte, heute noch, und nehmen Sie Ihre übliche Arbeit auf. Falls Sie sich unterstehen, damit fortzufahren, lasse ich Sie suspendieren. Und dass Sie ja mit niemand sonst darüber reden! Ich werde Ihnen die Bestimmungen über die Wahrung von Staatsgeheimnissen um die Ohren hauen, dass Ihnen Hören und Sehen vergeht!"

„Aber Sir, was ist mit Deaf Leopard ..."

„Scheiß auf Deaf Leopard! Meine Priorität liegt darin, ATM zu schnappen. Falls General Shahram seinen Deaf Leopard finden will, soll er es verflucht nochmal selbst tun!"

***

Der Anruf drei Tage später kommt überraschenderweise aus Sajjad Ghanis Büro. Er wird nicht zum Chef zitiert, sondern soll sich zu einem privaten Gespräch in einem kleinen japanischen Restaurant im Gewerbegebiet einer Gegend einfinden, in der viele Angehörige der Armee Dienstwohnungen haben. Die Person, die ihm das mitteilt, ist derselbe arrogante Chefsekretär, der ihm vor wenigen Tagen nur widerstrebend einen Gesprächstermin mit Sajjad Ghani zugeteilt hat. Dieses Mal ist er erheblich beflissener, vielleicht, weil er gemerkt hat, dass Constantine doch mehr ist als der Nullachtfünfzehn-Typ eines Stellvertretenden Direktors. Er sagt nicht, wer ihn da einbestellt, aber lässt durchblicken, dass es jemand ist, der eine sehr viel höhere Position hat als Sajjad Ghani und dass Constantine gut daran tut, das Meeting nicht zu verpassen.

Seit seiner Auseinandersetzung mit dem Chef ist Constantine zu Hause und schmollt. Er hat daran gedacht, seine Kündigung einzureichen, aber hat den Gedanken wieder verworfen, weil es Sajjad Ghani nicht das Geringste ausmachen würde, im Gegenteil. Er würde das Kündigungsgesuch sofort annehmen, und Constantine wäre es überlassen zu erklären, warum er wenige Jahre vor seiner regulären Pensionierung den Dienst quittiert, ohne dass er die Möglichkeit hätte, die genauen Umstände zu erwähnen, die dazu führten. Aber in sein Büro will er auch nicht zurück. Er hat beschlossen, nie wieder für eine Pflaume wie Sajjad Ghani zu arbeiten. In seiner Verzweiflung hat er sogar Kontakt zu ein paar alten Kollegen von der Polizei aufgenommen, um die Möglichkeiten auszuloten, in den Dienst als uniformierter Beamter zurückzukehren. Denn wenn die Verhältnisse so sind, kann er im Department auf keinen Fall bleiben.

Umso seltsamer kommt ihm dieses geheimnisvolle Treffen vor. Sajjad Ghanis Assistent hat ihm Zeit und Ort genannt, sonst nichts. Während er seinen alten Toyota durch das Gewirr von Straßen in dieser ärmlich wirkenden Gegend inmitten eines der wohlhabenden Viertel der Stadt steuert, versucht er vergeblich zu begreifen, warum irgendjemand gerade hier ein japanisches Restaurant aufmachen sollte. Schließlich findet er es, kaum auszumachen zwischen einem Frisör und einem besseren Teeausschank. Man erkennt es nur an dem Banner mit japanischen Zeichen, das von der Markise herabhängt. Wie er es sich angewöhnt hat, parkt Constantine nicht sofort, sondern fährt zuerst an dem Lokal vorbei und umrundet den Block. Er kann kein Fahrzeug sehen, das ein Behördenkennzeichen trägt, überhaupt keins, das auch nur entfernt offiziell aussieht. Nach dem, was der PA angedeutet hat, hat er damit gerechnet, dass er sich mit jemand von der Regierung treffen soll. Viel wichtiger als Sajjad Ghani, wie er sich ausgedrückt hat. Dass kein offizielles Fahrzeug zu sehen ist, ist daher merkwürdig.

Constantine parkt in der Nähe und betritt das Lokal durch eine kleine Tür unterhalb der Markise. Eine einzelne Kellnerin in Kimono begrüßt ihn. Sobald er eingetreten ist, dreht sie das Schild an der Tür um, zum Zeichen für Besucher, dass das Restaurant jetzt geschlossen ist. Der Gastraum ist winzig, gerade mal vier Tische stehen hier, mit Papiertrennwänden in japanischem Stil. An dem Tisch gleich neben der Küchentür sitzt der einzige Gast. Er trägt zu einem eleganten Leinenanzug ein lachsfarbenes Hemd mit einem extravaganten blauen Einstecktuch und hat eine Ausstrahlung, die vermuten lässt, dass er öfter Lokale schließen lässt, wenn er sie für seine Zwecke benutzt. Es ist ein großer Mann mit Kurzhaarschnitt und einem markanten Gesicht, das nur von den Pockennarben auf seinen Wangen leicht verunstaltet wird. Eine Narbe zieht sich quer durch die linke Augenbraue von der Schläfe bis zum oberen Teil der Wange. Constantine hat es schon bei der letzten Begegnung bemerkt und sich nach der Ursache gefragt, aber einen Drei-Sterne-General spricht man nicht auf sein Äußeres an.

„Ah, Constantine D'Souza, gut, dass Sie da sind. Constantine, nicht wahr, nicht Con-sendin? Man hat mir gesagt, dass Sie darauf Wert legen. Ich bin ..."

„General Shahram."

„Hervorragend. Sie kennen mich also. Bitte nehmen Sie Platz. Ich komme nicht so oft nach Karachi, aber wenn ich es tue, statte ich gewöhnlich Madame Yamamoto einen Besuch ab."

Eine ältere Japanerin, die an den Tisch gekommen ist, um ihnen Tee einzuschenken, verbeugt sich vor Constantine, sagt auf Japanisch etwas zu dem General und verlässt zusammen mit der Kellnerin den Raum.

Der General trinkt einen Schluck Tee, nimmt dann mit seinen Stäbchen geschickt ein Stück Sushi von einer Platte und legt es Constantine auf den Teller. „Ich kann mich nicht entsinnen, dass in Ihrer Akte etwas darüber steht, ob Sie japanisches Essen mögen, aber ich nahm an, dass Sie ein aufgeschlossener Mensch sind, der gutes Essen zu schätzen weiß. Und so viel kann ich Ihnen versichern, das Sushi hier ist das beste, das sie zwischen Singapur und Dubai bekommen. Außerdem ist Madame Yamamoto eine alte Freundin der Agency, so dass ich mich darauf verlassen kann, dass von unserem Gespräch nichts an unbefugte Ohren gelangt. Darf ich Ihnen noch etwas Tee einschenken?"

„Danke, General. Warum bin ich hier, Sir?"

Während General Shahram sich eine weitere Portion Thunfisch-Sashimi in den Mund schiebt, ruht sein Blick auf Constantine. „Sie sind hier, weil Sie Eindruck auf mich gemacht haben. Es hat mir imponiert, wie Sie vor einigen Monaten bei dem Meeting im Büro des Nationalen Sicherheitsberaters meinen Oberstleutnant auseinandergenommen haben. Danach habe ich mir Einblick in Ihre Akte verschafft, und was dort stand, fand ich noch beeindruckender. Colonel Tarkin war übrigens mein Freund, wir waren im selben Lehrgang bei der Akademie. Er hat immer sehr anerkennend von Ihnen gesprochen, und seine schriftliche Beurteilung war noch besser. Sie müssen bei ihm Hervorragendes geleistet haben."

„Der Colonel war ein anständiger Mensch. Ist er noch im Dienst?"

„Leider ist er verstorben. Kurz nach dem letzten Job in Karachi wurde er bei der Beförderung übergangen. Meinem Amtsvorgänger war die Nähe Tarkins zu dem damaligen Präsidenten ein Dorn im Auge. Sie wissen ja, wie das ist, die alten bürokratischen Grabenkämpfe bei den Nachrichtendiensten. Die Entscheidung war ziemlich kurzsichtig, denn Tarkin war bei uns eine lebende Legende. Die Agency war sein Leben. Als seine Arbeit nicht entsprechend honoriert wurde, verlor er die Lust am Leben. Er zog sich für seinen Ruhestand nach Rawalpindi zurück und starb ein Jahr später an einem Herzinfarkt."

„Das tut mir leid, Sir."

„Ja, es ist bedauerlich. Aber ich interessiere mich mehr für das, was Ihnen widerfahren ist. Sie waren ein überdurchschnittlich begabter Polizist, hatten beachtliche Leistungen bei der Zusammenarbeit mit den Nachrichtendiensten vorzuweisen, und dann sind Sie einfach verschwunden. Sie haben die Polizei verlassen, sind zum Department gegangen, und dort haben Sie sich in einer obskuren Ecke verkrochen. Das macht mich neugierig. War es wegen Ihrer Affäre mit der Prostituierten, wie hieß sie gleich, Salma Begum? Die Naika der Napier Road? Oder war es der Schock, dass Ihre Frau Mary Sie verlassen hat? Sie ist mit Ihren Töchtern nach Australien gezogen, nicht wahr? Irgendein Versicherungsvertreter oder Werbefachmann, ja? Oder wollten Sie wegen Ihrer christlichen Religion lieber nicht im Rampenlicht stehen?"

Bei der Erwähnung von Marys Namen sträuben sich Constantine die Haare. Er trinkt einen Schluck Tee in dem Versuch, nicht die Fassung zu verlieren. „Sie wissen eine Menge über mich, General Sahib."

„Ich bemühe mich um Gründlichkeit. Aber oft fehlen in nachrichtendienstlichen Berichten gerade die wesentlichsten Aspekte eines Menschen. Deshalb wollte ich Sie selbst sprechen. Ich erfahre meist sehr viel mehr über jemand, wenn ich ihn persönlich treffe. Was aus Ihrer Akte zum Beispiel nicht hervorgeht, was ich aber in den vergangenen paar Minuten feststellen konnte: Sie haben es anscheinend noch nicht verwunden, dass Ihre Frau mit einem anderen Mann davongelaufen ist. Es ist wohl auch das Grausamste, was eine Frau einem Mann antun kann. Es verletzt das eigene Ego, man hat das Gefühl, jemand hätte einem die Eier abgeschnitten. Ich habe vor Jahren Ähnliches erlebt, kann Sie deshalb gut verstehen. Aber keine Angst, Ihr Privatleben kümmert mich nicht. Kann sein, dass es eine Kombination aus all den genannten Gründen ist, warum Sie sich in der Spionageabwehr versteckt haben, kann aber auch etwas ganz anderes dahinterstecken, das geht mich nichts an. Was mich interessiert, ist das, woran Sie gerade arbeiten."

„Woran ich arbeite? Ich arbeite an gar nichts."

„Nicht in den letzten drei Tagen, aber davor haben Sie doch Ermittlungen zu dem indischen Maulwurf angestellt. Und wie ich gehört habe, sind Sie zu, sagen wir, nicht uninteressanten Schlussfolgerungen gelangt?"

„Woher wissen Sie davon?!" Constantine versucht ruhig zu bleiben, aber seinem Tonfall merkt man die Angst an. „Soweit ich weiß, sind nur der Direktor, ich selbst und vielleicht noch der Sekretär des Direktors eingeweiht ..." Die Stimme will ihm versagen.

„Richtig, drei Personen wissen von Ihrer Arbeit, und einer von ihnen ist ein treuer Mitarbeiter von mir. Die Agency hat so ihre Mittel. Allerdings hat mein Mitarbeiter nicht das volle Ausmaß der Bedeutung von dem, was Sie mitgeteilt haben, erfassen können, deshalb war es mir ein Anliegen, es von Ihnen selbst zu erfahren. Also, Constantine D'Souza, was haben Sie herausgefunden, das Sajjad Ghani so gegen den Strich ging?"

„Sir, das kann ich nicht sagen. Es fällt unter die Bestimmungen zur Wahrung von Staatsgeheimnissen. Der Direktor hat mir unmissverständlich klargemacht, mit welchen Folgen ich zu rechnen hätte, sollte ich die Information an irgendjemand weitergeben. Übrigens brauchen Sie mich dazu auch gar nicht. Sie können einfach Sajjad Ghani selbst fragen, er wird Sie nicht belügen."

General Shahram lächelt und führt ein weiteres Stück Sashimi zum Mund. „Sie vermuten, dass der Maulwurf irgendeine Verbindung zum Nationalen Sicherheitsberater hat. Eine alte Freundin, ja?"

Beredtes Schweigen erfüllt den Raum, während Constantine mit geschürzten Lippen abwägt, ob es riskanter ist zu reden oder zu schweigen. „Sir, die Bestimmungen über die Wahrung von Staats-..."

„...-geheimnissen gelten nicht, wenn Sie mit dem Generaldirektor für Spionageabwehr sprechen. Es ist mein Job, diesen Maulwurf aufzuspüren. Es hat im Namen der Staatssicherheit zurzeit höchste Priorität. Und selbst wenn Sajjad Ghani der Auffassung sein mag, dass seine Ermittlungen gegen Anwar Tarin Malik wichtiger sind, wie er es Ihnen so wortgewaltig auseinandergesetzt hat, kann ich Ihnen garantieren, Constantine, dass er damit falsch liegt. Wir müssen diesen Maulwurf finden, und Sie sind der erste, und zwar von allen Nachrichtendiensten, der in zehn Monaten irgendeinen Erfolg vorzuweisen hat. Vergessen Sie also Ihre Bedenken und helfen Sie mir. Sehen Sie, meine Leute haben ebenfalls diese Alina Faruq im Visier gehabt, aber keiner war in der Lage, eins und eins zusammenzusetzen. Sie haben das getan."

„Ich habe es nicht getan, Sir. Bevor ich meine Untersuchungen zu Ende führen konnte, wurde ich von Sajjad Ghani daran gehindert. Ich weiß, dass sie eine Beziehung mit Samir Ali Khan hat. Ich gehe davon aus, dass sie irgendeine Verbindung zu Deaf Leopard hat oder irgendetwas darüber weiß, weil sie ihn ja erwähnt hat. Aber was das für eine Verbindung sein mag, und inwiefern, oder ob überhaupt, der NSB damit etwas zu tun hat, weiß ich nicht. Sajjad Ghani ..."

„... ist sehr empfindlich, wenn es um den Nationalen Sicherheitsberater geht. Wie er es als loyaler Untergebener auch sein sollte. Und wenn Sie mich fragen: ich halte es persönlich für ausgeschlossen, dass Samir Ali Khan aktiv an irgendetwas beteiligt sein könnte, was gegen die Interessen des Staates gerichtet ist. Er ist durch und durch ein Patriot. Es ist aber möglich, dass er erpresst wird, oder dass er, ohne es zu merken, von den Indern manipuliert wird, oder sogar von so jemand wie Anwar Tarin Malik. Wie auch immer, Ihre Hypothese verlangt nach weiteren Untersuchungen. Wir müssen herausfinden, wie diese Frau da hineinkommt."

„Mir wurde ausdrücklich befohlen, die Sache nicht weiter zu verfolgen. Nach meinem letzten Treffen mit Sajjad Ghani bin ich nicht einmal mehr in mein Büro gegangen. Ich sehe keine Möglichkeit, Ihnen zu helfen, Sir."

„Wie würden Sie weiter vorgehen, wenn es Ihnen gestattet wäre?"

„Volle Überwachung von Alina Faruq. Elektronisch und physisch,

Festnetz, Mobiltelefone, Wanzen in ihrem Haus, wenn möglich. Beschattung, wohin sie auch geht, Überprüfung von jedem, den sie trifft. Sie ist oft im Ausland, also wäre auch Auslandsüberwachung nötig. Frankreich, das ist das Wahrscheinlichste, aber es könnte auch irgendwo sonst in Europa sein. Es ist eine Mammutaufgabe, Sie würden also ein viel größeres Team brauchen als ich es aufstellen könnte. Mindestens 20-30 Mitarbeiter, inklusive der Leute, die sie überall im Auge behalten, wo sie hinfährt. Man sollte auch den Terminplan des Nationalen Sicherheitsberaters kontrollieren, ob es da irgendwelche plötzlichen Änderungen gibt. Abgleichen mit Alinas Reiseplänen. Falls er zum Beispiel irgendeinen offiziellen Besuch in einem Land machen muss, in dem sie sich zufällig aufhält. All so etwas."

„Klingt nach einem ausgezeichneten Plan. Ich möchte, dass Sie genau das tun. Alles, was Sie brauchen, bekommen Sie von mir, Manpower, Geld, technische Unterstützung, alles."

„Sir?"

„Ich weiß schon. Sie denken an Sajjad Ghani und seine Instruktionen. Aber Sie werden nicht für ihn arbeiten. Er hat deutlich gemacht, dass er weder an Ihrer Person noch an Ihrer Arbeit interessiert ist. Ich hingegen schon. Sie sind drei Tage lang nicht zur Arbeit gegangen, weil Sie es als ungerecht empfunden haben, wie er mit Ihnen umgesprungen ist. Sehr gut. Reichen Sie drei Monate Urlaub ein. Mein Mann in Ghanis Büro wird dafür sorgen, dass der Papierkram erledigt wird. Es wird ganz natürlich aussehen, nach einem Krach mit dem Chef nehmen Sie sich frei, um über einige Dinge nachdenken zu können. Er wird froh sein, dass er Sie los ist, denn dann kann er sicher sein, dass Sie mit Ihren Untersuchungen nicht weitermachen. Also wird Ihr Urlaub problemlos bewilligt werden. Dann kommen Sie zu mir und führen die Ermittlungen mit meinem Team durch. Inoffiziell natürlich. Wir werden Kabul-Regeln anwenden müssen."

„Kabul-Regeln?"

„Alte Redensart von uns in der Agency. Es bedeutet, Sie operieren schwarz, unterm Tisch. Wenn Sie geschnappt werden, wird die Agency behaupten, Sie hätten nichts mit ihr zu tun. Schließlich können wir ja nicht vom Department, einem befreundeten Geheimdienst, einen stellvertretenden Direktor abwerben und ihn Operationen durchführen lassen, die im Prinzip darauf angelegt sind, dem Sicherheitsberater des Premierministers eine Falle zu stellen, und das auch noch, nachdem der Leiter der Abteilung diesem stellvertretenden Direktor ausdrücklich verboten hat, in dieser Richtung weiterzuarbeiten. Wir würde das wohl aussehen? Die Agency spioniert den Nationalen Sicherheitsberater aus?" Der General lacht in sich hinein, während Constantines Gesicht den Ausdruck äußersten Entsetzens annimmt.

„Sir, das kann ich nicht. Ich kann doch nicht den Nationalen Sicherheitsberater ausspionieren."

„Nicht? Und was haben Sie bis jetzt getan? Haben Sie nicht seine Gesprächsdaten angefordert? Sind Sie ihm nicht bis zu der Wohnung gefolgt, wo er sein Techtelmechtel mit dieser Frau hatte? Es klingt gefährlicher, wenn ich es offen so nenne. Aber im Grunde wird es nichts anderes sein, als was Sie schon getan haben. Und zwar zu Recht. Die Sache ist so wichtig, dass wir auf jeden Fall dranbleiben müssen, ganz gleich, wo das hinführt."

„Ganz gleich wohin? Und was ist, wenn es brenzlig wird? Dann sitze ich auf dem Trockenen."

„Finden Sie mir Deaf Leopard, dann kann Ihnen keiner was anhaben, egal wohin das geht. Das verspreche ich Ihnen. Lassen Sie sich nur nicht erwischen, bevor Sie ihn haben. Ihn oder sie."

Constantine nippt an seiner Tasse. Der grüne Tee ist kalt geworden und hat jetzt einen bitteren Beigeschmack. Er überlegt, welche Optionen es gibt, und kommt zu dem Schluss, dass er keine hat. Seine Karriere im Department ist am Ende, solange Sajjad Ghani der Chef ist. Es gibt nichts, wo er sonst hingehen könnte, und in ein paar Jahren wird er sowieso pensioniert. Je länger er darüber nachdenkt, desto deutlicher zeichnet sich für ihn ab, dass das, was ihm der General da anbietet, so etwas wie eine Rettungsleine ist. Eine einmalige Chance, noch einmal etwas Großes zu leisten. Außerdem ist sein Jagdinstinkt nun einmal geweckt, und er weiß, dass er nicht lockerlassen kann, bis er die Wahrheit über Alina Faruq kennt.

4. Buch

Verrat

15. Kapitel

Islamabad
24. Oktober

An der Tür zum Büro des Premierministers begrüßt ihn der Armeesekretär so düster, als wäre es nicht der Nationale Sicherheitsberater, den er vor sich sieht, sondern ein vorbeiziehender Leichenzug. Samir hat stets ein sehr herzliches, fast freundschaftliches Verhältnis zu ihm gehabt. Aber heute hat der Armeesekretär einen verbissenen Ausdruck. Ein eindeutiger Hinweis darauf, dass die Zeit seiner kollegialen Zusammenarbeit mit Ammar Hamdani kurz vor dem Ende steht.

Der Gedanke heitert Samir seltsamerweise auf. Seit Monaten führt er einen verdeckten Krieg mit ATM, eine Kampagne, in der es darum geht, Herz und Hirn eines einzigen Mannes für die eigene Seite zu gewinnen. Das permanente Hoffen und Warten, dass Ammar Hamdani seine niederen Instinkte überwindet und zu ihm hält, ist aufreibend. Wenn es zu Ende sein soll mit ihm und dem Premierminister, dann am besten gleich.

Als sich die Tür öffnet, sieht Samir, dass es kein Gespräch unter vier Augen sein wird. ATM ist schon da, wie ein Geier hockt er lauernd auf einem Stuhl neben Ammar Hamdani. Der Premierminister scheint in den letzten Monaten gealtert zu sein. Eine Platte mit seinen geliebten Schokoladen-Eclairs steht unberührt vor ihm auf dem Schreibtisch. Kein gutes Zeichen.

„Samir, wie geht es Ihnen?“ Ammar Hamdanis Ton ist nicht abweisend, aber formell.

„Danke, Sir. Sie wollten mich sprechen?“

„Ja. Wir haben uns in den letzten Monaten nicht so oft sehen können, wie ich es mir gewünscht hätte. Ich war beschäftigt, Sie auch. Ich hätte gern unsere Friedensbemühungen in Afghanistan vorangetrieben, aber bei unseren Freunden scheint sich da nichts zu bewegen. Meine Hoffnung war, dass Sie etwas ausrichten könnten, da wir uns in der Sache ja einig waren. Aber wie es aussieht, hat auch Sie die sinnlose und für mich völlig unbegreifliche Kampagne gegen Anwar abgelenkt, so dass ich meine diplomatischen Annäherungsversuche wohl vorerst auf Eis legen muss. Wieder einmal haben Ihre Freunde mich ausmanövriert, dank Ihrer Hilfe."

„Sir, das ist nicht richtig. Ich habe keineswegs ‚meinen Freunden', wie Sie sie nennen, geholfen. Ihrer Agenda bin ich noch genauso verpflichtet wie vor einem halben Jahr. Das Problem liegt nicht bei mir. Es ist nur so, dass der Chef der afghanischen Geheimdienste ein Geschäftsfreund von ATM ist und von ihm die Weisung erhalten hat, all Ihre Forderungen zurückzuweisen, mit Ausnahme derjenigen, die ihm und Anwar nennenswerte Profite einbringen. Wenn Sie wollen, dass es mit der Entspannungspolitik vorangeht, bitten Sie Anwar um Unterstützung. Für ihn dürfte es ein Kinderspiel sein, Gulbadin Naib zum Einlenken zu bewegen. Sein Sohn trifft sich jeden Monat mit Naib, um ‚Geschäftliches' zu besprechen."

ATM ist der Ärger über Samirs Tonfall anzusehen, aber Ammar Hamdani zeigt keine Regung. „Ich habe selbst schon in diese Richtung gedacht. Sagen Sie, was denken Sie über Lahore? Sie haben doch noch ein Haus dort?"

„Lahore? Was hat Lahore damit zu tun, Sir?"

„Ich dachte mir, Sie würden vielleicht gern an Ihren Heimatort versetzt werden. Ich brauche einen neuen Polizeichef in Lahore, einen Generalinspekteur für Panjab. Da gärt es zwischen Anwälten und Ärzten, und der Ministerpräsident von Panjab, nun ja, er mag ja mein Cousin sein, aber er ist ein Schwachkopf. Die Kriminalität steigt, die Medien freuen sich über Skandale, aber er ist zufrieden, solange nur alle höheren Polizeioffiziere regelmäßig bei seinen Landtagsabgeordneten antichambrieren. Er braucht einen starken Polizeipräsidenten. Ich kann mir keinen besseren vorstellen als Sie. Glückwunsch."

Ein frostiges Lächeln geht über Samirs Lippen. „Sir, es gibt keine Notwendigkeit, mir Ihre Entscheidung zu versüßen, wenn Sie mich aus dem Weg haben wollen. Sagen Sie es mir einfach, dann gehe ich."

„Wie bitte? Was reden Sie denn da? Ich will Sie nicht aus dem Weg haben, sondern Sie befördern. Wenn Sie nach Panjab gehen, sind Sie der oberste Polizeibeamte des Landes."

„Sir, mir ist wohlbekannt, dass ATM Ihnen seit Monaten in den Ohren liegt, die Department-Ermittlungen zu seinen Briefkastenfirmen zu unterbinden. Ich habe persönlich nichts gegen ihn. Aber wenn Sajjad Ghani Herrn Malik auf frischer Tat ertappt, bin ich nicht bereit, meine Augen davor zu verschließen. Es tut mir leid, wenn die Ermittlungen Sie politisch kompromittieren, aber ich kann es nicht ändern."

„Und was für Enthüllungen sind Ihrer Ansicht nach von Sajjad Ghanis Ermittlungen zu erwarten? Irgendeine Verschwörung? Oder dass ich mit der Staatskasse abhaue? Wenn ich das vorhätte, hätte ich es in meiner allerersten Amtszeit getan und den Rest meines Lebens in einem Schloss in der Schweiz zugebracht. Ich hätte mir elf Jahre im Gefängnis ersparen können. Nein, ich werde gewiss kein Geld von irgendeinem städtischen Entsorgungsunternehmen abzwacken. Glauben Sie etwa, Sie könnten mir irgendwelche schmutzigen Geschäfte nachweisen, wenn Ihre ‚Freunde' das dreißig Jahre lang nicht geschafft haben?"

„Ich glaube nicht, dass Sie schmutzige Geschäfte abwickeln, Sir. Aber Ihr Freund schon."

Ammar Hamdani schlägt sich verärgert die Hand gegen die Stirn. Statt Samir sieht er ATM an, als er fortfährt. „Das ist das Problem mit diesem Mann. Samir, ich liebe Sie wie einen Sohn, aber dieses Schwarz-Weiß-Denken, dieses Gut-oder-Böse, das Sie praktizieren, schmeckt mir nicht. Wenn ATMs Aktivitäten so ‚schmutzig' sind, wieso hat Sajjad Ghani dann immer noch nichts herausgefunden? Seit Monaten führt er diese lächerlichen Ermittlungen durch, verhört Leute, die zu meinen ältesten Anhängern gehören, verhaftet, so dass alle Medien darüber berichten, Anwars Sohn, lässt die Büros durchsuchen. Bei all dem habe ich nichts gesagt, trotz dem nicht geringen politischen Schaden, der damit angerichtet wurde. Ihretwegen habe ich nichts gesagt, Samir. Weil Sie mich gebeten haben, dass ich mich heraushalte. Ich habe Ihre Wünsche respektiert. Aber was hat Ghani mit all seiner Wühlerei herausbekommen? Geringfügige Veruntreuungen von Mitarbeitern der untersten Ebene? Das ist doch eine Verschwendung von Zeit und Geld!"

„Geringfügig ist es nicht, Sir. Und es gibt unwiderlegbare Indizien, die direkt Herrn Malik belasten."

„So? Und was für welche sollen das sein?"

„Ich halte es beim jetzigen Stand der Ermittlungen nicht für ratsam, darüber zu reden, Sir."

„Sie halten es nicht für ratsam, den Premierminister über Ermittlungen aufzuklären, die seine eigene Regierung betreffen?"

„Ich halte es nicht für ratsam, es in Anwesenheit dieses Mannes zu tun, Sir."

Ammar Hamdani ist berühmt dafür, stets die Ruhe zu bewahren. In all den Jahren, in denen er mit ihm gearbeitet hat, hat Samir nicht einmal erlebt, dass er aus der Haut fährt. Aber jetzt blitzt für einen Augenblick Wut in den Augen des Premierministers auf. Bloß einen Augenblick lang, dann weicht der Ausdruck des Ärgers einem humorlosen Lächeln. „Gut. Melden Sie sich bitte bis morgen in Lahore. Die Situation in Panjab ist angespannt, und ich möchte so schnell wie möglich einen Generalinspekteur vor Ort haben."

„Sir. Ich werde nicht nach Panjab gehen. Wenn Sie mit mir als Sicherheitsberater nicht zufrieden sind, reiche ich meinen Abschied vom Staatsdienst ein. Es dauert nur eine Stunde, dann bin ich damit bei Ihnen."

„Wie oft soll das denn noch so gehen? Wie oft haben Sie jetzt Ihren Rücktritt angeboten, dreimal? Vier? Fünf? Wie lange soll dieses Spiel weitergehen? Ihr Vater hätte niemals solche Drohungen ausgestoßen. Aber Sie scheinen darauf aus zu sein, mit aller Macht Ihre Karriere an den Nagel zu hängen. Gehen Sie nach Lahore, Samir! Ich brauche Sie dort."

„Ich denke nicht, Sir. Wen möchten Sie, dass ich als Nachfolger in meinem Amt einweise? Ich würde Sajjad Ghani empfehlen oder General Shahram. Ich halte sie für die fähigsten Personen, aber ich verstehe, dass Sie möglicherweise persönliche Vorbehalte hegen ..."

„Ja. Ich habe meine eigenen Vorstellungen, wen ich an Ihrer Stelle als Sicherheitsberater wünsche. Ich werde Anwar dazu ernennen. Es sollte dann kein Problem damit geben, dass Sie Ihren Nachfolger über die Fortschritte bei den Ermittlungen informieren."

Jetzt kommt Samir die Galle hoch. „Wie bitte, Sir?"

„Der neue Sicherheitsberater des Premierministers wird Anwar Tarin Malik sein. Sie haben es ja selbst gesagt, er ist bei unseren Verhandlungen mit den Afghanen unersetzlich."

„Als Ihr Berater und als jemand, dem Ihr Wohl am Herzen liegt, Sir, bin ich gezwungen, meine Bedenken zu äußern. Diesen Mann auf meinen Posten zu setzen wäre nichts weniger als ein Desaster unbekannten Ausmaßes. Er versteht nichts von den Erfordernissen nationaler Sicherheit, er ist ein gewissenloser Mensch, der ausschließlich seinen eigenen Vorteil im Sinn hat. Seine Ernennung wäre ein Schlag ins Gesicht des gesamten zivilen und militärischen Verwaltungsapparates. Jegliches Bestreben für eine neue Politik von Ihnen wird im Sand verlaufen, weil dieser Mann sie verhindern wird. Sie haben mir einmal gesagt, er hätte nie etwas bekommen, was Sie ihm nicht aus freiem Willen gegeben hätten. Dass Sie ihm diesen Job geben wollen, kann ich wirklich nicht glauben. Ich bitte Sie, Ihre Entscheidung noch einmal zu überdenken, Sir."

„Ich räume ein, dass wir mit einem gewissen Widerstand rechnen müssen. Aber ich brauche jemand, dem ich vertrauen kann. Ich hatte gedacht, hatte gehofft, das würden Sie sein. Aber es hat nicht funktioniert. Deshalb brauche ich jetzt Anwar."

„Der simple Grund ist, dass ATM Sajjad Ghanis Ermittlungen den Garaus machen will. Das ist die Wahrheit, und jeder wird das so sehen, inklusive der Medien und der Opposition."

„Unterrichten Sie mich doch einfach über Ihre Ermittlungen, anstatt Ihre Ansichten über Dinge zu äußern, die Sie nichts angehen!" Anwar Tarin Maliks hämischer Ton reizt Samir noch mehr.

„Warum gehen Sie nicht einfach und lassen die Finger von dem hier, ATM. Die Folgen einer solchen Entscheidung sind unvorstellbar. Sie sind dann fein raus – Sie nehmen Ihr Geld und setzen sich in den ersten besten Flieger nach Dubai, aber der Premierminister wird es ausbaden müssen.“

„Wie können Sie es wagen, so mit mir zu sprechen! Ich bin der neue Sicherheitsberater des Premierministers, ich werde Ermittlungen gegen Sie ...“

„Ich habe es Ihnen schon einmal gesagt, und ich sage es hier wieder: Sie können mich am Arsch lecken.“

„Jetzt ist es aber genug, alle beide! Samir, ich habe meine Entscheidung getroffen. Endgültig.“

„Sehr wohl, Sir, dann gibt es für mich keinen Grund, mich länger hier aufzuhalten. Ich werde Ihnen innerhalb der nächsten zwanzig Minuten ein Schreiben zukommen lassen, in dem ich darum bitte, mich aus dem Amt zu entlassen, und bis heute Abend habe ich mein Büro geräumt. Ihr neuer Sicherheitsberater ist auf meine Hilfe nicht angewiesen. Ich bin überzeugt, er wird keine Mühe haben, selbst alles Nötige herauszufinden. Eigentlich wollte ich Sie um Urlaub bitten, Sir, weil ich aus dringenden persönlichen Gründen ins Ausland reisen muss. Wenn es Ihnen recht ist, reiche ich mein Rücktrittsgesuch ein und fliege morgen, während die Papiere noch in Bearbeitung sind.“

„Warten Sie, Samir. Gehen Sie nicht so. Gehen Sie nach Lahore!“

„Sir, ich werde nicht einer Regierung dienen, deren Nationaler Sicherheitsberater dieser Mann ist.“

„Gut, dann ... aber treten Sie nicht zurück.“

„Ich habe nicht den Wunsch, weiter im Staatsdienst zu stehen. Ich habe die besten Jahre meines Lebens für mein Land gegeben. Jetzt werde ich mich um meine persönlichen Angelegenheiten kümmern. Ich danke Ihnen, Herr Premierminister, dass Sie mir die Gelegenheit dazu geben.“

„Samir, wenn Sie so plötzlich gehen, wird es schlecht aussehen, für den Staat und für mich. Gut, ich verstehe, dass Sie Anwar nicht einführen oder die Amtsgeschäfte übergeben wollen. Sie wollen aus privaten Gründen ins Ausland, auch in Ordnung. Aber verschieben Sie Ihren Rücktritt auf später. Kommen Sie von der Reise zurück, und wenn Sie dann immer noch zurücktreten wollen, tun Sie es. Lahore halte ich bis dahin für Sie frei. Tun Sie wenigstens das für mich.“

Irgendwo über Europa, zwei Tage später

Auf dem Flug nach Paris geht ihm das letzte Treffen durch den Kopf. Man wird ihm nachsagen, er hätte ein riskantes Spiel gespielt, eine politische Variante von russischem Roulette, indem er dem Premierminister immer wieder mit seinem Rücktritt gedroht hat. Aber bis dahin hatte es nie seine Wirkung verfehlt. Ammar Hamdani brauchte ihn, und das hatte immer Vorrang vor allem anderen gehabt, auch vor den Anliegen Anwar Tarin Maliks. Und seiner eigenen Einschätzung nach hat Samir es nie ohne schwerwiegende Gründe getan. Von Rücktritt hat er nur gesprochen, wenn es um das Interesse des Staates ging, oder zumindest um das, was er dafür hielt. Wären Wetten darauf abgeschlossen worden, hätte wohl jeder vorausgesagt, dass irgendwann mit diesem Spiel Schluss sein musste. Aber Samir hatte nicht erwartet, dass er sich selbst, und damit dem Land, auf so spektakuläre Art ins Knie schießen würde.

Dass der Premierminister gerade ATM seinen Job geben würde, damit hat er beileibe nicht gerechnet. Es ist eine Ohrfeige für ihn, ein grausamer Akt des Premierministers nach all den Jahren, die Samir ihm treu gedient hat. Einen Moment lang daran hat er daran gedacht, doch irgendwie dabei zu bleiben. Vielleicht hätte er den Premierminister unter vier Augen darum bitten können, ihn als Berater für die Sicherheit der Nation zu behalten, eventuell wäre die Entscheidung dann zurückgenommen worden. Aber das hätte bedeutet, dass er sich derart hätte erniedrigen müssen, wie er es in seinem gesamten beruflichen Leben zu keiner Zeit getan hat. Vielleicht wäre es ja klüger gewesen, das Angebot des PM anzunehmen und nach Panjab zu gehen. ATM würde garantiert Mist bauen, und wenn er dann, wahrscheinlich relativ bald, zu Fall käme, wäre Samir die ideale Person, dem Amt erneut Sinn und Würde zu verleihen. Das ist es auch, was Sajjad Ghani ihm geraten hat. Niemand sonst hat er nach dem verhängnisvollen Meeting angerufen. Aber er dachte, es wäre zumindest fair, Sajjad Ghani mitzuteilen, dass er demnächst seinen Erzfeind als Vorgesetzten hätte. Ghani war verständlicherweise am Boden zerstört. Er flehte Samir an, irgendwie das Unheil abzuwenden. In seiner Verzweiflung schlug er sogar vor, Samir sollte General Shahram ansprechen, ihn dazu bringen, einen Putsch der Armee anzuzetteln, mit der Begründung, dass der neue Nationale Sicherheitsberater eine unmittelbare Gefahr für genau die Sicherheit des Staates darstellte, für die er sorgen sollte. Shahram selbst scheint ähnlich betroffen zu sein. Samir hat zwar nicht mit ihm gesprochen, aber er hat 25 Anrufe von ihm erhalten, die er nicht beantwortet hat, und siebzehn Nachrichten, jede im Ton panischer als die davor. Aber er hat sich nun einmal entschieden. Selbst wenn es die falsche Entscheidung sein sollte, nun ließ sie sich nicht mehr rückgängig machen. Sie war ebenso unwiderruflich wie der Tod seiner Familie. Welche Terroristen von den Sicherheitsdiensten verfolgt würden, ob Indien an der Grenze aufmarschierte, nichts davon würde jetzt mehr Teil seines Lebens sein.

So zu reisen, ist er nicht gewohnt. Reisen hieß für ihn all die Jahre nur, von einem Ort an einen anderen zu gelangen. Ob es eine neue Dienststelle war, seine Familie oder eins der Gipfeltreffen, zu denen er musste, Reisen war für ihn lediglich zweckgebunden. Diese Reise ist wohl die erste seit dreißig Jahren, für die es keine Agenda gibt, eine Reise um ihrer selbst willen, bei der die Fortbewegung selbst nicht weniger im Vordergrund steht als das Ziel. Er ist so lange im Staatsdienst gewesen, dass er gar nicht mehr gewusst hätte, wie man einen Flug bucht, aber Alinas Leute haben das alles für ihn erledigt. Qatar Airlines, Erste Klasse, durchgehender Flug nach Paris in einer A-380. Er ist zwar schon mit Sondermaschinen des Militärs zu Gipfeltreffen nach Afghanistan geflogen, aber in Sachen Luxus kann die Luftwaffe hier doch nicht mithalten.

Alinas Leute. Selbst der Ausdruck hört sich fremd an. Er hat nie eigene ‚Leute' benötigt, weil er als Staatsangestellter immer den Regierungsapparat hinter sich hatte. Nachdem er das alles so unvermutet aufgegeben hat, fühlt er sich bei dieser Reise ein bisschen so, als führe er zum ersten Mal in seinem Leben Fahrrad ohne Stützräder. Und der zweite Teil des Ausdrucks – Alinas Leute – ist natürlich Alina. Der Grund dafür, dass sie die Reise organisiert hat, ist, dass er sie für Alina unternimmt. Das hat er vorgehabt, seit er ihr jene Nacht versprochen hat, er würde alles in seiner Macht tun, um ihrem Sohn zu helfen. Jetzt ist es soweit. Aber er tut es nicht allein für sie. Alinas große Lüge macht ihm zu schaffen. Ein Betrug dieser Größenordnung setzt selbst einen Mann in Verwunderung, der noch vor 48 Stunden der Nationale Sicherheitsberater seines Landes war. Dass sie ein solches Geheimnis so lange bewahrt hat, dass sie die Tatsache eines Kindes vor jedem geheim gehalten hat, vor ihrer Familie, ihrem Mann, und vor allem vor ihm, ist erstaunlich, fast verstörend. Er weiß nicht, ob er sich über die verlorene Zeit ärgern oder sich lieber freuen soll, dass er nach so vielen Jahren des Herumrätselns, wie Alina ihn auf Wunsch ihrer Mutter so leicht aufgeben konnte, endlich die Bestätigung hat: sie hat niemals aufgehört, ihn zu lieben. Solche Gedanken schwirren ihm im Kopf herum, als das Flugzeug am Flughafen Charles-de-Gaulle zur Landung ansetzt.

Er ist auch neugierig auf den Jungen. Die Frage, die er Alina gestellt hat, war wohlüberlegt. Er hatte, nachdem sie sich das zweite Mal geliebt hatten, wachgelegen und über das Timing nachgedacht. Dass Alina so wenige Tage, nachdem sie mit ihm intim gewesen war, vergewaltigt worden ist – Jahrzehnte als Polizist haben ihn gelehrt, dem Zufall nicht zu trauen. Nicht, dass er ihr nicht glaubt. Wahrscheinlich ist der Junge ja wirklich das Produkt der Vergewaltigung. Aber ein Rest von Zweifel bleibt doch. Alina hat die Möglichkeit nicht bestritten. Tatsächlich kann sie ja nicht sicher sein, solange es keinen Vaterschaftstest gab, und für den hatte es keine Veranlassung gegeben. Es schien, und scheint noch, ein klarer Fall zu sein. Aber Samir lässt der Gedanke nicht los, was wäre, wenn ... Es gibt eine ganze Reihe solcher Was-wäre-wenns. Was, wenn Alina und er sich nie getrennt hätten, wenn sie geheiratet und eine Familie gegründet hätten, und was, wenn dieser Junge, der in einem französischen Gefängnis sitzt, sein Sohn wäre, wenn auch ungeplant? Für einen Mann, dessen Familie vor seinen Augen in die Luft geflogen ist, haben solche Spekulationen etwas Unwiderstehliches.

„Herr Minister?“ Ein breitschultriger Mann mit einem viktorianisch anmutenden Schnauzbart spricht ihn an. „Mein Name ist Giroud. Ich bin hier, um Sie in Empfang zu nehmen. Dürfte ich bitte Ihren Pass sehen?“

„Monsieur Giroud, ich bin kein Minister."

„Sie sind doch der Nationale Sicherheitsberater von Pakistan? Herr Samir Ali Khan?"

„Ja. Vielmehr, nicht mehr ... also, das ist kompliziert, aber ja, ich bin Samir Ali Khan."

„Wunderbar. Gehen wir?"

Giroud schleust Samir durch Passkontrolle und Gepäckausgabe, verlangsamt sein Tempo nur unmerklich, damit der Beamte einen Stempel in Samirs Pass drücken kann. Nach wenigen Minuten schon atmet Samir die frische Herbstluft vor dem Terminal ein. In der ersten Reihe parkender Wagen steht ein Citroen DS5 mit Chauffeur und Regierungskennzeichen. Giroud nimmt mit Samir auf dem Rücksitz Platz, während ein Leibwächter mit Ohrstecker den Beifahrersitz vorn belegt. Der Fahrer gibt Gas, gelegentlich nutzt er die eingebaute Sirene, um den Weg freizumachen, und sie gelangen in kaum mehr Zeit auf die Autobahn, als sie gebraucht haben, durch die Kontrollen am Flughafen zu kommen.

Giroud bietet ihm eine Flasche Perrier an, die unter der Armlehne klemmt, und Samir öffnet dankbar den Verschluss und nimmt einen tiefen Schluck Mineralwasser.

„*Merci*, Monsieur Giroud. Danke für alles, und dafür, dass Sie bereit waren, mich zu treffen."

„Keine Ursache, Herr Minister. Es ist uns eine Ehre, einem so bedeutenden Kollegen in einer höchst delikaten Angelegenheit unsere Hilfe anzubieten. Sie sind bei uns kein Unbekannter."

„Sie sind Polizist?"

„Nicht genau. Ich gehöre zur DGSE. Aber wir wissen von Ihren heldenmütigen Einsätzen gegen den Terrorismus in Belutschistan."

„Ich habe keine genaue Vorstellung davon, ob oder was ich hier ausrichten kann. Alina hat mich gebeten, mir nach Möglichkeit ein Bild davon zu machen, wie ernst der Fall ist."

„Er ist ernst, aber Madame Faruq ist eine erfolgreiche Geschäftsfrau und in Frankreich eine hochgeschätzte und respektierte Gestalt des öffentlichen Lebens. Da die Sache ihren ... Sohn betrifft, haben wir uns bemüht, ihr so gut es geht Peinlichkeiten zu ersparen, und erweisen ihr gern eine Gefälligkeit. Wir freuen uns, dass jemand von Ihrem Format sich in Zizus Fall einschaltet."

„Zizu? So nennen Sie ihn?"

„So nennt er sich selbst. Es ist Slang für Zinédine. Er imitiert damit Zinédine Zidane, den Fußballer. Nach dem wurde er genannt."

„Tja, vermutlich wurden viele Kinder, die im Sommer 98 gezeugt wurden, Zizu genannt."

Giroud lächelt. „*Touché*. Sind Sie Fußballfan?"

„Früher mal. 1998 war ich begeisterter Anhänger von *Les Bleus*. Ich war sogar beim Endspiel dabei."

„Oh, tatsächlich? Dann könnten Sie das Ticket bei mir gekauft haben. Ich habe den Sommer über außerhalb des Stadions schwarz mit Tickets gehandelt. Eins hatte ich für mich selbst reserviert, für das Endspiel, aber dann hat mir einer tausend Francs dafür angeboten, da habe ich es natürlich abgegeben. Hab das Spiel schließlich in einer Bar gesehen. Für die tausend Francs konnte ich mir ziemlich viel Bier leisten."

Samir schmunzelt. „Erzählen Sie mir von Zizu."

„Wieviel hat Madame Faruq Ihnen über den Jungen mitgeteilt?"

„Nur dass er ihr Sohn ist, dass sie sich jahrelang nicht um ihn gekümmert hat und dass er jetzt in Schwierigkeiten steckt."

„Sie müssen wirklich ein guter Freund von ihr sein, Monsieur, wenn Sie mit dem Bisschen an Information alles stehen und liegen lassen und herüberkommen, um ihr zu helfen. Alle Achtung. Gewissermaßen ist Zizus Geschichte die jedes Jungen aus der *Banlieue*. Ein Leben, in dem er sich von allen abgelehnt sieht, von der Familie wie von der Gesellschaft. Er sucht nach etwas, was größer ist, etwas, irgendetwas, das ihn über seine traurige Wirklichkeit hinaushebt. Ein junger Mann, der nach etwas Höherem sucht, einer Berufung, die ihm das Gefühl gibt, etwas wert zu sein. In mancher Hinsicht ist der Junge auch außergewöhnlich. Seine biologische Mutter war ein Supermodel und eine erfolgsverwöhnte Geschäftsfrau, aber ihn hielt man aus dieser Welt von Reichtum und Privilegien heraus. Sein Vater, oder der Mann, der auf dem Papier sein Vater war, hat ihm von seiner Mutter und ihrer Herkunft erzählt. Man könnte meinen, es war Kerim Karouachis Absicht, dass der Junge die Ungerechtigkeit spüren sollte, dass er einen Groll auf diejenigen entwickelt, die ihm das vorenthalten, was ihm zusteht. Und dieses Gefühl haben sich die Dschihadisten zunutze gemacht."

„Alina hat erwähnt, dass es irgendeine Verbindung zu der Terrorzelle von Brügge gab. Was war das für eine Verbindung?"

„Auf seiner Suche nach ‚spiritueller Erfüllung' fing Zizu an, mit dem Gesetz in Konflikt zu geraten und kam für relativ geringfügige Verstöße ins Gefängnis. Dort geriet er unter den Einfluss eines radikalen Predigers, Ali Mousawi. Mousawi war in Kontakt mit den Bekrawi-Brüdern, den Anführern der Brügger Zelle. Er brachte Zizu mit ihnen zusammen, weil gewisse Fähigkeiten des jungen Mannes der Zelle nützlich zu sein versprachen."

„Welche Fähigkeiten?"

„Er kennt sich hervorragend mit sozialen Medien aus, weiß, wie man eine Nachricht verbreitet. Die Bekrawis und andere Mitglieder der Zelle von Brügge waren gewöhnliche Straßengangster, die irgendwie zu Dschihadisten geworden waren. Sie brauchten jemand wie Zizu, um ihre Glaubenslehren an den Mann zu bringen."

„Und er hat das getan?"

„*Oui*. Und zwar sehr erfolgreich. Er hat ihre letzten Worte im Internet hochgeladen, kurz bevor sie sich bei dem Angriff selbst getötet haben."

„Hatte er auch mit den Angriffen selbst zu tun? Außer dass er die Botschaften verbreitet hat?"

„*Non*."

„Was kann ich also tun?"

„Wir möchten, dass Sie sich den Jungen anschauen. Treffen Sie Ihre Einschätzung, für uns und für Ihre Bekannte. Madame Faruq hat angeboten, ihn zu sich zu nehmen und dafür zu sorgen, dass er sich wieder in die Gesellschaft eingliedert, falls wir ihn ihr übergeben. Wir brauchen eine vernünftige Beurteilung, ob er charakterlich in einem Zustand ist, dass wir solch ein Arrangement in Erwägung ziehen können. Wir hoffen auch, dass er sich einer Vaterfigur, jemand mit derselben Religionszugehörigkeit, eher öffnen wird."

„Wie radikalisiert ist er? Ich meine, wie tief steckt er drin?"

„Ziemlich tief."

Die weitere Fahrt über herrscht Schweigen. Bald weichen die düsteren Umrisslinien der Autobahn einer bunten und fröhlichen Umgebung. Sie sind in Saint-Germain-en-Laye, einem wohlhabenden, gentrifizierten französischen Vorort der Art, von der man glaubt, sie könne nur auf Postkarten existieren, mit anheimelnden Cafés, Boutiquen, Konditoreien und Bäckerläden rund um das kleine historische Stadtzentrum. Der Citroen hält vor einem zweistöckigen Haus, das allein auf einem eingezäunten Grundstück steht. In der ländlich wirkenden malerischen Umgebung fallen die teuren Überwachungskameras auf, die jeden Winkel des Hauses und seiner Umgebung sichern. Wenn die nicht wären, würde nichts darauf deuten, dass es sich um ein konspiratives Haus handelt, denkt Samir.

Als der Citroen auf dem schmalen Schotterweg hält und der Fahrer den Motor abstellt, geht die mit dekorativen Buntglasfenstern ausgestattete Haustür auf, und ein Mann, der aussieht wie ein ehemaliger Soldat, lässt sie in die Eingangshalle treten. Zwei weitere Agenten, ein Mann und eine Frau, befinden sich in einer großen Küche am Ende der Halle, und ein vierter öffnet ihnen die Tür zu einem Empfangssalon auf der linken Seite.

„Möchten Sie sich etwas frisch machen, Herr Minister? Vielleicht eine Kleinigkeit zu sich nehmen? Philippe ist ein ziemlich guter Koch. Ist zu uns gekommen, nachdem er in einer Cordon-Bleu-Schule hinausgeworfen wurde. Oder wenn Sie es vorziehen, können wir Ihnen etwas aus der Stadt bringen lassen. Falls Sie halal essen möchten, gibt es da ein sehr gutes libanesisches Restaurant und einen Kebab-Laden, der auch nicht übel ist."

„Vielen Dank. Eigentlich möchte ich am liebsten gleich den Jungen treffen, wenn das geht. Darf ich allein mit ihm sprechen?"

„Selbstverständlich. Philippe wird ihn holen."

Samir macht es sich auf einem Sofa bequem, während Giroud, stets auf Sicherheit bedacht, die schweren Vorhänge zuzieht und stattdessen den Kronleuchter einschaltet. Die Möblierung des Salons stammt dem Aussehen nach aus den 1940er Jahren und ist seither nicht erneuert worden. Ledergebundene Folianten stehen auf einem Regal, die andere Seite des Raumes wird von einem imposanten Kamin beherrscht. An der Wand hängen Cézanne-Drucke.

Philippe kommt zurück, er führt einen jungen Mann herein, in Handschellen und mit verbundenen Augen. Sein orangener Gefängnis-Overall wirkt in diesem Ambiente vollkommen fehl am Platz.

„Könnten wir die Handschellen und die Binde wohl weglassen? Ich denke, die brauchen wir nicht.“ Samir rückt einen Holzstuhl vom Schreibtisch in der Zimmerecke an das Sofa heran und hilft dem Gefangenen, sich zu setzen. Giroud nickt Philippe zu, der daraufhin Fesseln und Augenbinde abnimmt und anschließend den Raum verlässt.

„Wenn Sie noch etwas brauchen, Herr Minister, wir sind gleich nebenan.“ Damit schließt Giroud die Tür hinter sich.

„*Merci*.“ Samir mustert den jungen Mann, der ihm jetzt gegenübersitzt. Er ist groß und breit gebaut, mit einem Bauchansatz, der zu wenig Bewegung und zu viel Fast Food verrät. Seine Haut hat den hellbraunen Ton der Maghrebiner, aber er hat gewelltes, nicht gekräuseltes Haar und eine Adlernase, die er von seiner Mutter haben muss. Obwohl ihm der wirre Bart bis zur Brust geht, haben die Züge des Jungen etwas Weiches, beinahe Feminines.

„Sie haben die Augen Ihrer Mutter.“ Der Kommentar trifft den Jungen unerwartet, genau wie Samir es beabsichtigt hat. Zizus Interesse an dem Fremden ist geweckt.

Samir sieht sich um, fragt sich, ob der Raum verwanzt ist. Davon ist auszugehen. Er überlegt, wie er das, was er als nächstes sagen will, am besten formuliert, ob es da ein Sicherheitsproblem geben könnte. Dann fällt ihm ein, dass es gar keine Rolle mehr spielt, denn er ist ja nicht länger der Nationale Sicherheitsberater seines Landes.

„Zinédine, ich bin Samir Ali Khan. Ich bin hier, weil ich Ihnen helfen möchte. Wahrscheinlich haben Sie das schon von einer ganzen Reihe von Leuten gehört, aber ich bin ... ein Freund Ihrer Mutter. Ihr Geliebter, genau gesagt. Ich war auch vor vielen Jahren mit ihr zusammen, bevor Sie geboren wurden. Als sie vergewaltigt wurde.“

„Aha, jetzt sind Sie ihr Liebhaber, und vor einundzwanzig Jahren waren Sie auch ihr Liebhaber, na super“, spottet der Junge, „das kann aber gar nicht sein. Sie war damals nämlich mit meinem Vater zusammen.“

„Ihr Vater. Kerim. Richtig, Kerim und Alina waren zusammen, als sie noch in das Internat in Paris ging. Ich habe sie 1995 kennengelernt, kurz nachdem sie mit Kerim Schluss gemacht hatte. Wir stammten aus befreundeten Familien, in Pakistan. Wir waren über zwei Jahre zusammen, dann haben wir uns getrennt.“

„Warum haben Sie sie nicht geheiratet?“

Samir lächelt. „Sie reden nicht lange um den heißen Brei herum, was? Das gefällt mir. Es ist eine gute Frage. Manchmal kommt einem einfach das Leben dazwischen. Mein Vater starb damals, und zwischen uns beiden wurde alles... kompliziert.“

Zinédine grinst höhnisch. „Ah ja, dann hat sie Sie also genauso verarscht wie meinen Vater. Aber Sie sind so ein Schwächling, dass Sie ihr Jahre später wieder hinterherlaufen. Rührend. Mann, die ist eine Hure, die benutzt Sie und wirft Sie dann weg. Inshallah, wenn erst das Kalifat wieder steht, werde ich dafür sorgen, dass solche Weiber am nächsten Laternenpfahl aufgeknüpft werden.“

„Und wann wird das sein? Welchen zeitlichen Rahmen hat Ihr Freund Ali Mousawi vorgesehen? Wahrscheinlich hat er Ihnen gesagt, all Ihre Probleme würden gelöst, sobald erst das Kalifat wiederhergestellt ist? An Ihrer Stelle hätte ich ihn zumindest um klare Angaben zum Zeitraum gebeten, innerhalb dessen dieses Projekt verwirklicht werden soll. Und welches Kalifat soll es sein? Das, was die Taliban in Afghanistan eingerichtet haben? Oder das von al-Baghdadi im Irak? Oder soll es nach Mousawis Vorstellung ein ganz neues Kalifat eigens für Frankreich geben? Es gibt so viele Modelle, man kann sie kaum alle im Kopf behalten. Wäre schade, wenn Sie Ihre Chance, ein wahrhaft islamisches Leben zu führen, verpasst hätten.“

„Scheiß drauf, Sie wissen gar nichts über Mousawi, und vom Islam verstehen Sie einen Dreck.“

„Mein Lieber, ich verstehe mehr vom Islam als Sie es je tun werden, und ich habe so viele Irre vom Schlage Ihres Mousawi gekannt, dass ich mich nicht an alle erinnere. Sie greifen sich Jungs wie Sie und benutzen sie für ihre eigenen Zwecke, und am Schluss werfen sie sie weg wie ein gebrauchtes Kondom. Was hat er Ihnen gesagt, was nach Brügge kommt? Ich wette, dass die Welt sich ändern würde und dass Ihnen dabei eine Schlüsselrolle zukäme, stimmt's? Aber nichts hat sich nach Brügge geändert. Die Welt ist dieselbe, außer dass bei den Aktionen Ihrer Freunde ein paar Unschuldige umgekommen sind."

„Unschuldig ist niemand. Sagt Mousawi."

„Wirklich?" Samir nimmt das Bild seiner Tochter heraus, das er immer noch in seiner Brieftasche bei sich trägt, und schiebt es Zinédine hin. „Und was könnte ein zehnjähriges Kind wohl Schlimmes verbrochen haben? Sagen Sie es mir. Sagen Sie mir ins Gesicht, dass eine Zehnjährige nicht unschuldig ist. Das Kind auf dem Foto ist nämlich meine Tochter, und sie war zehn, als sie von ein paar jungen Männern in die Luft gesprengt wurde, die genauso töricht und verblendet waren wie Sie. Ich will Ihnen mal was sagen über Männer wie Mousawi. Während sie Phrasen über Schuld und Unschuld dreschen und ihre Handlanger Massaker anrichten lassen, sitzen diese Leute in irgendeiner Koranschule Hunderte von Kilometern entfernt von dem Ort, an dem die Anschläge stattfinden, und trinken in aller Ruhe Tee. Selbst sind sie nie dabei. Warum auch? Sollen sie vielleicht den eigenen Hals riskieren, wenn es doch viel leichter ist, sich auf die Arbeit leichtgläubiger Dummköpfe wie Sie zu verlassen?"

„Mousawi ist nicht so."

„Nicht? Aber in Brügge war er nicht, oder? Die zwei Brüder hat er veranlasst, sich selbst in die Luft zu jagen, und Sie hat er benutzt, um die Nachricht zu verbreiten. Und was hat er selbst getan, außer sich als der edle Kämpfer für Gerechtigkeit aufzuspielen? Die sind alle gleich, Zizu, diese selbsternannten Gottesmänner, die vorgeben, es wäre für einen höheren Zweck, wenn es in Wirklichkeit nur darum geht, sich selbst zu bereichern. Ich habe einen großen Teil meines Lebens damit verbracht, solche Männer zu jagen. Lügner, einer wie der andere. Schuld oder Unschuld, darüber mag einer urteilen, wenn er erstmal die Leichen gesehen hat. Ich habe das, halten Sie mir deshalb bloß keine Vorträge, von wegen, es gäbe keine Unschuldigen. Meine Tochter hatte keine Schuld. Meine Frau. Die Straßenhändler, die vor meinem Haus waren, als es in die Luft ging. Die alle hatten keine Schuld. Und die Dutzende Menschen, die Ihre Freunde in Brügge ermordet haben, die hatten auch keine Schuld. Sehen Sie sich das verdammte Bild an. Meine Tochter! Wenn wieder einer wie Mousawi Ihnen damit kommt, dass niemand unschuldig ist, sagen Sie ihm, er soll sich eine Knarre schnappen und gefälligst selbst die Dreckarbeit machen."

Zizu starrt das Bild an. Mehrere Minuten ist er wie erstarrt. Samir schweigt. Er weiß, was er tut, hat es mit Männern getan, die radikaler und gefährlicher waren als dieses halbe Kind. Über die Revolution, den Dschihad, den Umsturz lässt sich leicht reden, solange die nackte Wahrheit persönlichen Leids ausgeklammert wird. Merkwürdig, dass er in den letzten zehn Jahren ausschließlich mit Terrorismusverdächtigen über den Verlust seiner Familie gesprochen hat. Nicht mit Therapeuten, Ärzten, Freunden oder Verwandten, nur mit Terroristen. Ihnen hat er seine Geschichte erzählt, hat ihnen das Foto seiner Tochter gezeigt, um sie psychisch zu brechen. Er fragt sich, was ein Psychologe wohl davon hielte.

„Haben Sie Ihnen was Ordentliches zu essen gegeben?"

Der Junge zuckt die Achseln.

„Schauen Sie, ich weiß, dass Sie nicht das erste Mal im Knast sind, aber das hier ist was anderes. Kein Kinderkram mehr. Ich möchte nur ... Ihre Mutter möchte sichergehen, dass man Sie anständig behandelt."

„Was glauben Sie wohl, wie diese *connards* einen Muslim aus der *Banlieue* behandeln? Im Gefängnis, ja? Und dann noch, wenn sie denken, dass er ein Terrorist ist."

„Haben Sie Hunger?"

„Ich brauche Ihr Mitleid nicht."

„Es ist kein Mitleid. Es ist lediglich eine Frage."

„Ich esse nicht das Zeug von denen. Das ist alles mit Fett gekocht, in denselben Töpfen, in denen sie Schweinefleisch kochen. Als ich sie gebeten habe, mir halal-Essen von draußen zu besorgen, haben sie gesagt, was sie mir vorsetzen, wäre halal. Ich habe nur Brot gegessen."

„Lassen Sie mich etwas für Sie kochen. Ich habe dort eine Küche gesehen, bestimmt haben sie auch Vorräte da."

„Ich habe gesagt, ich will Ihr Scheiß-Mitleid nicht, *connard*!“

„Also ich habe Hunger. Ich mache mir selbst etwas. Wenn Sie nicht mitessen möchten, können Sie mir beim Essen zusehen. Aber ich war mal ziemlich gut darin, ein Omelett zu machen.“

Samir steht auf und verlässt den Raum. Ein knapper Austausch mit Giroud führt dazu, dass alle Agenten aus der Halle und der Küche verschwinden. Zinédine folgt ihm zögernd, wie ein Hündchen, das sich in einem neuen Heim noch zurechtfinden muss. Er hockt sich auf einen Schemel und beobachtet den älteren Mann dabei, wie er den Herd anstellt, nach Töpfen und Geschirr sucht. Samir sieht, wie er eine Plastikgabel auf dem Tisch fixiert, und lächelt.

„Sie wissen doch, dass die hier überall im Haus sind, Zizu. Was meinen Sie, wie weit würden Sie mit so etwas wohl kommen? Nehmen Sie es lieber zum Essen, als dass Sie versuchen, mich damit zu erstechen.“

Sorgfältig schlägt Samir vor Zizus Augen die Eier auf und verquirlt sie, er zeigt ihm alles, was er der Masse hinzufügt, so dass der junge Mann sicher sein kann, nicht aus Versehen etwas von der Religion Verbotenes zu essen. Zinédine verfolgt die Zubereitung des Omeletts so gespannt, als hätte er noch nie etwas Derartiges gesehen. Misstrauisch beäugt er schließlich, was Samir zustande gebracht hat, und nimmt erst einen Bissen, nachdem Samir den ersten Happen hinuntergeschluckt hat. Dann jedoch schlingt er heißhungrig alles hinunter und hört erst auf, als der Teller leer ist.

„War es gut?”

„*Oui*.”

„Habe ich von Ihrer Mutter gelernt.“

„Ihre Tochter. Warum wurde sie getötet?“ Zizu wischt sich mit dem Handrücken eine Spur Ei vom Gesicht und legt das Bild auf den Tisch.

„Ich war damals Polizist. Ist lange her. Meine Frau und meine Tochter kamen ums Leben, als Terroristen unser Haus zerbombt haben.“

„Diese Terroristen, waren das ... Muslime?“

„Das haben sie von sich behauptet. Aber letzten Endes hat Terrorismus nichts mit Glauben oder Ideologie zu tun. Es geht immer nur um eins. Macht.“

„Tut mir leid wegen Ihrer Tochter.

„Es ist nicht Ihre Schuld. Sie sind so sehr ein Opfer wie sie es war.“ Samir schenkt aus einer *cafetière* zwei Tassen Kaffee ein und stellt sie auf den Tisch. „Was wissen Sie über Ihre Mutter?“

„Was hat sie Ihnen gesagt?“

„Nichts. Außer dass Sie ihr Sohn sind. Und ich habe mitbekommen, dass Sie nicht gerade viel Zeit mit ihr verbracht haben.“

„Für sie war ich nichts als *Banlieue*-Gesindel. Sie hat mich wie ein Stück Müll da abgeladen, weil ich ihr nicht in die Karriere passte. Mein Vater hat alles für mich getan. Er war super. Alles, was ich hatte. Solange er am Leben war, war auch alles ok. Und er hat sie geliebt, bis zum Schluss. Aber die hat sich einen Dreck darum geschert. Sie war so gemein, hat geheiratet und ging nach Amerika, ohne ihm etwas zu sagen. Er ist an gebrochenem Herzen gestorben. Sie hat ihn umgebracht.“

„Zizu, Sie wissen, dass Kerim nicht Ihr biologischer Vater war, richtig? Ihre Mutter wurde vergewaltigt, und weil Kerim ein anständiger Mann war, hat er sich als Vater ausgegeben, um ihre Ehre zu schützen.“

Der Junge lächelt spöttisch. „Die ist nicht vergewaltigt worden. Die Hure lügt sich was zusammen. Sie hat sich das ausgedacht, weil ich und mein Vater nicht gut genug für ihre vornehme Familie waren, die hätten das nicht akzeptiert.“

„Schauen Sie, als ich Ihrer Mutter das erste Mal begegnet bin, war sie noch mit Kerim zusammen. Aber es gab Probleme in der Beziehung. Es gab ... Gewalt. Ein, zwei Mal hat sie die Polizei rufen müssen, weil er gewalttätig gegen sie wurde. Sie haben sich geliebt, aber Kerim hatte Probleme mit Alkohol und Drogen, das hat Alina von ihm weggetrieben. Sie mochte ihn weiter sehr, aber ...“ Samir zuckt mit den Schultern.

„Und wie kommen Sie da rein?“

„Wir kannten uns vorher, waren Freunde. Ich war schon in sie verliebt, dachte aber, dass sie sich nie im Leben für mich interessieren könnte. Na ja, vermutlich ... war ich dann zur richtigen Zeit am richtigen Ort. Irgendwie ist es da passiert.“

„Hat sie Sie sitzenlassen, wie meinen Vater?“

„Ich ... es ist kompliziert. Mein Vater starb im Sommer 1998. Er ...

hat sich selbst getötet. Danach gab es Differenzen zwischen Alinas und meiner Familie. Sie hat mir damals gesagt, sie wollte Schluss machen, weil ihr alles zu chaotisch war. Erst neulich ist mir klargeworden, dass der wirkliche Grund die Vergewaltigung war, und die Schwangerschaft, weil sie nicht wollte, dass jemand in Pakistan davon erfuhr."

„Sie hat Sie also angelogen. Jahrzehntelang. Und trotzdem sind Sie wieder mit ihr zusammen? Sie lassen wohl alles mit sich machen? Die hat Sie doch bei den Eiern! Nach zweiundzwanzig Jahren kehrt sie zu ihrem Kerl zurück, weil er *flic* ist und sie ihn braucht, um herauszufinden, was sie mit mir anfangen soll."

„Zizu, ich weiß, dass Sie verbittert sind, aber so ist es nicht. Alina ist ehrlich besorgt. Sie möchte wiedergutmachen, was sie unterlassen hat. Sie... sie möchte, dass Sie kommen und bei ihr wohnen. Sie möchte Ihnen die schönen Seiten des Lebens zeigen."

„Jetzt? Nach all den Jahren will sie mir ‚die schönen Seiten des Lebens' zeigen? Und wo bitte war sie, als die mich in der Banlieue zusammengeschlagen haben? Als die mich fertiggemacht haben? Als jeder wusste, dass meine Mutter ein Supermodel war, aber nicht einmal in meiner Schule aufgekreuzt ist? Glauben Sie, ich wollte das, Drogen verticken? Ich wollte ein verfickter Dschihadist sein? Ich musste das tun, um verdammt noch mal zu überleben! Ich hätte es auch lieber gehabt, dass meine *maman* mich zur Schule bringt, oder dass ein vornehmer *connard*-Butler mich in einem Kack-Rolls Royce von meiner scheißfeinen Schule abholt. Wissen Sie, wie oft ich davon geträumt habe, dass meine Mutter mich aus dem Scheißloch rausholt, wo ich war, und mich zu ihrem Familiensitz in Indien oder wo es ist bringt? Ich wollte ein Prinz sein. Können Sie sich vorstellen, wie schwer es ist, wenn man aufwächst, und der Vater erzählt einem Märchen darüber, wie genial das Leben sein könnte, und dann geht man ins Bett und sieht sich an, wie die Kakerlaken in dem schmuddeligen Loch von *appartement* sich paaren. Ich habe Mousawi erzählt, dass meine Großmutter eine beschissene Osmanen-Prinzessin war, weil da zum ersten Mal in meinem Leben Leute Respekt vor mir hatten. Sie sagen, Kerim war nicht mein Vater. Wieso hat er sich dann um mich gekümmert, wo nicht mal meine eigene Mutter es getan hat? Wenn er nicht mein Vater war, was habe ich denn noch in meinem verfickten Leben?“

Zizu vergräbt schluchzend das Gesicht in den Händen. Samir geht um den Tisch herum und streichelt ihm über den Kopf. „Es tut mir leid, Sohn. Tut mir alles wahnsinnig leid.“

***

„Nun, was ist Ihr Eindruck, Herr Minister?“ Es ist so dunkel, wie man es sonst nur von Kleinstädten kennt, fern von den Lichtern und Geräuschen der Großstadt. Der einzige Lichtpunkt in der Düsternis ist Girouds glimmende Zigarette.

„Er ist ein verwirrtes Kind.“ Samir reibt sich die Hände und schlägt den Jackenkragen hoch. Obwohl es tagsüber warm war, merkt man jetzt, gegen Abend, die herbstliche Witterung, und die leichte Brise, die am Nachmittag angenehm kühl war, macht es ungemütlich kalt. „Welche rechtlichen Möglichkeiten stehen zur Verfügung?“

„Unter uns gesagt, wir wollen die Sache nicht allzu sehr in legale Wege leiten. Niemand kann ein Interesse an einem langen Gerichtsverfahren haben, während die Beweislage für wirklich schwerwiegende terroristische Aktivitäten des Jungen äußerst dünn ist. Die rechtsgerichteten Medien hier werden die Gelegenheit wahrnehmen, es als Beispiel dafür zu präsentieren, wie der Islam die *Beur*-Jugend vergiftet, und wird wieder mal dazu aufrufen, sie alle auszuweisen. Und von den linken Liberalen wird es einen Aufschrei geben, wie voreingenommen die Polizei ist und dass sie Jugendliche aus den Banlieues mit fadenscheinigen Begründungen verhaftet, allein wegen ihrer Herkunft. Wir sehen in jedem Fall alt aus.“

„Was haben Sie sich von mir erhofft?“

„Zunächst mal Ihre Einschätzung: halten Sie den Jungen für eine ernsthafte Bedrohung, wenn wir ihn nicht anklagen? Und wieweit würde seine Mutter gehen, um uns zu helfen?“

„Ob der Junge eine Bedrohung darstellt?“ Samir reibt sich nachdenklich das Kinn. „Nein, ganz sicher nicht. Nicht mehr als Sie oder ich. Was er getan hat, war, weil er einen Platz im Leben gesucht hat. Nicht aus ideologischen Gründen. Wenn Sie ihn aus dieser toxischen Umgebung herausnehmen, wird er wieder. Mit einer langen Haftstrafe dagegen wäre er für alle Zeit verloren. Und die Mutter? Sie will ihn durchaus vor dem Gefängnis bewahren. Sie möchte ihn zu sich nehmen."

„Wie sieht es aus, wird es einen Skandal geben, bei der Reputation, die sie hat?"

„Ich schätze mal, heute hat sie weniger Angst vor einem Skandal als vor zweiundzwanzig Jahren. Es spielt keine Rolle mehr. Ich werde sie unterstützen, wir werden uns etwas überlegen. Aber bitte stecken Sie ihn nicht ins Gefängnis."

„Monsieur, wenn jemand von Ihrem Status der Ansicht ist, dass der Junge keine Bedrohung darstellt, dann werde ich zweifellos meine Vorgesetzten davon überzeugen können, dass sie ihn Madame Faruq überstellen. Natürlich werden wir ihn im Auge behalten, aber man wird sicher zu einer Einigung gelangen. Ihr Wort hat Gewicht."

„Ganz so ist es wohl nicht, aber danke, dass Sie das sagen."

„*Au contraire,* Monsieur. Sie genießen bei den Kollegen in der ganzen Welt den höchsten Respekt. Sie haben einen einzigartigen Ruf als Profi. Sogar Ihre Feinde achten Sie. Ein Freund von mir ist Inder, wir waren vor Jahren zusammen in Singapur. Er ist ein großer Fan von Ihnen."

„Ein Fan? Wieso?"

„Er bewundert, wie geschickt Sie sich im Raum zwischen Politik und Militär bewegen. Wie ich gehört habe, ist das keine einfache Angelegenheit, vor allem nicht in Ihrem Land, und wenn jemand das schafft, ohne jemals seine professionelle Integrität zu gefährden, *c'est magnifique.* Mein Freund würde Sie übrigens sehr gern treffen und inoffizielle diplomatische Beziehungen zu Ihnen aufnehmen. Sie und er dürften einige gemeinsame Interessen haben. Als er von diesem Fall hier gehört hat, hat er mich gebeten, Ihnen ein Treffen vorzuschlagen. Er ist nächste Woche in London."

„Wie heißt Ihr Freund?"

„Krishnamurthy."

„Ich weiß von einem Krishnamurthy in Indien. Er ist der Chef des Auslandsgeheimdienstes."

„Das ist er. Er würde Sie sehr gern kennenlernen, Monsieur."

„Entschuldigen Sie, aber hängt Zizus Schicksal davon ab, ob ich Krishnamurthy treffe?"

„*Non*, Monsieur, auf keinen Fall. Sie haben uns geholfen. Wir sind Ihnen verpflichtet. Nein, ich habe Ihnen das Treffen mit Krishnamurthy vorgeschlagen, weil ich in Ihnen beiden eine Menge Gemeinsames wahrnehme. Sie haben beide, wie soll ich sagen, schwierige politische Vorgesetzte. Und Sie beide versuchen, in einem prekären Balanceakt Ihre Länder aus einem Krieg herauszuhalten. Natürlich können Sie jetzt einfach gehen, und es wird sich nichts an unserem Plan für Zizu ändern. Er ist kein Köder. Ich denke nur, ein Treffen könnte für beide Seiten vorteilhaft sein."

Samir dreht sich zum Wind. Die frostige Luft schlägt ihm ins Gesicht und treibt ihm die Müdigkeit aus dem Hirn. Vor einer Woche noch hätte er Girouds Vorschlag rundheraus abgelehnt. Niemals hätte er auch nur im Traum daran gedacht, sich mit dem Mann zu treffen, den Shahram als „Großmeister" bezeichnet. Aber vor einer Woche hatte ATM ihn auch noch nicht im Amt des Nationalen Sicherheitsberaters ersetzt. Und sosehr er es zu verbergen sucht, das verdrießt Samir. Nicht, weil er auf Macht aus ist, aber weil er weiß, was für Unheil ATM auf diesem Posten anrichten wird. Gerade jetzt ist das höchst riskant. Jeden Tag ist mit dem Urteil des Internationalen Gerichtshofes zu dem indischen Agenten zu rechnen, Shahrams Maulwurf ist noch nicht enttarnt, und ATM die Verhandlungen mit den Afghanen anzuvertrauen bedeutet nicht nur, den Bock zum Gärtner zu machen, sondern dem Bock das Gartengemüse auf einer Platte zu servieren. Der Premierminister mag ja davon überzeugt sein, dass ATM ihm guttut, aber Samir weiß, dass Ammar Hamdani, wenn er nicht davor bewahrt wird, an seiner eigenen Dickschädeligkeit zugrunde gehen wird. Und wenn, wie es unausweichlich ist, ATM ein Desaster anrichtet, indem er auch nur eine dieser Situationen falsch angeht, wenn er sich selbst und Ammar Hamdani in einen unversöhnlichen Konflikt mit Shahram und der Armee hineinsteuert, dann wird es, um den Karren aus dem Dreck zu ziehen, nicht ausreichen, wenn Samir als Vermittler zwischen Premierminister und der Agency auftritt. Dann braucht er schon ein Kaninchen, das er aus dem Hut ziehen kann. Vielleicht könnte dieses Meeting, diese inoffizielle diplomatische Kontaktaufnahme, ja so ein Kaninchen sein. Falls Shahram oder Sajjad Ghani hier wären, wären sie beide zwar entschieden dagegen, dass er sich mit Krishnamurthy trifft. Sie würden sagen, damit würde er sich zu weit aus dem Fenster lehnen. Besonders Shahram, der eine derartige Hochachtung vor dem Großmeister hat, dass er ihm fast schon übermenschliche Fähigkeiten zuschreibt. Samir ist aber zuversichtlich, dass er dem Mann gewachsen sein wird, schließlich war er nicht umsonst drei Jahre lang Sicherheitsberater des Premierministers. Und er hat einen unschätzbaren Vorteil gegenüber Krishnamurthy: noch weiß niemand, dass er nicht mehr im Amt ist. Ohne die Bürde des Amtes hat er eine gewisse Handlungsfreiheit. Falls er seine Karten richtig ausspielt, könnte er beträchtlichen Gewinn machen. Falls.

„Ok, ich werde ihn in London treffen."

16. Kapitel

London
2. November

Constantines Ankunft in London ist um einiges weniger vornehm als die von Samir Ali Khan in Paris eine Woche vorher. Es gibt keine Beamten, die ihn durch die Passkontrolle zu einer wartenden Staatskarosse schleusen. Stattdessen steht er in einer endlosen Schlange, hinter Passagieren nicht nur von seinem eigenen Flug, sondern weiteren vierhundert, die gerade aus Lagos eingetroffen sind. Wegen der umfangreichen medizinischen, Pass- und Visumskontrollen dauert es über eine Stunde, bis er zum Schalter vordringt. Ein gereizter Grenzbeamter, ein Sikh aus Hounslow, der die letzte Viertelstunde mit dem Versuch verbracht hat, die Familienverhältnisse eines nigerianischen Geschäftsmannes zu klären, der mit seinen beiden Ehefrauen und einem ganzen Rudel Kinder angereist ist, begrüßt ihn stirnrunzelnd. Skeptisch blickt er in Constantines Pass, stutzt bei dem ungewöhnlichen Namen und dem noch ungewöhnlicheren Einladungsschreiben.

„Was ist der Zweck Ihres Aufenthalts im Vereinigten Königreich?“

„Ich bin als Teilnehmer zu der Generalsynode der Church of England eingeladen worden.“

„Sind Sie Mitglied der Kirche, Sir?“

„Nein. Kein formelles Mitglied. Ich wurde eingeladen, als Laienprediger an der Synode teilzunehmen.“

„Und seit wann sind Sie Christ?“

„Bitte?“

„Seit wann Sie Christ sind? Es ist eine berechtigte Frage. Alle möglichen Flüchtlinge versuchen sich mit zwielichtigen Begründungen nach England einzuschleichen. Besonders aus Pakistan.“

Er muss sich zusammenreißen, um nicht auf die fremdenfeindlichen Äußerungen zu reagieren. Er würde sich gerne beschweren, am besten den Vorgesetzten des Beamten herbeizitieren, aber er muss es sich verkneifen, weil er möglichst unauffällig ins Land gelangen muss. Insgeheim verwünscht er Shahrams Mitarbeiter, dass sie ihn genötigt haben, ein reguläres Visum für Großbritannien zu beantragen, anstatt ihm einen Diplomatenpass auszustellen. Aber man hat ihm erklärt, es komme darauf an, dass es keinerlei Hinweis auf irgendeine Verbindung zur Agency gebe. Es gäbe innerhalb wie außerhalb des Landes genug Leute, die nach genau solchen Verbindungen suchten. Wie man ihn angewiesen hatte, hat er sich also einen neuen nicht-offiziellen Pass besorgt und musste sich anschließend um ein Touristenvisum kümmern. Da ihm nur wenig Zeit dafür blieb, entschloss er sich, die Möglichkeiten der kirchlichen Behörden zu nutzen. Er rief den früheren Assistenten seines Vaters an, der noch immer für die Diözese arbeitete, und der alte Mann arrangierte für ihn die Einladung zur Synode.

Constantine zwingt sich zu lächeln: „Ich bin als Christ auf die Welt gekommen. Mein Vater war der Bischof von Karachi."

Die Antwort scheint dem Sikh peinlich zu sein. „Oh. Ja. Natürlich. Verzeihung. Sie verstehen, wir müssen danach fragen. Äh, danke sehr und einen angenehmen Aufenthalt, Mr. D'Souza." Constantines Pass wird hastig gestempelt und zurückgegeben.

Da er kein aufgegebenes Gepäck hat, geht Constantine an der Gepäckausgabe und dem Zoll vorbei in die Ankunftshalle. Er überfliegt die Menschenmenge, ohne genau zu wissen, wonach er sucht. Shahrams Leute haben ihm nur gesagt, dass jemand da wäre, um ihn abzuholen. Aber unter den pakistanischen Familien, die ihre Angehörigen erwarten, und den Horden von Taxifahrern, die Namensschilder hochhalten, sieht er niemand, der sich im Mindesten für ihn interessiert. Im hinteren Teil der Ankunftshalle, vor dem Schaufenster einer WH Smith-Buchhandlung, entdeckt er schließlich einen muskulösen Mann in Jeans, schwarzer Lederjacke und dunkler Brille. Der Mann hält ein kleines Schild mit Constantines Namen in die Armbeuge geklemmt, aber anders als die anderen Taxifahrer versucht er nicht, an die Spitze der Menge zu gelangen, wo die Passagiere sofort, wenn sie herauskommen, sehen können, zu wem sie gehören. Ohne ein Zeichen des Erkennens, stattdessen gleichgültig in der Zeitschrift blätternd, die er in der Hand hält, wartet er, dass Constantine zu ihm kommt.

„Äh, hier bin ich." Als Constantine direkt vor ihm steht, nimmt er endlich Kenntnis von seiner Gegenwart.

„Yeah? Constantine? Aus Karachi?" Der Akzent ist reinstes Bradford – nicht, dass Constantine in der Lage wäre, das einzuordnen.

„Ja. Und Sie sind ... äh ...?"

„Vom Office, Geheimdienst. Ja. Hamsa Batt, mein Name, aber meine Freunde nennen mich Has." Has hält ihm die Hand hin, aber zieht sie sofort wieder zurück, bevor Constantine sie schütteln kann. „Sorry, Kumpel, alte Gewohnheit. Müssen jetzt vorsichtig sein, wegen Scheiß-Corona und so. Auto ist da drüben."

Constantine folgt Batt zum Parkhaus, wo sie in einen Lieferwagen steigen. Der Beifahrersitz des Ford ist mit Zeitungen, einem Fernglas und einer zur Hälfte leergegessenen Schachtel Hähnchen mit Pommes bedeckt.

„Tut mir leid, Kumpel. Mein Team ist praktisch rund um die Uhr im Einsatz gewesen, da mussten wir halt alles im Wagen machen. Also alles außer zu scheißen. Können ja nicht in den Wagen scheißen, was? Haha ...“ Has lacht über seinen eigenen Witz, aber hört auf, als er Constantines irritierten Ausdruck bemerkt. Der Lieferwagen fährt aus dem mehrstöckigen Parkhaus und gelangt über das Straßennetz von Heathrow auf die A4 in Richtung London, Stadtzentrum.

„Wo fahren wir hin?“

„Wenn Sie sich ein bisschen frisch machen wollen, kann ich Sie zu Ihrer Pension in Hounslow bringen, sonst fahre ich zurück in die City. Wir beschatten die Zielperson seit einer Woche, seit er aus Paris gekommen ist. Die Frau hatten wir schon vorher im Visier, sie ist seit zwei Wochen hier. Heute ist er in der Londoner Innenstadt unterwegs, ich habe das Team dort gelassen, um ihn zu beobachten, als ich zum Flughafen gefahren bin. Ich dachte, Sie wollen selbst ein Auge drauf werfen.“

„Ja. Fahren wir. Wo ist er untergekommen?“

„Bei ihr. Sie hat ein Einzimmerapartment in der Nähe von Regent's Park. Charlbert Street, noble Gegend. Appartementhaus der gehobenen Klasse, Hausmeister und alles. Fast den ganzen Tag über sind sie in der Wohnung, aber nachmittags machen sie einen Spaziergang im Park und gehen essen. Feine Restaurants. Teuer. Kein Hähnchen mit Pommes.“

„Die Wohnung gehört ihr?“

„Ja. Hab ich beim Hausmeister überprüft. Hab mich mit ihm angefreundet. Reiche Frau. Sie hat noch zwei weitere Wohnungen in dem Haus.“

„Und sie war schon vor ihm da?“

„Eine Woche vorher, ja.“

„Benutzt sie immer dieselbe Wohnung?“

„Ja. Das haben wir herausgefunden. Direkt fragen wollte ich nicht, das hätte Verdacht erregt, aber ja, das ist ihre Wohnung, wenn sie in London ist.“

„Hat sie in der Woche, in der sie allein war, irgendjemand getroffen?“

„Nein. Ist ein paarmal einkaufen gegangen, bei Harrods und Harvey Nicks und in ein paar Boutiquen in der Bond Street. Hat einen Haufen Zeug gekauft, nach der Anzahl an Einkaufstüten zu urteilen, mit denen sie herausgekommen ist. Ach ja, und sie geht schwimmen. Regelmäßig, jeden Nachmittag, im Jumeirah Carlton in Chelsea. Die haben einen Super-Pool und Spa auf dem Dach. Wir können leider nicht rein, ist nur für Mitglieder und Gäste."

„Sie könnte also jemand dort während ihrer Schwimmaufenthalte getroffen haben."

„Möglich, ja."

„Und seit er in London ist? Was machen die beiden?"

„Wie ich Ihnen gesagt habe, die beiden sind die reinsten Turteltäubchen. Unzertrennlich. Der Hausmeister sagt, er hat sonst noch nie gesehen, dass Madam einen Herrn mitgebracht hat, und er hat sie auch noch nie so glücklich erlebt. Die einzige Zeit, zu der sie nicht zusammen sind, ist, wenn sie morgens schwimmen geht."

„Und was macht er währenddessen? Bleibt er in der Wohnung?"

„Manchmal. Manchmal geht er auch raus, geht bis zur High Street, trinkt einen Kaffee in einem Café oder bei Starbucks. Liest Zeitung. Bleibt in der Gegend und geht rechtzeitig zurück, bevor sie kommt. Eben das war heute ja so eigenartig. Zum ersten Mal ist er nämlich weiter weg gegangen. Sie ist wie üblich zum Schwimmen gefahren, und er ist die ganze Strecke bis Piccadilly Circus gelaufen. Deshalb habe ich fast das ganze Team auf ihn angesetzt. Verhalten außer der Reihe."

„Was macht er an Piccadilly Circus?"

„Hab gerade ein Update bekommen, als ich am Flughafen war. Er hält sich seit vierzig Minuten in einer Buchhandlung auf und sieht Bücher an."

„Er hat niemand getroffen?"

„Fehlanzeige."

„Und wo ist sie?"

„Bis vor zwanzig Minuten im Carlton Jumeirah."

Constantine beißt sich auf die Zunge, um Has nicht anzuschreien. Zu behaupten, dass Samir Ali Khan und Alina Faruq rund um die Uhr beobachtet wurden, und dann einzuräumen, dass sie jeden Tag zur selben Zeit über eine Stunde lang unbeobachtet geblieben ist, grenzt für ihn an geradezu kriminelle Idiotie. Eine volle Stunde, in der es die leichteste Sache der Welt wäre, sich nach Herzenslust mit allen möglichen Leuten zu treffen, in der sie einem Führungsoffizier Informationen mitteilen oder, falls nötig, Dokumente übergeben konnte. Mit einer Stunde am Tag konnte man ganze nachrichtendienstliche Einsätze durchführen. Das Team von Has hatte ein Loch gelassen, durch das die Inder mit dem Panzer fahren konnten, wenn sie wollten. Frustriert schüttelt er still den Kopf. Würde Has für ihn arbeiten, hätte Constantine ihn in der Luft zerrissen. Aber hier befindet er sich in einer eigenartigen Zwischenwelt, auf der einen Seite verantwortlich für diese Operation, auf der anderen Seite ohne offizielle Anstellung bei der Agency, deshalb ist er unsicher, wieviel Handlungsspielraum er hat. Aber dass Shahrams Jungs so etwas von inkompetent sein können! Zu Hause hat die Agency den Ruf einer allmächtigen, allseits präsenten Organisation, weswegen er stets angenommen hat, dass bei den Mitarbeitern ein erheblich höheres Maß an Professionalität und Kompetenz herrscht als in anderen Behörden. Es ist ernüchternd für Constantine, dass sie sich als ebensolche Tölpel herausstellen wie andere auch.

***

Es ist der erste richtige Wintertag in diesem Jahr. Die Luft ist frisch und der Tag hell und sonnig. Unterwegs auf der Regent Street genießt Samir den eisigen Wind, der ihm die heiße Stirn kühlt. Er ist schnell gegangen, beinahe gejoggt, quer durch Regent's Park bis hierher. Er ist durch Alleen und kleinere Straßen gegangen, um Menschenmengen zu vermeiden und um leichter erkennen zu können, ob er beschattet wird. Es ist lange her, dass er bei Operationen im Außendienst war, und das Adrenalin in seinem Körper versetzt ihn in eine Art Rausch.

Sein Instinkt hat ihn alle nötigen Vorkehrungen treffen lassen. Nicht einmal Alina weiß von dem Treffen. Er hat sich bewusst unauffällig gekleidet, mit Sweatshirt, Hose und Turnschuhen wie ein Tourist. Er glaubt, dass kein Mensch ihm gefolgt ist, obwohl man niemals ganz sicher sein kann. An Piccadilly Circus bleibt er an einer Kreuzung kurz stehen und sieht sich beiläufig um, um sich noch einmal zu versichern, dass er keine Verfolger hat. Er überquert die Straße und hält noch einmal inne, kontrolliert die Nachricht auf seinem Handy. Girouds Instruktionen sind einfach. Das heutige Datum, drei Uhr nachmittags, jetzt also in fünfzehn Minuten, Zuleika Gallery, Duke Street. Es gibt eine weitere Nachricht, in der Giroud ihn informiert, dass das Verfahren für Zinédines Freilassung in Gang gesetzt worden ist.

An den Jungen hat er die letzten Tage oft denken müssen. Irgendwo in seinem Bewusstsein treibt ihn weiterhin die Frage um: Was, wenn Zizu sein Sohn ist? Ist es das, was ihn dazu bringt, sich so einzusetzen? Mit riskanter Hintertreppchen-Diplomatie oder, je nachdem wie man es sieht, Landesverrat? Und was, wenn dem nicht so ist? Würde er dem Jungen nicht helfen, wenn er sicher sein könnte, dass Zizu nicht sein Sohn ist? Würde er dann anders über das Treffen urteilen, zu dem er auf dem Weg ist? Während Samir in die Jermyn Street einbiegt, ruft er sich selbst ins Bewusstsein, dass es unter seiner Würde ist, sich mit solchen Gedanken abzugeben. Außerdem ist er nicht wegen Zizu gekommen, sondern wegen Alina. Wie sie zwei Jahrzehnte lang mit ihrem Sohn umgesprungen ist, ist inakzeptabel. Sie hat dem Jungen großes Unrecht angetan, indem sie ihn all die Jahre dem Leben in der Banlieue ausgesetzt hat. Aber in einem Punkt ist er eins mit ihr. Der Junge verdient nach allem, was er erlitten hat, ein besseres Leben.

Samir ist in der Duke Street angekommen, wo eine Galerie oder Kunsthandlung neben der anderen steht. Er vergewissert sich noch einmal, wie diejenige heißt, zu der er gehen soll. Zuleika Gallery. Nach ein paar Schritten stößt er darauf. Es ist eine der kleinsten in der Straße. Der Eingang ist unscheinbar, ein Schild im Schaufenster verkündet, dass die Spezialität der Galerie islamische und indische Kunst ist. Unter dem Schild hängen ein geschwungenes Schwert mit einer Koran-Inschrift und eine Rüstung aus der Safawiden-Zeit. Der kleine Innenraum wirkt durch die Objekte, die hier angeboten werden, noch beengter. Die Wände sind mit Miniaturen der Moghul-Zeit bedeckt, in Vitrinen werden Handschriften ausgestellt. Außer ihm ist lediglich ein sanft aussehender älterer Südasiate anwesend, der neben der Kasse sitzt und einen Kunstkatalog durchsieht. Er hebt nur kurz den Kopf, als Samir eintritt. Samir blickt auf die Uhr, er ist auf die Minute pünktlich. Fünf Minuten lang sieht er sich die Ausstellungsstücke in den Vitrinen an, wirft gelegentlich einen Blick auf den anderen Mann, der still seinen Katalog studiert. Weitere fünf Minuten verstreichen. Samir betrachtet jetzt die Miniaturen. Gerade als er wieder gehen will, kommt der Mann hinter dem Ladentisch hervor und räuspert sich.

„Sieht aus, als wäre es ziemlich warm draußen." Es ist ein typischer englischer Upper-Class-Akzent.

„Ja." Samir ruft sich den Satz aus Girouds Nachricht ins Gedächtnis. „Aber in Delhi ist es zu dieser Jahreszeit sicherlich wärmer."

Der Mann nickt, als würde er sich den Kommentar zu Herzen nehmen. „Wir haben unten noch weitere Sammlungen und seltene Stücke, wenn Sie sie sehen möchten?" Er weist mit dem Kopf zu einer Treppe hinter dem Ladentisch.

„Danke." Samir folgt dem Mann in das Untergeschoss, das mindestens doppelt so groß ist wie der Raum oben. Auch hier gibt es zahlreiche Kunstgegenstände, aber dazwischen ist Platz, um sich zu bewegen. Auf einem kleinen Tisch stehen Tee, Kekse und eine Flasche Whiskey samt Bechern und Gläsern.

Samir nimmt sich Zeit, auf dem Weg durch den Raum die Gemälde und Manuskripte in Augenschein zu nehmen. Eine kostbare handgeschriebene Koranausgabe in einer Glasvitrine zieht seine Aufmerksamkeit auf sich. Samir beginnt den in Goldschrift in eleganter Kalligraphie geschriebenen Vers zu entziffern. Er ist so versunken, dass er nicht bemerkt, dass der Kunsthändler verschwunden und ein anderer Mann eingetreten ist.

„17. Jahrhundert, Moghulzeit. Alle Blätter sind mit Blattgold verziert. Die Kalligraphie ist phänomenal. Herr Gupta sagt, es soll eine Handschrift von Kaiser Aurangzeb selbst sein." Die Stimme gehört einem Mann, dem stärker als dem Kunsthändler die Herkunft aus Südasien anzusehen ist. Er hat volles weißes Haar und trägt eine Hornbrille. Seine schlichte Kleidung, ein einfacher Anzug und Hemd, verleiht ihm ein bescheidenes und professionelles Aussehen. Samir hat nie ein Bild von ihm gesehen, aber er weiß sofort, dass dies Krishnamurthy sein muss.

Der Mann reicht ihm die Hand, und Samir ergreift sie. „V. S. Krishnamurthy, Sir. Sehr erfreut, Sie kennenzulernen. Ich bin ein großer Bewunderer von Ihnen."

„Sie sehen ganz anders aus, als ich Sie mir vorgestellt habe."

„Wie haben Sie sich mich denn vorgestellt? Mit Hörnern, die mir aus der Stirn wachsen? Oder vielleicht im safrangelben Gewand mit einer Bhagavadgita im Arm und einem Dreizack in der Hand, wie ein ultra-rechter Avatar des Hindu-Nationalismus? Einige meiner Kollegen, und ganz sicher mehrere Mitglieder der Regierung wären im Übrigen erstaunt zu hören, dass Sie weder einen Taliban-Bart noch eine Handgranate in der Tasche tragen. Manchmal denke ich, in unseren Ländern vergessen wir über all dem Hurrapatriotismus, dass unsere Gegner einfach ihren Beruf ausüben wie wir selbst auch."

„Nein", grinst Samir, „einen Mönch im Safran-Gewand habe ich nicht erwartet. Ich dachte nur, Sie wären ... größer."

Krishnamurthy lacht herzlich. „Sehr gut, Herr Khan, sehr gut. Ich freue mich, dass es noch Leute auf dem Subkontinent gibt, die einen Sinn für trockenen Humor haben. Die Briten haben uns die Eisenbahn und Bewässerungsanlagen hinterlassen, ich wollte nur, sie hätten uns auch etwas von ihrem Humor vererbt. Kann ich Ihnen etwas anbieten? Gupta kann nicht mit Luxus aufwarten, aber das Nötigste ist da. Tee, Kaffee? Oder lieber etwas Stärkeres?"

„Kaffee, bitte. Schwarz, ohne Zucker." Während Krishnamurthy über den Tisch gebeugt zwei Tassen Pulverkaffee zubereitet, sieht Samir sich um. „Die ganze Einrichtung hier ist von Ihnen?"

„Oh nein. Das könnte sich der indische Staat niemals leisten, mit all diesen Kostbarkeiten. Selbst wenn wir es könnten, wären wir nicht imstande, uns darum zu kümmern. Nein, das gehört Herrn Gupta, aber wir können seine Räumlichkeiten gelegentlich nutzen. Er betreibt ein lukratives Nebengeschäft mit dem Schmuggel von Schätzen, die er aus Indien importiert. Solange er nicht etwas allzu Wertvolles abführt oder Gegenstände, die einen hohen Bekanntheitsgrad haben, schauen wir weg. Dafür steht uns bei Bedarf in London dieser Unterschlupf zur Verfügung. Es ist eine ganz gute Regelung, obwohl es mir das Herz bricht, wenn ich all diese wunderbaren Dinge sehe, die hier an reiche *goras* verkauft werden, an Weiße, die keinen Sinn für ihre Geschichte und kulturelle Bedeutung haben. Wenn ich noch bei der Polizei wäre, hätte ich den guten Herrn Gupta für seine Geschäfte schon lange hinter Gitter gebracht."

„Wie lange waren Sie Polizist, bevor Sie zum Geheimdienst gewechselt sind?"

„Wir beide haben den Dienst im selben Jahr angetreten. Einer meiner Assistenten hat das herausgefunden. Wenn Indien noch ungeteilt wäre, hätten wir zum selben Ausbildungsjahrgang gehört. Aber ich habe schon früh den uniformierten Dienst aufgegeben. Im Gegensatz zu Ihnen. Sie sind bei der Polizei bis ganz nach oben gekommen. Ich bin so eine Art Gespenst, seit langem arbeite ich im Schatten."

Samir nimmt seine Tasse entgegen und trinkt einen Schluck. „Wenn der Großmeister Krishnamurthy aus seinem Schattendasein hervortritt, muss es einen guten Grund dafür geben, nehme ich an. Warum wollten Sie mich treffen? Sie gehen damit kein geringes Risiko ein, schließlich ist Ihr Premierminister erklärtermaßen grundsätzlich dagegen, mit pakistanischen Amtspersonen zusammenzukommen, ganz gleich auf welcher Ebene. Das habe ich mir vor einigen Monaten von Ihrem Nationalen Sicherheitsberater sagen lassen müssen, als ich in Abu Dhabi auf Betreiben meines Premierministers versucht habe, ihn anzusprechen. Warum werden Sie abtrünnig?"

„Nicht nur ich gehe ein Risiko ein. Abtrünnig werden wir beide. Es ist mir sehr wohl bewusst, dass, wenn unser Treffen hier bekannt wird, das empfindliche Gleichgewicht zwischen Ihrem Herrn Hamdani und dem Militär in Gefahr ist, das Sie mit so viel Mühe erreicht haben. Aber genau deswegen sollten wir miteinander reden. Als alte Polizisten unter sich. Leute wie wir sind mit der Wirklichkeit verbunden, Herr Khan, während unsere Vorgesetzten in einer Blase leben. Wir können uns nicht leisten, weltfernen Ideologien zu folgen, denn wir wissen, dass Millionen Menschen die Konsequenzen zu tragen haben, wenn in unserem Teil der Welt die Dinge aus dem Lot geraten."

„Sie überschätzen meine Bedeutung."

„Nein. Ammar Hamdani ist der mächtigste Politiker in Pakistan, und es gibt nur eine Person, auf die er in Sachen Außenpolitik hört. Sie. Die Armee ist die mächtigste Institution in Pakistan, und es gibt eine Person, die den Standpunkt der Armee den Politikern vermittelt. Sie. Lassen wir die falsche Bescheidenheit! Sie sind in dieser Kette das stabilste Glied. Und ich bin der einzige Mann in Indien, der daran interessiert ist, mit Pakistan einen Deal zu machen."

„Gut, Herr Krishnamurthy. Was wollen Sie?"

„Yadav."

„Sehr schön. Geben Sie mir Kaschmir, dann bekommen Sie Yadav."

„Ich meine es ernst, Herr Khan."

„Nein, das glaube ich nicht. Wie sollten wir bitte dazu kommen, auf unseren Agenten zu verzichten? Den wir in flagranti ertappt haben?"

„Also so ganz in flagranti war das nicht. Ihre Leute sind illegal in das Territorium eines souveränen Staates eingedrungen, um ihn zu entführen."

„Sagen Sie. Meine Leute stellen das anders da. Es ist alles ziemlich undurchsichtig. Wenn wir überhaupt darüber nachdenken sollen, ob wir bereit sein könnten, Ihnen Yadav zurückzugeben, müssten Sie uns schon etwas anbieten, was genauso viel wert ist. Wie gesagt, Kaschmir. Ich habe das durchaus ernst gemeint."

„Ganz ehrlich, wenn ich das entscheiden dürfte, würde ich Ihnen das verdammte Land geben. Die Kaschmiris machen bloß Ärger. Wäre mir mehr als recht, wenn das Ihr Problem würde. Ich bin aus Karnataka, deshalb habe ich nie wirklich nachvollziehen können, warum die Nordinder so versessen auf das Tal sind. Aber mein Premierminister würde nie einwilligen. Er hat politisch zu viel darin investiert."

„Nun, dann warten Sie am besten ab, ob der Internationale Gerichtshof Ihnen den Jungen freibekommt. Sie waren ja sehr schnell damit, dort zu klagen. Vielleicht zahlt es sich ja aus."

„Wir haben den Internationalen Gerichtshof angerufen, um sicherzugehen, dass Ihre Leute Yadav nicht umbringen. Sie wissen doch so gut wie ich, wie es in Den Haag zugeht. Die Richter palavern endlos über alles Mögliche, und die Anwälte auf beiden Seiten stellen sich zur Schau, weil sie einmal im Leben die Gelegenheit haben, sich vor einem globalen Publikum zu produzieren. Was sie wirklich interessiert, ist, wie sie ihre Honorare vervierfachen. Durch den Internationalen Gerichtshof kommt Yadav garantiert nicht frei, und das ist uns beiden klar. Das Problem bleibt also bestehen. Zu einer Lösung werden wir nur auf *praktischem* Weg gelangen, durch eine Regelung zugunsten beider Parteien, die von *praktischen* Leuten ausgehandelt wird. Polizisten eben."

„Gut, dann machen Sie mir ein *praktisches* Angebot, Herr Krishnamurthy."

„Yadav nützt Ihnen nichts mehr. Wenn es etwas gibt, was Sie aus ihm herauspressen konnten, dann hat die Agency das längst getan. Das hat Ihnen sicher auch General Shahram gesagt. Töten können Sie ihn nicht, das ist es, was der Internationale Gerichtshof bewirken kann. Sie können ihn ins Gefängnis werfen und dort verrotten lassen. Aber was hätten Sie davon? Sicher, für uns wäre das peinlich. Aber heutzutage, in einer Zeit der 24-Stunden-Liveticker, ist so etwas auch schnell wieder vergessen. Die Einzigen, die die Sache nicht vergessen werden, sind Yadavs Angehörige. Ich schlage Ihnen einen Tausch vor. Als Yadav aufgegriffen wurde, haben wir mehrere Ihrer Schläfer in Nepal, Sri Lanka, Bangladesh und Myanmar aus dem Verkehr gezogen. Ich bin bereit, Ihnen im Austausch für Yadav alle zu geben."

„Ja, natürlich sind Sie dazu bereit. Weil sie verglichen mit Yadav wertlos sind. Die alle sind ausgediente Quellen, V-Leute von marginalem Wert. Zwar ist es uns nicht lieb, dass Sie sie einkassiert haben, aber auf lange Sicht macht es auch nichts. Yadav dagegen ist ein echter indischer Geheimagent. Den werde ich kaum für Plunder eintauschen."

„Plunder sind diese Leute nicht, Herr Khan. Sie sind die besten Kontaktleute, die die Agency in Südasien hatte. Ich bin mir ziemlich sicher, dass General Shahram sie sehr gern zurückhätte."

„Dann sollten Sie ihn ansprechen, Herr Krishnamurthy, nicht mich. Wie Sie selbst gesagt haben, wir beide sind Praktiker. Wir sind Polizisten, oder jedenfalls waren wir mal welche. Shahram und die Agency können in ihrer Weltsicht manchmal etwas kurzsichtig sein. Ohne

Zweifel würden sie ihre Agenten gern wiederhaben. Aber ich für mein Teil betrachte sie als wertlos. Sie sind enttarnt, damit sind sie aus nachrichtendienstlicher Sicht so etwas wie die Zeitung von gestern. Niemand in Pakistan wird ihnen eine Träne nachweinen. Yadav dagegen hat Familie. Ziemlich medienwirksame Familie, wie ich in Ihren Fernsehnachrichten feststellen konnte. Was könnte die Hunderte von indischen Fernsehkanälen daran hindern, über sie zu berichten? Sondersendungen, warum nicht, vielleicht könnte man etwas jährlich Wiederkehrendes draus machen. Oder eine der Fernsehanstalten könnte auf die Idee kommen, so eine Uhr einzurichten, wie die amerikanischen Netzwerke es während der Botschaftsbesetzung in Iran getan haben, um die Tage und Stunden zu zählen, die Yadav in Haft ist. Dann würde Ihr Premierminister jeden Abend, wenn er die Tagesschau ansieht, an sein Versagen erinnert werden. Vierhundertundvierzig Tage seit Shivlal Yadavs Gefangennahme. Vierhundertundvierzig Tage ist Yadav in Pakistan. Sie würden tränenreich darüber berichten, wie seine Familie immer noch auf die Rückkehr von Gatten und Vater wartet, während die Regierung ihnen Bockmist von den Bemühungen der ruhmreichen indischen Staatsmacht erzählt, Yadav freizubekommen. Faszinierende Vorstellung. Ich würde mich nicht wundern, wenn irgendwer einen Bollywood-Film draus machen würde. Vielleicht könnte Shah Rukh Khan dafür gewonnen werden oder Aamir Khan, Yadav zu spielen. Käme dem Safran-Tiger in einem Wahljahr wohl nicht so gelegen, oder?“

„In Ordnung. Was verlangen Sie?“

„Ich erwarte ein seriöses Angebot, das ich dem Premierminister und dem Militär vorlegen kann. Es muss etwas Vernünftiges sein, keine Brosamen, die vom Tisch fallen.“

Krishnamurthy setzt seine Kaffeetasse ab und steht auf, um den Blattgold-Koran näher zu betrachten. „Der Kaffee in diesem Land ist schrecklich. Man könnte meinen, wenn sie über ein Viertel der Menschheit herrschen konnten, hätten die Engländer auch lernen können, einen ordentlichen Kaffee zu kochen. Ich koche mir jeden Morgen meinen eigenen, südindische Art. Dieser Koran ist wirklich einzigartig. Wenn ich nur daran denke, dass einer von Guptas Kunden dieses Zeugnis unserer Geschichte kauft, irgendein unterbelichteter englischer Adliger, der in Oxford oder Cambridge Religionswissenschaft studiert hat, weil er sich nie im Leben Sorgen um einen Job im richtigen Leben machen musste, wird mir schlecht. Oder noch schlimmer, ein russischer Oligarch mit einem Supermodel als Freundin und so viel Geld, dass er nicht weiß, wohin damit. Der kauft es, weil es für Gesprächsstoff auf der nächsten Cocktailparty sorgen soll. Zum Kotzen."

„Warum legen Sie Ihrem Premierminister nicht nahe, es für die Nation zu erwerben? Ich würde es tun, aber leider wären wir nicht in der Lage, es zu bezahlen."

„Bedauerlicherweise handelt es sich um einen Koran, das würde einen Ankauf für ihn grundsätzlich ausschließen. Vielleicht könnte Herr Hamdani aber Anwar Tarin Malik zu einer Spende für die kulturelle Einheit des Subkontinents bewegen. Für ihn wäre der Ankauf eine Kleinigkeit. Wie ich gehört habe, hat er sich neulich erst für fünfzig Millionen Pfund einen hübschen Herrensitz hier in England gekauft, in den Home Counties."

„Ich werde es ihm vorschlagen, wenn er mich auf seinen Herrensitz einlädt."

„Gut, Herr Khan, Scherz beiseite. Sie wollten ein seriöses Angebot, ich mache Ihnen ein seriöses Angebot. Sie haben gesagt, Sie würden Yadav eintauschen, wenn Sie dafür Kaschmir bekommen. Wie schon gesagt, Kaschmir kann ich Ihnen nicht geben, aber ich kann Ihnen das Herz von Kaschmir anbieten. Das Hurriyat-Trio. Wenn Sie mir Yadav zurückgeben, gebe ich Ihnen die drei mächtigsten Mitglieder der Hurriyat Jamaat, die wichtigsten Muslim-Führer im Tal."

„Aber die sind seit ..."

„... fast drei Jahren im Gefängnis, ja. Ich kann sie nicht zurück nach Srinagar lassen, aber ich werde ihnen erlauben, nach Pakistan zu gehen. Ihre Familien sind sowieso schon seit einer Weile in Muzaffarabad. Auf Ihrer Seite der Grenze können sie Krach schlagen, soviel sie wollen. Die Freilassung der drei war ein Kernanliegen Ihrer Regierung als Voraussetzung für Verhandlungen. Ich gebe sie Ihnen umsonst."

„Ganz umsonst ja nun auch nicht."

„Yadav ist dagegen belanglos. Das müssen sogar Sie einräumen."

„Warum bieten Sie mir dann die drei für ihn an?"

„Weil Yadav mir etwas bedeutet. Ich war es, der ihn mit der Mission beauftragt hat. Ich bin verantwortlich für alles, was ihm geschieht. Ob mein Premierminister ihn für wichtig hält oder unwichtig, oder ob Sie das tun, spielt für mich keine Rolle. Er ist mein Mann, ich will, dass er zurückkommt."

„Und der Safran-Tiger wird bereit sein, das Hurriyat-Trio aufzugeben?"

„Er wird allem zustimmen, was ich ihm im Interesse der Nation empfehle. Sie haben ja in leuchtenden Farben die mögliche Wirkung auf die Medien ausgemalt, falls Yadav in Pakistan bleibt. Selbst der PM wird wahrscheinlich zu dem Schluss kommen, dass drei Anführer der kaschmirischen Unabhängigkeitsbewegung, die seit mehreren Jahren fern der Öffentlichkeit hinter Schloss und Riegel sind, ein faires Angebot für Yadav sind. Darüber hinaus sind wir sie dann auch noch in Indien los. Ein Problem weniger. Aber ich könnte Ihnen dieselbe Frage stellen. Haben Sie Aussicht, Ihren Premierminister, die Agency und das Trio von dem Deal zu überzeugen? Das ist ziemlich viel verlangt."

„Ich könnte es versuchen. Sie bieten mir also an, alle kürzlich gefangenen V-Leute *und* das Hurriyet-Trio freizulassen, korrekt?"

Krishnamurthy setzt sein charmantestes Lächeln auf: „Herr Khan, ich habe Ihre Akte gründlich studiert, aber nirgends stand, dass Sie so ein Schlitzohr sind. Wollen Sie mich über den Tisch ziehen?"

„Sehen Sie, ich muss mehrere Parteien mit teilweise gegensätzlichen Interessen zufriedenstellen. Sie dagegen müssen nur einen Mann bearbeiten, und der wird zweifellos begeistert sein über den politischen Impetus, den es ihm verleiht, wenn Yadav am Grenzübergang Wagah mit Girlanden empfangen wird. Der Safran-Tiger, der sein Versprechen erfüllt, keinen indischen Staatsbürger in Feindesland im Stich zu lassen, großartig. Von unseren Agenten weiß die Öffentlichkeit bei Ihnen nichts, also können Sie sie uns problemlos übergeben."

„Und Ihr Premierminister kann sich selbst als großen Staatsmann inszenieren, dem es gelungen ist, das Herz des Kampfes um Kaschmir aus den Händen der indischen Tyrannen zu befreien. Lässt ihn gut aussehen, zu Hause wie im Ausland. Der Westen wird in ihm einen verhandlungsbereiten Friedensstifter sehen anstelle eines Kriegstreibers. Und natürlich werden General Shahram und seine Jungs glücklich sein, ihre Leute zurück zu haben. Wenn das funktioniert, könnte es sogar eine Grundlage für Gespräche in der nahen Zukunft bilden. Ich weiß, dass Ammar Hamdani den Dialog wünscht, und wenn wir unser kleines Geschäft erfolgreich abschließen können, sollte auch der Tiger dafür empfänglicher sein, so etwa in einem Jahr, wenn die Wahlen vorbei sind."

„Und was schlagen Sie vor, wie wir vorgehen sollen?"

„Ich werde zum Zeichen guten Willens die Freigabe der Agency-Männer bewilligen, sobald Sie mir grünes Licht geben. Dieser Teil des Abkommens lässt sich ohne mediale Aufmerksamkeit abwickeln. Anschließend kündigen wir an, dass das Trio freigelassen wird, gleichzeitig geben Sie bekannt, dass alle Anschuldigungen gegen Yadav fallenlassen werden. Dann einigen wir uns auf einen Zeitpunkt, zu dem der Austausch stattfindet. Wenn alles nach Plan geht, haben wir das noch vor Silvester in trockenen Tüchern. Einverstanden?"

„Ich kann nur zusagen, dass ich es versuchen werde, Herr Krishnamurthy. Aber prinzipiell ja. Wie halten wir Kontakt?"

„Über Giroud. Wir können ihm beide Nachrichten über unsere Fortschritte in der Sache zukommen lassen. Sobald der formale Rahmen da ist, können wir über unsere Hochkommissare kommunizieren, durch die Botschaften."

„Sehr gut, Herr Krishnamurthy."

„Danke, Sir." Krishnamurthy streckt die Hand aus, und Samir schlägt nach kurzem Zögern ein.

„Ich kenne nicht viele, die ihrer Reputation gerecht werden. Sie sind einer davon, Herr Krishnamurthy."

„Ich muss gestehen, ich denke genauso über Sie. In dieser Welt voller Schatten und Betrug ist es gut, zuweilen einem ehrbaren Mann zu begegnen. Um unser aller willen hoffe ich, dass wir mit unserem Vorhaben durchkommen. Viel Glück! *Khuda hafiz*, Herr Khan."

„*Khuda hafiz*, Herr Krishnamurthy."

17. Kapitel

London
2. November, 16 Uhr

Der Barhocker direkt hinter dem Schaufenster des Pret a Manger-Schnellimbisses ist der ideale Ort für eine Observation. Von hier aus kann man beinahe die ganze Straße übersehen, während man selbst durch die fetten Buchstaben auf dem Fenster von außen so gut wie unsichtbar ist. Die Straße ist weitgehend leer. Obwohl die Lockdown-Bestimmungen gelockert wurden, scheinen noch viele Leute Menschenmengen im öffentlichen Raum zu meiden. Duke Street liegt aber auch sonst ein wenig abseits, im Schatten der nahegelegenen touristischen Anziehungspunkte wie Pall Mall und Piccadilly. Nur Leute, die sich wirklich für Kunst interessieren, kommen hierher. Constantine zählt acht Kunsthandlungen, außerdem vermerkt er den Hintereingang zu dem großen Auktionshaus Christie's. Die wenigen Orte in dieser Straße, die nicht mit Kunst zu tun haben, sind die Sandwich-Bar, in der er sitzt, ein Herrenfrisör zwei Häuser weiter und ein Pub an der Ecke, vor dem eine kleine Gruppe sich zu einem schnellen Freitagabend-Bier zusammengefunden hat.

Seiner jüngeren Tochter, Choti, hätte es hier sicher gefallen. Sie ist selbst Künstlerin, oder versucht es jedenfalls, in Thailand. Von Zeit zu Zeit schickt sie ihm Bilder ihrer Arbeiten auf Whatsapp. Er versteht nichts von Kunst, aber die Bilder machen auf ihn einen ganz ordentlichen Eindruck. Auch so etwas gehört zu dem Leben, das seine Töchter jetzt haben. Und es ist eine schmerzhafte Erinnerung daran, dass er ihnen das nie hätte bieten können. Constantine starrt in die Plastiktasse mit dünnem Tee – English Breakfast Tea – und seufzt. Begehrlich blickt er zu dem dampfenden schaumigen Cappuccino hinüber, der vor Has steht und aromatisch duftet, und wünscht sich, er hätte nicht die fade Brühe bestellt, die sie hier Tee nennen. Er dreht sich um und lässt den Blick schweifen. Sie sind die einzigen Gäste, die drinnen sitzen. Das Geschäft läuft schleppend, es gibt auch nur wenige, die sich etwas zum Mitnehmen holen. Obwohl das Lokal erst in anderthalb Stunden schließt, haben die Mitarbeiter schon mit dem Aufräumen begonnen. Falls Samir Ali Khan nicht bald herauskommt, werden sie woanders hingehen müssen.

Constantine richtet den Blick wieder auf die Straße. Ein Mann mit Kapuzenpulli und Sonnenbrille, drahtlose Kopfhörer im Ohr, betritt das Café. Der Mann erwidert Has' unauffälliges Nicken, aber anstatt zu ihnen geht er zuerst an den Tresen und bestellt sich einen Kaffee.

Has stößt Constantine an, als der Mann zu ihnen an den Tisch tritt. „Das ist Tas. Kurz für Tasnim. Ist hier in London stationiert, gehört zu unserem Observationsteam. Er hat die Zielperson von Regent's Park hierher verfolgt. Tas, das ist Constantine aus Karachi."

Tas hebt zur Begrüßung seine Tasse einen Zentimeter, aber macht sich nicht die Mühe, seine Kopfhörer abzunehmen, was Constantine irgendwie ärgert. „Hi. Tja, war gar nicht so ohne heute Morgen. Dieser Typ, schnell ist der. Konnte kaum mithalten."

„Wie sieht es draußen aus, Tas? Hat er mit irgendwem gesprochen?"

„Nee, Mann. Hat kein Schwein getroffen. Aber interessante Straße das. Hab ein paar HC-Typen gesehen, an beiden Enden. Irgendwas da am Kochen."

„Und, ertappt?"

„Nee, Mann. Bin rein und raus. Ne Weile im Pub rumgehangen, dann die Straße runter. Hab eh meinen Hoodie, wa."

Constantine findet Tas' Akzent noch unverständlicher als den von Has. „Was?"

„Sorry, Kumpel. Tas hier sagt, er hat zwei Typen von der High Commission gesehen, also vom Hochkommissariat, diplomatische Vertretung Indiens. Die überwachen die Straße an beiden Ausgängen."

„Woher weiß er, dass die vom Hochkommissariat von Indien sind?"

„Ich kenne die. Die sind Überwachungsprofis wie wir. Ich denke, da ist noch einer auf Piccadilly, neben einem Wagen mit indischem Diplomatenkennzeichen.“

„Können wir die von hier aus sehen?“

„Klar. Moment, sehn Sie mal zu dem Pub rüber, ok? Der Südasiate da im blauen Anzug, sieht aus wie ein Banker, auf der anderen Straßenseite. Und der andere ist da“, Tas beugt sich über die beiden Männer und zeigt in die entgegengesetzte Richtung, „an der Ecke, sieht südindisch aus, Jeans, Jacke und Sportschuhe, sieht sich das Schaufenster an wie ein Tourist. Einkaufstüte in der Hand. Das ist er.“

Nachdenklich nippt Constantine an seinem lauwarmen Getränk. Jetzt beginnt es interessant zu werden. Warum haben die Inder so viele Agenten eingesetzt? Und was macht Samir Ali Khan in einer Kunsthandlung, obwohl in seiner Personalakte nichts darauf deutet, dass er sich jemals für Kunst interessiert hat?

„Sagen Sie mir, Tas, hat die Zielperson, seit er in London eingetroffen ist, jemals so eine Galerie besucht?“

„Fehlanzeige.“

„Was macht er dann hier?“

„Na ja, was auch immer, sieht aus, als wäre er fertig damit. Da kommt er.“

Has zeigt zu der Galerie gerade gegenüber. Wahrhaftig, da kommt Samir Ali Khan, sieht zum Himmel auf, der sich allmählich verdüstert, zieht den Kragen seines Mackintosh hoch und macht sich auf den Weg in Richtung St. James’ Park, dorthin, von wo er früher gekommen ist. „Fuck, wo will er so schnell hin? Tas, mach zu, bleib ihm auf den Fersen, ok?“

Fluchend wirft Tas seine Tasse mit einem Rest Kaffee in den Mülleimer und geht zur Tür. „Was, wenn mich die Aufpasser da sichten? Ist nämlich nicht so ohne, bei dem Tempo, das der draufhat.“

„Ja, ok, wenn sie dich sehen, dann sehen sie dich halt. Wurscht. Hey, Connie – kann ich Sie Connie nennen? Ist einfacher als jedes Mal der Name. Sollen wir auch los? Wo wollen Sie hin? Den Vogel im Auge behalten?“

„Wir bleiben hier. Ich will wissen, wer noch aus dem Geschäft herauskommt. Er, oder sie, das ist unser wahres Ziel. Haben Sie eine Kamera?“

„Ja."

„Gut. Nehmen Sie sie zur Hand und machen Sie Bilder, ab jetzt. Und nennen Sie mich nicht Connie. Ich heiße Constantine."

Fünfzehn Minuten verstreichen. Has macht ein paar Aufnahmen von den indischen Sicherheitsleuten. Beide halten die Stellung, auch nachdem Samir weggegangen ist. Das spricht dafür, dass ihr Chef sich noch in der Gegend aufhält. Die zunehmend säuerlichen Blicke der Pret-Mitarbeiter bringen Constantine dazu, sich ein Brownie zu bestellen, obwohl es ihm, wenn er im Kopf den Preis in Rupien umrechnet, beinahe im Halse stecken bleibt. Gerade als er sich wieder auf eine längere Wartezeit einstellen will, stößt Has ihn an.

„Verdammte Axt, Mann. Sie haben recht gehabt, den Laden weiter unter Beobachtung zu halten. Sehen Sie mal, wer da gerade herausgekommen ist."

Zuerst sieht er den Wagen, einen Mercedes S-Klasse, der eben an der Ecke der Duke Street gehalten hat. Er sieht den Chauffeur herauskommen und die hintere Beifahrertür öffnen, und er sieht die Frau aussteigen, eine stattliche Frau mittleren Alters in Designer-Jeans, legerem T-Shirt und einem Canada Goose-Parka mit Pelzbesatz. Sie kommt auf sie zu, die Absätze klackern über das Pflaster, jeder Schritt so anmutig wie zielstrebig. Constantine braucht einen Moment, bis er sie richtig im Blick hat, das liegt wohl am Jetlag. Aber jetzt folgen seine Blicke Alina Faruq zum Eingang derselben Galerie, die Samir gerade verlassen hat.

„Was halten Sie davon, na?"

„Has, ich glaube, wir müssen uns einen anderen Posten für die Observierung suchen. Die werden uns hier jeden Moment hinauswerfen, und ich habe den Eindruck, dass wir noch eine ganze Weile hierbleiben müssen."

London
3. November, 1 Uhr nachts

„Alles in Ordnung, Madam?“

Der Pförtner, verwundert, sie zu dieser Uhrzeit aus dem Lift treten zu sehen, kommt auf sie zu, aber sie wimmelt ihn mit einem lässigen Kopfschütteln und einem strahlenden Lächeln ab, während sie sich den Kopf zerbricht, wie er heißt. War es Richard? Oder George? Egal. „Ich gehe nur noch einmal zum Kiosk, was zu trinken holen. Wie geht es Ihrer Familie?“ Ein Mann in diesem Alter hat doch bestimmt eine Familie. Besser so als ihn mit dem falschen Namen anzureden.

„Oh, danke, Madam, alles in Ordnung.“ Er schenkt ihr ein dankbares Lächeln. An diesen kurzen Austausch wird er sich erinnern. Die Dame von 1102 hat sich netterweise nach seiner Familie erkundigt, als sie morgens um eins das Haus verlassen hat. Darüber wird er hoffentlich vergessen, was ihrer eigenen Meinung nach offenkundig ist, nämlich ihren erregten und verzweifelten Gemütszustand.

Aber wenn Alina Faruq irgendetwas zur Vollkommenheit beherrscht, ist es, Leuten etwas vorzuspielen. Es gehört schließlich zu ihrem Beruf. Egal wie du dich fühlst, wenn die Scheinwerfer angehen, stellst du mit deinem ganzen Körper, deinem Gesicht, den Augen, mit jeder Bewegung deines Körpers das dar, was der Kameramann dir sagt. Vielleicht würde sie am liebsten gehen und sich aufhängen, aber sie ist äußerlich perfekt angezogen und geschminkt für die Rolle, die sie zu spielen hat, die Rolle einer Frau, die eben mal um die Ecke geht, um sich eine Packung Zigaretten oder eine Flasche Wein zu besorgen. Die Canada Goose-Jacke bedeckt ein weites T-Shirt und eine Lululemons-Sporthose. In der Hand hat sie ein Etui für Kreditkarten und ein Mobiltelefon.

Wieder steigt Panik in ihr auf, über den Verrat, mit dem sie gerade begonnen hat, und darüber, ob sie damit durchkommt. Wird der Pförtner nicht Verdacht schöpfen, wenn sie länger als die Viertelstunde wegbleibt, die sie braucht, um zum nächsten Kiosk zu gehen? Wird er bemerken, dass sie bei ihrer Rückkehr kein Handy mehr dabeihat? Oder hat er womöglich bereits erkannt, dass das Mobiltelefon, das sie in der Hand hat, gar nicht ihr eigenes ist?

Auf der Straße holt sie tief Luft und fasst sich etwas. Sie bewegt sich ein paar Schritte in die Richtung, in der der Kiosk sich befindet, hält auf dem Bürgersteig vor ihrem Gebäude inne und blickt sich langsam um, ob der Pförtner ihr noch nachsieht. Er ist nicht zu sehen, also wendet sie sich in die entgegengesetzte Richtung und geht schnellen Schrittes zum Regent's Park. Der erste Teil des Versteckspiels ist geschafft.

Sie kann selbst kaum glauben, dass sie sich darauf eingelassen hat, und ist unfähig abzuschätzen, wie weit sie noch gehen wird. Wie gelähmt von der Ungeheuerlichkeit dessen, was sie getan hat, und den absehbaren Konsequenzen, verweigert sich ihr Gehirn dem logischen Denken, und sie tut mechanisch, was ihr aufgetragen worden ist. Etwas anderes kommt ihr nicht in den Sinn. Es ist so schon schwierig genug, Krishnamurthys Instruktionen im Kopf zu behalten: Die Prince Albert Road überqueren, dann links abbiegen und 200 Meter bis zum ersten Parkeingang. Weiter durch den äußeren Ring des Parks und kurz vor Überquerung des Kanals nach der Bank rechts von der Brücke Ausschau halten. Auf der Bank Platz nehmen und bis Zwanzig zählen, so dass ein zufälliger Beobachter denken kann, dass Sie etwas auf dem Handy nachschauen oder eine Zigarette aus der Tasche holen. Das Kreidekreuz auf der Bank suchen. Ohne sich umzuschauen, so unbefangen wie möglich wirkend, das Mobiltelefon auf der Markierung ablegen und weggehen. Nicht rennen. Gehen. Zügig, so dass es wirkt, als wäre Ihnen kalt und Sie wollten schnell zurück ins Warme. Ruhig bleiben. Zum Kiosk gehen, ein paar Minuten herumschauen, mit dem Mann an der Kasse sprechen, ihn nach etwas fragen, wonach er erst suchen muss. Oder nach etwas, was er unter dem Ladentisch hervorkramen muss, irgendetwas, was ein paar Minuten Zeit in Anspruch nimmt. Zigaretten, Wein, Kondome, was auch immer. Mehrere Dinge kaufen, gleichgültig was, aber genug, um nach einer Plastiktüte zum Tragen zu verlangen. Nach Kleingeld suchen, um weiter Zeit zu schinden. Zurück zum Bürgersteig vor Ihrem eigenen Gebäude. Eine Zigarette anzünden und rauchen, oder so tun, als ob. Richtig zu rauchen wäre besser, aber nach Ihrer Akte sind Sie Nichtraucherin. – Lieber Himmel, woher weiß er so genau über sie Bescheid? – Außerhalb des Gebäudes warten. Falls nötig, noch eine Zigarette rauchen. Ungefähr 25 Minuten, nachdem Sie das Telefon abgelegt haben, wird ein Mann Sie um Feuer bitten. Während er sich vorbeugt, um seine Zigarette an Ihrer anzuzünden, wird er das Handy in Ihre Plastiktüte fallen lassen. Nehmen Sie es mit hoch und geben es dem Eigentümer zurück. Das ist alles.

Er hat es so lässig gesagt, als wäre es nichts, eine leichte Aufgabe, die ein Kind ausführen könnte. Als ob sie täglich damit beschäftigt wäre, Leute zu verraten. Sie hasst ihn dafür. Sie hasst ihn noch mehr für das, was er am Nachmittag mit ihr angestellt hat, als er jedes einzelne Feigenblatt von ihrer Persönlichkeit entfernt hat, so dass sie sich in einer Weise nackt gefühlt hat wie noch nie, auch nicht bei dem gewagtesten Fototermin. Und das alles in demselben monotonen Tonfall, mit einer Stimme, die an den verborgensten, dunkelsten Geheimnissen ihres Lebens dieselbe Anteilnahme verriet, als würde er gerade in einem Schnellimbiss einen Cheeseburger bestellen.

Er hatte sie vollkommen unerwartet am Vormittag kontaktiert. Giroud hatte sie vorgewarnt, dass sie während ihres London-Aufenthalts mit einer Kontaktaufnahme rechnen müsse, aber er hatte weder gesagt, wann das geschehen würde noch wie. Es war eine Textnachricht, und sie erreichte sie am frühen Morgen, als sie gerade mit dem Shavasana am Ende ihrer morgendlichen Yoga-Praxis fertig war. Jemand würde sie während ihrer Schwimmstunde ansprechen. Sie war wie stets zum Schwimmbad gefahren, und nach genau einer Runde hatte ein Mann im Hotelbademantel des Jumeirah Carlton, der mit einer Zeitung am Beckenrand gesessen hatte, sich unauffällig genähert und ihr gesagt, sie müsse unverzüglich mit ihm mitkommen. Als sie protestieren wollte, hatte er ihr ihre eigene Nachricht an Krishnamurthy gezeigt, in der sie ihr Einverständnis zu einem Treffen gegeben hatte. Während sie sich umzog, hatte er einen Business-Anzug angezogen und wartete am Eingang des Spa-Bereichs auf sie, wo er sich wortreich dafür entschuldigte, sich ihr nicht gezeigt zu haben, bevor sie in den Pool stieg. Es war unerlässlich, hatte er ihr erklärt, dass sie einen nassen Badeanzug in der Tasche hätte, als Nachweis, dass sie tatsächlich schwimmen gewesen war, falls jemand argwöhnisch wurde. Sie hatte sich gewundert, dass er kein Inder war. Weiß war er aber auch nicht, sie konnte eigentlich nicht sagen, woher er stammte. Er wäre aus London, hatte er geantwortet, als sie ihn auf dem Weg nach unten gefragt hatte. Sie hatten den Lift an der Lobby vorbei direkt bis zur Tiefgarage genommen, und er hatte sie bis zu der Galerie in der Duke Street gefahren. Anscheinend war er in ständigem Kontakt mit jemand, denn sie waren mehrfach die Pall Mall auf und ab gefahren, bevor er die Weisung erhielt, sie abzuliefern.

In der Galerie war Krishnamurthy vollkommen geschäftsmäßig gewesen. Nichts war von dem charmanten südindischen Herrn aus dem Café gegenüber La Santé geblieben. Hier war er der Geheimdienstchef. Nach einem kurzen Austausch von Formalitäten war er zur Sache gekommen. Er müsste mehr über Samir wissen und brauchte dazu ihre Hilfe. Er wäre dabei, ein Geschäft mit ihm abzuwickeln, deshalb müsste er wissen, was für ein Mensch er sei. Was für Gewohnheiten er hätte. Was er zum Beispiel zum Frühstück esse. Welche Zeitung er lese. Oder ob er eine lese. Worüber sie miteinander sprachen, wenn sie zusammen waren. Was sie redeten, nachdem sie Sex gehabt hatten. Wie er im Bett war. Ob er ein sanfter Liebhaber war, ob er irgendwelche ungewöhnlichen sexuellen Vorlieben hatte. Ob er von ihr etwas verlangte, was ihr unangenehm war. Ob sie glaubte, dass er andere Sexualpartner hätte, weiblich oder männlich. Ob sie miteinander stritten. Wenn ja, worüber. Ob er über beide Ohren in sie verliebt sei oder noch reserviert.

Die Fragen, mit denen Krishnamurthy sie bombardierte, hatten sie betäubt. Dass sie diesem Mann alles über Samir berichten sollte, *alles*, angefangen von seinem Lieblingsobst bis zu der Frage, ob er sie gern von hinten nahm, dass sie zu all solchen Dinge Angaben machen sollte, und das in diesem düsteren Untergeschoss, während ein weiterer Fremder zuschaute und vermutlich die ganze Unterredung aufnahm, ging weit über das hinaus, was sie erwartet hatte, als sie in Paris die Vereinbarung mit Krishnamurthy getroffen hatte. Es sei zu persönlich, hatte sie protestiert. Sie habe zwar zugestimmt, ihm und Giroud dabei zu helfen, ein Treffen mit Samir zu arrangieren, aber keineswegs, die intimsten Details ihrer Beziehung einem Fremden zu offenbaren. Krishnamurthy hatte ernst genickt, als hätte er Verständnis für ihre Vorbehalte, hatte aber keinen Zweifel daran gelassen, dass Zizu nur geholfen werden könnte, wenn sie mitspielte. Er brauchte nichts außer ein paar Informationen über Samir, eine Art Spickzettel oder Kurzfassung über ihn. Das wäre nun einmal sein Beruf, leider, und er täte nur, was er tun musste, so sehr es ihm widerstrebte.

Gut, hatte er schließlich gesagt, als sie sich weiter sträubte, ihm Fragen über intime Dinge zu beantworten, es gebe eine Möglichkeit, auf die Fragen zu verzichten. Er brauchte Zugang zu Samirs Mobiltelefon. Nur kurze Zeit, fünfzehn oder zwanzig Minuten höchstens, um die Daten zu kopieren. Danach könnte sie es einfach wieder zurücklegen. Das würde ihm helfen, Samir erheblich besser einschätzen zu können. Schließlich bewahren wir alle ja heutzutage unser Leben in unseren Handys auf, nicht wahr?

Sie war schockiert gewesen. Sie sagte, dass sie sich niemals bereiterklärt hatte, Samir auszuspionieren. Sie hatte eingewilligt, ihn in eine Situation zu bugsieren, die ein Treffen erlaubte, sonst nichts. Krishnamurthy stimmte ihr zu, tatsächlich wäre das das Ziel gewesen, und es hatte erstaunlich gut funktioniert. Er könnte ihr sogar mitteilen, dass das Treffen bereits stattgefunden hatte und dass die beiden übereingekommen waren, dass es weitere Treffen geben sollte. Aber Samir wäre in einige sehr delikate Verhandlungen verwickelt und müsste die Interessen vieler unterschiedlicher Gruppierungen unter einen Hut bringen. Krishnamurthy müsste im Voraus absehen können, wie diese Verhandlungen liefen, um mögliche unangenehme Überraschungen zu vermeiden. Vielleicht könnte er dadurch sogar Samir helfen. Aber all das wäre nur möglich, wenn er Samirs Mobiltelefon hätte.

Das Problem, erfuhr sie, war, dass die Franzosen hartnäckig an Zizu festhielten. Giroud wollte helfen, weil er überzeugt war, dass sie den Jungen aus Problemen heraushalten würde, aber jetzt hatten sich seine politischen Vorgesetzten eingeschaltet, und wenn Politiker bei so sensiblen diplomatischen Beziehungen mitmischten, das könne sie sicher verstehen, würden sie meistens alles verpfuschen. Nun gäbe es einen blödsinnigen Innenminister, der darauf beharrte, dass ein Fang wie Zizu medial ausgeschlachtet werden müsse, damit er selbst auf den Titelseiten der Zeitungen erschien und sich als Spitzenkandidat für die Wahl zum Parteivorsitzenden und als neuer de Gaulle – ohne dessen Esprit und Persönlichkeit – präsentieren könnte. Der Minister wollte Zizu als Sieg der *République* im Kampf gegen ihre eigene Bevölkerung vorführen. Er, Krishnamurthy, könnte Alina bei ihrer Mission behilflich sein, er könnte etwa den Botschafter bitten, ein Wort mit dem Minister zu reden. Irgendwas über mögliche Ankäufe von Raketen, Fregatten oder dergleichen, praktischerweise befand sich die Fabrik eines Anbieters im Wahlbezirk des Ministers. Indien war ein geschätzter Kunde, und ein größeres Waffengeschäft könnte ohne weiteres tausend Arbeitsplätze vor der nächsten Wahl bedeuten. Krishnamurthy meinte, der Minister ließe sich wohl dazu bringen, seine staatsmännischen Fähigkeiten in dieser Richtung zu beweisen, und dann könnte Zizu problemlos an sie überstellt werden. Um sich dafür einsetzen zu können, brauchte Krishnamurthy aber das Telefon.

Und das war, wie es zu dem faustischen Pakt mit dem Teufel kam. Sie hatte sich zum Verrat an dem einzigen Mann bereiterklärt, den sie je wirklich geliebt hatte. Den sie nun zum zweiten Mal verraten würde. Auf dem Rückweg von der Galerie verfluchte sie abwechselnd Krishnamurthy und ihr eigenes Schicksal. Religion hatte nie eine große Rolle in Alinas Leben gespielt, aber jetzt klagte sie das höhere Wesen an, das es da möglicherweise gab, dass es so ein grausames Spiel mit ihr trieb. Zwanzig Jahre zuvor hatte es einen Moment der Schwäche mit Kerim gegeben, der noch immer in sie verliebt war. Es war einen Tag vor der Vergewaltigung und einen Tag, nachdem Samir abgereist war. Sie hatte es nicht gewollt, aber als Kerim angefangen hatte, sie zu küssen, hatte sie keinen Widerstand geleistet. Dass sie am nächsten Tag in die *Banlieue* gefahren war, hatte den Zweck, ihm zu sagen, dass es lediglich ein Irrtum gewesen war, weil sie Samir so vermisste. Sie hatte ihm sagen wollen, dass es nie wieder etwas zwischen ihnen geben konnte, denn sie liebte Samir, und er sollte sich von dem One-Night-

Stand keinesfalls zu irgendwelchen Schlüssen hinreißen lassen. Es war ihr Schicksal gewesen, oder vielleicht ihr schlechtes Karma, dass sie Bouteflika über den Weg lief. Die Vergewaltigung versetzte sie in eine schwierige Lage. Samir davon zu erzählen hätte bedeutet, dass sie auch ihre Untreue mit Kerim hätte beichten müssen. Daher hatte sie, nachdem sie sich mit Karl beraten hatte, den Entschluss gefasst, die Wahrheit zu verschleiern, und zwar so sehr, dass sie nicht einmal den Vaterschaftstest machen ließ, der eindeutig nachgewiesen hätte, wer der Vater des Kindes war, Kerim oder der Vergewaltiger. In einem letzten Versuch, sich wieder in ihr Leben einzubringen, hatte Kerim sich als Vater eintragen lassen. Er hatte geglaubt, das gemeinsame Kind würde sie wieder zusammenbringen, aber das Gegenteil geschah. Alina hatte zwar Kerims Angebot angenommen, sich um die Erziehung des Kindes zu kümmern, weil es für sie bequem war, aber die Verbitterung darüber, dass sie den Mann hatte verlassen müssen, den sie liebte, trieb sie von Kerim und ihrem Sohn weg. Der Junge konnte nichts dafür, und sie lehnte ihn auch nicht ab, aber seine Existenz erinnerte sie ständig an das, was sie hatte aufgeben müssen. Das Resultat war, dass letztlich nicht mehr als eine lose finanzielle Verbindung zwischen ihr und ihrem Kind blieb. Kerim war an ihrer Zurückweisung zerbrochen, das hatte Zizu vollkommen richtig gesehen. Am grausamsten war für ihn ihre Heirat und die Übersiedlung nach New York gewesen, die Kerim zwang, alle Fantasien einer Wiedervereinigung endgültig fallenzulassen. Der Schock vernichtete ihn und löste in ihm einen tiefen und gefährlichen Hass aus.

Als Samir aus Paris zurückkehrte, hatte er ihr ernste Vorhaltungen gemacht, weil sie den Jungen im Stich gelassen hatte. Samir hatte ihr ohne Umschweife klargemacht, dass Zizu all das Schlimme nicht hätte durchmachen müssen, wenn sie für ihn dagewesen wäre. Er hatte auch gesagt, dass es noch nicht zu spät wäre, und dass sie selbst nach so vielen Jahren vielleicht noch ihren Sohn retten könnte, das sagte ihm seine professionelle Erfahrung. Paradoxerweise hatte sein Appell an ihre mütterlichen Gefühle sein eigenes Schicksal besiegelt. Samir Ali Khan hatte ihr so eindringlich und aufrichtig ins Gewissen geredet, dass sie zu der Gewissheit gelangte, sie müsse ihren Sohn um jeden Preis retten. Keiner von ihnen war auf die Idee gekommen, ein Teil des Preises könnte Samir selbst sein.

Als sie die Galerie verließ, war sie nicht in den wartenden Wagen gestiegen. Sie war durch die Londoner Innenstadt gestreift, halb weinend, halb betend, dass sich irgendein Ausweg aus ihrer Zwangslage auftäte. Sie musste ihren Sohn retten. Aber sie wollte so kurz, nachdem sie endlich das Glück ihres Lebens gefunden hatte, auch das nicht so schnell aufgeben. Und dass das die Folge sein würde, konnte ihr kein Krishnamurthy ausreden, und wenn er noch so sehr darauf beharrte, dass ihre Aktionen, wenn sie sie nur genau nach Vorschrift ausführte, nie entdeckt werden könnten und dass ihre Beziehung mit Samir uneingeschränkt weitergehen würde. Das war doch dummes Zeug. Wenn sie tat, was Krishnamurthy von ihr verlangte, war es mit Samir aus. Wenn etwas sicher war, so das. Sie brauchte gar nicht zu versuchen, ihre Tat vor ihm zu verbergen, es war viel zu kompliziert, und er war kein Idiot. Er hatte bisher schon sein Talent bewiesen, ihre Geheimnisse aufzudecken. Brauchte ihr nur in die Augen zu sehen, dann wusste er, wie es um sie stand. Vor vielen Jahren hatte er ihr das öfter gesagt, wenn sie zusammen im Bett waren, er hatte sich darüber gefreut. Aber das war mit ein Grund gewesen, warum sie ihn nach der Beerdigung seines Vaters gemieden hatte, denn bei einer persönlichen Begegnung hätte ein Blick von ihm genügt, sie zu durchschauen.

Außerdem hätte Krishnamurthy, wenn sie bei ihm bliebe, jederzeit die Chance, Kontrolle über Samir zu erlangen. Und einer wie der würde so eine Gelegenheit nie ungenutzt lassen. Was er auch sagen mochte, wie sehr er auch seine wahren Motive hinter klebrigsüßen Worten und seinem Charme eines Gentlemans der alten Schule verbarg, in Wahrheit war er doch eine Schlange. Er hatte es ja selbst gesagt, es gehörte zum Beruf. Krishnamurthy würde auf jeden Fall versuchen, sie wieder zu manipulieren, wenn nicht mit Hilfe von Zizu, dann eben durch simple Erpressung. Sie konnte nicht zulassen, dass dieser Mann so viel Macht über Samir gewann. Also musste sie tun, was getan werden musste, denn es war der Preis dafür, dass sie ihren Sohn zurückbekam. Um Samir zu schützen, musste sich von ihm trennen. Wenn sie Krishnamurthy mitteilte, dass Samir alles über ihren Verrat herausgefunden hatte und nichts mehr mit ihr zu tun haben wollte, konnte der Inder ihr nichts anhaben. Samir würde es überleben, selbst wenn es an die Öffentlichkeit dringen sollte, was sie nicht hoffte. Er war etwas Besonderes, für Großes bestimmt. Jedenfalls würde sie Krishnamurthy kein zweites Mal die Genugtuung geben, Samir auszuspionieren, auch wenn es ihr das Herz brach, ihn ein zweites Mal zu verlassen.

Sobald sie ihren Entschluss gefasst hatte, ging es wie von selbst. Sie suchte mehrere Läden auf, kaufte eine Menge ein, so dass es nach einem längeren Einkaufsbummel in der Stadt aussehen würde, falls er fragen sollte, wo sie so lange gewesen war. Er fragte nicht, hatte er nie getan. Zu Hause hatte sie ein Festmahl für ihn zubereitet, das Reisgericht *Dampokht*, *Bhagare Baingan* mit Auberginen nach Hyderabadi-Art und als Fleischgericht *Shikampuri-Kebab*, alles Rezepte von ihrer Mutter. Während des Essens forderte sie ihn wiederholt zum Trinken auf. Nach den Jahren, in denen er gar keinen Alkohol zu sich genommen hatte, hatte er in jüngster Zeit mit großem Appetit wieder angefangen, Wein zu trinken, aber nur, wenn er mit ihr zusammen war, wie zur Bestätigung, dass er sich bei ihr wohl fühlte. Sein Meeting mit Krishnamurthy erwähnte er nicht, umso besser. Wenn er sie da ins Vertrauen gezogen hätte, wäre sie bestimmt zusammengebrochen und hätte ihm alles gestanden. Zum Schluss hatte sie mit ihm Sex, und als er sich auszog, hat sie darauf geachtet, wohin er sein Mobiltelefon legte. Erschöpft von der Liebe und ein wenig angetrunken schlief er ein. Und da hat sie sein Telefon an sich genommen und ist hinausgegangen.

Sie wirft noch einmal einen Blick auf das Handy in ihrer Hand. Jetzt ist ihre letzte Gelegenheit, es bleibenzulassen. Eine innere Stimme sagt ihr, dass es noch nicht zu spät ist. Noch ist nichts passiert. Sie schließt die Augen, spürt durch die Kleider die eiskalten Stäbe, die die Sitzfläche der schmiedeeisernen Parkbank bilden. Zizu als Kind kommt ihr in den Sinn, diese traurigen Augen, die sie bei den wenigen Malen, als sie ihn besucht hat, mit einem anklagenden Ausdruck ansahen, die kleinen

Hände, die sich nach ihr ausstreckten, die Enttäuschung, dass sie ihn nicht auf den Arm nahm. Dann sieht sie ihn als jungen Mann vor sich, gefangen in irgendeinem schmutzigen Kerker, mit demselben traurigen, hilfesuchenden Blick. Jetzt ist es leicht. Sie legt das Telefon auf die Bank und entfernt sich.

5. Buch

Kabul-Regeln

18. Kapitel

London
3. November, 1.17 Uhr nachts

Constantine riecht das Essen, noch bevor Has wieder im Lieferwagen ist. Das scharfe Aroma von Brathähnchen und Pommes dringt durch den Pappkarton und die Plastiktüte und erfüllt das Innere des Wagens. Dabei kommt ihm zu Bewusstsein, dass seine letzte Mahlzeit das fade Biryani war, das ihm im Flugzeug serviert wurde. Seitdem hat er nichts als Kaffee zu sich genommen.

„Wie ist es mit Hähnchen und Pommes, Kumpel? Keine Angst, Tas und ich holen es von einem KFC bei Swiss Cottage, da machen sie es halal."

Constantine sieht auf die Schachtel, die ihm hingehalten wird, und vergisst zeitweise, dass er auf Has sauer ist. Widerstrebend nimmt er sich eine Handvoll Pommes. „Das mit halal betrifft mich eher nicht."

„Ach ja, sorry, vergess ich immer. Dass Sie Christ sind und so." Has reicht ihm eine Dose Fanta. „Sorry, tut mir echt leid, wir sind überhaupt nicht dazu gekommen, Ihnen ein bisschen die Stadt zu zeigen und Sie zu was Richtigem einzuladen. Die ganze Woche haben die beiden Turteltauben sich nicht gerührt. Wir haben die meiste Zeit nur herumgesessen. Aber seit Sie heute Morgen eingetroffen sind, ist der Teufel los."

Zum x-ten Mal sieht Constantine sich um. Der Lieferwagen parkt auf der Charlbert Street, praktischerweise in einem Abschnitt der Straße, auf dem es keine Straßenlaterne gibt, was den Vorteil hat, dass sie im Schatten stehen. Außerdem hat man von hier aus eine vorzügliche Sicht auf den Eingang von Alinas Wohngebäude. Für eine Observation bestens geeignet, aber Constantine fragt sich, ob Has und Tas sich womöglich die Tarnung verscherzt haben, indem sie jeden Tag mit demselben Fahrzeug am selben Ort parkten. „Hat keiner sich gewundert, warum die ganze Woche über der Lieferwagen hier steht?"

„Nee, Kumpel. Wir haben einen gültigen Parkausweis. Und wir sitzen in der Regel hinten und sehen die Bilder von den Überwachungskameras an. Kein Grund zur Aufregung, Mann, ist nicht das erste Mal. Haben schon jede Menge Jobs wie den hier erledigt. Haben die eigentlich was über die Fotos gesagt, die wir denen von der Galerie geschickt haben?"

Constantine sieht wieder auf die Pappschachtel mit KFC Chicken und kämpft mit sich, ob er auf seinen knurrenden Magen hören oder lieber abwarten soll, bis er etwas Gesünderes bekommt. Der Magen gewinnt den Kampf, und er beißt in einen Hähnchenflügel, spült ihn mit einem ordentlichen Schluck von der Fanta hinunter. Von dem zuckrigen Getränk schießt es ihm wie ein Stromschlag durch den Körper. „Ja, die haben geantwortet. Sie haben den Mann identifiziert, der nach Alina Faruq und Samir Ali Khan aus der Galerie gekommen ist."

„Wer ist es? Jemand, den Sie kennen?"

Constantine schaut noch einmal auf die Nachricht von General Shahram. Das Bild ist zurückgekommen, der Kopf des Mannes ist mit einem roten Kreis markiert. Darunter steht, alles in Großbuchstaben, KRISHNAMURTHY, DER GROSSMEISTER, CHEF DES INDISCHEN AUSLANDSGEHEIMDIENSTES. UNTER KEINEN UMSTÄNDEN DIE SPUR VERLIEREN. Wenn er das liest, kann er vor sich sehen, wie Shahram vor Anspannung fast überschnappt. Er selbst ist kaum weniger aufgeregt. Dass eine Spur, die er aus einem Gefühl heraus verfolgt hat, die sein eigener Chef verächtlich gemacht hat, sich als etwas so Bedeutsames entpuppt hat, dass der berüchtigte indische Großmeister selbst darin verwickelt ist, raubt ihm den Atem.

„Ja. Die in der Verwaltung sagen, es ist der Chef des indischen Geheimdienstes."

„Was, hier in London? Teufel noch eins, Mann, dann ist es verflucht ernst."

„Ja. Deshalb können wir uns nicht den geringsten Fehler erlauben. Morgen müssen Sie ein größeres Team anfordern. Mehr Agenten auf der Straße, mehrere Personen, um die beiden zu beschatten. Profis, nicht irgendwelche Amateure, die sich erwischen lassen. Werden Sie meinetwegen Mitglied in dem verdammten Spa, aber wir können die beiden keinen Augenblick aus den Augen lassen. Können Sie das veranlassen?“

„Ja. Wir können sicher mehr Leute bekommen. Profis. Ich lasse mir auch ein paar Mädchen zuteilen, für bessere Tarnung. Aber das sind Leute, die arbeiten nicht Vollzeit für den Geheimdienst. Die haben normale Berufe, und die zu engagieren, das kostet. Ist das ok für die Führung? Normalerweise sind sie mit sowas ziemlich geizig.“

„Die Sache hat höchste Priorität. Geld darf jetzt keine Rolle spielen. Die Behörde wird zahlen, ganz gleich, was es kostet. Sehen Sie nur zu, dass bis morgen alles da ist.“

„Kein Problem. Ich schicke gleich Tas los, um das in Gang zu bringen. Bis morgen neun Uhr haben wir unsere Truppe zusammen.“

Has geht in den Laderaum des Lieferwagens und überlässt Constantine seinen Gedanken und dem Hähnchen, das zunehmend kalt wird. Eine Menge steht jetzt auf dem Spiel. Er kann nur beten, dass Has und seine Truppe gründlichere Arbeit leisten als bisher. Er kann nicht verantworten, die Zielpersonen aus dem Auge zu verlieren ...

„Has! Has, sie geht los. Die Zielperson bewegt sich.“

Has steckt den Kopf aus dem Wagen. „What the fuck? Das hat sie noch nie getan! Nie! Wieso steht sie da an der Tür herum? Wartet sie auf jemand?“

„Nein, sie bewegt sich. Richtung Park. Wo zum Henker ist Tas? Er sollte doch draußen an ihr dran bleiben!“

„Oh Scheiße, er, äh, er ist zur Tankstelle, holt mir was zu rauchen und einen Kaffee ... Ich hab nicht damit gerechnet, dass sie nachts rauskommt.“

„Ich gehe hinterher. Sie bleiben hier und lassen das Gebäude nicht aus den Augen! Falls er auch spazieren gehen will, gehen Sie mit! Klar?“

„Alles klar, Connie.“

Constantine steigt vorsichtig aus dem Lieferwagen, nimmt sich die Zeit, sich den Schal ordentlich um den Hals zu wickeln und den Reißverschluss seiner Jacke zu schließen. Falls jemand ihn beobachten sollte, würde es vollkommen natürlich wirken. Dabei löst er nicht einmal den Bruchteil einer Sekunde den Blick von ihr, und als sie an der Ecke Charlbert Street ist und die Straße überquert, um den Park zu betreten, geht er los. Er hält Schritt mit ihr, während er darauf achtet, sie nicht aus den Augen zu verlieren. Mehrere Male sieht er sich um, um zu überprüfen, ob noch jemand ihr folgt. Nach dem massiven Einsatz von indischen Geheimdienstlern an der Zuleikha Gallery kann er sich nicht vorstellen, dass sie niemand an ihrem Appartementhaus postiert haben. Erleichtert stellt er fest, dass nichts sich bewegt.

Er folgt ihr in den Park, bleibt im Schatten der Bäume. Sie geht nicht schnell, aber es ist trotzdem anstrengend, mit ihr mitzuhalten, ohne dass er sich verrät. Er ärgert sich, dass er nicht besser in Form ist. In jüngeren Jahren war das nie ein Problem. Er verflucht die täglichen Packungen Gold Leaf, und er gibt Mary die Schuld daran, dass er raucht. Wenn sie ihn nicht verlassen hätte, hätte er möglicherweise nie damit angefangen. Versteckt hinter einer Weide schnappt er nach Luft, wobei er sich vergewissert, dass sie in Sichtweite bleibt. Er hofft nur, dass niemand sonst einen nächtlichen Spaziergang im Park unternimmt. Falls jemand ihn entdeckte, schwer atmend im Gebück versteckt, würde er ihn mit Sicherheit für einen Perversen halten und die Polizei rufen. Es ist nicht wie eine Beschattung auf einer belebten Straße bei Tageslicht. Falls er erwischt wird, muss er irgendeine Erklärung parat haben, was er hier zu suchen hat. Da er der Polizei in so einem Fall schlecht die Wahrheit sagen kann, müsste er sich notfalls als Geistesgestörter oder Sittenstrolch abstempeln lassen.

Er wechselt zu einem anderen Baum. Sie sitzt auf einer Parkbank, den Kopf gesenkt. Anscheinend ist ihr nicht bewusst, dass er, oder wer auch immer, in der Nähe ist. Von seinem neuen Beobachtungsposten aus kann er erkennen, dass sie auf das Mobiltelefon starrt, das sie in der Hand hält, es dann auf der Bank neben sich ablegt. Dann steht sie abrupt auf und macht sich auf den Weg zurück. Constantine gerät in Panik. Er sieht deutlich das Handy auf der Bank liegen, absichtlich von ihr abgelegt. Das Metallgehäuse schimmert im Mondlicht. Sieht verflucht nach einem toten Briefkasten aus. Constantine muss wissen, warum sie das Telefon dort abgelegt hat. Wenn er aber hierbleibt, um sich mit dem Handy zu beschäftigen, entwischt sie ihm. Dafür, dass Has oder Tas sie bemerken, wenn sie aus dem Park kommt, würde er nicht die Hand ins Feuer legen. Es ist ja nicht einmal ausgemacht, dass sie zu ihrem Apartment zurückgeht. Shahram hat mit allem Nachdruck gefordert, dass er der Zielperson auf der Spur bleibt. Es geht einfach um zu viel.

Lautlos fluchend trifft er eine Entscheidung. Er behält sie im Auge, während sie eilig zurück zum Parkausgang strebt. Sobald er sicher ist, dass sie sich nicht umdrehen wird, huscht er zur Bank, die Augen jetzt auf dem glänzenden Metallgehäuse. Er setzt sich genau auf die Stelle, an der zuvor sie gesessen hat. Das Telefon hebt er nicht sofort auf, zuerst streift er mit der Hand über die Unterseite der Sitzfläche, für den Fall, dass sich dort noch etwas befindet. Dann überprüft er den Boden rund um die Bank, bevor er das Telefon in die Hand nimmt. Es ist ein iPhone, ein älteres Modell in einer abgegriffenen Lederhülle. Constantine dreht es etwas, weil das Display das Licht des Mondes so stark reflektiert, dass es leuchtet. Als er das Gerät in die Tasche stecken will, fällt ihm etwas auf der Rückseite auf. Es ist eine in das Leder eingeprägte englische Widmung: *To my dearest husband Samir*.

Er braucht eine Sekunde, um den Stellenwert dieses Fundes ermessen zu können. Alina hat Samir Ali Khans Mobiltelefon auf einer Bank im Regent's Park abgelegt. Das Telefon des Nationalen Sicherheitsberaters von Pakistan. Eine Welle der Erkenntnis, welche Größenordnung das hat, was er hier tut, überflutet Constantine. Trotz der Kälte gerät er ins Schwitzen. Er steht auf und blickt sich prüfend um, ob immer noch niemand sonst da ist. Und da sieht er sie.

Es sind zwei, gleichzeitig kommen sie auf ihn zu, in immer derselben Entfernung voneinander, wie zwei Jäger auf der Pirsch. Vorsichtig, aber beharrlich nähern sie sich seinem Standort. Dass sie ihn sehen, ändert nichts an der Zielstrebigkeit, mit der sie auf die Bank zuhalten. Obwohl es noch dunkel ist, erkennt er, dass es sich um Männer aus Südasien handelt. Irgendwie sehen sie ihm sogar bekannt aus. Einen Moment lang fragt Constantine sich, ob es etwa Has' Leute sind. Aber als sie aus dem Dunkel der Bäume ins Mondlicht treten, erkennt er sie.

Es sind die beiden Inder, die heute Morgen an beiden Enden der Straße Wache gestanden haben. Damit kann es nur einen Grund dafür geben, dass sie kontinuierlich näherkommen. Den Blick fest auf sie gerichtet, bewegt er sich vorsichtig von der Bank weg. Ein paar Schritte weiter hat er vorhin einen Abfallbehälter gesehen. Es ist ein altmodischer schmiedeeiserner Papierkorb, eher dekorativ als praktisch, aber das ist seine einzige Chance. Noch ist es so dunkel, dass sie seine Hände nicht deutlich erkennen können, also stellt er sich genau vor den Mülleimer und legt die Hände auf den Rücken. Mit den Fingern sucht er nach der Öffnung des Abfallkorbes, und sobald er sie gefunden hat, lässt er das Telefon behutsam hineingleiten.

Jetzt haben auch die Männer die Bank erreicht. Sie stieren beide auf die Stelle, an der er gesessen hat, und wenden sich dann ihm zu.

„Wo ist das Handy, Alter?"

Es klingt drohend. Constantines Körper spannt sich an, er duckt sich, ist auf der Hut. Er weiß, was gleich folgt, hat solche Situationen oft genug erlebt, aber es ist lange her, dass er in einen Kampf verwickelt war. Und die beiden sehen wie Profis aus, harte Kerle, und dabei halb so alt wie er. Kaum eine gute Ausgangsposition für ihn. „Oh, was für ein Glück, dass Sie da sind, meine Herren. Ich habe mich im Park verlaufen. Würden Sie mir wohl helfen?"

„*Phone do, bhenchod.*" Der Wechsel zum Urdu und das Schimpfwort sind eine Warnung. Constantine soll bloß nicht glauben, dass sie auf seine Spielchen hereinfallen.

„Sorry, mein Telefon? Oh, Himmel, Sie sind gar keine Parkwächter – Hilfe!! Hilfe!! Räuber!!"

Er nutzt die momentane Verwirrung, die er durch seine Hilfeschreie ausgelöst hat, um alle Kraft in einen Hieb auf den Solarplexus des Mannes zu legen. Er kann nur hoffen, dass das ausreicht, denn mehr wird er nicht aufbieten können. Der Mann gerät ins Straucheln, krümmt sich, schnappt nach Luft. Constantine ergreift die Gelegenheit, ihm hart ins Gesicht zu treten. Mit einem Schmerzensschrei fällt der Mann zu Boden. Inzwischen ist aber sein Kollege herangekommen, und Constantine macht sich das dadurch bemerkbar, dass ihn ein mächtiger

Schlag auf den Kopf trifft. Es fühlt sich härter und schärfer an als ein Faustschlag, und über Constantines Auge entsteht ein Riss, aus dem ihm Blut über das Gesicht strömt. Der Schlag zwingt ihn in die Knie, da landet der Mann einen weiteren Treffer auf seinem Kopf, und ein jäher Schmerz durchzuckt ihn. Er ist unfähig zu reagieren, fühlt nur noch Schmerz. Der Angreifer boxt ihm noch einmal zwischen die Rippen, bevor er ihn zu Boden gehen lässt. Constantine hat das seltsame Gefühl, von seinem Körper getrennt zu sein, als schwebte er darüber. Es folgt noch ein Tritt in die Rippen, dann ein weiterer, mit einem anderen Schuh, auf das Jochbein. Mit seiner Strategie, wenigstens einen der beiden auszuschalten, ist es wohl nicht weit her gewesen. Der Mann, den er anfänglich außer Gefecht gesetzt hat, ist offenbar wieder auf den Beinen, und wie wütend er ist, merkt Constantine an der Wucht des Tritts, der ihm die Nase zerschmettert. Dann erwischt ein weiterer Tritt beinahe seine Hoden. Er hat das Gefühl, dass ihm die Kraft schwindet. Er kann nicht mehr richtig denken, wahrscheinlich ist er schwer verletzt. Während die Schläge auf seinen reglosen Körper niederprasseln, richtet sich seine Hoffnung darauf, dass jemand nach ihm suchen wird. Sehr wahrscheinlich ist das allerdings nicht. Bevor er das Bewusstsein verliert, fällt sein Blick auf den Abfallkorb. Dass sie ihn zusammenschlagen, hat immerhin den Vorteil, dass die Männer nicht daran denken, an der richtigen Stelle nach dem Handy zu suchen. In der Entfernung hört er eine Sirene heulen. Es gibt eine kurze Unterbrechung der Schläge, weil einer der Angreifer sich über ihn beugt und ihn filzt, ihm die Innentaschen der Jacke umstülpt. Er kann nicht verstehen, was die beiden sagen, die Stimmen scheinen aus tausend Kilometer Entfernung zu kommen. Noch ein Schlag, heftig, vielleicht der schlimmste überhaupt, auf seinen Hinterkopf. Dann wieder die Sirene, lauter, näher. Ein heller Lichtstrahl. Und Rufen, Schreien. So viel Geschrei.

19. Kapitel

London
6. November

Der Geruch ist das erste, was er wahrnimmt. Desinfektionsmittel und Seife, der typische Krankenhausgeruch. Zumindest weiß er so, dass er noch am Leben ist. Er beugt die Finger und die Zehen, um zu sehen, ob sie noch alle da sind. Sie scheinen in Ordnung zu sein, und überhaupt fühlt er sich gar nicht so schlecht, wenn man bedenkt, wie furchtbar er verprügelt worden ist. In der Rippengegend spürt er einen dumpfen Schmerz und ein ständiges Pochen im Kopf, aber er hätte eher mit Schlimmerem gerechnet.

Langsam gelingt es ihm, wieder scharf zu sehen. Ein Mann steht an seinem Bett, ist das Has? Ja, tatsächlich. Er sagt etwas, aber er kann es nicht verstehen. Er fasst nach seinen Ohren und merkt, dass ein dicker Verband sie bedeckt. Has sagt etwas zu einer Krankenschwester, und sie scheint einverstanden zu sein. Mit einer Schere schneidet sie ein Stück des Verbands an seinem Ohr weg.

„Besser, Connie? Ja? Können Sie mich jetzt hören?"

Er versucht zu sprechen, aber sein Mund fühlt sich an wie Sandpapier. Die Schwester hebt seinen Kopf leicht an und flößt ihm etwas aus einer Schnabeltasse ein. Das Wasser rinnt ihm in den Mund wie Regen in ein ausgetrocknetes Flussbett.

„Was? Was sagt er, Schwester?"

„Ich hab gesagt, Sie sollen mich nicht Connie nennen." Seinen Bemühungen zum Trotz kommt nicht mehr als ein heiseres Flüstern heraus.

„Aha, na prima, schon wieder ganz der Alte!" Has' Kommentar bringt auch die Schwester zum Schmunzeln. Sie hält Constantine noch einmal den Wasserbecher hin.

„Willkommen zurück, Herr D'Souza. Wir haben uns schon Sorgen gemacht.“

„Wie lange? Wie lange war ich ...“

„Drei Tage. Sie haben schwere Verletzungen am Kopf und eine Gehirnerschütterung. Wenn Sie heute nicht aufgewacht wären, hätten wir Schlimmes befürchten müssen.“

„Mein Kopf ...“

„...tut sicher weh. Sie haben ganz schön etwas abbekommen. Zum Glück ist das Gehirn nicht betroffen. Jede Menge Schnittwunden auf Gesicht und Armen, eine gebrochene Rippe und eine kaputte Nase. Aber nichts, was sich nicht heilen lässt. Sie haben Glück gehabt, Herr D'Souza! Sie haben es geschafft, keine bleibenden Verletzungen davonzutragen.“

„Gott sei Dank, Kumpel. Als ich Sie im Park gefunden habe, dachte ich, das war's. Sie hätten sich mal sehen sollen, da auf dem Boden, alles voll Blut. Hatte eine Scheißangst. Entschuldigung, Schwester, ist mein Freund transportfähig? Kann er einen Langstreckenflug überstehen?“

„Nun, wir müssen seine Gehirnerschütterung noch ein, zwei Tage beobachten, und es wäre eigentlich gut, wenn er noch etwas Zeit hätte, sich von den anderen Verletzungen zu erholen. Nachher ist Visite, dann bekommen Sie vielleicht schon eine Prognose, aber wenn er partout reisen muss, sollte das aus medizinischer Sicht möglich sein. Allerdings nicht angenehm für ihn in den engen Sitzen im Flugzeug.“

„Oh ja, sicher, darum kümmern wir uns. Stecken ihn in so eine Erste-Klasse-Kabine.“

Die Schwester nickt höflich und geht zur Tür. „Der Doktor muss bald kommen. Inzwischen lasse ich Ihnen etwas zu essen bringen, Herr D'Souza, Sie müssen ja Hunger haben. Ach ja, und die Polizei will Sie auch sprechen. Ich sage Bescheid, dass Sie auf sind.“

Has wartet lächelnd ab, bis sie die Tür hinter sich geschlossen hat, dann zieht er seinen Stuhl dicht an Constantine heran.

„Warum haben Sie sie gefragt, ob ich reisefähig bin?“

„Wir haben nicht viel Zeit, ich bringe Sie nur gerade auf den neuesten Stand, was los ist und was ich den Bullen gesagt habe, als Sie hier lagen. Sie haben verdammtes Glück gehabt. Zwei Wachtmeister haben gesehen, wie die Inder in den Park rein sind, fanden es verdächtig und sind hinterher, um zu sehen, was die da wollten. Die beiden haben die Jungs dabei gestört, Ihren Kopf als Schuhputzmaschine zu benutzen. Keinen Moment zu früh. Die Arschlöcher haben mächtig zugelangt. Die hatten ihr Apartment observiert. Nachdem Sie den Wagen verlassen haben und ihr nach sind, habe ich gesehen, wie sie aus einem Auto gestiegen sind und Ihnen beiden in den Park gefolgt sind. Das hat mir einen Schrecken eingejagt, und ich habe beschlossen, dass ich selbst hinterhergehe. Ich habe gehört, wie Sie um Hilfe gerufen haben, und bin auf Sie zugerannt, aber die Polizisten waren eine halbe Minute vor mir da. Sie haben die beiden Halunken verhaftet und den Rettungsdienst gerufen. Ich habe ihnen gesagt, Sie wären ein Freund, gerade frisch aus Pakistan gekommen, ich hätte Sie vom Flughafen abgeholt und wäre mit Ihnen auf Besichtigungstour in die Stadt gefahren. Abends hätte ich einen Catering-Job gehabt, Sie wären mitgekommen, aber weil es sich hinzog, hätten Sie einen Spaziergang machen wollen, weil Sie noch nie im Regent's Park gewesen waren. Dort hätten die beiden Typen Sie überfallen, hätten versucht, Sie auszurauben, und Sie verprügelt, als Sie sich gewehrt haben. Wenn die Bullen kommen, bleiben Sie bei dieser Geschichte, und so, dass die das glauben. Unnötige Verwicklungen können wir nicht brauchen. Das Office will, dass Sie so schnell wie möglich zurückkehren."

„Moment, was ist mit ..."

„...dem Telefon? Ja, haben wir, dank Ihnen. Beim Office sind sie unheimlich froh darüber. Der Big Boss persönlich hat mit mir gesprochen. Hat nach Ihnen gefragt und mir gesagt, ich soll Sie in ein Flugzeug verfrachten, sobald die Ärzte es erlauben."

„Aber woher wussten Sie, wo Sie suchen mussten?"

„Als ich ankam, waren Sie blutüberströmt und kaum noch bei Bewusstsein. Aber Ihre Hand zeigte zu dem Abfallkorb. Und Sie haben immer wieder „Fo" gesagt. Die Bullen haben nichts kapiert, aber ich habe mir gleich gedacht, dass irgendwas Wichtiges in dem Mülleimer sein musste. Also bin ich mit Ihnen im Rettungswagen zum Krankenhaus gefahren, aber habe Tas angewiesen, er soll zu der Stelle gehen, sobald die Polizisten weg sind und die Luft rein ist, und soll im Abfalleimer nachsehen. Hat er getan und das Telefon herausgeholt. Ganz schön clever von Ihnen, das da reinzuwerfen, als die Gangster kamen. Echt genial."

„Und wo ist es jetzt?"

„Ach, als ich es im Office gemeldet habe, haben sie auf der Stelle ihren Vertreter im Hochkommissariat geschickt, der hat es mitgenommen. Sie wollten es sofort nach Islamabad zurückschicken. Ich glaube, der Oberst ist gestern hingeflogen, um es persönlich zu überbringen."

„Und die Inder?"

„Die werden eingelocht. Die Wachtmeister haben die beiden auf frischer Tat ertappt, nachdem sie gehört haben, wie Sie um Hilfe gerufen haben. Die können nicht leugnen, dass sie Sie überfallen haben, ohne auszuspucken, was sie in Wirklichkeit sind. Und selbst wenn, können sie ja schlecht zugeben, dass sie ein Mobiltelefon aus einem toten Briefkasten abholen wollten und dass sie, als Sie da aufgetaucht sind, auf Sie losgegangen sind. Sieht in jedem Fall nicht gut für die aus."

„Was ist mit den Zielpersonen?"

„Er ist gleich am nächsten Abend mit dem ersten PIA-Flug nach Pakistan zurückgeflogen. Sie ist gestern abgereist. Hat ein Taxi nach St. Pancras genommen, zuletzt haben wir sie gesehen, als sie zum Schalter für die Erste Klasse im Eurostar ging. Wir gehen davon aus, dass sie den Zug zurück nach Paris genommen hat, aber wir haben keine Bestätigung dafür. Haben die Information ans Office weitergegeben, so dass sie ihr Team in Paris auf sie ansetzen können."

„Warum sind sie so ... überstürzt abgereist?"

„Keine Ahnung, Kumpel. Aber irgendwie sind jetzt alle in Eile. Ich hab noch einen Anruf von ganz oben bekommen, vor knapp einer Stunde. Er will wissen, wann Sie fliegen können. Ich soll den nächstmöglichen Flug für Sie buchen. Der Boss ist ziemlich scharf darauf, Sie zu sprechen."

Constantine schließt einen Moment lang die Augen. Wenn doch nur das Pochen aufhörte! Er muss sich konzentrieren. Warum besteht Shahram darauf, dass er so schnell zurückkehrt? Sollte er nicht lieber nach Paris und sehen, was sie da macht? Er will Has danach fragen, aber da öffnet sich die Tür, ein Pfleger kommt mit einem Essenstablett, und gleich darauf folgen zwei uniformierte Polizisten, ein Mann und eine Frau.

„Herr D'Souza? Tag, Sir, ich bin Donna Morgan, und das ist mein Kollege Ben Stokes. Schön, dass Sie wieder da sind. Wenn Sie nichts dagegen haben, würden wir Ihnen gern ein paar Fragen stellen, um zu klären, was genau in der Nacht geschehen ist, als Ihnen das passiert ist. Fühlen Sie sich gut genug, jetzt mit uns zu sprechen?"

„Ja."

„Gut. Ihr Freund, Herr Batt, hat angegeben, dass Sie gerade erst aus Pakistan angereist waren. Ist das so richtig?"

„Ja. Ich bin gekommen, um an der Synode der Church of England teilzunehmen."

„Aha. Und was haben Sie so spät abends im Park gemacht?"

„Na ja, Has, der hatte mich ja vom Flughafen abgeholt, und als er arbeiten musste, habe ich ihn eben begleitet. Wir haben gewartet, dass diese Veranstaltung zu Ende geht, er hatte da irgendeinen Catering-Job in der Gegend ... es war mir langweilig, im Auto herumzusitzen, und ich dachte, ich könnte mir ja etwas die Gegend ansehen. Ich musste auch dringend pinkeln, aber um die Zeit war kein Restaurant offen, und so dachte ich, ich könnte es ja im Park tun. Und gerade war ich da, als die beiden Männer hinter mir auftauchten. Es war mir peinlich, weil, na ja, normalerweise darf man sich in der Öffentlichkeit ja nicht erleichtern, aber was hätte ich denn tun sollen. Jedenfalls, um die peinliche Situation ein bisschen zu überspielen, habe ich sie gefragt, wie ich aus dem Park wieder herauskomme. Da haben die sich umgedreht und auf einmal verlangt, ich soll ihnen mein Handy geben, also da habe ich gemerkt, dass sie mich ausrauben wollen. Dann haben sie mich angegriffen. Ich habe versucht, mich zu wehren, aber das war zwei gegen einen. Danach erinnere ich mich nicht mehr richtig. Tut mir leid."

„Ist schon in Ordnung, Herr D'Souza. Ich kann mir gut vorstellen, wie sehr Ihnen das alles zusetzt, vor allem, weil Sie das erste Mal hier sind."

„Entschuldigen Sie die Frage, aber was waren das denn für Männer?

Und warum haben sie mich angegriffen?“

„Die sind von hier. Beide aus Southall, mit Wurzeln in Südasien. Keine Vorstrafen, seltsamerweise. Und was auch auffällt, die waren ziemlich weit weg von zu Hause, für die Uhrzeit. Sie haben uns keine Erklärung dafür gegeben, dass sie sich im Park aufgehalten haben. Gibt es einen Grund für jemand, Sie zu attackieren? Haben Sie Feinde?“

„Ich war vor vielen Jahren bei der Polizei, in Pakistan. Aber ich bin längst pensioniert, habe nur noch mit kirchlichen Angelegenheiten zu tun. In London war ich noch nie. Kann mir von niemand vorstellen, dass er mich verletzen wollte. Nicht mal während meiner aktiven Dienstzeit, und das ist zehn Jahre her.“

„Sie haben recht, das macht keinen Sinn. Nun ja, da die beiden sich nicht äußern, werden wir die Anklage abwarten müssen. Unsere Vermutung ist, dass sie beobachtet haben, wie Sie den Park betreten haben. Sie hielten Sie für einen Touristen, weil die meisten Anwohner hier nicht so spät in den Park gehen, und beschlossen spontan, die Gelegenheit zu nutzen.“

„Entschuldigung, ist es ok, wenn Constantine das Land verlässt? Das hat ihm so einen Schock versetzt, er will nur noch zurück nach Hause. Sie brauchen ihn doch nicht mehr, oder?“ Has sieht die Polizistin erwartungsvoll an.

„Oh, Sie wollen schon wieder zurück nach Pakistan, Herr D’Souza?“

„Um ehrlich zu sein, ich bin wegen der Kirche hergekommen, aber nach diesem Überfall werde ich an der Synode nicht mehr teilnehmen können. Meine Familie ist auch in großer Sorge, und die Kosten für einen Krankenhausaufenthalt hier sind sehr hoch. Am besten wäre es, wenn ich nach Hause zurückkehren und mich dort auskurieren könnte. Ist das ein Problem?“

„Nein, eigentlich nicht. Wir hätten Sie gerne hierbehalten, um gegen die beiden auszusagen, aber ich kann Sie schon verstehen.“ Sie wendet sich an ihren Kollegen. „Was meinst du, Ben?“

„Tja, ich denke mal, wir haben alles, was wir brauchen. Wir haben die Aussage von Herrn D’Souza, und darüber hinaus haben die Kollegen vor Ort die Täter direkt dabei erwischt, als sie den Herrn hier angegriffen haben. Ziemlich klarer Fall, würde ich sagen. Sollte also kein Problem sein, wenn er nach Pakistan zurückfliegt."

„Wenn ich Ihnen noch irgendwie behilflich sein kann – wenn Sie Constantine noch einmal ansprechen wollen oder noch einen Zeugen brauchen, ich bin jederzeit für Sie da. Ich wohne hier und bin ebenfalls Augenzeuge des Überfalls."

„Vielen Dank, Herr Batt, ja, das wäre uns eine Hilfe. Also, ich denke mal, das wäre es erstmal, Herr D'Souza. Bitte informieren Sie uns, wenn Sie das Land verlassen, damit wir, soweit erforderlich, den nötigen Papierkram rechtzeitig erledigen können. Nochmals, wir bedauern außerordentlich, dass Ihnen das bei Ihrem ersten Aufenthalt in Großbritannien passiert ist. Ich hoffe, die verbliebene Zeit hier wird angenehmer für Sie. Auf Wiedersehen, Sir."

Has begleitet die Polizisten zur Tür, während Constantine sich dem Tablett mit Essen zuwendet und versucht, etwas zu sich zu nehmen. Vielleicht war es doch zu viel für ihn, so früh und so viel zu sprechen. Sein Brustkorb schmerzt fürchterlich, und in seinem Kopf scheint ein Presslufthammer am Werk zu sein. Er fragt sich, ob er wirklich transportfähig ist. Aber was General Shahram erwartet, ist unzweideutig, und zwar nicht allein wegen der Anweisungen, die Has erhalten hat, sondern auch den sechs Nachrichten zufolge, die inzwischen auf seinem eigenen Mobiltelefon eingegangen sind. Eben gerade hat er sie abgerufen: eine Frage der nationalen Sicherheit, höchste Priorität.

„Das haben Sie super hinbekommen, Connie. Absolut professionell. Ist ja auch kein Wunder. Wo Sie einer von denen gewesen sind. Ich wusste gar nicht, dass Sie bei der Polizei sind, hab gedacht, Sie sind auch vom Geheimdienst."

„Das war mal, in einem anderen Leben." Die Schmerzen in der Rippengegend sind unerträglich. „Rufen Sie den Arzt, Has. Ich brauche was gegen Schmerzen. Und dann sollten Sie herausfinden, wie ich möglichst schmerzfrei nach Hause komme. Der Chef ... mir hat er auch geschrieben. Ich muss zurück."

„Ja, ich habe auch schon wieder eine Anfrage von seinem Büro, gerade eben, die wollen wissen, ob ich bereits einen Platz für Sie reserviert habe. Sie sollen direkt nach Islamabad kommen. Keine Sorge, sie scheuen keine Kosten. Wir reservieren einen schönen, bequemen Platz für Sie in der ersten Klasse. Sie kommen heil zurück, Connie."

Islamabad
10. November

„Sie sehen schlimm aus. Man könnte glauben, ein paar indische Räuber hätten Sie so zugerichtet."

Schmunzelnd über seinen eigenen Witz kommt General Shahram hinter seinem Schreibtisch hervor und begrüßt Constantine mit einer herzlichen Umarmung. Constantine zuckt vor Schmerz zusammen. Wegen der festen Bandagen um seinen Brustkorb kann er kaum atmen, aber der Arzt in London hat ihm erklärt, nur so wären seine Rippen während des langen Fluges ausreichend geschützt. Er fühlt sich völlig zerschlagen nach der Reise. Has hat ihm tatsächlich einen Platz in der ersten Klasse verschafft, der ihm ungleich mehr Komfort bot als die Touristenklasse, aber er ist nun mal ein Mann Mitte Fünfzig, der gerade erst einen brutalen Angriff hinter sich hat.

„Willkommen zu Hause! Wie geht es Ihnen? Kommen Sie, auf dem Sofa sitzen Sie bequemer." Der General könnte kaum fürsorglicher sein. Er lässt seinen Adjutanten ein zusätzliches Kissen holen und weist ihn an, dafür zu sorgen, dass ein Arzt sich auf Abruf bereithält, um ihn gleich nach dem Meeting gründlich zu untersuchen. Eine Ordonnanz bringt Kaffee und Porzellantassen mit Monogramm, und der General schenkt Constantine selbst eine Tasse ein, bevor er das Wort ergreift. Dann aber hört man ihm an, dass er vor Aufregung beinahe platzt, wie ein Kind in einem Spielzeugladen.

„Gut, Sie so zu sehen. Ich habe mir Sorgen gemacht, als Batt sagte, Sie wären mehrere Tage lang bewusstlos gewesen."

„Danke sehr, Sir."

„Immens, was Sie in London geleistet haben. Ich hätte nie erwartet, dass diese Reise sich dermaßen auszahlen würde."

„Das Telefon, Sir, haben Sie es?"

„Oh ja. Ich habe es mir von meinem Mitarbeiter in London persönlich überbringen lassen."

„Und war es ... seins? Da stand etwas auf der Hülle ..."

„Ja, es gehört Samir Ali Khan. Jetzt erzählen Sie mir mal genau, was sich zugetragen hat."

„Wir haben an dem Abend ihre Wohnung observiert. Morgens hatten wir beobachtet, wie sie beide, jeder für sich, in die Galerie gegangen sind und den ... Inder getroffen haben."

„Ja, ich habe Ihren Bericht erhalten."

„Ja, Sir. Und Sie sagten ja, wir dürften sie auf keinen Fall aus den Augen lassen. Als sie spät in der Nacht aus dem Wohngebäude kam, bin ich ihr gefolgt. Ich habe gesehen, wie sie das Handy auf einer Parkbank abgelegt hat und weggegangen ist."

„Klassischer Fall von totem Briefkasten."

„Ja, Sir. Sobald sie außer Sicht war, bin ich hingegangen und habe das Telefon sichergestellt. Ich hatte es gerade an mich genommen, als die beiden Inder aufkreuzten und mich angegriffen haben."

„Sie hatten keinen Zugriff auf das Telefon?"

„Nein. Als ich gesehen habe, dass sie sich näherten, habe ich das Handy in einen Abfallbehälter geworfen. Sie haben es nicht in die Hände bekommen, und später hat Has ... ich meine Batt, es beschlagnahmt."

„Exzellent. Exzellent. Nun, eins ist sicher. Ihre Hypothese zu der Frau war goldrichtig. Sie ist der Maulwurf."

„Sir, sind Sie sicher?"

"Die Beweise sind unumstößlich. Das zeigen ja Ihre eigenen Recherchen. Sie haben selbst beobachtet, dass sie sich mit Krishnamurthy getroffen hat, kurz nachdem Samir bei ihm war. Dann haben Sie sein Telefon sichergestellt, das sie im Park für die Halunken hingelegt hat. Anscheinend hat sie die ganze Zeit über für den indischen Geheimdienst gearbeitet. Sie haben sie benutzt, um an den Nationalen Sicherheitsberater heranzukommen."

„Aber, Sir, wo und wie sollte Krishnamurthy den anfänglichen Kontakt zu ihr hergestellt haben? Sie ist nie in Indien gewesen.“

„Meine Leute haben ihre Aktivitäten im Internet und den sozialen Medien überprüft. Es sieht aus, als hätte sie Kontakte zu französischen Nachrichtendiensten, die wiederum die Verbindung zu Krishnamurthy hergestellt haben können. Warum die Franzosen die Inder unterstützen sollten, ist nicht offensichtlich, denn wir haben ebenfalls sehr gute Verbindungen zu ihnen, aber machbar ist es. Sie kann den Großmeister irgendwo in Europa getroffen haben, schließlich pendelt sie, wie wir wissen, ständig zwischen Frankreich und anderswo. Es wäre nicht schwierig gewesen, erst recht nicht, wenn der französische Geheimdienst beteiligt war.“

„Aber Sir, ich habe auf dem Flug darüber nachgedacht. Es passt von der Zeit her nicht zusammen. Yadav zufolge hat Deaf Leopard seit Jahren auf höchster Ebene als Maulwurf gearbeitet. Aber diese Frau ist erst vor gut einem Jahr nach Pakistan zurückgekehrt. Und zu Samir Ali Khan hat sie erst vor wenigen Monaten wieder Kontakt aufgenommen. Sie kann nicht der Leopard sein.“

„Constantine, Sie selbst haben doch auf dem Telefontranskript erkannt, dass sie Deaf Leopard erwähnt hat. Sie haben mit eigenen Augen gesehen, dass sie sich mit Krishnamurthy trifft. Sie haben beobachtet, wie sie in einem toten Briefkasten Samirs Handy hinterlegt hat. Was wollen Sie denn noch? Sie ist eine indische Agentin.“

„Aber Sir, es könnte alles ein Zufall sein ... es passt einfach nicht zusammen.“

„Ich glaube nicht an Zufälle, und Sie tun es doch auch nicht. Vielleicht ist sie ja nicht selbst Deaf Leopard, aber das spielt jetzt auch keine Rolle mehr. Sie weiß, wer es ist, und was noch wichtiger ist, sie hat es verstanden, das Vertrauen eines der tonangebendsten Männer in der Regierung zu erschleichen, deshalb stellt sie momentan für die Sicherheit unseres Landes die größere Bedrohung dar. Wir müssen daher sofort den NSB zur Rede stellen. Vielmehr den ehemaligen Nationalen Sicherheitsberater.“

„Ehemalig, Sir? Ist er wegen dieser Sache suspendiert worden?“

„Nein, davon weiß außer Ihnen und mir niemand. Samir hatte vor seiner Reise nach Paris eine Auseinandersetzung mit dem Premierminister. Hamdani hat an seiner Stelle Anwar Tarin Malik, diesen Kriecher, eingesetzt, hat aber ein paar Tage abgewartet, bevor die Öffentlichkeit informiert wurde."

„Aha ... dann ist Samir Ali Khan nicht mehr im Dienst?"

„Nein."

„Was bedeutet das für uns? Sind die Ermittlungen damit abgeschlossen?"

„Natürlich nicht. Wir müssen noch mit ihm reden, ihn mit der Sache konfrontieren."

„Aber wieso, Sir?"

„Seit seiner Rückkehr hat Samir mehrfach Nachrichten an den Premierminister geschickt und ihn um ein Treffen gebeten. Als er abgereist ist, hatte er so die Nase voll von Ammar Hamdani, dass er gar nicht schnell genug aus dem Büro hinauskommen konnte. Hamdani wollte einen Skandal wegen der Amtsenthebung vermeiden, deshalb hatte er ihm angeboten, ihn als Entschädigung zum Polizeichef von Panjab zu machen. Samir hat das abgelehnt und ist mit dem ersten Flug nach Paris gereist. Und jetzt will er plötzlich unbedingt mit dem PM sprechen? Ich kenne Samir Ali Khan. Das ist keiner, der einen einmal gefassten Entschluss umstößt. Es kann unmöglich sein, dass er jetzt doch Generalinspekteur in Lahore werden will. Irgendetwas anderes steckt dahinter. Und ich vermute stark, dass er mit dem Premierminister etwas besprechen will, was in dem Meeting mit Krishnamurthy zur Sprache gekommen ist. Wir wissen nicht, was Krishnamurthy mit ihm gesprochen hat, aber es scheint etwas Schwerwiegendes zu sein. Deshalb müssen Sie ihn ansprechen, bevor es zu einem Treffen mit Ammar Hamdani kommt. Samir muss wissen, dass seine Geliebte für ihn eine Gefahr darstellt. Was immer Krishnamurthy ihm gegeben hat, kann kein ehrliches Angebot gewesen sein, weil er Insider-Wissen hatte. Glücklicherweise war der PM jetzt in Kasachstan zum Gipfel der SOZ-Mitgliedsstaaten, also hatte Samir noch keine Gelegenheit, ihn zu sehen. Ich habe den Armeesekretär im Büro des Premierministers gebeten, uns den

Weg zu ebnen, und ich baue darauf, dass Ammar Hamdani Samir noch grollt, weil er sein Angebot abgelehnt hat, hoffe also, dass er ihn etwas schmoren lässt, bevor er ihm eine Audienz gewährt. Aber eins ist klar: bevor Samir und der Premierminister zusammenkommen, müssen wir herausbekommen, was Krishnamurthy gesagt hat."

„Moment, wollen Sie damit sagen, ich soll mit ihm reden? Sir, ich bin nur ein einfacher Agent für die Arbeit im Außendienst, im Department bin ich ein untergeordneter Stellvertretender Direktor. Wie kann ich dem Nationalen Sicherheitsberater gegenübertreten, Sir? Mit Verlaub, das müssen Sie tun."

„Nein. Nur Sie können ihn mit der Sachlage konfrontieren. Mir würde er das nicht abnehmen. Er würde es für irgendeine Finte der Agency halten. Aber Sie waren dort. Er kann Ihnen nicht ins Gesicht lügen und behaupten, das wäre nichts gewesen. Außerdem sind Sie neutral. Keine Frage, Sie sind der Mann dafür."

„Sir, das geht nicht. Niemand weiß, dass ich für Sie gearbeitet habe. Mein Chef macht mich fertig, wenn er das hört. Offiziell bin ich nicht mal im Dienst. Ich habe Urlaub."

„Mit Sajjad Ghani habe ich bereits alles geklärt, er wird keine Einwände haben. Ich habe ihm gesagt, ich hätte Sie für ein ‚Sonderprojekt' bei der Agency angefordert. Sowieso hält der neue Nationale Sicherheitsberater ihn auf Trab. ATM übt massiven Druck auf ihn aus, seine Ermittlungen gegen ihn einzustellen. Sehen Sie, Constantine, eine Menge steht hier auf dem Spiel. Die desaströse Entscheidung unseres Premierministers, Anwar Tarin Malik als seinen Berater für Sicherheit anzustellen, hat bereits jetzt das Land im internationalen Kontext geschwächt. Der Scheißkerl ist kaum eine Woche im Amt, und schon wissen die Afghanen über alles Bescheid, was wir tun. Was auf seinem Schreibtisch ankommt, geht direkt weiter an Gulbadin Naib. Und wenn Samir zum Premierminister geht und ihm das schmackhaft macht, was Krishnamurthy ihm angeboten hat, egal was es ist, und der PM das schluckt, dann Gnade uns Gott, dann haben die Inder uns in der Zange."

„Aber Sir, wie soll ich denn überhaupt an ihn herankommen? Auch wenn er nicht mehr der NSB ist, hat er doch eine sehr hohe Stellung.

Wieso sollte er mich empfangen wollen?"

„Ich habe Ihren Chef gebeten, das zu arrangieren. Ich habe ihm keine Einzelheiten mitgeteilt, aber gesagt, dass es von überragender Bedeutung ist, dass Sie einen Termin mit Samir bekommen, und zwar sofort. Sajjad hat schon mit ihm gesprochen, schließlich ist er einer seiner engsten Vertrauten, es ist also nichts Verdächtiges daran, dass er sich an ihn wendet. Wir haben nur darauf gewartet, dass Sie zurück sind."

„Und wann soll das sein?"

„Morgen. Sie werden in einer unserer konspirativen Wohnungen untergebracht, und morgen früh fahren Sie in meinem Dienstwagen zu seiner Wohnung in Parliament Lodges. Constantine, ich weiß, es ist viel verlangt, aber es muss sein, verstehen Sie das bitte. Ich zweifele nicht, dass Samir glaubt, das Richtige zu tun. Noch immer bin ich fest davon überzeugt, dass er niemals wissentlich sein Land verraten hat oder es tun wird. Aber er weiß nicht alles, und deshalb müssen Sie ihm die Augen öffnen."

20. Kapitel

Islamabad
11. November

Bisher hat er nie sonderlich darauf geachtet, heute aber fällt ihm auf, wie kahl die Wohnung ist. Die standardmäßigen Regierungssofas im Wohnzimmer wirken schäbig, weil er sich nie darum gekümmert hat, dass sie ausgetauscht oder die Bezüge erneuert wurden. Von seinem Sitzplatz aus kann er in der kleinen Kochnische zwei Tassen, drei Teller und die eine Pfanne zählen, die alles sind, was er an Töpfen und Geschirr besitzt. An den Wänden hängt kein Familienfoto, kein Bild, zu dem er eine persönliche Beziehung hätte. Durch die heruntergekommene Einrichtung wirkt das Wohnzimmer ungemütlich und deprimierend, und der Eindruck wird noch dadurch verstärkt, dass er niemals auch nur die schmuddeligen Vorhänge beiseite gezogen und die Fenster geöffnet hat. Im Schlafzimmer sieht es nicht besser aus, es enthält ein spartanisch aussehendes schmales Bett und daneben einen Nachttisch, in dem er ein paar persönliche Dinge aufbewahrt. Wären da nicht die wenigen Kleidungsstücke im Schrank, würde kaum etwas darauf deuten, dass die Wohnung belegt ist. Es ist seine Wohnung seit drei Jahren, aber ein Heim ist sie ihm nie geworden, er hat sich auch nicht darum bemüht. Er ist auch noch nie länger in der Wohnung gewesen als die sechs Tage, die er jetzt darin verbracht hat. Meistens hat er sie allenfalls als Schlafplatz benutzt, um sich ein paar Stunden auszuruhen, bevor er sich wieder an seine immerwährende Aufgabe machte, sich für den Premierminister und das Land einzusetzen.

Der Premierminister. Der Schlüssel zu allem. Der Mann, den er seit Tagen sprechen will. Obwohl er genügend Zeit dazu hatte, hat er sich keine feste Strategie für sein Treffen mit Ammar Hamdani ausgedacht. Der Plan ist, ihn von Krishnamurthys Vorschlag zu informieren und dann zu sehen, was sich daraus entwickelt. Aber Samir weiß, dass es so einfach nicht sein wird. Wenn er etwas erreichen will, muss er in seine Strategie nicht nur Ammar Hamdani, sondern auch dessen neuen Sicherheitsberater einbeziehen. Und nach allem, was er in den letzten Tagen von früheren Kollegen und Mitarbeitern gehört hat, ist ATM ein harter Brocken.

Als er in Islamabad eintraf, war zu seiner Überraschung niemand da, um ihn an der Passkontrolle in Empfang zu nehmen, obwohl er seinem alten Assistenten telefonisch die Daten seiner Ankunft durchgegeben hat. Auf diplomatische Etikette hat Samir nie etwas gegeben, aber wegen der Dringlichkeit seines Vorhabens hatte er diesmal ausdrücklich darum gebeten, die Einreiseformalitäten etwas zu beschleunigen. Er hatte ursprünglich vor, vom Flughafen direkt zum Premierminister zu eilen. Aber nach der Landung zeigte sich, dass es einen Unterschied machte, ob man der Nationale Sicherheitsberater war oder der *ehemalige* Nationale Sicherheitsberater. Sein Nachfolger hat in einem – sogar nach den Maßstäben des nachtragenden ATM – kleinlichen Anfall von

Gekränktheit an alle Ämter die Weisung ausgegeben, dass Eingaben von Samir zu ignorieren, dass Bitten von ihm, ganz gleich wie leicht zu erfüllen sie sein mochten, abzulehnen seien. Daher gibt es weder einen Beamten, der ihn durch die Kontrollen schleust, noch einen Dienstwagen, um ihn abzuholen. Es stellte sich sogar als schwierig heraus, überhaupt zum Büro des Premierministers vorzudringen. ATM hat anscheinend die Zeit gut genutzt, um seine Tentakel um den PM zu schlingen. Um auch nur einen Termin ausmachen zu können, musste Samir schließlich den Armeesekretär bemühen.

Jetzt sitzt er also in diesem unwohnlichen Apartment und wartet darauf, dass Ammar Hamdani aus Astana zurückkehrt. Zum ersten Mal seit Jahren hat er Zeit nachzudenken. Sollte er dem Premierminister wirklich von Krishnamurthys Angebot berichten? Was will er damit eigentlich erreichen? Will er damit womöglich seine Wiedereinsetzung im Amt erwirken? Wie ATM mit ihm umspringt, ist in der Tat verletzend. Aber bei dem Einfluss, den ATM jetzt auf ihn hat, ist es höchst unwahrscheinlich, dass Ammar Hamdani ihn mit offenen Armen willkommen heißt. Was soll es also? Samir hat auch in Erwägung gezogen, sich an Shahram zu wenden. Aber dann ist von vornherein klar, dass Shahram die Initiative im Keim ersticken wird. Die Agency hat sich bei ihrem Schattenspiel mit den Indern so auf den Status quo eingestellt, dass sie nicht bereit sein werden, etwas darüber hinaus ins Auge zu fassen. Falls von Indien jemals eine echte Friedensoffensive käme, würden sie bei der Agency wahrscheinlich nicht mal wissen, wie sie reagieren sollten.

Die Inder sind auch nicht anders. Vielleicht noch schlimmer. Er hat den Nationalen Sicherheitsberater Indiens kennengelernt, einen Mann, der so von seiner eigenen Person überzeugt ist, dass er von sich selbst ständig in der dritten Person spricht. Jeder Plan, der nicht von ihm ausging oder, noch entscheidender, der nicht danach aussah, als würde er seine Karriere beflügeln, war dank diesem Mann von vornherein zum Scheitern verurteilt. Und dann der indische Premierminister, dieser Safran-Tiger, dessen penetrant messianisches Auftreten selbst nach den Maßstäben südasiatischer Politiker krankhaft ist. Seine lästige Angewohnheit, Glückskeks-Weisheiten in Form von markigen Sprüchen auszuteilen, lässt ihn wie einen Wellness-Guru für New-Age-Jünger klingen. Es dürfte keine leichte Aufgabe für Krishnamurthy werden, den Plan für seinen Premierminister auf einen Sinnspruch von nicht mehr als dreißig Sekunden herunterzubrechen.

In diesem bizarren Ensemble von Exzentrikern auf beiden Seiten der Grenze scheint ihm die eine Person, die wirklich noch etwas Positives bewirken will, Krishnamurthy zu sein. Der Großmeister hatte recht mit seinem Urteil, nur wenn zwei praktisch denkende, fest in der Wirklichkeit verankerte Menschen, zwei Polizisten wie sie beide, die Köpfe zusammensteckten, könnte es eine Lösung geben. Aus diesem Grund will Samir wenigstens den Versuch machen, mit dem PM darüber zu reden. Außer ihm gibt es ja niemand, der das könnte. Es ist natürlich gut möglich, dass Ammar Hamdani nicht auf ihn hört. Er könnte in der kurzen Zeit, seit er selbst nicht mehr im Amt ist, so vollständig unter den Bann von ATM geraten sein, dass er es sofort ablehnt. Es kann auch sein, dass es so ist, wie Shahram behauptet hat, dass Ammar Hamdani seit eh und je ATM hörig war und dass Samir es nur nicht wahrhaben wollte. Aber Ammar Hamdani ist doch auch ein Mann, der genügend Vorstellungskraft besitzt, dass er die Vorteile des Vorschlags zu sehen imstande ist. Der Premierminister ist der Einzige, der das kann, und Samir ist der Einzige, der die Fähigkeiten hat, die Abmachung auch zustandezubringen. Selbst wenn er nicht mehr zu den Favoriten Ammar Hamadanis zählt, rechnet er damit, dass der erfahrene Politiker Hamdani den politischen Nutzen erkennt, der aus dem Geschäft zu schlagen ist, und dass er ihn dafür wieder ins Boot holt.

Auch über Alina hat Samir viel nachgedacht. Seit seiner Abreise aus London hat er mit ihr kein Wort gewechselt. Das ist insofern nicht verwunderlich, als er in der Eile sein persönliches Mobiltelefon irgendwo in ihrer Wohnung liegenlassen haben muss. Sein Diensttelefon hat er noch, aber darauf hat er ihre Nummer nie gespeichert. Und zu seinem Büro hat er ja keinen Zugang mehr, das ist nämlich der einzige Ort, wo Alinas Nummer noch registriert ist. Deshalb macht er sich aber keine Sorgen. Zuerst muss er die Sache mit Ammar Hamdani klären, danach wird er schon einen Weg finden, mit ihr in Kontakt zu treten. Bestimmt braucht sie auch Zeit, um alles zu verarbeiten. In London ist er hart mit ihr ins Gericht gegangen, wegen der lieblosen Art, mit der sie all die Jahre ihren Sohn behandelt hat. Das hat ihr vielleicht nicht behagt, aber es war nötig. Falls sie will, dass Zizu jetzt in ihr Leben eintritt, wird sie eine Menge ändern müssen.

Und wie ist es mit ihm? Will er auch ein Teil von Alinas Leben sein? Noch so eine Frage. Trotz Krishnamurthys Schachzug ist sein offizielles Leben zu Ende, zumindest in der bisherigen Form. Dass der Mörder von Asma und Nida endlich erledigt ist und dass Alina wieder für ihn da ist, all das bedeutete das Ende einer langen ständigen Gespanntheit, aber zugleich hat sich ihm auch gezeigt, dass er erschöpft ist. Nach all den Jahren, in denen er unermüdlich gekämpft hat, möchte er sich ein anderes Leben vorstellen können, in dem indische Spione, Drahtzieher islamistischer Terrorakte und Schleimscheißer wie ATM keinen Platz haben. Die paar Tage in London haben ihm einen Vorgeschmack von dem gegeben, wie solch ein Leben aussehen könnte. Alina ist die Frau, die er liebt, er will sie nicht wieder verlieren. Nach dem Deal mit Krishnamurthy – falls es klappt – möchte er am liebsten ein neues Leben mit ihr anfangen. Vielleicht könnte er ja sogar die Vaterfigur für Zizu sein, die der so dringend braucht. Ob der Junge biologisch sein Sohn ist oder nicht, ist unerheblich, aber er würde ihn gern retten. Auch Alina will er retten, sie von ihrer Apathie und ihren Schuldgefühlen befreien. Er könnte sie beide retten, und im Endeffekt würde er sich dabei selbst von der drückenden Last erlösen, dass er Asma und Nida nicht retten konnte.

Natürlich wird nicht jeder Verständnis dafür haben, wenn er sich entschließt, mit seiner Jugendliebe und deren unehelichem Sohn zusammenzuleben. Es ist kaum das Verhalten, das man von einem Mann erwartet, der den Posten eines Beraters für die Sicherheit seines Staates innehatte. Nicht notwendig skandalös, da Alina und er beide unverheiratet sind, aber auch nicht moralisch unbedenklich. Sajjad Ghani und Shahram wären mit Sicherheit dagegen. Aber wenn er je Rücksicht auf die Meinung der Leute genommen hätte, hätte er nicht einmal die Hälfte von dem erreichen können, was ihm im Leben gelungen ist.

Ein Leben mit Alina ist etwas, worauf er sich freuen kann – nachdem er diese letzte Aufgabe durchgeführt hat. Es könnte das Größte werden, was er je geleistet hat, vorausgesetzt, es führt wirklich zu Frieden mit Indien. Danach wird er sich ausruhen können. Er schließt die Augen und träumt von langen Spaziergängen durch Regent's Park oder am Quai D'Orsay. Von einem neuen Leben.

Seine Träumereien werden von seinem Bediensteten unterbrochen, der sich diskret räuspert und die Ankunft eines Consentin Desusa ankündigt. Warum manche Leute nur immer einen so einfachen Namen verdrehen müssen! Samir nimmt die Personalakte vom Couchtisch und sieht auf das Foto. Constantine D'Souza. Bemerkenswerter Mann. Samir wundert sich, dass er noch nie von ihm gehört hat. Was in der Akte steht, ist jedenfalls ziemlich interessant. Und interessant ist auch der Umstand, dass er ihn um ein Treffen ersucht hat. Sajjad Ghani hat ihn gestern mit dieser Bitte angerufen. Eigenartigerweise hatte Sajjad nach eigenem Bekunden keine Ahnung, warum Constantine D'Souza ihn treffen wollte. Mit dem Anruf hätte er nur General Shahram einen Gefallen getan, der hätte allerdings betont, es läge im Interesse der Sicherheit des Staates, dass Samir gleich heute, noch vor seinem Treffen mit dem PM, diesen Mann anhörte. Sehr seltsam, dass Shahram ihn über Sajjad Ghani kontaktiert und nicht selbst angesprochen hat. Aber vielleicht ist es ja, weil D'Souza vom Department ist und Shahram keinem ins Gehege kommen will. Oder er zieht es vor, Abstand von Samir zu halten, weil er von ATMs Rachefeldzug weiß. Shahram lässt sich wohl kaum von ATM einschüchtern, aber möglicherweise hält er es momentan für günstiger, sich nicht mit dem neuen NSB anzulegen. Samir schüttelt den Kopf über den Irrsinn einer Welt, von der er so lange ein Teil war. Nichts als Lug und Trug. Wie sehr er sich doch nach den Spaziergängen mit Alina durch die Londoner Außenbezirke sehnt!

Als der Mann eintritt, erinnert sich Samir gleich wieder an ihn. Es war bei dem Meeting vor einigen Monaten, bei dem Shahram beantragt hat, im gesamten Regierungsapparat nach dem indischen Maulwurf zu suchen. Und dieser leicht korpulente, ausgesprochen unscheinbar wirkende Polizist hatte die aufgeblasene und fantasielose Präsentation des

Oberstleutnants von der Agency in der Luft zerrissen. Damals durfte er sich nichts anmerken lassen, aber tatsächlich hatte Samir sich nicht schlecht amüsiert. Der Mann freilich, der jetzt vor ihn tritt, scheint schwer verletzt zu sein, er ist in Verbände gewickelt und schlurft mühsam zu dem Stuhl gegenüber Samir.

„Herr D'Souza, gut, Sie wiederzusehen. Was ist Ihnen denn zugestoßen? Sie sehen aus, als hätten Sie einen Unfall gehabt. Geht es Ihnen gut? Kann mein Mitarbeiter Ihnen etwas bringen? Zum Beispiel grünen Tee?"

„Danke, Sir. Mir geht es gut. Eine Art Unfall, könnte man sagen. Ich wurde in London zusammengeschlagen."

„London? Was haben Sie in London gemacht? Wann war das denn?"

„Letzte Woche, Sir."

„Ich war auch letzte Woche dort. Wo ist das passiert? Ich war als Student in London, aber nach diesem Brexit-Desaster ist es wohl nicht mehr so sicher dort wie früher. Besonders für Leute wie uns. Vermutlich war es ein rassistischer Angriff?"

„Ich ... ich bin mir ziemlich sicher, dass es nichts mit Rassismus zu tun hatte. Es war in Regent's Park."

„Regent's Park? Das wird ja immer merkwürdiger. Ich habe ganz in der Nähe von Regent's Park gewohnt."

„Ja, Sir. Ich weiß."

„Sie scheinen sehr viel mehr zu wissen als ich, Herr D'Souza. Kommen Sie zur Sache, bitte! Warum wollten Sie mich sprechen, und was haben Sie mit General Shahram zu tun?"

„Sir, ich kenne General Shahram nur von dem Meeting, das Sie damals einberufen haben, Anfang des Jahres, Januar oder Februar, glaube ich. Vorher habe ich den General nie gesehen. Der Direktor hat Ihnen vielleicht gesagt, dass ich im Department an der Suche nach dem Maulwurf beteiligt war."

„Ja, sicher. Ich hatte das Sajjad vorgeschlagen. Es hat mich beeindruckt, wie scharfsinnig Sie an das Problem herangegangen sind. Sie haben dem Agency-Knaben mit seiner Präsentation ganz schön eingeheizt. Ich habe mir Ihre Akte angesehen und bin auf einen hervorragenden Beamten gestoßen, der sich mit allen Mitteln hinter einer Maske von Mittelmäßigkeit zu verstecken sucht. Also, stand Ihr Aufenthalt in London in einem Zusammenhang mit dem Maulwurf?“

„Ja, Sir. Im Rahmen meiner Ermittlungen hatte ich gewisse Dinge entdeckt, die in eine ... besondere Richtung wiesen. Herr Ghani hat mich deshalb von dem Fall abgezogen. Aber General Shahram und die Agency hatten es auch mitbekommen, und der General war der Auffassung, dass meine, äh, heiklen Schlussfolgerungen es verdienten, näher unter die Lupe genommen zu werden. Dafür musste ich nach London fliegen, und die Agency hat das arrangiert.“

„Und was waren das für heikle Schlussfolgerungen?“

Constantine ist sich unschlüssig, wie er es ihm sagen soll. Er räuspert sich. Er hätte doch lieber den Tee annehmen sollen. Die Bandagen um seine Rippen erschweren ihm das Atmen, daher holt er tief Luft und zwingt sich, beim Ausatmen den Brustkorb vorsichtig gegen den Verband zu drücken. Er klappt sein Notizbuch auf, um es aussehen zu lassen, als müsste er etwas nachschauen. Nötig ist das nicht, mit dem Fall kennt er sich ja besser aus als mit seinen eigenen Töchtern.

„Sir, Sie haben da eine ... Bekannte. Eine Frau, Alina Faruq.“

„Ja, sie ist eine alte Freundin von mir.“ Samir lässt sich nichts anmerken, aber sein Blick fixiert Constantine jetzt, versucht bis zu seiner Seele vorzudringen.

„Sie haben in London bei ihr gewohnt. Sie haben sie letztes Jahr auch mehrfach in Karachi getroffen. Sie, äh ... sie arbeitet für den indischen Geheimdienst.“

„Also, hören Sie mal, das ist eine ziemlich kühne Behauptung. Lächerlich, würde ich sagen.“

„Ja, Sir. Das verstehe ich. Sir, haben Sie während Ihres Aufenthalts in London Ihr Mobiltelefon verlegt?“

„Woher ...?“

Constantine nimmt das Gerät aus der Jackentasche und legt es auf den Couchtisch. „Bitte prüfen Sie, ob es Ihnen gehört, Sir. Auf der Hülle ist etwas von Ihrer Frau eingeprägt. Ich habe dieses Telefon vor sieben Tagen auf einer Parkbank in Regent’s Park gefunden. Es war dort von Frau Faruq abgelegt worden. Bei uns nennt man so etwas einen toten Briefkasten. Es sollte von Leuten vom indischen Geheimdienst dort abgeholt werden. Ich bin ihnen zuvorgekommen, weil ich ihr gefolgt war und gesehen habe, wie sie es auf die Bank gelegt hat. Aber die Inder haben mich überfallen. Zum Glück konnte ich noch verhindern, dass sie das Telefon in die Hände bekommen haben."

„War sie dabei, als Sie angegriffen wurden?"

„Nein, Sir, sie war schon gegangen. Ich vermute, das Handy sollte geklont und ihr danach zurückgegeben werden, so dass sie es unauffällig zurücklegen konnte, ohne dass Sie je gemerkt hätten, dass etwas nicht stimmte."

„Und woher wussten Sie, dass es Inder waren?"

„Wir hatten sie früher am Tag vor einer Galerie in der Londoner Innenstadt beobachtet." Nach kurzem Zögern öffnet er den Ordner, den er mitgebracht hat, und sucht das Bild heraus. Shahram hat praktischerweise alle Fotos von der Observation ausdrucken lassen, groß und in Farbe. „Das war die Galerie, wo, äh, Sie diesen Mann getroffen haben. General Shahram sagt, er heißt ..."

„Krishnamurthy, und er ist der Chef des indischen Auslandsnachrichtendienstes." Samir nimmt das Foto in die Hand. „So, jetzt verstehe ich auch, warum Shahram Sie vorgeschickt hat, anstatt selbst zu kommen. Er denkt, ich bin ein indischer Agent. Denken Sie das auch, Herr D'Souza?"

„Ja, Sir. Also, nein, Sir. Dass Sie Krishnamurthy getroffen haben, ist nicht so gravierend. Sie sind ja der Nationale Sicherheitsberater, da ist es nicht verwunderlich, wenn Sie alle möglichen vertraulichen Meetings haben. Nein, Sir, was wir besorgniserregend fanden, war, also ... fünf Minuten, nachdem Sie die Galerie verlassen hatten, hat Frau Faruq sich dort mit ihm getroffen."

Constantine nimmt noch ein Foto aus dem Ordner, und als er es ihm reicht, bemerkt er zum ersten Mal ein kaum merkliches Zittern in Samirs Hand. Die Stimme des ehemaligen Nationalen Sicherheitsberaters klingt jetzt gedämpfter. „Sie waren selbst dort?"

„Ja, Sir. Ich habe die ganze Zeit die Galerie observiert. Auf dem Foto ist ein Stempel mit Datum und Uhrzeit. Ich versichere Ihnen, das ist keine Fälschung."

„Und Sie haben mit eigenen Augen gesehen, wie Alina die Galerie betreten und sich mit Krishnamurthy getroffen hat?"

„Sie ist in einem Wagen gekommen, von dem wir annehmen, dass die Inder ihn ihr geschickt hatten. Sie hat die Galerie erst betreten, nachdem Sie sie verlassen hatten. Ich habe nicht gesehen, dass sie mit Krishnamurthy gesprochen hat, aber wir sind sicher, dass er sich weiter in dem Gebäude aufhielt. Zehn Minuten, nachdem Frau Faruq gegangen war, haben wir ihn herauskommen sehen. Und später in der Nacht desselben Tages habe ich beobachtet, wie sie ihre Wohnung verließ und das Handy abgelegt hat. Während die Inder mich verprügelt haben, haben sie ständig nach dem Telefon gefragt. Das kann kein Zufall sein, Sir."

Samir seufzt und lehnt sich auf dem Sofa zurück. Seine Blicke bleiben fest auf Constantine gerichtet, aber jetzt liegt darin Müdigkeit, vielleicht auch Trauer.

„Gut, D'Souza, was geht Ihrer Meinung nach vor? Schenken Sie mir reinen Wein ein, versuchen Sie nicht, es irgendwie schönzureden, und verheimlichen Sie mir nichts. Sie sind ein erfahrener Ermittler, sind beim Geheimdienst, also lassen Sie mich Ihre professionelle Einschätzung der Situation hören."

„Ja, Sir. Soviel ich in Erfahrung bringen konnte, wurde die Verbindung von Frau Faruq zu Krishnamurthy mit Hilfe von Mittelsleuten hergestellt, wir vermuten, durch den französischen Geheimdienst. Warum die Franzosen das getan haben könnten, ist uns noch unklar. Aber allem Anschein nach hat sie danach angefangen, aktiv für die Inder zu arbeiten. Deren Ziel, wenn man ihre, äh, Beziehung zu Ihnen bedenkt, kann nur gewesen sein, Sie ins Visier zu nehmen."

„Mich? Aber wie? Ich habe mit ihr nie über meine Arbeit gesprochen."

„Nun, Sir, die Antwort könnte möglicherweise von dem abhängen, was Sie mit Krishnamurthy verhandelt haben."

Schlagartig überfällt Samir die Erkenntnis. Die Bruchstücke des Puzzles, die er kennt, nicht aber D'Souza und Shahram, setzen sich mit einem Mal zusammen. Es war der Junge. Sie haben den Jungen als Köder eingesetzt. Und Krishnamurthy hat Alina benutzt, aber nicht, um an Informationen heranzukommen, sondern um ein wesentlich höheres Ziel zu erreichen, nämlich um ihn selbst an den Verhandlungstisch zu locken. Der Großmeister will seinen Agenten zurückhaben, niemand war zu Gesprächen bereit, aber dann hat er Samir Ali Khan an die Angel bekommen. Und morgen wäre er zum Premierminister gegangen, um Krishnamurthys Plan anzupreisen, mit gar nicht so schlechten Aussichten, dass Ammar Hamdani darauf eingehen würde. Denn so viel war klar: der PM war ein Dealmaker, und Samir wusste, wie man ihm etwas schmackhaft machen konnte. Dieses Meeting hätte der Großmeister garantiert nicht arrangiert, wenn er nicht schon im Vorfeld sicher gewesen wäre, dass er auf seiner Seite mit dem Plan durchkäme. Die glorreiche Rückkehr des Helden in die Heimat, befreit aus den Händen der Feinde, Fernsehauftritte, nach denen sich wenige Monate vor den Wahlen der Safran-Tiger die Lippen lecken würde – Samir kommt sich idiotisch vor, dass er ihm dieses Szenario vor Augen gestellt hat. Natürlich wusste Krishnamurthy das längst. Alles hat er gewusst, hat alles vorausgesehen. Er kann sich nicht helfen, er muss den Plan des Großmeisters bewundern. Es ist wahr, der Mann ist ein großartiger Stratege. Wie Shahram gesagt hat, er denkt immer fünf Züge weiter als jeder andere. Krishnamurthy würde die Krise, die die Gefangennahme eines Agenten ausgelöst hatte, in eine Gelegenheit verwandeln, ein Friedensabkommen in die Wege zu leiten. Wem sonst wäre das zuzutrauen gewesen?

Eine Frage aber bleibt ungelöst, und die betrifft sein Verhältnis zu Alina. Ist sie nur deshalb wieder mit ihm in Verbindung getreten, damit ihrem Sohn das Gefängnis erspart bleibt, oder hat sie sich wirklich aufs Neue in ihn verliebt? All ihre Beteuerungen, wie sehr sie bedauerte, was geschehen war, die Reue für ihren Verrat an ihm, war das womöglich eine List, um den Boden für noch größeren Verrat zu bereiten? Aber das alles kann sie ihm doch nicht vorgespielt haben. Bestimmt nicht! Oder doch? Vielleicht doch.

„Es war wegen ihres Sohnes." Es scheint, als wäre eine Ewigkeit vergangen, bis er wieder spricht.

„Sir?"

„Alina hat einen Sohn, 21 Jahre alt. Er heißt Zinédine Karoachi. Er wurde unehelich geboren, und er wurde in Frankreich unter dem Verdacht verhaftet, dass er Verbindungen zu Terrorgruppen im Umfeld des IS hat. Sie haben ihr ein Geschäft angeboten, Kooperation mit den Indern, und der Sohn kommt frei. Ein Mann namens Giroud steckt dahinter."

„Äh, das hat sie Ihnen gesagt, Sir?"

„Nein, sie hat mir gar nichts gesagt, sie hat mich nur gebeten, mich in ihrem Namen mit Giroud zu treffen, um zu sehen, ob sich für ihren Sohn irgendetwas machen ließe. Er hat mir das Treffen mit Krishnamurthy vorgeschlagen. Vermutlich war Alinas Aufgabe, mich zu ihnen zu schicken. Die Episode mit dem Telefon war übertrieben und auch sinnlos. Ich war mit Krishnamurthy schon zu einer Einigung gelangt. Die brauchten gar nichts von meinem Handy. Und übrigens war es das falsche. Sie hat mein Privattelefon in den Park gebracht, nicht mein Diensttelefon. Auf dem ist nichts von geheimdienstlichem Wert. Es tut mir leid, dass Sie unnötig zusammengeschlagen wurden."

„Immerhin haben wir auf diese Weise den Beweis für die Aktivitäten Ihrer Bekannten, Sir. Sonst hätten Sie uns wahrscheinlich nicht geglaubt."

„Hmm." Samir zuckt unverbindlich die Achseln. Sein Blick richtet sich jetzt irgendwo in die Ferne.

„Entschuldigen Sie, Sir, wenn ich das fragen darf, was hat Krishnamurthy Ihnen denn angeboten?"

„Frieden. Peace for our time."

„Bitte?"

„Sie haben doch Geschichte studiert, D'Souza. Jedenfalls steht das in Ihrer Akte. Kennen Sie nicht Neville Chamberlains berühmten Ausspruch nach dem Treffen mit Hitler in München 1938? Peace for our time – Frieden für unsere Zeit."

„Sorry, Sir. Ich habe mich zwar mit Geschichte beschäftigt, aber ich habe das nie so intensiv getan. Was bedeutet es, Sir?"

„Es kann alles bedeuten, was Sie wollen. Mir hat es eine Menge bedeutet. Bis jetzt."

„Ja, Sir. Wünschen Sie, dass ich ein Meeting in die Wege leite, damit Sie ordnungsgemäß befragt werden können, über das Zusammentreffen mit ...?"

„Ich bin mir im Klaren darüber, dass mein ... Zusammentreffen Shahram beunruhigt. Sagen Sie ihm, es ist unnötig. Ich habe mein Land nie verraten und werde es auch jetzt nicht tun. Richten Sie ihm auch aus, er braucht sich keine Sorgen wegen meines Treffens mit dem Premierminister zu machen. Nach Ihren ... Enthüllungen werde ich den Termin absagen. Ich möchte heute nicht befragt werden, aber ich werde in den nächsten Tagen selbst auf ihn zukommen. Das wenigstens kann Shahram mir ja wohl zugestehen, als früherem Nationalen Sicherheitsberater und als ... Freund."

„Ja, Sir. Ich bin überzeugt, dass es keine Eile hat, Sir. Sie können selbst Kontakt aufnehmen, wenn es Ihnen passt. Wenn sonst nichts mehr ansteht, würde ich mich gern verabschieden, Sir. Die Bilder können Sie gern behalten."

„Sie sind ein guter Mann, D'Souza. Sajjad Ghani schätzt Sie meines Erachtens ganz falsch ein. Sie haben ein hervorragendes Gespür. Die Jungs von der Agency wären ohne Sie niemals darauf gekommen. Die Nation, und ich, sind Ihnen zu Dank verpflichtet."

„Danke, das ist sehr freundlich von Ihnen, Sir. Ich, äh, verstehe, dass das hier nicht besonders angenehm für Sie gewesen sein muss. Es tut mir sehr leid, wenn meine Ermittlungen Ihnen Schmerz zugefügt haben."

„Sie haben nichts als Ihre Arbeit getan, D'Souza, wie man es von Ihnen erwartet. Wenn es mehr Leute wie Sie gäbe, hätten wir wahrscheinlich ein besseres Land. Sagen Sie, was hat Sie zuerst darauf gebracht, dass Alina irgendwie in die Sache verwickelt war? Das würde ich doch gern wissen."

„Pures Glück, Sir. Ihr Telefon wurde stichprobenweise abgehört, weil sie Kontakt zu irgendwelchen Leuten von der französischen Botschaft hatte. Im Sommer hat sie einer Freundin gegenüber erwähnt, dass Sie beide über Deaf Leopard gesprochen haben. Von dem Meeting wusste ich noch, dass Deaf Leopard der Deckname des indischen Maulwurfs ist, von dem wir durch Yadav, den gefangenen Spion, erfahren hatten. Ich dachte, das ist eine Spur, und so habe ich angefangen, weiter nachzuforschen. Eins führte zum anderen, und, na ja, den Rest kennen Sie ja. Ich weiß, Sie haben gesagt, dass Sie mit ihr nicht über dienstliche Angelegenheiten gesprochen haben, Sir, aber wenn Sie versuchen, sich an die Zeit zu erinnern, könnte es sein, dass Sie ihr etwas über Deaf Leopard anvertraut haben? Vielleicht hatten Sie das vergessen."

Samirs freudloses Lachen ist das letzte, was Constantine als Reaktion erwartet hätte.

„Sir?"

„Entschuldigen Sie, D'Souza, ich konnte nicht anders. Nein, über Deaf Leopard habe ich nie mit Alina gesprochen. Aber über Def Leppard. Das ist eine Rockband, sehr populär in den 90ern, als wir Jugendliche waren. Es war meine Lieblings-Band. An dem Abend, als wir einander nach Jahren wieder begegnet sind, haben sie einen der Songs dieser Gruppe gespielt. Das war unser Song damals. Ich fürchte, Ihre anfängliche Vermutung war vollkommen falsch, aber es ist schon seltsam, gerade die hat Sie letztlich dazu gebracht, diese ... Situation aufzudecken."

Samir erhebt sich und hält ihm die Hand hin. Constantine nimmt sie, und noch einmal sehen sich die beiden Männer in die Augen. Samirs Händedruck ist fest, und er hält Constantines Hand einen Moment länger in seiner. Dann breitet sich ein herzliches Lächeln auf seinem Gesicht aus. Nachdem Constantine begleitet von dem Bediensteten die Wohnung verlassen hat, nimmt er das Telefon zur Hand, das Constantine auf dem Couchtisch liegenlassen hat. Er wählt einen Song aus der Musiksammlung aus. Dass er das kann, verdankt er seiner Tochter, die ihm beigebracht hat, wie man Musik auf das Handy laden kann. Er ärgerte sich damals, dass er für all diese Teenie-Popsongs, die Nida gefielen, Geld ausgeben sollte. Nach ihrem Tod wurde die App nicht benutzt, bis Alina die Musik zurück in sein Leben brachte. Sie hatte eine Auswahl von Songs heruntergeladen, die sie beide liebten, und weitere, von denen sie dachte, sie würden ihm guttun. Nun durchdringt Softrock-Musik die Stille im Zimmer, und er muss wieder lächeln, weil alles so verrückt ist. Er steht vor einer riesigen Blamage, weil die klügsten Köpfe von zwei der besten Nachrichtendienste der Welt nicht den Unterschied zwischen Deaf Leopard und Def Leppard kannten. Hätte das nicht so weitreichende Folgen gehabt, wäre es zum Totlachen.

There you go, midnight promises again, yeah
But they're broken by the dawn
You want to go further, faster every day, baby
But in the morning you'll be gone
And I'm alone
Why save your kisses for a rainy day
Baby let the moment take your heart away

Have you ever needed someone so bad, yeah
Have you ever wanted someone
You just couldn't have
Did you ever try so hard
That your world just fell apart
Have you ever needed someone so bad

Er gibt dem Bediensteten für den Rest des Tages frei. Es ist erst Nachmittag, aber draußen ist es dunkel, weil ein kalter Novemberregen fällt. Samir setzt sich wieder auf das Sofa und nimmt sich die Bilder vor. Stundenlang starrt er sie an, erst als es so düster ist, dass er sie kaum mehr ausmachen kann, merkt er, wieviel Zeit vergangen sein muss. Ohne Licht zu machen, geht er ins Schlafzimmer. Als er mit den Knien gegen das Bett stößt, verliert er das Gleichgewicht. Auf allen Vieren tastet er sich durch die Finsternis bis zu dem Schränkchen neben seinem Bett. Darauf steht eine Lampe, er findet den Schalter und schaltet sie ein.

In dem Nachtschränkchen befinden sich die Trümmer seines Lebens. Ein Bild von ihm mit Asma und Nida, das er bis zu ihrem Tod immer im Büro hatte, die Uhr, die sein Vater ihm zum achtzehnten Geburtstag geschenkt hat und die er verloren glaubte, bis Alina sie ihm zurückgegeben hat, und die alte Pistole seines Vaters, eine Walther PPK, poliert und geölt, so dass sie wie neu aussieht. Die Waffe, mit der sein Vater sich umgebracht hat. Warum er sie all die Jahre bei sich behalten hat, weiß Samir nicht, benutzt hat er sie jedenfalls nie und wirft auch kaum je einen Blick darauf. Aber irgendwie übt die Waffe eine seltsame Faszination auf ihn aus, jedenfalls hat er sie nicht nur aufbewahrt, sondern auch gepflegt. Sogar die Patronen im Munitionsclip sind spiegelblank.

Samir legt die Waffe beiseite und nimmt ein Schmuckkästchen von Tiffany zur Hand. Es sieht alt aus, aber noch ist das Taftband darum unberührt. Er löst das Band und öffnet das Kästchen, zum ersten Mal seit zweiundzwanzig Jahren. Der Ring darin ist schlicht, mit einem sehr kleinen Diamanten zwischen zwei ebenso kleinen Saphiren. Es war der einzige, den er sich leisten konnte, damals, als er in seinem zweiten Jahr als Jura-Student beschlossen hatte, sie zu heiraten. Das war, bevor sein Vater sich das Gehirn aus dem Kopf schoss und ihre Mutter ihr sagte, sie sollte ihn verlassen, bevor sich in seiner Welt das Unterste zuoberst kehrte. Als sie nichts als Samir und Alina waren. Er hatte den Ring mit der Impulsivität und dem Starrsinn des jungen Mannes gekauft. Es musste unbedingt ein Ring von Tiffany's sein, selbst wenn der eigentlich zu teuer für ihn war. Aber schließlich würde er es nur einmal im Leben tun, und sie war die Frau, mit der er es tun wollte. Also Tiffany's. Er hatte dafür ein bisschen geschummelt und einen größeren Teil des Geldes, das sein Vater ihm für das Studium geschickt hatte, sozusagen umgewidmet. Er hat nicht vergessen, wie das Personal bei Tiffany's ihn von oben herab ansah, als er den Laden betrat, in seinem College-Sweatshirt und mit dem Rucksack über der Schulter, und nach dem billigsten Ring fragte, den sie hatten. Wie oft das bei Tiffany's wohl vorkam?

Es war kurz vor den Sommerferien gewesen. Er nahm den Ring mit nach Pakistan und wollte ihr in Karachi einen Heiratsantrag machen, sobald sie aus Paris zurück war. Die Sache mit den umgewidmeten Geldern wollte er seinem Vater behutsam beibringen. Der alte Herr hatte seit jeher etwas übrig für große Gesten, und dass sein Sohn aus einer Laune heraus seiner Freundin einen Verlobungsring gekauft hatte, würde ihm imponieren und ihn nach einigen Vorhaltungen letztlich dazu bewegen, den fehlenden Betrag aufzustocken.

Zwei Wochen später erschoss sich sein Vater mit der Walther, und für Samir gab es weder Geld noch, und zwar endgültig, Alina. Wäre er wieder nach London gekommen, hätte er den Ring zurückgegeben, aber dazu kam es nicht, und deshalb besaß er ihn immer noch. Niemand außer ihm wusste davon. Er hatte überlegt, ihn Asma zur Verlobung zu schenken, aber das hätte unangenehme Fragen aufgeworfen, und außerdem war dieser Ring mit Alina verbunden. Asma verdiente einen Neustart, nicht die Überbleibsel einer früheren Liebschaft. Jahrelang blieb das Kästchen im Nachttisch. Bevor er nach Paris abgereist war, hatte er es einmal herausgenommen. Auch wenn es zwanzig Jahre zu spät war und sicherlich nicht so glanzvoll, wie sie es gewohnt war, sollte der Ring doch der Frau überreicht werden, für die er bestimmt gewesen war. Und wieder war es dieselbe Geschichte wie vor zweiundzwanzig Jahren. Er hatte ihn ihr geben wollen, wenn sie nach Pakistan zurückkehrte ... Timing. Damit hat er seit jeher Schwierigkeiten gehabt.

Er nimmt den Ring aus dem Kästchen und legt ihn auf das Nachtschränkchen. Die Steine erstrahlen im Lampenlicht. Wieder starrt er auf die Pistole und versucht sich zu erinnern, was genau Ammar Hamdani über die alten Römer gesagt hat. Irgendetwas darüber, dass sie sich in ihren Bädern die Pulsadern aufschnitten. Sehr kultivierte Art, sich zu verabschieden, aber leider hat er keine Badewanne. Die undichte Duschkabine, mit der die Regierung ihre Dienstwohnungen bestückt, kann da einfach nicht mithalten. Was würde Ammar Hamdani wohl zu all dem sagen? Vermutlich würde er irgendeinen verständnisvollen Quark über Schicksal, Fügung, Vorsehung und die Götter ausspucken, der Premierminister liebt ja die klassische griechische Tragödie. ATM würde vermutlich nur ein höhnisch-triumphierendes Grinsen für ihn übrighaben. Es ist letztlich egal. Überhaupt ist es egal, was irgendjemand dazu sagt.

Er berührt die Waffe, streicht über das kühle Metall des Laufs. Er könnte einfach abdrücken. Aber das wäre genau das, was sein Vater getan hatte, und so würde es auch jeder sehen: Wie der Vater, so der Sohn. Es ist aber nicht dasselbe. Sein Vater hat sich das Leben genommen, um sich der Verantwortung zu entziehen. Samir dagegen schuldet niemand etwas. Was immer man über Selbstmord sagen mag, dass es Sünde ist und ewige Verdammung nach sich zieht, es wäre eben doch die eleganteste Lösung für seine derzeitige Notlage. Soviel ist nämlich sicher: der Medienrummel wird ihn erledigen, davon wird er sich nicht mehr erholen. Er wiegt die Walther auf der Handfläche. Es wäre so einfach.

Aber wenn er sich jetzt umbringt, wird er nie die Wahrheit über Alina erfahren. Liebt sie ihn oder hat sie ihn nur benutzt? Zwanzig Jahre lang hat er an eine Lüge geglaubt, die sie in die Welt gesetzt hat. Ist sie so eine gute Schauspielerin, oder war er zu leichtgläubig? Oder liegt die Wahrheit irgendwo dazwischen? Und jetzt fällt ihm auch ein, wie er das herausfindet. Er muss sie nur sehen, ihr in die Augen schauen und von ihr selbst erfahren, was geschehen ist. Alles andere, der Premierminister, Deaf Leopard, seine persönliche Niederlage, ist nebensächlich. Was zählt, ist allein die Wahrheit.

Er legt die Waffe weg und setzt sich auf das Bett. Auf dem Mobiltelefon, das Constantine ihm zurückgebracht hat, wählt er ihre Nummer. Keine Antwort. Nun, das hat er erwartet. Aber es macht nichts, er wird sie schon finden. Erst wenn er ihr in die Augen gesehen hat, kann er entscheiden, was zu tun ist. Die Walther läuft ihm ja nicht weg.

Er wählt eine andere Nummer und bucht den nächstmöglichen Flug nach Paris. Dann legt er sich auf das Bett und löscht das Licht, die Walther dicht neben sich. Es war ein langer, strapaziöser Tag, und die nächsten Wochen werden noch schlimmer werden.

21. Kapitel

Paris
24. November

Das Palais de Justice ist ein schlossähnlicher Bau, der im Laufe der Zeit sowohl als Ort der Rechtsprechung als auch als Regierungssitz gedient hat. Teils Palast und teils Gefängnis, teils Museum und teils Gericht, ist es ein imposanter Gebäudekomplex, der die bewegte Geschichte der Stadt Paris widerspiegelt. Alina ist hier nicht zum ersten Mal. Vor etwa zehn Jahren hatte sie an diesem Ort sogar mal ein Shooting, auf der steinernen Treppe im Vorhof, dort, wo sie auch jetzt steht. Es war ein eiskalter Januartag gewesen, und sie hatte nichts angehabt außer einer Nerzstola und einem Paar grandioser Stiefel von Stuart Weitzman. Aber das Frösteln, das sie heute spürt, ist erbarmungsloser als damals, und es ist nicht nur dem eisigen Wind geschuldet, der vom Fluss herüberweht und über die Île de la Cité fegt, die kleine Insel in der Mitte der Seine und das Herz der französischen Hauptstadt. Die Angst kriecht ihr über den Körper wie ein Dutzend Spinnen, und das, obwohl sie diesen Moment lange herbeigewünscht hat.

Hier soll ihr Zizu übergeben werden, als freier Mann. Seit London haben sich die Dinge rasant entwickelt. Krishnamurthys Mann ist in jener Nacht nicht aufgetaucht, obwohl sie gut eine Stunde vor dem Wohngebäude gewartet hat. Als sie keine Zigaretten mehr zum Pseudo-Rauchen hatte und ernsthaft befürchten musste, dass entweder der Pförtner oder Samir ihr auf die Schliche kommen würden, ging sie endlich zurück ins Haus. Die ganze Nacht über war sie in Panik, malte sich aus, was er wohl sagen würde, wenn sein Telefon nicht da wäre, und was sie darauf antworten sollte. Es stellte sich heraus, dass sie sich nicht hätte aufzuregen brauchen. Samir war über den Verlust des Handys gar nicht so erschüttert, vielleicht, weil, wie er ihr erklärte, es sein Privattelefon war, nicht das offizielle. Er vermutete, dass er es irgendwo in der Wohnung verlegt hatte, und bat sie, Ausschau danach zu halten. Mit einem Mal hatte er es fürchterlich eilig, nach Islamabad zurückzukehren. Sie vermutete, dass das mit seiner Unterredung mit Krishnamurthy zu tun hatte, aber in ihrer Erleichterung, dass ihr die Erklärung für das fehlende Handy erspart blieb, hat sie nicht nachgefragt. Im Stillen hoffte und betete sie, dass das Schicksal ihr gnädig wäre und angesichts der geringen Bedeutung der Informationen auf Samirs Handy vielleicht doch noch Aussicht bestände, ihre Beziehung zu retten. Aber tief im Innern wusste sie, dass Krishnamurthy sie nie in Frieden lassen würde.

Nachdem Samir abgereist war, war auch sie bald nach Paris zurückgefahren. Es gab keine weiteren Kontakte zum Geheimdienst. Aber sie bereitete ihr Verschwinden vor. Nach ihrem Verrat wollte sie, wenn ihr wirklich die Sorge für Zizu übertragen würde, für lange Zeit keine Verbindung mehr zu ihrem früheren Leben haben. Nachdem sie ihn die ersten einundzwanzig Jahre auf diesem Planeten im Stich gelassen hatte, schuldete sie es ihrem Sohn, dass sie ganz und ausschließlich für ihn da war. Sie wollte sich auch nicht den unvermeidlichen peinlichen Fragen von Freunden und Verwandten aussetzen. Und vor allem war ihr der Gedanke unerträglich, je wieder Samir gegenüberzutreten, nach all der Schande, die sie ihm gebracht hatte. Am besten verschwand sie einfach ohne ein Wort. Er würde natürlich herausfinden, was geschehen war, und dann würde er versuchen, sie zu finden, um sie nach einer Erklärung zu fragen, um ihr die Schuld zu geben oder um ihr zu verzeihen. Letzteres wäre sogar am schlimmsten. Wenn er ihr nach allem, was sie ihm angetan hatte, großmütig verzieh, könnte sie mit der Schuld nicht leben. Sicher würde er alles daransetzen, sie aufzuspüren, und er hatte seine Mittel, deshalb mussten die Vorkehrungen, die sie traf, rundherum abgesichert sein.

Wie gewohnt hat Monsieur Deschamps sich der Sache angenommen. Ein Schreiben wurde aufgesetzt, das die Situation mit Zinédine ausführlich beschreibt. Deschamps wird es erst in einem Monat abschicken, nachdem sie abgetaucht ist. In der Zwischenzeit hat ihr Büro in Paris die Niederlassung in Karachi informiert, dass sie auf eine exklusive Klausur für Führungskräfte in Neuseeland geht, wo keinerlei Kommunikation mit der Außenwelt erlaubt ist, sie darf nicht einmal Nachrichten von ihrer Familie empfangen. Ihre Angehörigen erhalten lediglich eine Mitteilung, dass sie selbst Kontakt aufnehmen wird, wenn sie so weit ist. Sie hat den Vorstand um eine längere Auszeit aus persönlichen Beweggründen ersucht und hat auch die Einsetzung einer Vertretung in die Wege geleitet. Ein großer Anteil ihrer Aktien und Wertpapiere ist bereits liquidiert worden, und ihre Immobilien stehen zum Kauf. Deschamps hat andere erworben, unter den Namen von Bevollmächtigten. Er hat sorgfältig darauf geachtet, dass nichts dem Zufall überlassen bleibt. Er hat ein Team von Sicherheitsleuten eingestellt, das aus ehemaligen Mossad-Agenten besteht und darauf spezialisiert ist, echte Menschen in Scheinexistenzen umzuwandeln. Sie hat nicht gefragt, ob es dieselbe Organisation ist, von denen sie die Killer für Bouteflika bekommen hat. Für entsprechende Bezahlung garantieren sie, dass sie alle Spuren eines Individuums in der Welt verwischen können. Es wird keine SIM-Karte in ihrem Namen geben, keine Kreditkarte, keine Social-Media-Profile, keine Spuren von Reisebuchungen, nichts. Wenn sie die Deluxe-Version wählt, wird es sein, als hätte sie nie existiert. Glücklicherweise kann sie sich von ihrem Geld Deluxe-Versionen jeder Art locker leisten.

Nicht einmal Deschamps wird wissen, wo genau sie sich aufhält. Mithilfe seiner Kontakte beim französischen Nachrichtendienst hat er für sie und Zizu neue Pässe mit anderen Namen beantragt. Falls nötig, wird er sie über die Israelis erreichen, im Übrigen hat er eine pauschale Vollmacht für all ihre Belange. Von Zeit zu Zeit wird er ihrer Familie Nachrichten über ihr Wohlbefinden zukommen lassen, niemals aber über ihren Aufenthaltsort. Falls Samir ihn findet, wird er wahrheitsgemäß aussagen können, dass er nicht weiß, wo sie ist.

Falls – eher fragt sich, wann es soweit ist. Samir hat schon versucht, sie zu erreichen. Sie hat nicht darauf reagiert. Vor einer Woche hat er ihr eine Kurznachricht geschickt, die aus einem einzigen Wort bestand: *Warum?* Mehr braucht er nicht zu schreiben, damit sie versteht, was damit gemeint ist. Zwei Tage später kam ein Satz mit der Mitteilung, er käme nach Paris. Nach dieser Nachricht hat sie sich angestrengt, noch schneller unsichtbar zu werden.

Wenn sie daran denkt, wie sehr er jetzt ihretwegen leidet oder noch leiden wird, kommen ihr die Tränen. Die Nachrichten aus Pakistan hat sie bewusst nicht verfolgt, aber dass Samir nach Paris kommen will, muss etwas Schlimmes bedeuten. Eine Folge des Treffens mit Krishnamurthy womöglich. Sie möchte nichts lieber als ihn umarmen, küssen und für ihn da sein. Aber wenn sie ihn jetzt trifft, wird sie zusammenbrechen. Es ist besser so, wie es ist, für beide Seiten. Für sie, mit Zizu zu verschwinden, und für ihn, sich zu fragen, warum. Irgendwann einmal, wenn die Welt sich ändert, werden sie sich vielleicht wiedersehen. Vielleicht.

Zu den radikalen Umwälzungen, die sie für ihr Leben vorsieht, gehört auch die Veränderung ihrer äußeren Erscheinung. Keine Spur mehr ist von dem ehemaligen modebewussten Supermodel übrig. Sie hat sich das Haar kurz schneiden lassen, trägt kein Make-up, und die Designerklamotten und hochhackigen Schuhe sind durch vernünftiges Schuhwerk, altbacken wirkende Kleidung und ein Tuch ersetzt worden, das ihr Haar völlig bedeckt. Während sie auf den kalten Stufen steht und wartet, geht sie in Gedanken durch, wohin sie mit Zizu gehen will. Für die ersten Tage steht eine bereits fertig eingerichtete Wohnung in Paris zur Verfügung, danach ist der Aufenthalt in einem Landhaus in der Bretagne vorgesehen, direkt am Meer. Zizu wird es guttun, außerhalb der Großstadt zu leben. Sie werden lange Spaziergänge am Strand machen, damit er den Kopf von diesem Dschihadisten-Unsinn freibekommt. Das Jahr darauf können sie die Pilgerfahrt nach Mekka unternehmen, damit er das wahre Gesicht des Islam kennenlernt, nicht nur das verzerrte Bild, mit dem man ihn indoktriniert hat. Sie möchte auch selbst sehr gern auf diese Pilgerfahrt gehen. Früher hat sie nie den Wunsch oder die Notwendigkeit verspürt, schließlich war bis heute ihr Leben auch kaum auf Gebet und Buße ausgelegt. Aber in den letzten Wochen hat sie Trost allein im Gebet gefunden. Ja, sie will nach Mekka, will Gott für das Leben ihres Sohnes danken und sühnen für das Leid, das sie Samir zugefügt hat.

Sie dreht eine Runde über den Hof des Justizpalastes, um warm zu werden. Der Wintereinbruch macht sich bemerkbar. Klirrende Kälte dringt durch Mantel und Wollpullover, und auch die Polizisten, die am Eingang Wache halten, stampfen immer wieder mit den Füßen, weil sie frieren. Nur ihrem neuen israelischen Leibwächter, Avraham, scheint die Kälte nichts anzuhaben. Unter seiner leichten offenen Jacke trägt er ein T-Shirt, und obwohl die Sonne hinter dem ausgebrannten Kirchturm von Notre Dame zu dieser nachmittäglichen Stunde schon tief gesunken ist, hat er seine Sonnenbrille nicht abgesetzt. Die Kathedrale ist eingerüstet, und Arbeiter sind dabei zu versuchen, die Schäden des Infernos vom letzten Jahr zu beheben. Sie zieht die Handschuhe aus und blickt auf die Uhr. Wie gerufen erscheint in diesem Moment Monsieur Deschamps am Eingang und winkt ihr zu, während er den Wachposten seinen Ausweis zeigt.

Giroud hat sie beide hierher bestellt, um die Übergabe von Zizu endgültig abzuwickeln. Nach den Londoner Eskapaden wurde Deschamps informiert, dass sämtliche Hindernisse, die der Freilassung Zizus im Wege standen, beseitigt waren. Der Staat hat die Anklage fallenlassen, unter dem Vorbehalt, dass er in ihrer Hut und unter ihrer Aufsicht bleibt und dass sie garantiert, dass er nicht wieder seine früheren Aktivitäten aufnimmt. Es ist das Beste, was Zizu erwarten konnte. Alles, wonach er sich sein Lebtag gesehnt hat, Mutterliebe, materiellen Komfort und ein Leben fern der *Banlieue*, ist ihm mit einem Federstrich in den Schoß gefallen.

Sie wendet sich wieder in Richtung Treppe, als sie Giroud ihren Namen rufen hört. Er kommt auf sie zu, mit Zizu im Schlepptau. Ein zweiter Mann, vermutlich auch ein Agent des französischen Geheimdienstes, hält Zizu am Arm und schubst ihn vorwärts. Eine Sekunde lang bleibt ihr fast das Herz stehen, weil sie glaubt, er hätte noch die Handschellen an. Aber gleich darauf erkennt sie, dass er keine Fesseln trägt. Sie gibt Avraham ein Zeichen, sich im Hintergrund zu halten, während sie mit schnellen Schritten auf Giraud zugeht.

„Madame, *bonsoir.*“

Zizu meidet ihren Blick. Sie mustert ihn, sucht nach einer möglichen Verletzung, nach Anzeichen, dass er gefoltert worden sein könnte. Von ihrer letzten Begegnung vor fünf Jahren hat sie ihn als Teenager in Erinnerung, dessen pummeliger Körper Zeugnis von der typischen Banlieue-Diät von Brathähnchen und Döner-Kebab ablegt. Er hat an Gewicht verloren, obwohl das nicht zwangsläufig an der Haft liegen muss, sondern auch der natürliche Verlust von Babyspeck sein kann.

Aber Spuren der Gefangenschaft gibt es doch. Sein Bart ist länger und struppiger als zu der Zeit, als er festgenommen wurde. Den Schnurrbart dagegen hat er sich abrasiert. Wahhabiten-Stil, hat Karl das immer genannt. Was vor allem auffällt, ist das völlige Fehlen des Ausdrucks von Unschuld und Lebensfreude, wie man ihn von einem 21-Jährigen erwarten sollte.

Alina lächelt ihn ungeschickt an und versucht, ihn zu umarmen, trotz der ihr nur zu bewussten Gegenwart von Giroud und seinem Kollegen. Zizu lässt sich nicht darauf ein, sein Blick ist beharrlich auf die Steinstufen gerichtet.

„Monsieur Giroud, ist jetzt alles geklärt?"

„*Oui*, Madame. Der Minister, der gegen Zinédines Freilassung Einspruch erhoben hat, hat seine Einwände vor zehn Tagen zurückgezogen. Unsere Freunde aus Delhi haben ihren Einfluss geltend machen können. Ich darf Ihnen hiermit offiziell mitteilen, dass die französischen Sicherheitsdienste kein weiteres Interesse an Ihrem Sohn haben. Sie können ihn in Ihre Obhut nehmen. Ich gehe davon aus, dass Monsieur Deschamps Sie von den Auflagen des Gerichts in Kenntnis gesetzt hat. Solange Sie den jungen Mann innerhalb dieser Grenzen halten können, wird es keine Probleme geben. Deschamps hat mir auch Ihre Wünsche hinsichtlich neuer Pässe übermittelt. In Anbetracht der speziellen Umstände werden wir Sie in dieser Hinsicht gern unterstützen. Wir stimmen mit Ihnen überein, dass es das Beste für alle Beteiligten ist, wenn Mutter und Sohn eine Zeitlang verschwinden. Ihre neuen Ausweise werden in wenigen Tagen bereit sein, ich lasse sie an Deschamps schicken."

„*Merci beaucoup*, Monsieur."

Giroud nickt und gibt seinem Partner ein Zeichen, sich zurückzuziehen. „Danke, Madame. Es ist sicher nicht leicht für Sie. Ich möchte Ihnen mein ... Bedauern über Herrn Khan ausdrücken."

Sie erstarrt. Die Luft bleibt ihr weg. Eine Millisekunde lang verspürt sie das Verlangen, in Erfahrung zu bringen, was Giroud weiß, aber sogleich ruft sie sich ins Gedächtnis, was sie sich selbst verschrieben hat. Kein Interesse an Vergangenem, das bringt nichts mehr. Samir gehört zu ihrem alten Leben, und das ist vorbei, ganz gleich wie sehr sie ihn liebt und sich nach ihm sehnt.

„Danke, Monsieur, sehr nett von Ihnen. Ich muss jetzt gehen." Bevor er etwas hinzufügen kann, was ihr mehr verraten könnte, ergreift sie Zizus Hand und setzt sich in Bewegung. Wenn sie Giroud bloß ansieht, kommt ihr die Galle hoch, weil es sie an ihren Verrat erinnert. Sie muss hier weg, sofort.

Als sie ihn fortzieht, leistet Zizu keinen Widerstand, aber er sieht sie seltsam an. „Wieso so eilig?"

„Was? Nichts, mein Liebling. Ich will einfach ein neues Leben mit dir anfangen. Ich will, dass du all das Schlimme vergessen kannst. Von jetzt an gibt es nur noch dich und mich."

„Willst du mich mit diesem Kopftuch verarschen? Soll das etwa meine Religion lächerlich machen?"

„Nein, überhaupt nicht! Es ist auch meine Religion. Ich habe in den letzten Wochen mehr gebetet, habe Gott angefleht, dich mir wiederzugeben. Ich will meine Fehler wiedergutmachen. Ich will mein Leben ändern."

Er antwortet nicht, sondern richtet den Blick an ihr vorbei starr auf Avraham, der sich ihnen nähert. „Wer ist das?"

„Keine Sorge, Liebling. Das ist Avi, mein Leibwächter. Er sorgt für unsere Sicherheit. Ich will eine Zeitlang mit dir aus der Stadt verschwinden und später vielleicht ins Ausland. Ich möchte dir die Welt zei ..."

„Ist das ein Jude? *Yahud*?"

„Was? Nein ... ich meine ... ja, aber... der ist nur hier, um uns zu schützen ... er arbeitet für mich ... nichts Böses, Zizu ..."

„Nichts Böses? Fuck, verdammte Hure! Erst schickst du deinen Zuhälter zu mir, dass er mich mit einer rührenden Geschichte füttert, wie furchtbar leid es dir tut, was mir passiert ist, und dass ich zu dir ziehen soll. Dann spielst du mir diese beschissene Komödie mit islamischer

Kopfbedeckung vor, nur, um mich einem Scheißjuden auszuliefern!"

„Nein, Zizu, so ist es wirklich nicht! Bitte, so darfst du nicht denken! Zizu, bitte!"

„Du denkst wohl, ich bin saublöd, was? Verfluchte Drecksau! Nur weil ich aus der *Banlieue* komme und nicht in deine verfickte feine *école* gegangen bin. Willst du deine schmutzige Nuttenvergangenheit vertuschen, indem du dir ein Tuch umwickelst und mir Geld hinwirfst? Antworte, *putain*!"

Er fasst nach dem Kopftuch und schlägt ihr hart ins Gesicht. Vor Schreck und Schmerz schreit sie auf. Das Tuch löst sich, er wirft es hin und packt sie an den Haaren, zerrt daran, während seine Faust ihr diesmal ans Kinn kracht. Jetzt ist sie auf den Knien, weint, völlig aufgelöst. Er versetzt ihr mehrere brutale Tritte. Ihr Weinen scheint seine Wut noch anzustacheln.

„Was ist, du Hure? Redest du nicht mit mir? Willst du nicht mehr mit mir wegfahren? Du hast mein Leben zerstört, ich geh eh nirgendwohin, weder mit dir noch mit deinen jüdischen Schoßhündchen!"

Sein schwerer Doc-Marten-Stiefel trifft ihr schmales Handgelenk und zertrümmert es. Ihr gellender Schrei zieht die Aufmerksamkeit aller auf sich. Sogar die Polizisten, die am Eingang postiert sind, blicken auf, um zu sehen, was los ist. Nur wenige Sekunden sind vergangen, seit er sie angegriffen hat, aber schon bewegen sich zwei Männer rasch auf sie zu. Der französische Agent, der Giroud herbegleitet hat, reagiert am schnellsten. Er springt die Stufen hinunter und erwischt Zinédine, der zu fliehen versucht. Avraham kommt von der anderen Seite, aber verlangsamt seine Schritte, als er sieht, dass der Franzose den Jungen mit einem Rugby-Tackling zu Boden reißt. Er zieht Alina von den beiden Männern weg, die jetzt miteinander ringen. Der Agent ist durchtrainiert, aber Zinédine ist größer. Obwohl er von dem Franzosen niedergehalten wird, gelingt es ihm, seinem Gegner die kräftigen Hände um den Hals zu legen und ihn zu würgen. Der Agent drückt ihm seinerseits den Unterarm gegen den Kehlkopf. Zinédine schnappt nach Luft, lässt den Hals des Mannes los und versucht ihn abzuschütteln. Er versucht, ihn in der Leistengegend zu packen, um ihn wegzustoßen, aber stattdessen bekommt er die Waffe zu fassen, die am Gürtel des Franzosen befestigt ist. Verzweifelt, weil der Druck auf seinen Kehlkopf sich verstärkt, greift Zinédine nach der Pistole, er schließt die Hand um den Griff, seine Finger finden den Abzug, und er drückt ab.

Der Schuss geht ab wie ein Peitschenschlag und bringt alles auf dem Vorhof des Palais de Justice in Bewegung. Die Wachtposten rennen mit gezogener Waffe zum Ort des Kampfes. Giroud, der unbewaffnet ist, nähert sich vorsichtiger, gefolgt von Monsieur Deschamps. Aber dem Geschehen am nächsten ist Avraham, der sich den beiden Gestalten auf dem Pflaster in wachsam geduckter Haltung nähert. Von seinem Standpunkt aus kann er nicht eindeutig erkennen, wen der Schuss getroffen hat, denn die beiden liegen noch fest ineinander verkrallt, einer auf dem anderen. Von einem von beiden kommt ein Keuchen. Wie dumm, dass es in Frankreich für Leibwächter verboten ist, Waffen zu tragen! Avraham wollte, er hätte eine Glock dabei. Aber im Grunde braucht er gar keine Waffe. Er kennt sechzehn verschiedene Arten, wie man einen Gegner mit bloßen Händen entwaffnen kann. Vorsichtshalber nimmt er aber das Springmesser heraus, das er im Stiefel versteckt hat.

Unter Aufbietung seiner letzten Reserven schiebt Zinédine sich den Körper des Franzosen von der Brust und holt Luft. Das Geschoss hat den Unterbauch des Mannes durchschlagen und ist durch die Eingeweide ausgetreten, dabei hat es massive Blutungen und die Schädigung innerer Organe verursacht. Avraham sieht, dass er noch am Leben ist, aber lange wird er es nicht mehr machen. Er ist jetzt so nah, dass Zinédine ihn herankommen sieht. Da er mit einem Angriff des Jungen rechnet, hebt er das Messer und setzt an, ihm mit einem Tritt die Pistole aus der Hand zu schlagen. Aber als Zinédine ihn so nah mit dem Springmesser in der Hand sieht, handelt er instinktiv und feuert, bevor irgendjemand ihn davon abhalten kann, einen Schuss auf Avrahams Kopf ab.

Alina rappelt sich auf, gerade rechtzeitig, damit das halbe Hirn aus Avrahams Kopf heraus auf sie spritzt. Giroud stürmt los, aber bevor er die wenigen Meter zurückgelegt hat, die ihn von dem Jungen trennen, dreht Zinédine, noch benommen von dem Druck auf seinen Kehlkopf, sich um und beginnt wild in alle Richtungen zu schießen. Der erste

Schuss streift Girouds Schulter und trifft Deschamps' rechten Unterarmknochen. Die nächsten zwei gehen ins Leere, aber der vierte Schuss erwischt Giroud am Hals und wirft ihn auf der Stelle zu Boden. Dem Jungen klingeln die Ohren von den Schüssen, und er hört nichts außer Alinas Schreien. Die Polizisten bemerkt er erst, als sie ihm in den Rücken schießen, dann in die Lunge. Als er stürzt, wirft sie sich auf ihn, versucht ihn mit ihrem eigenen Körper zu schützen. Während sie vor Schmerz heult, brüllt sie zugleich die Polizisten an, das Feuer einzustellen, da durchschlägt ein letztes Projektil ihren Körper und dringt in seinen ein. Das letzte, was Zinédine Karoachi hört, ist das Röcheln seiner sterbenden Mutter.

22. Kapitel

Karachi
24. Dezember

Kartons. Pappkartons. Nichts Spektakuläres, aber wenn man bedenkt, wie oft Beamte versetzt werden, sollte man meinen, der Staat würde dafür sorgen, dass in jedem Büro eine gewisse Anzahl Kartons zur Verfügung steht. Das wäre aber wohl zu viel des Glücks. Constantine muss stattdessen seinen Assistenten zu dem Elektronikmarkt nebenan schicken, um durch Bitten, Borgen oder Stehlen Kartons zu besorgen, in denen er an seinem letzten Arbeitstag seine Sachen verstauen kann.

Auf seinem Schreibtisch liegt jetzt nur noch das offizielle Schreiben. Sein letztes offizielles Schreiben, sein Ticket zur Freiheit. Es ist die Mitteilung, dass seinem Gesuch um vorzeitige Verrentung entsprochen wird. Noch einmal liest er es durch, um sicherzugehen, dass er nicht irgendeine versteckte Klausel übersehen hat, in der die Sekretäre in letzter Minute eine Bedingung eingeschmuggelt haben, die ihn weiter an diesen Schreibtisch fesseln, oder einen Hinweis, dass er seine Rente nur erhält, wenn er noch irgendeine Aufgabe zu Ende führt. Dazu ist er einfach nicht mehr bereit. Als er nichts dergleichen findet, faltet er das Papier zufrieden zusammen und will es sich in die Brusttasche stecken, als vor seiner Tür Geräusche zu hören sind und gleich darauf außer Atem sein Sekretär die Tür aufhält.

„Sir, Sir, der Direktor ist hier ..." Er hat den Satz noch nicht beendet, als Sajjad Ghani eintritt.

„D'Souza ... ich sehe, Sie haben schon gepackt."

„Ja, Sir. Danke, dass Sie mein Gesuch bewilligt haben. Ich bin Ihnen dankbar für Ihre Unterstützung bei der schnellen Erledigung des Papierkrams."

„Ihr Papierkram geht mir am Arsch vorbei. Aber Sie haben General Shahram dazu gebracht, den Chef der Abteilung anzurufen, also hat sich jeder ein Bein ausgerissen, damit Ihre Unterlagen so schnell wie möglich bearbeitet werden."

„Danke für Ihre Offenheit, Sir. Mindestens habe ich immer gewusst, woran ich bei Ihnen bin."

Sajjad Ghani gibt lediglich ein Grunzen von sich. Er geht um den Schreibtisch herum, unter dem Vorwand, das Standard-Foto des Vaters der Nation, Muhammad Ali Jinnah, zu betrachten, das an der Wand hängt. „Wieso zum Teufel haben Sie keine Klimaanlage in diesem gottverdammten Büro? Im Sommer muss es hier ja wie im Backofen sein."

„Ja, Sir. Es gab früher eine Klimaanlage, aber auf Ihren Befehl wurde sie entfernt. Mir wurde von der Verwaltung mitgeteilt, dass ein bloßer Stellvertretender Direktor wie ich keinen Anspruch auf Kühlung hat."

„Ach ja, richtig."

„Kann ich noch etwas für Sie tun, Sir, oder ist das nur ein Abschiedsbesuch?"

„Äh, General Shahram hat angerufen. Er möchte, dass Sie morgen Nachmittag um vier mit ihm am Grenzübergang Wagah sind. Ist anscheinend dringend und hat irgendwie mit der Sache um Samir Ali Khan zu tun. Er schickt morgen eine Sondermaschine der Luftwaffe, die Sie nach Lahore fliegt."

„Was ist so dringlich, dass General Shahram es für nötig hält, mir ein Flugzeug zu schicken?“

„Nach Ihrer Operation in London haben Sie bei der Agency einen Stein im Brett. Der General hielt es nicht für nötig, mich über die Einzelheiten aufzuklären. Ich komme nur, um seine verdammte Botschaft zu überbringen. Hintenrum habe ich mitbekommen, dass es um einen Austausch geht, der Spion, Yadav, gegen ein paar Leute von uns, die die Inder in der Hand haben. Irgendein Deal, den Shahram nach dem Fiasko mit Samir Ali Khan ausgehandelt hat.“

„Und wenn ich nicht will?“

„Ha! Bisschen spät, wie? Fragen Sie das mal Ihren Wohltäter. Was mich angeht, ist das alles ein einziger Scheißhaufen. Himmel, keine Ahnung, was in Samir gefahren ist, dass er so etwas tun konnte. Wo hatte er nur seinen Verstand gelassen? Sich von einer Frau einwickeln zu lassen! Und das als amtierender Nationaler Sicherheitsberater! Über ATMs korrupte Finanzgeschäfte oder seine ukrainischen Prostituierten kann man sagen, was man will, aber so dämlich ist er nie gewesen.“

„Bei allem Respekt, Sir, glauben Sie, dass es so einfach ist? Sie selbst haben doch nicht geglaubt, dass Alina Faruq irgendwas mit den Indern zu tun haben könnte, als ich Sie zuerst darauf aufmerksam gemacht habe. Da können Sie doch schlecht Samir Ali Khan dafür verurteilen, dass er nicht weitblickender war.“

„Oh ja, machen Sie nur weiter so und reiben Sie es jedem unter die Nase. Dass ich nicht auf Sie gehört habe, aber Shahram es sofort als richtig erkannt hat, als Sie zu ihm gegangen sind. Ich hätte Ihnen ein Disziplinarverfahren an den Hals hängen sollen, weil Sie ohne meine Genehmigung zur Agency gegangen sind. Ich hätte Sie wegen Verweigerung des Gehorsams gegenüber dem Vorgesetzten gefeuert, bevor Sie auch nur die Chance gehabt hätten, selbst zu kündigen. Aber jetzt sind Sie dank dem General ja unangreifbar.“

„Ich bin nicht zum General gegangen, Sir. Er wusste von Anfang an über unsere Ermittlungen Bescheid. Er hat einen Maulwurf bei Ihnen im Büro. Ihren Sekretär.“

Sajjad Ghani stutzt. Ein Ausdruck von Skepsis zeigt sich in seinem

Gesicht, aber er schweigt. Abwesend starrt er auf den Bildschirm des auf stumm geschalteten Fernsehers an der Wand. Auf allen Kanälen läuft die Live-Übertragung aus dem Parlament, wo der Premierminister zu der Spionageaffäre von Samir Ali Khan befragt wird. Ammar Hamdani, der sich in seiner politischen Laufbahn den Ruf eines einzigartigen Redners erworben hat, sieht müde und verhärmt aus. Beim Beantworten der Fragen, die von Mitgliedern der Opposition auf ihn einprasseln, kommt er wiederholt ins Stocken. Ein Bild von Samirs Gesicht ist ständig am unteren Rand des Bildschirms zu sehen, während der Nachrichtenticker daneben die Fragen anzeigt, mit denen der Premierminister konfrontiert wird. Was wusste der PM, und seit wann wusste er es? War ihm bewusst, dass Samir Ali Khan ein Sicherheitsrisiko darstellte, als er ihn zu seinem Sicherheitsberater ernannte? Wurde der jetzige NSB ebenfalls von den Indern gesteuert? Warum ist er verschwunden? Was ist an den Gerüchten über eine geschäftliche Verbindung von ATMs Sohn mit dem Chef der afghanischen Nachrichtendienste? Arbeitete die gesamte Regierung auf Vertragsbasis für ausländische Geheimdienste?

Sajjad Ghani lässt sich mit verändertem Ausdruck auf den Stuhl gegenüber Constantine fallen. Er stützt den Kopf in die Hände. „Samir hat das nicht verdient, diesen ... Dreck."

„Nein Sir. Er war ein ehrenhafter Mann. Die Sache ist irgendwie aus dem Ruder gelaufen. Ich habe nie erwartet, dass das so ausufert."

„Dann sind Sie ein Dummkopf, D'Souza. Das war immer politisch hochbrisant."

„Aber Sir, Samir war kein Politiker. Er auch war nie ein Parteigänger von Ammar Hamdani."

„Na und? Das ist unwesentlich. Die Jagd nach dem Maulwurf musste zur Waffe werden. Fragte sich nur, wer sie benutzen und wen sie treffen würde. Sie haben dem General einen Dienst erwiesen, indem Sie ihm den Abzug in die Hand gegeben haben. Die Agency hat entschieden, dass Ammar Hamdani das Ziel sein sollte. Erzählen Sie mir bloß nicht, dass Sie so naiv waren, das nicht zu sehen."

„Ich wollte das nicht, Sir. Ich habe mit General Shahram nur zusammengearbeitet, weil ich wirklich dachte, ich hätte etwas herausgefunden."

„Hatten Sie ja auch. Sie haben den Spaten gefunden, mit dem Ammar Hamdanis Grab geschaufelt wird. Der Mann, der dafür bekannt war, dass er sich überall durchlaviert hat, kommt jetzt zu Fall für etwas, wovon er nichts wusste. Soweit ich gehört habe, gibt es innerhalb seiner Partei eine Fraktion, die die Opposition bei ihrem Misstrauensantrag unterstützen will, weil sie dem Premierminister vorwerfen, Landesverrat begangen zu haben."

„Wird das Misstrauensvotum Erfolg haben, Sir?"

„Selbstverständlich. Was glauben Sie, warum wir diesen Zirkus im Fernsehen haben? Jedes Mal, wenn einer ein Bild von Samir sieht, denkt er an den Premierminister. Noch ein Nagel zu Ammar Hamdanis Sarg. In der Politik kann man mit vielem durchkommen, aber nicht mit Verrat."

„Es tut mir ausgesprochen leid mit Samir. Ich weiß, dass Sie ihm sehr nahegestanden haben, Sir."

Sajjad Ghani zuckt mit den Schultern. „Er war mein Chef, D'Souza. Ein guter Chef, aber letzten Endes eben doch nur ein Chef. Das Leben geht weiter. Das Leben ..." Ein Anruf auf seinem Mobiltelefon unterbricht ihn. Als er die Nummer sieht, die auf dem Display angezeigt wird, nimmt er das Gespräch sofort an.

„... Ja, ja. ... Nun, Sie wissen ja ... wir waren alle schockiert, als wir das über Samir gehört haben ... aber ich habe ihm im Grunde nicht so nahegestanden... ja, wir waren zusammen in Belutschistan, aber ich habe nicht direkt unter ihm gearbeitet ... nein, ich hatte keine Ahnung, was mit dieser Frau war, Alina Faruq ... ja, sie wurde von meinem Team identifiziert, und keinen Moment zu früh ... nun, anscheinend hat sie es für ihren Sohn getan, der ein Islamist war, die Franzosen hatten ihn verhaftet ... ja, wirklich, verrückt ... unvorstellbar, ein Schusswechsel direkt vor dem Justizpalast ... das ist es mit diesen Dschihadisten, die sind einfach krank im Kopf ... Sie machen eine Story über sie? Ja, sie hat hier die Geschäfte ihres Vaters geführt und außerdem einen Kosmetik-Konzern in Frankreich ... der Vater hatte einen Herzinfarkt, nachdem er von ihrem Tod erfahren hat ... in der Intensivstation ... nein, sieht nicht so aus, als würde er es überleben ... Samir? Niemand weiß es ... nach den Flughafendaten hat er am 12. November einen Flug nach

Doha genommen, aber wir wissen nicht, wohin er von dort aus geflogen ist ... Natürlich wird er gesucht, aber er wäre ja schön dumm, zurückzukommen ... nein, kein Kontakt, mit niemand ... mit mir, sicher nicht ... Ob das Department ihm geholfen hat zu fliehen? Natürlich nicht, das ist doch absurd ... Falls er zu mir gekommen wäre, hätte ich ihm sofort Handschellen angelegt ... Fotos von der Frau und ihrer Familie? Ja, sicher, ich lasse Ihnen durch meinen Assistenten ein paar Bilder zukommen, die Sie für die Sendung verwenden können ... vergessen Sie nicht, unbedingt meinen Namen zu nennen ... ja, ich weiß, die Agency behauptet, es sei ihr Verdienst, aber es war eine gemeinsame Aktion ... meine Leute sind zuerst auf die Spur ... nein, nein, General Shahram und ich sind auf derselben Seite, absolut ... ja, danke ... und wie sieht es aus, was ergibt die Stimmenauszählung? Ich weiß, Sie haben gute Quellen in der Regierungspartei ... tatsächlich? Sie meinen, bis zu dreißig Mitglieder der Nationalversammlung werden überlaufen? ... Moment, ich habe Ihren Kanal auf dem Schirm ... Sie senden es live? ... Der Außenminister wechselt auch die Seite ... na ja, überrascht mich nicht ... er hasst ATM ... was passiert, wenn die Wahl gegen den Premierminister geht? Tja, ein politischer Tsunami, was? ... Ich sag Ihnen was, Insider-Information, exklusiv ... Ich werde einen Haftbefehl gegen ATM erlassen ... ja, jetzt haben wir ihn ... und Sie wissen ja, bei der Polizei hassen sie ihn. Ich wollte ihn schon lange hinter Gitter bringen, aber Samir hat mich ausgebremst, und natürlich, als der Scheißkerl selber Nationaler Sicherheitsberater war, hat er versucht, meine Ermittlungen abzustellen ... nein, ich habe dem PM gesagt, wenn die mit mir irgendwelche Dummheiten machen wollen, dann gehe ich ... ja, nehmen Sie das auf jeden Fall in die Sendung ... ja, genau ... arrogante Politik und Machtmissbrauch ... und die Männer, die ihnen die Stirn geboten haben ... das ist bestimmt ein fabelhaftes Thema für die Sendung heute Abend ... wer noch? Was meinen Sie ... ah, wer außer mir noch dem PM und ATM die Stirn geboten hat? Lassen Sie mich nachdenken ... also ehrlich gesagt ... da fällt mir sonst keiner ein ... alle haben gebuckelt ... ja, stimmt schon, Samir war eigentlich kein Speichellecker, aber er hat sich mit Ammar Hamdani von Anfang an sehr gut verstanden ... wissen Sie, sein Vater war Hamdanis Anwalt, damals ... außerdem hatte es Samir gerade schwer getroffen ... radioaktiv ... ich meine, was kann man Positives sagen über jemand, der, Verzeihung, mit den Indern ins Bett gegangen ist ... ja, ich denke, lieber lassen Sie positive Aussagen über Samir weg ... unnötig kompliziert ... was ... nein, ich glaube nicht, dass der Oppositionsführer sofort eine Regierung bilden kann ... es wird wohl erstmal eine Übergangsregierung geben ...ja, die Agency wird da sicher mitreden ... ich? Nun, ich meine, also ich will jetzt nicht unbescheiden klingen, ... ja, ich war schon ein wichtiger Teil davon ... Nationaler Sicherheitsberater? Sicher, das könnte ich ... im Vergleich mit den letzten beiden im Amt würde ich wahrscheinlich hervorragende Arbeit leisten, ... professionell ... nein, darüber habe ich noch mit niemand gesprochen ... Sie denken, der Außenminister könnte es übernehmen? Er ist ein alter Schulfreund von Ihnen, nicht wahr ... na ja, also, ich wäre Ihnen sehr verbunden, wenn Sie ein Wort einlegen würden ... ich kann jederzeit nach Islamabad kommen und ihn persönlich informieren ... ja, ich lasse es Sie wissen, wenn andere Kandidaten auftauchen ... lassen Sie uns in Verbindung bleiben, ja? und wenn Sie heute Abend auf Sendung sind, denken Sie daran, mich gebührend zu erwähnen ... Fantastisch. Ok, auf Wiederhören."

Constantine verdreht die Augen und betrachtet Sajjad Ghani voll abgrundtiefer Verachtung. Da er offiziell im Ruhestand ist, kann er sich das erlauben. Sajjad erwidert seinen Blick, ohne auf die Provokation zu reagieren. Stattdessen stellt er den Ton im Fernseher an, um zu sehen, ob der Misstrauensantrag gegen den Premierminister Erfolg hatte. Ein geknickter Ammar Hamdani wird von einer Handvoll seiner Anhänger aus dem Saal geführt, während die Mehrheit der Abgeordneten, mehrere von ihnen bis heute Morgen Mitglieder seines Kabinetts, ihn mit Papier bewerfen und beschimpfen.

Ein zufriedenes Lächeln erhellt Sajjad Ghanis Gesicht. „Rufen Sie Ihren Sekretär herein, Constantine."

Verblüfft, dass Sajjad Ghani ihm seine offen zur Schau gestellte Ablehnung unbeachtet durchgehen lässt, läutet Constantine, und eine Sekunde später kommt sein Sekretär herein.

„Sir?“

„Ja, ich habe Sie rufen lassen. D’Souza ist nicht mehr hier beschäftigt. Rufen Sie in meinem Büro an und sagen Sie meinem Sekretär, er soll Anweisungen geben, alle Personen, die in den Büros von Anwar Tarin Malik arbeiten, umgehend zu verhaften. Er soll auch Maliks Sohn erneut festnehmen. Wir werden morgen eine neue Anklage gegen ihn vorlegen, mit Vergehen, die in der ersten Anklageschrift nicht enthalten waren. Damit ist die Freilassung gegen Kaution hinfällig. Sagen Sie ihm auch, er soll Kontakt zu der Zentrale in Islamabad aufnehmen und eine Mannschaft hinschicken, um den Nationalen Sicherheitsberater zu verhaften. Oder, wie es jetzt aussieht, den ehemaligen Nationalen Sicherheitsberater. Richten Sie ihm aus, ich will Anwar Tarin Malik bis heute Abend in Gewahrsam sehen.“

„Jawohl, Sir.“ Der Sekretär verbeugt sich verstört und verlässt den Raum.

Sajjad Ghani sieht wieder zu Constantine, aber er vermeidet den direkten Blickkontakt. Stattdessen starrt er wie zuvor auf das Bild des Gründers der Nation.

„Was hätte ich sonst tun sollen, D’Souza? Wie gesagt, das ist alles ein einziger Scheißhaufen. Keiner kommt hier ungeschoren davon. Samir war mein Freund, aber ich kann ihm auch nicht helfen oder seine Ehre retten. Was in diesem Moment gebraucht wird, ist ein Held, sonst ist es einfach zu deprimierend. Warum sollte nicht ich dieser Held sein? Ich würde ja auch für Sie etwas herausschinden, aber Sie haben sich nun einmal entschieden zu gehen. Ich bin ein Überlebenskünstler, Constantine. Das ist alles: ich überlebe. Genau wie Sie.“

„Nein danke, Sir. Ich möchte kein Überlebenskünstler sein. Deswegen habe ich meinen Abschied eingereicht. Guten Tag, Sir, und viel Glück.“

23. Kapitel

Lahore (Grenzübergang Wagah)
25. Dezember

Yadavs erste Reaktion, als die beiden Ordonnanzen in die Zelle kommen und ihn wecken, ist Panik. Haben sie sich jetzt etwa entschieden, ihn loszuwerden? Gab es eine Entscheidung gegen ihn vom Internationalen Gerichtshof? Kaum wahrscheinlich. Oder haben die Pakistaner die Nase voll von der festgefahrenen Lage und eine unilaterale Entscheidung getroffen, sie zu beenden? Das wohl eher. Als sie ihm mitteilen, dass sie ihn so früh wecken, weil er heute entlassen wird, glaubt er ihnen nicht. Erst als ein Offizier dazukommt, nach den Schulterstücken zu urteilen ein Hauptmann, lässt Yadav sich überzeugen, dass ihm nicht etwas vorgemacht wird. Der Hauptmann ist penibel höflich und bestätigt, dass er freigelassen wird. Zwischen den beiden Regierungen ist ein Gefangenenaustausch ausgehandelt worden. Als Yadav weiter zögert, sich den Bart rasieren zu lassen, geht der Hauptmann und holt ihm eine Kopie der offiziellen Benachrichtigung, in der angeordnet wird, den Fall abzuschließen und ihn aus der Haft zu entlassen. Während Yadav eine professionelle Rasur erhält, bleibt der Hauptmann vorsichtshalber im Raum. Dann wird ein Servierwagen mit vier verschiedenen Arten Frühstück in die Zelle geschoben. „Wir wussten nicht, was Sie gerne essen, deshalb haben wir mehrere Sachen zur Auswahl zubereiten lassen. Schließlich sollen Sie die Heimreise nicht auf nüchternen Magen antreten!“, sagt der Hauptmann, als er einen nach dem anderen die Deckel von den Tellern hebt. Darunter befinden sich *Halwa Puri* und *Chane*, ein Pilz-Käse-Omelette, frisches Obst und verschiedene Brot- und Müslisorten. Yadav hat schon lange nicht mehr so gut gegessen, auch nicht in den zwei Jahren, die er in Chabahar gelebt hat.

Mit entwaffnender Freundlichkeit schenkt der Hauptmann persönlich ihm eine Tasse Tee ein. „Ich hoffe, Ihr Aufenthalt bei uns war nicht allzu beschwerlich“, sagt er und klingt wie ein übertrieben beflissener Airbnb-Gastgeber, der auf eine gute Beurteilung erpicht ist. „Wir möchten ja nicht, dass Sie nach Hause kommen und allen erzählen, wir hätten Sie in Pakistan nicht anständig behandelt.“ Sein sogenannter Aufenthalt hat sich im Laufe des Jahres allerdings enorm verbessert. Das Verlies, in das man ihn zuerst geworfen hat, war ein übles Loch, tagelang ohne Licht, mit einer stinkenden Vertiefung in der Ecke als Toilette und so vielen Moskitos und Käfern, dass er den Eindruck hatte, er hauste mitten in einer Brutstätte für Ungeziefer. Die nächste Unterkunft war eine normale Gefängniszelle, spartanisch, aber sauberer als das Dreckloch vorher. Immerhin konnte er dort Tag und Nacht unterscheiden. Seit einem Monat schließlich ist er in dieser Zelle untergebracht. Im Grunde ähnelt der Ort weniger einer Gefängniszelle als dem Zimmer in einem College. Er hat zwar auch hier keinen Kontakt zu seiner Familie, aber er kann Zeitungen und Bücher bekommen, aus dem Fenster blickt er auf einen schönen Garten, und eine Stunde am Tag darf er fernsehen. Wie er feststellen konnte, benehmen sich die Nachrichtensprecher im pakistanischen Fernsehen genauso überheblich und wichtigtuerisch wie ihre Entsprechungen in Indien.

Der Frisör hat den Raum längst verlassen, und der Servierwagen mit den Resten des Frühstücks wird hinausgerollt. Nun erscheint ein Schneider, der ihm einen brandneuen Anzug überreicht und ihn darum bittet, ihn anzuprobieren. Offenbar haben seine Bewacher sich ihn genau angesehen, denn der Anzug passt nahezu perfekt. Yadav fühlt sich wie in einer grotesken Version von Aschenputtel, in der Aschenputtel einen kalten Krieg zwischen zwei Atommächten ausgelöst hat. Noch immer kann er nicht glauben, dass er heute nach Hause kommen soll. All die Monate hat er nicht gewagt, von diesem Tag zu träumen, denn wenn er das zugelassen hätte, hätte er es nicht mehr ausgehalten. Jede Nacht schließt er die Augen und versucht, sich die Gesichter seiner Frau und seiner Kinder zu vergegenwärtigen. Es ist schwerer geworden, sich an jedes Grübchen, jede kleinste Unregelmäßigkeit der Haut zu erinnern. Das einzige Foto, das er hatte, wurde konfisziert, als sie ihn entführt haben, und obwohl er mehrfach darum gebeten hat, wurden ihm seine persönlichen Besitztümer nicht zurückgegeben. Ob die Mädchen sich überhaupt noch erinnern, wie er aussieht? Es ist so lange her. Und Shalini? Gott, er vermisst sie so sehr, dass es körperlich schmerzt. Ist es denkbar, dass er sie heute Abend wiedersieht? Shivlal Yadav ist ein starker Mann, ein echter Profi, und das ist er auch in Gefangenschaft geblieben. Seine Vernehmer waren beeindruckt von der Zähigkeit, mit der er das ganze Jahr über alles getan hat, was man von einem gefangenen Agenten auf feindlichem Territorium nur erwarten kann. Er hat auf Zeit gespielt, nie mehr preisgegeben als nötig, hat sich verhalten wie ein Soldat und wie ein Mensch, der sich seiner Würde bewusst ist. Aber jetzt, während er zum letzten Mal hier unter der Dusche steht, bricht seine Haltung in sich zusammen, und Yadav weint wie ein Kind.

Als er soweit ist, drängt der Hauptmann ihn hinaus, ins Freie. Es ist ein sonniger Wintertag, kühl genug, dass er sich in dem neuen Anzug wohlfühlt. Bevor er in den wartenden Wagen steigt, übergibt der Hauptmann ihm seine wenigen Habseligkeiten: seine Brieftasche und, vor allem, das Foto von Shalini und den Mädchen. Mit dem Foto in der Hand nimmt er auf der Rückbank Platz. Es ist eine lange Fahrt. Dieses Mal kann er sehen, wohin sie fahren; weder hat er eine Binde über den Augen noch liegt er im hinteren Teil eines Gefangenentransporters. Offenbar hat man ihn in einer Art Militärbasis gefangen gehalten; nun verlässt der Wagen mit dem freundlichen Hauptmann auf dem Beifahrersitz und einem weiteren Mann neben ihm auf der Rückbank zügig das einförmig rechteckig strukturierte Kasernengelände und fährt auf die Autobahn, vorbei an wogenden Weizen- und Senffeldern.

Yadav schätzt, dass sie etwa anderthalb Stunden auf der Autobahn bleiben. Die Fahrt verläuft schweigend. Der Hauptmann ist mit seinem Smartphone beschäftigt, und Yadav sieht aus dem Fenster. Er sieht den Wegweiser, der anzeigt, dass sie Richtung Lahore fahren, und registriert, dass der Wagen ohne zu zahlen eine Mautstelle passiert und auf eine Umgehungsstraße einbiegt. Die sonnenbeschienene Autobahn wird durch die von Smog und Feinstaub vernebelte Stadt abgelöst, und nun, am späten Nachmittag, wird es auch kälter.

Nach einer weiteren Dreiviertelstunde auf der Umgehungsstraße nimmt der Wagen die Ausfahrt und fährt auf etwas zu, was wie eine Festungsanlage aussieht, mit Rollen von Nato-Draht überall und bewaffneten Posten an allen Ecken des Komplexes. Ein Schild über dem Haupttor weist es als Grenzübergang Wagah aus. Yadav schließt seufzend die Augen. Erst jetzt, an der indisch-pakistanischen Grenze, begreift er, dass es Realität ist, dass es wahrhaftig nach Hause geht.

Als der Wagen hält, erscheint eine attraktive junge Frau in Zivil, die ihm die Hand schüttelt und sich als stellvertretende Protokollchefin des Außenministeriums vorstellt. Sein bisheriger Begleiter, der nette Hauptmann, verabschiedet sich mit einem Händedruck und lässt ihn in der Obhut der Außenministeriumsdame zurück. Seit einem Jahr ist es das erste Mal, dass er nicht ständig unter Beobachtung steht. Zumindest nicht so, dass er es merkt.

Die Frau vom Außenministerium gibt sich geschäftsmäßig. Er erhält genaue Instruktionen, was er zu tun hat. Es ist, als würde sie einem Untergebenen Anweisungen zur Sitzordnung beim nächsten Staatsbankett erteilen. Die Grenze sei eigens für seine Übergabe geschlossen worden, teilt sie ihm mit. Sie lotst ihn durch ein Gebäude mit einer riesigen, vollkommen leeren Ankunftshalle, und als sie am Ende wieder hinauskommen, sieht er es. Ein doppelreihiger Elektrodrahtzaun, eine Reihe auf der indischen, die andere auf der pakistanischen Seite, zieht sich hin, soweit das Auge reicht. Über den Feldern liegt winterlicher Dunst, und Yadav fällt auf, wie sich das Bild auf beiden Seiten der Grenze gleicht. Es sind dieselben Feldfrüchte, die angebaut werden, und es ist derselbe Nebel, der über den Senken hängt. Dennoch steht dieser Zaun für die Auswirkungen der jüngeren Geschichte auf eine tausendjährige Kulturlandschaft.

Von seinem gegenwärtigen Standpunkt aus kann er die schweren eisernen Tore auf der pakistanischen Seite sehen, schwarz und mit dem Stern und der Mondsichel der pakistanischen Flagge verziert. Vor dem Tor ist die pakistanische Flagge gehisst, und am Fuß des Fahnenmastes stehen zwei uniformierte Grenzwächter bereit, um auf das Signal des Trompeters die Flagge einzuholen. Einen Moment stockt ihm der Herzschlag, weil das Tor geschlossen ist.

„Keine Sorge“, sagt die Außenministeriumsfrau, die seine Unruhe bemerkt hat. „Sobald Sie darauf zugehen, öffnet sich das Tor.“ Lächelnd überreicht sie ihm eine Schachtel mit Süßigkeiten und einen wunderschönen Schal. „Für Ihre Gattin und die Töchter. Von Pakistan, mit den besten Empfehlungen. Alles Gute, Herr Yadav. Den Rest des Weges werden Sie allein zurücklegen.“

Er schreitet auf das Eisentor zu. Zu beiden Seiten stehen Tribünen. Normalerweise sind sie von Hunderten von Menschen besetzt, die sich die tägliche Grenzschließungszeremonie ansehen. Heute sind die Tribünen leer, und nur der Wind streift über das Gelände. Grenzsoldaten in ihren Paradeuniformen mit Reihen von Medaillen über der Brust, stehen so still, dass man eine Stecknadel fallen hören könnte, und sehen zu, wie er den Platz überquert. Die beiden Wachen am Tor beobachten ihn. Noch hundert Schritte, noch achtzig, siebzig, aber noch verrät kein Zucken in ihren Armen, dass sie das Tor öffnen werden.

Yadav geht wie in Trance, sein Körper scheint sich ohne sein Zutun auf das Tor zuzubewegen. Mit einem Mal gehen mit einem Ruck die Torflügel auseinander. Das Geräusch, als die schweren Flügel sich in den Angeln drehen, erfüllt den Raum. Jetzt kann Yadav jenseits der Symbole von Stern und Sichel den dünnen Streifen Niemandsland und dahinter das Tor mit der indischen Trikolore darüber erkennen. Es ist ein Anblick, den er sich seit langem nicht mal zu erhoffen gewagt hat. Eine Kompanie von Soldaten der Central Reserve Police Force (CRPF), der größten bewaffneten Polizeitruppe Indiens, in Khaki-Uniformen und Turbanen erwartet ihn auf der anderen Seite, und er braucht all seine Entschlossenheit und Professionalität, um nicht loszurennen, durch die Tore zu stürzen und endlich nach Hause zurückzukehren.

Er beschleunigt seine Schritte, aber jetzt, und das kommt auch unerwartet, sieht er, dass drei Männer von der indischen Seite auf ihn zu kommen. Alle drei haben lange Sherwani-Oberteile und enge Pajama-Hosen an und tragen Karakul-Mützen wie Muhammad Ali Jinnah. Wäre es nicht an diesem seltsamen Ort und trügen die Männer nicht alle Augenbinden, könnte man meinen, sie gingen zu irgendeiner *Mushaira*, einer literarischen Versammlung, um im Wettstreit mit anderen Dichtern ihre Gedichte vorzutragen. Yadav vermutet, dass es die Gefangenen sind, die im Austausch für ihn nach Pakistan entlassen werden. Die Männer halten sich beim Gehen eng aneinander, sie stolpern immer wieder und sind einige Male kurz davor, hinzufallen. Schließlich sind sie so nah, dass er ihre Gesichter erkennen kann. Sie sind älter als er, zwei haben schlohweiße Bärte, während der dritte, ein etwas jüngerer Mann, glattrasiert ist. Irgendwie kommen sie ihm bekannt vor, aber er kann sie nicht einordnen. Jetzt können sie auch ihn hören, seine Schritte und seinen schweren Atem, so laut atmet er, das merkt er jetzt, als wäre er ein Rennen gelaufen.

„Entschuldigung, ist dort jemand?" fragt der älteste Mann auf Urdu. Yadav geht stur weiter geradeaus, ohne zu sprechen, voller Furcht, die Tore könnten sich vor ihm wieder schließen. „Bitte, ist jemand da? Können Sie uns sagen, bitte, wo wir sind?"

Er ist jetzt an dem Tor auf der pakistanischen Seite, auf gleicher Höhe mit ihnen. Die Grenzwächter halten das Tor auf, aber keiner scheint geneigt, die Frage des alten Mannes zu beantworten. Er dreht sich um, niemand scheint dort zu sein, um die drei Männer in Empfang zu nehmen.

„Bitte, können Sie uns sagen, wo wir hier sind?" Er kann die Schweißtropfen sehen, die ihnen über die Augenbinden laufen. Von der indischen Seite ertönt eine Lautsprecherstimme, die den Männern befiehlt, schweigend weiterzugehen. Bei dem Klang durchfährt alle drei ein Zittern, vor Angst, scheint es Yadav. Als er fast schon an ihnen vorbei ist, kann er nicht länger an sich halten.

„Gehen Sie weiter geradeaus. Dort werden Sie in Sicherheit sein." Er flüstert es, als fürchtete er, dass jemand, auf welcher Seite der Grenze auch immer, ihn hören könnte.

„Sind wir ... in Pakistan?" Es ist der jüngste der drei Männer, der jetzt zum ersten Mal den Mund aufmacht.

„Noch zwei Meter, dann sind Sie da."

Eine Welle der Erleichterung breitet sich auf ihren Gesichtern aus. Die Männer umarmen einander und gehen schneller.

„Vielen, vielen Dank, Sir."

Er ist an dem Streifen Niemandsland angelangt. Je weiter er vorangeht, desto besser ist die indische Seite der Grenze zu erkennen. Er sieht Shalini und seine Töchter, sie stehen gleich neben dem Mast mit der indischen Flagge. Er kneift die Augen zusammen, nicht dass es sich um ein Trugbild handelt, das gleich wieder verschwindet. Aber als er die Augen wieder öffnet, sind sie immer noch da. Jetzt kann er sogar das Kokosöl riechen, das Shalini sich morgens ins Haar reibt, oder jedenfalls glaubt er, es riechen zu können, und er hat schon die Malpua-Pfannkuchen auf der Zunge, die sie zum Frühstück frisch brät, mit einem Rest des süßen Kardamom-Sirups noch auf ihren Lippen, wenn er sie küsst, und er kann jetzt auch die Schweißtropfen sehen, die sich zwischen ihren Brüsten sammeln, wenn sie sich an heißen Sommerabenden lieben. Er hat geglaubt, all diese Dinge vergessen zu haben, hatte sie aus seinem Bewusstsein ausgeklammert, um nicht wahnsinnig zu werden. Aber er braucht sie nur zu sehen, und alles ist wieder da. Tief im Innern weiß er auch, dass es genau diese Erinnerungen sind, die ihn am Leben und bei Verstand erhalten haben, und sie sind es, die ihm jetzt die Kraft verleihen, ohne einen Blick nach rechts oder links, ohne einen Gedanken an irgendetwas anderes, loszulaufen, direkt in die Arme seiner Familie.

***

„Verdammter Mistkerl! Rennt einfach an uns vorbei! Wenigstens hätte er sich ja mal umsehen können, wer da noch steht und auf ihn wartet."

„Lassen Sie ihn, Zail Singh. Der Mann hat drei Jahre lang seine Familie nicht gesehen. Das ganze letzte Jahr war er in einem pakistanischen Gefängnis. Er hat das verdient."

Die trockene Kälte scheint während der vergangenen Stunde noch zugenommen zu haben. Krishnamurthy schlägt den Kragen seines Mantels hoch und faltet die Hände über der Brust. Sein schneeweißes Haar ist so zerzaust wie immer, und unter dem Mantel trägt er den hässlichsten Pullover, den Zail Singh je gesehen hat. Nicht dass er es ihm ins

Gesicht sagen würde, aber ein zufälliger Beobachter würde ganz sicher nicht auf den Gedanken verfallen, dass diese beiden Männer die höchstrangigen Beamten des indischen Geheimdienstes waren.

„Aber Sir-*ji*, wir müssen ihn doch befragen ..."

„Das kann warten. Dieses Bild", er zeigt auf die glückliche Familie, deren Mitglieder unter der indischen Flagge einander in den Armen liegen, „ist zehn Millionen Wählerstimmen wert. Zu dumm, dass wir nur einen Fotografen hier haben. Wir hätten ein Filmteam bestellen sollen. Keiner sollte mitbekommen, dass wir das Hurriyat-Trio rübergeschickt haben, sonst hätte ich das hier für sämtliche Medien geöffnet."

„Wie haben Sie eigentlich den Premierminister und den Nationalen Sicherheitsberater dazu bewegen können, das Hurriyat-Trio aufzugeben, Boss?"

„Indem ich ihnen genau das vor Augen geführt habe, was ich eben gerade zu Ihnen gesagt habe. Dass dieses Bild bei den Wahlen zehn Millionen Stimmen ausmacht. Kein Politiker kann ein Angebot von so vielen Wählerstimmen ablehnen, ganz gleich, wie dogmatisch er ist."

Das war unbestreitbar wahr. „Was soll ich jetzt mit Yadav machen?"

„Schicken Sie ihn in Urlaub. Alles bezahlt, samt Familie. Irgendwo weit weg, zum Beispiel eine Teeplantage in Assam oder ein Strand auf den Andamanen. Hauptsache, die Presse findet ihn nicht. Verraten Sie nicht einmal mir, wo er ist, sonst rennen mir PM und Innenminister die Tür ein und versuchen mich dazu zu zwingen, ein Interview mit ihm für ihre Lieblingsfernsehsprecher zu arrangieren. Lassen Sie Yadav eine Woche lang ausspannen, dann holen Sie ihn zur ausführlichen Befragung zurück in die Zentrale. Wenn wir mit ihm durch sind, können wir die Politiker dranlassen, die können ihn meinetwegen vor eine Fernsehkamera zerren. Ich werde das mit dem Premierminister besprechen. Der PM soll selbst aussuchen, wer das Interview macht, irgendein dämlicher Fernsehsprecher, den sie sich verpflichten wollen. Der oder die kann Yadav dann harmlose Fragen stellen. Wir wissen schließlich nicht, wie labil er ist. Wenn er zusammenbricht, während sie auf Sendung sind, oder noch schlimmer, wenn er irgendetwas über Deaf Leopard herauslässt, nicht auszudenken."

„Also keine Einzelheiten über die Haft oder das Verhör, das die dort mit ihm angestellt haben. Er soll einfach die Heldenstory erzählen, etwa, dass der Gedanke an die indische Trikolore, oder an den heiligen Anhänger, den seine Frau als Zeichen ihres Eheglücks um den Hals trägt, ihn am Leben erhalten hat, sowas in der Art?"

„Genau. Seichten Bockmist. Unbedingt soll er seinen Dank aussprechen, den Politikern, dem PM, dem Nationalen Sicherheitsberater und dem Innenminister, dafür, dass sie alles getan haben, um ihn zurückzuholen. Das ist, was sie hören wollen."

„Aber die haben doch gar nichts dafür getan. Sie waren komplett dagegen, das Hurriyat-Trio freizulassen, und ohne die drei hätten die Pakistaner uns im Leben nicht Yadav gegeben. Sie waren es, der sie überzeugt hat. Falls Yadav irgendjemand zu danken hat, dann Ihnen, Boss."

„Kommt nicht in Frage. Nicht öffentlich. Nie. Wir bleiben dabei: der Safran-Tiger hat gebrüllt, und die Pakistaner haben sich geduckt. Haben wir uns verstanden?"

„Ja, Boss."

„Noch etwas. Nehmen Sie Kontakt zu ein paar Leuten von Bollywood auf. Falls die nicht selbst die Initiative ergreifen, sprechen Sie jemand an. Geben Sie ihnen die wichtigsten Informationen über die Operation. In überarbeiteter Form, natürlich. Ich will, dass die einen Film darüber drehen. Am besten mit einer 1A-Besetzung. Einer der Khans soll Yadav spielen. Je entschiedener wir das Ganze als Sieg verkaufen, desto einfacher ist es für uns, die Schattenseiten zu kaschieren, etwa das Hurriyat-Trio."

„Ganz werden Sie unsere Kompromisse wohl nicht vertuschen können, Boss. Sobald diese drei Hurriyat-Arschlöcher in Islamabad sind, werden sie es von den Dächern hinunterschreien."

„General Shahram hat mir eine gewisse Zeit zugesichert, bis die Sache sich abgekühlt hat, erst dann lassen sie das Trio wieder Propaganda machen. Für die Pakistaner ist es ja auch eine politische Schlappe, dass sie einen indischen Spion zurückgegeben haben. Keine Seite hat ein Interesse daran, viel Geschrei um die Einzelheiten unseres Deals zu machen. Solange wir Yadav als größten Helden dieses Landes seit den beiden

Film-und-Kricket-Legenden Sachin Tendulkar und Amitabh Bachhan inszenieren, wird keiner sich einen Scheiß um ein paar kaschmirische Prediger scheren, die sich in Muzaffarabad die Kehle heiser brüllen. Das machen seit dreißig Jahren Tausende, da kommt es auf drei mehr auch nicht an. Der Safran-Tiger wird glücklich sein, besonders, falls er damit seine Wiederwahl in der Tasche hat. Das ist doch alles, was die Politiker interessiert."

„Sie haben anscheinend an alles gedacht. Wo soll er denn nach den Vernehmungen und den Medienauftritten hin? Soll ich ihn wieder im Außendienst einsetzen? Vielleicht eine Zeitlang hier und dann irgendwo in einem westlichen Land?"

„Wen, Yadav? Sind Sie von allen guten Geistern verlassen? Ich will nicht, dass der noch einmal in die Zentrale kommt. In diesem Geschäft ist er fertig, der kann nirgendwo mehr hin. Wer weiß, ob die Pakistaner ihn zum Doppelagenten gemacht haben. Oder womöglich ist er in der Gefangenschaft verrückt geworden. Für nachrichtendienstliche Arbeit ist er unbrauchbar."

„Aber, Boss, das ist doch sein Beruf. Er ist noch zu jung, um in Pension zu gehen, und er muss eine Familie versorgen. Was soll er machen, wenn wir ihn hinauswerfen?"

„Verschaffen Sie ihm einen Job als Berater in Bollywood oder sonstwas. Vielleicht kann er seine Erinnerungen aufschreiben. Wir könnten dafür sorgen, dass ein Verlag das veröffentlicht, wobei das Manuskript natürlich zuerst von uns geprüft und genehmigt werden muss. Ich sage nicht, dass wir ihn feuern sollen, jedenfalls nicht offiziell, nur dass wir ihn irgendwo kaltstellen."

Die Sonne ist mittlerweile fast untergegangen, auf beiden Seiten der Grenze haben die Trompeter den Zapfenstreich angekündigt, und Yadav und seine Familie gehen zu den Verwaltungsgebäuden hinüber.

„Wollen Sie ihn nicht treffen, Boss? Er verdankt Ihnen eine Menge, und öffentlich wollen Sie das ja nicht machen. Aber wenigstens sollte doch Yadav selbst wissen, was Sie für ihn getan haben. Soll ich ihn nicht holen lassen?"

„Ob er es weiß oder nicht, spielt keine Rolle. Es ist gleichgültig, wem das Verdienst zugeschrieben wird, Hauptsache, wir haben Deaf Leopard geschützt. Unsere wichtigste Informationsquelle innerhalb der pakistanischen Regierung ist am Leben und nicht enttarnt."

„Ich habe mich allerdings gewundert, dass die Pakistaner deswegen gar keinen Druck gemacht haben, als wir mit ihnen verhandelt haben. Fast, als wäre es ihnen gar nicht so wichtig. Aber warum?"

„Ich bin nicht sicher. Vermutlich sind sie bei der Jagd nach dem Maulwurf nicht weitergekommen. Yadav konnte ihnen keine konkreten Hinweise geben, weil er selber nicht viel über Deaf Leopard wusste. Und dann kam unser Tarnmanöver mit Samir Ali Khan und dem Mädchen dazwischen, und die Agency hat sich darauf eingelassen, weil es ihnen in den Kram passte. Indem sie alles Samir Ali Khan in die Schuhe geschoben haben, konnten sie gleichzeitig den Premierminister treffen und mithilfe der Affäre Hamdanis Regierung stürzen. Politische Prioritäten kamen da vor den geheimdienstlichen Interessen. Wir haben Glück gehabt, Deaf Leopard wurde im Getriebe der geschichtlichen Entwicklungen zur Nebenfigur. Und genau das war mein Ziel."

„Das mit der Frau ist eine Schande. Ich habe den Bericht von unserem Mann in Paris erhalten. Fünf Kugeln in die Milz, als hätte sie versucht, ihren Sohn mit dem eigenen Körper zu schützen. Eine höchst bedauernswerte Angelegenheit. Sie war schön. Und noch so jung."

„Ja, Frau Faruq war eine sehr attraktive Frau. Sogar noch eindrucksvoller, wenn man ihr persönlich begegnete. Was ist mit Samir Ali Khan? Gibt es Neuigkeiten?"

„Nein, Boss. Er soll irgendwo in Deutschland aufgetaucht sein, aber es gibt keine sicheren Hinweise. Könnte er uns Schwierigkeiten machen?"

„Ich denke nicht. Der Handel, den ich mit Pakistan abgeschlossen habe, war praktisch derselbe, den ich mit ihm vereinbart hatte, also gibt es nichts, woran er Anstoß nehmen könnte. Alles, was man ihm angetan hat, kam von seinen eigenen Landsleuten, nicht von uns. Er war ein guter, ehrenhafter Mann, und ich fand ihn ausgesprochen sympathisch. In einem anderen Leben, in einer Welt ohne Leute wie den Safran-Tiger und General Shahram mit seiner Agency hätten wir partnerschaftlich zusammenarbeiten können, im Interesse des Friedens. Aber es sind selten die guten Menschen, die in unserem Geschäft überleben, Zail Singh. Sie wissen es ja selbst."

Lahore (Grenzübergang Wagah)

Von der Aussichtsplattform oberhalb des Verwaltungsgebäudes auf der pakistanischen Seite der Grenzstation kann General Shahram fast das gesamte Gelände überblicken. Er beobachtet Yadav beim Überqueren der freien Fläche, über den Streifen Niemandsland, beim Durchschreiten der Grenztore und beim Wiedersehen mit Frau und Töchtern. Mit Genugtuung stellt er fest, dass auch das Hurriyat-Trio es über die Grenze geschafft hat. Die drei werden jetzt in der Ankunftshalle unter ihm von Parteimitgliedern und einigen seiner Offiziere in Empfang genommen, die sie auch vernehmen werden. Er ist guter Stimmung. Schließlich war es ein außerordentlich erfolgreicher Tag. Um ihn zu feiern, nimmt er eine handgerollte Cohiba aus der Tasche und entfernt sorgfältig die Plastikverpackung. Gerade hat er die Zigarre angezündet und einen ersten Zug genommen, als sein Adjutant Constantine heraufführt und sich dann in diskreter Entfernung postiert.

„Ich freue mich, dass Sie kommen konnten, Constantine. Sie haben gerade verpasst, wie Yadav über die Grenze gegangen ist."

„Ich war nicht sicher, ob ich kommen wollte, Sir."

„Wieso? Sie mussten doch dabei sein. Sie hatten eine zentrale Bedeutung in der ganzen Geschichte. Ganz gleich was die Medien sagen oder wem das Verdienst in den Korridoren der Macht zugeschoben wird, Sie waren es, der alles zusammengesetzt und uns den Arsch gerettet hat."

„Es ist also alles nach Wunsch gelaufen?"

„Ja. Ich habe mit Krishnamurthy ein ziemlich gutes Abkommen ausgehandelt. Ehrlich gesagt, war es genau das, was er Samir angeboten hat. Die Inder haben alle Agenten von uns zurückgegeben, die sie im letzten Jahr in ganz Südasien eingesammelt haben. Plus, das Hurriyat-Trio. Keine Ahnung, wie Krishnamurthy das mit denen hinbekommen hat, denn deren Nationaler Sicherheitsberater hat geschworen, die drei würden nie mehr das Tageslicht sehen. Aber da haben wir es, gerade eben sind alle drei heil und gesund über die Grenze marschiert. Alle Achtung, dass der Großmeister das zuwege gebracht hat."

„Woher wissen Sie, dass es derselbe Deal ist, den er Samir Ali Khan vorgeschlagen hat? Und wie konnten Sie so schnell den Kontakt zu Krishnamurthy herstellen?"

„Ich dachte mir gleich, wenn Samir ihn in einer Londoner Kunsthandlung trifft, dann ganz sicher nicht, um Staatsgeheimnisse zu verraten. Es konnte nicht anders sein, sie mussten darüber gesprochen haben, wie man die Sache mit Yadav zu Ende bringen konnte. Krishnamurthy wollte ihn unbedingt zurückhaben, weil er selbst ihn in Chabahar eingesetzt hatte. Zu schade, dass Samir von der Bildfläche verschwunden ist, bevor wir miteinander reden konnten, so konnte ich nicht vollkommen sicher sein. Aber ich bin das Wagnis eingegangen und habe über einen Mittelsmann Kontakt aufgenommen. Ein sri-lankischer Agent, der sowohl mit dem Großmeister als auch mit uns schon zusammengearbeitet hat. Lokanathan, ist seit ein paar Jahren in Rente. Krishnamurthy war bereit, zumal er mit Samir schon verhandelt hatte. Und ich brauchte ein paar positive Meldungen, um von dem Samir-Skandal abzulenken, von dem die Medien voll waren. Also haben wir miteinander gesprochen und die Sache unter Dach und Fach gebracht."

„Aber werden die Medien Sie nicht angreifen, weil Sie einen indischen Spion laufenlassen haben?"

„Wir haben einen Bauern verloren und dafür drei Läufer gewonnen. Meine Leute sind schon dabei, die Geschichte so aufzuarbeiten, dass dabei herauskommt, die Befreiung des Hurriyat-Trios wäre das verdammt Beste, was in der Kaschmir-Angelegenheit passiert ist, seit 1948 diese Stammeskrieger da eingedrungen sind. Sobald der Außenminister zum Premierminister gekürt ist, kann er das ausbauen und als Ergebnis seiner aufwändigen diplomatischen Bemühungen inszenieren. Und das alles für den Spottpreis eines indischen Agenten, der uns nach seinem

Hinweis auf den Maulwurf in der Regierung sowieso nichts mehr nützte. Ein Maulwurf, der dann dank unserem Einsatz enttarnt wurde."

Constantine schweigt. Der Wind fegt mit steigender Geschwindigkeit über die Felder. Da es keine weiteren Gebäude in der Nähe gibt, sinken die Temperaturen dadurch deutlich, obwohl die Sonne gerade erst untergegangen ist. Constantine überlegt, ob er lieber nicht sagt, was er denkt, aber irgendjemand muss es doch aussprechen.

„Sir, das ist doch nicht wahr. Wir wissen doch, dass Samir Ali Khan nicht Deaf Leopard war, was immer er für Fehler begangen haben mag. Und Yadav wurde entführt, bevor Samir wieder mit Alina Faruq zusammenkam, also kann er von ihr gar nichts gewusst haben."

„Na und, wen interessiert das schon? Es ist eine kleine Notlüge für die Presse, die alle offenen Fragen beantwortet."

„Samir Ali Khan hätte es sicher interessiert. Wir haben ihn zerstört, und dabei schließen Sie genau das Geschäft ab, das er vorhatte. Sie haben doch eben selbst gesagt, dass er keine Informationen an Indien gegeben hat. Wir haben einen guten Mann ruiniert, wegen nichts. Und wer Deaf Leopard wirklich ist, wissen wir immer noch nicht."

Der General zieht genüsslich an seiner kubanischen Zigarre. „Es war nicht wegen nichts, Constantine. Glauben Sie, mir ist es leichtgefallen, Sie zu ihm zu schicken? Er war mein Kollege, mein Freund. Und zwar ein echter Freund, nicht so ein Freund aus taktischen Gründen, wie wir ihn in unserer Branche oft haben. Ich habe es trotzdem getan, zu einem höheren Zweck. Ammar Hamdanis Regierung war schlecht. Eine Clique raffgieriger Speichellecker, nichts anderes. Sie haben permanent die falschen Entscheidungen getroffen. Verdammt, Hamdani hat diesen Scheißkerl ATM sogar als Nationalen Sicherheitsberater eingesetzt! Diese Regierung war eindeutig eine Bedrohung der Sicherheit unseres Landes. Als Samir hier war, habe ich versucht, ihm das zu erklären. Er war das Feigenblatt, das über Hamdanis nackter Gier lag. Aber er hat es nicht begreifen wollen. Wenn Samir Krishnamurthys Vorschlag dem PM unterbreitet hätte, wie er es vorhatte, dann wäre dieser schlaue Hund mit Sicherheit darauf angesprungen. Wahrscheinlich hätte es ihm einen weiteren Wahlsieg eingebracht. Und dann hätten ATM und all die anderen Wichser einfach weitergemacht, ohne dass jemand sie daran hätte hindern können. Samir hatte es ja versucht, mit dem Ergebnis, dass sie ihn postwendend in hohem Bogen rausgeworfen haben. Dieses System lässt sich nicht von innen reformieren. Es muss zerstört werden. Die Regierung musste gehen. Hamdani wollte Frieden mit Indien? Was für ein bescheuerter Gedanke. Hat er sich mal überlegt, ob die auch Frieden wollen? Das fragen sich diese zartbesaiteten Liberalen nämlich nie. Sie kleben an der Vorstellung, weil wir alle ja so viel gemeinsam haben, könnten wir uns auch wunderbar verstehen, solange die böse Agency nicht dazwischenfährt. Genau das hat auch Hamdani immer gesagt. Wissen Sie, was wir mit den Indern wirklich gemeinsam haben, Constantine? Dass unsere Politiker alle skrupellose Schwanzlutscher sind. Die interessiert nichts als ihr eigenes Schäfchen ins Trockene zu bringen. Was die ganze Affäre bewirkt hat, ist, dass diese Gutmenschen mal sehen konnten, dass die Inder nicht besser sind als wir. Wir sind alle gleich, und was wir hier haben, ist ein kalter Krieg. Da ist kein Platz für moralische Anwandlungen."

Shahram nimmt einen letzten Zug, dann drückt er die Zigarre aus. „Und was Deaf Leopard angeht, irren Sie sich. Ich wusste schon immer, wer sich dahinter verbirgt."

„Wie bitte, Sir?"

„Das scheint Sie zu schockieren, Constantine. Nicht nötig. Ich weiß seit Jahren über Deaf Leopard Bescheid. Er, oder vielmehr sie, ist eine Doppelagentin. Sie liefert den Indern regelmäßig Kleinkram. Wir achten darauf, dass sie vertrauliche, aber keine wesentlichen Informationen bekommt, die sie an Krishnamurthy weitergibt. Gelegentlich schieben wir auch eine Fehlinformation ein, die die Inder auf eine falsche Fährte lockt. Der Großmeister hält es für seine größte Operation, aber tatsächlich ist es unsere. Deshalb war es nicht schwierig, Yadav mit der Aussicht, Deaf Leopard persönlich zu treffen, an die Grenze zu locken."

„Es ist also eine Sie? Und wer ...?"

„Es ist die Frau eines Prominenten auf nationaler Ebene. Lassen wir es dabei bewenden. Ich selbst führe sie. Niemand in der Agency kennt ihre Identität außer mir, und das einzige Stück Papier, auf dem ihr Name steht, liegt in meinem Privatsafe und wird zu gegebener Zeit an meinen Nachfolger weitergegeben. Nach meinen beiden Amtsvorgängern und mir sind Sie jetzt die vierte Person, die immerhin weiß, dass Deaf Leopard eine Frau ist."

„Aber wozu dann das ganze Affentheater, ein ganzes Jahr lang?"

„Damit Krishnamurthy glaubt, dass ich weiterhin keine Ahnung habe. Ich konnte einfach nicht riskieren, unsere beste Verbindungsperson zu verlieren. Und das Affentheater hat ja hervorragend funktioniert. Er hat uns das Hurriyat-Trio ausgeliefert, um Deaf Leopard zu schützen, und meint, er hätte das Geschäft seines Lebens gemacht. Nichts anderes wollte ich von Anfang an. Deaf Leopard bleibt uns erhalten und wird alles, was ich will, den Indern zuspielen. Und das ist wichtiger als jeder Nationale Sicherheitsberater und jede Regierung."

„Aber es war doch nicht nötig, Samir Ali Khan deswegen so zu demütigen. Das ganze Land hält ihn für einen Verräter. Darüber wird er nie hinwegkommen, ganz gleich, wo er ist. Sie hätten sich doch eine Lösung ausdenken können, die ihn nicht so schwer beschädigt."

„Ich habe nie damit gerechnet, dass er verschwindet. Ich dachte, er würde zu mir kommen, nachdem Sie mit ihm gesprochen hatten, und dann würden wir eine Strategie ausarbeiten, wie er da rauskommt. Zum Beispiel, indem er sich ein Jahr oder so im Hintergrund hält und wir ihn dann wieder hervorholen."

„Im Ernst, Sie hätten nicht gedacht, dass er so handelt, General?" Constantine kann sich den Spott nicht verkneifen. „Was glauben Sie denn, was ein ehrenhafter Mann unter diesen Umständen sonst hätte tun können?"

Zum ersten Mal während ihrer Unterredung wirkt Shahram ratlos. Er starrt grübelnd auf die Felder, die mittlerweile in Dunkelheit gehüllt sind. „Ich weiß nicht, Constantine. Ich habe nicht erwartet, dass es dazu kommt. Wahrscheinlich habe ich vor ihm keinen wirklich ehrenhaften Mann gekannt."

Es folgt eine lange Pause, während der beide Männer stumm auf das Gelände unter sich starren. Die Grenzsoldaten haben sich in ihre Quartiere zurückgezogen. Die Wache haben Posten übernommen, die anstelle von Paradeuniformen schlichte Tarnanzüge tragen. Nur die Jupiterlampen, die ein geisterhaftes Licht auf den Grenzzaun werfen, erhellen die Finsternis ringsum. Keiner der beiden Männer versucht das Gespräch fortzusetzen, denn es gibt im Grunde nichts mehr zu sagen. Nach längerem Schweigen dreht sich der General zu seinem Adjutanten um, der die ganze Zeit über am anderen Ende der Aussichtsplattform gewartet hat.

„Entschuldigung übrigens, ich hätte es beinahe vergessen. Frohe Weihnachten, Constantine. Hier, ich habe ein Geschenk für Sie." Der Adjutant übergibt Shahram eine geschmackvoll in Geschenkpapier gewickelte Schachtel. „Es ist eine Pfeife. Eine altmodische, handgeschnitzte Holzpfeife. Viel besser als diese grässlichen Zigaretten, die Sie rauchen. Fangen Sie mit dem Pfeiferauchen an, damit leben Sie länger. Und das sollten Sie, Ihren Töchtern zuliebe. Auch wenn es jetzt nicht danach aussieht, irgendwann wollen die beiden bestimmt hören, wie heldenhaft ihr Vater sich verhalten hat."

„Vielen Dank, Sir. Das ist, äh, sehr aufmerksam von Ihnen. Wie geht es weiter?"

„Mit dem Land? Irgendwer, voraussichtlich der Außenminister, wird von neuem anfangen, eine Koalition bilden. Vielleicht sind die Leute so angewidert, dass sie jemand ganz Neuem eine Chance geben. Mal sehen. Aber was auch geschieht, Deaf Leopard bleibt. Und Sie, was wollen Sie jetzt anfangen, nachdem Sie das Department verlassen haben?"

„Ich weiß nicht. Als ich gekündigt habe, wusste ich nur, dass ich da raus musste. Ich habe nicht wirklich darüber nachgedacht, was ich als nächstes tun will."

„Wollen Sie wirklich wissen, wer Deaf Leopard ist?"

„Ja."

„Dann kommen Sie doch zu mir. Ich bringe Sie in unserer Abteilung für Sonderaufträge unter. Kein bürokratischer Schwachsinn, nur hochspezialisierte, streng geheime Operationen, sowas wie der Job in London. Sie können mich bei der Führung von Deaf Leopard unterstützen. Ich brauche jemand wie Sie, einen, der einen natürlichen Instinkt für solche Dinge hat. Kommen Sie, Constantine, Sie sind einfach zu gut, um den Hut zu nehmen.“

„Vor Jahren hat mir mein Freund Akbar Khan so ein ähnliches Angebot gemacht. Ich habe damals auch abgelehnt, weil ich weder seinen Schneid noch seine Naivität hatte. Für dieses Spiel braucht man beides, oder wenigstens eins davon.“

„Das hier ist aber anders. Kein Räuber-und-Gendarm-Spiel von einer Polizeistation zur nächsten. Hier geht es um die Sicherheit des Landes. Das Höchste, was Sie anstreben können. Sie werden keine Marionette in der Hand anderer sein wie Akbar Khan. Sie werden selbst die Fäden ziehen. Sie werden mehr Macht haben, als Sie sich je vorstellen konnten.“

„Vielen Dank für die Pfeife, Sir. Das haben Sie wirklich sehr gut ausgesucht. Wenn Sie gestatten, dürfte ich Ihren Fahrer bitten, mich bei einer Kirche abzusetzen? Heute Morgen habe ich den Gottesdienst verpasst. Um die Wahrheit zu sagen, ich war seit Jahren nicht in der Kirche. Nicht mehr, seit Mary mich verlassen hat. Ich glaube, bevor ich mich entscheide, ob ich selbst Gott spielen möchte, muss ich erstmal Gott wiederfinden.“

„Sie sind ein anständiger Kerl, Constantine. Bleiben Sie in Kontakt, und lassen Sie mich wissen, wenn ich etwas für Sie tun kann. Alles Gute!“

Die beiden Männer wechseln einen Händedruck, bevor sie ihrer Wege gehen.

Epilog

Paris, 20. Arrondissement, Friedhof Père Lachaise 1. Januar

Der Mann in der Baskenmütze versucht sich mit dem langen alten Mantel gegen den Wind zu schützen, der durch die Weiden entlang der Gehwege des historischen Friedhofs bläst. Als er sich der muslimischen Abteilung nähert, die durch eine Hecke vom übrigen Friedhof abgetrennt ist, sieht er den alten Anwalt. Im dunklen Anzug, den Arm noch in der Schlinge, steht er an einem frischen Grab. Aus alter Gewohnheit sieht sich der Mann mit der Baskenmütze um, ob jemand ihn bemerkt hat. Aber bei dem frostigen Wetter hat sich heute niemand in diesen entlegenen Teil des Friedhofs verirrt. Ihm ist kalt, trotz des Mantels und trotz der verschossenen Wollhandschuhe, aus deren Löchern seine Fingerknöchel hervorschauen. Er hätte sich gern etwas Besseres gekauft, aber bei seiner jetzigen wirtschaftlichen Lage war dieses Modell vom Flohmarkt alles, was er sich leisten konnte.

Er beobachtet den Anwalt, sucht nach Anzeichen, dass er getäuscht wurde. Aber der alte Mann hat noch gar nicht gemerkt, dass er da ist. Während er auf den Grabstein blickt, wischt er sich mit der gesunden Hand eine Träne weg.

„Monsieur Deschamps."

„Monsieur Khan. Ich habe Sie gar nicht kommen sehen."

„Tja, ich versuche unter dem Radar zu fliegen."

„Natürlich. Ich ... es tut mir leid, ich war abgelenkt ... Ich hatte den Bestatter gebeten, den Grabstein in italienischem Marmor ausführen zu lassen, aber das ist kein italienischer ... sie verdiente echten italienischen Marmor ... das Beste ..."

Samir legt die Hand auf den Grabstein. Er beschließt, die Tränen in

Deschamps Augen zu ignorieren, denn er kämpft selbst mit den Gefühlen. „Was ... ist passiert?"

„Sie hat es alles für den Jungen getan, Monsieur. Sie meinte, es ihm schuldig zu sein. Deshalb hat sie Sie verraten, obwohl sie sich dafür gehasst hat. Dafür hat sie schließlich ihr Leben geopfert."

„Warum wollte sie mich nicht sehen?"

„Weil sie fürchtete, Sie würden ihr verzeihen. Trotz allem, was Sie Ihnen angetan hatte. Sie hat Sie geliebt, Monsieur."

„Und der Junge? Es war nicht klar, ob er eine Überlebenschance hatte."

„Er hat es bis zum Krankenhaus geschafft, aber nicht mehr. Ich habe dafür gesorgt, dass er hier beerdigt wird, neben seiner Mutter. Nächsten Mittwoch ist die Beerdigung. Wollen Sie dabei sein?"

„Ja. Danke." Samirs Gesicht ist jetzt ebenso tränennass wie das von Deschamps.

„Was haben Sie jetzt vor, Monsieur? Ich habe mitbekommen, dass es in Pakistan nicht gut aussieht."

„Ich bin nur hergekommen, weil ich mit Alina sprechen wollte. Ich wollte verstehen, warum sie das getan hat. Und ich wollte ihr in die Augen sehen und sie fragen, ob sie mich überhaupt je geliebt hat. Jetzt gibt es nichts mehr zu tun. Ich werde nach Hause zurückkehren und mich stellen."

„Verzeihen Sie mir, Monsieur, ich bin kein Mann der Gefühle. Als Anwalt sollte ich das auch nicht sein. Aber eins weiß ich. Madame ist viele, viele Jahre lang meine Klientin gewesen, und der eine Mann, den sie je von ganzem Herzen geliebt hat, waren Sie. An dem, was sie Ihnen angetan hat, weil sie keinen anderen Ausweg sah, ist sie zerbrochen. Es ist eine schreckliche Tragödie. Wenn Sie jetzt nach Pakistan zurückkehren, nützt es niemand. Sie würden nur Ihren Feinden die Gelegenheit geben, Ihren Namen noch mehr in den Schmutz zu ziehen, und den von Madame auch. Der Gerechtigkeit wäre nicht damit gedient, dass Sie sich stellen. Bleiben Sie doch hier, oder gehen Sie irgendwo anders hin. Bauen Sie sich ein neues Leben auf, Monsieur! Sie haben es verdient."

„Selbst wenn ich das wollte, würden meine finanziellen Möglichkeiten es nicht zulassen. Wie Sie schon an meiner Kleidung erkennen können, bin ich kein reicher Mann, Monsieur Deschamps. Ich kann mir nicht leisten, den Rest meines Lebens durch Europa zu spazieren.“

„Erlauben Sie mir, Ihnen meine Hilfe anzubieten, Monsieur. Ich bin der Nachlassverwalter von Madame. Sie hat mir den größten Teil ihres beträchtlichen Privatvermögens hinterlassen. Ich bin schon ein wohlhabender Mann und brauche das Geld nicht. Aber ich weiß, dass es in Alinas Sinn ist, wenn ich Sie unterstütze. Ich kann Ihnen leicht irgendwo eine Basis verschaffen, irgendwo in Europa. Ich kann Ihnen Papiere besorgen, Immobilien. Das tue ich ja auch für meine Klienten. Sie hätten genug Geld für den Rest Ihres Lebens.“

„Ich hätte nie Ruhe, würde ständig in Angst leben. Vor meinen eigenen Leuten und vor dem Feind.“

„Glauben Sie mir, Monsieur, ich kann dafür sorgen, dass Sie keine Spuren hinterlassen. Ich hatte etwas Derartiges für Alina in die Wege geleitet. Sie wollte auch verschwinden. Durch ihren Tod kann sie das nun nicht mehr, aber Sie können es tun. Ich hatte für sie ein Grundstück in der Bretagne erworben, dorthin wollte sie mit Zizu ziehen. All ihre Sachen sind dort. Sie können dort bleiben, während ich mich darum kümmere, dass Sie irgendwo neu anfangen können, wo Sie wünschen. Bitte lassen Sie mich das für Sie tun. Ich konnte weder Madame noch den Jungen retten, aber so könnte ich wenigstens etwas für den Mann tun, der ihr alles bedeutete.“

„Das ... alles würden Sie für mich tun?“

„Alina war für mich mehr als eine Klientin. Ich kannte sie schon als Kind. Sie ist sozusagen ein Familienmitglied.“

„Und was ist mit dem französischen Geheimdienst? Würden die das nicht herausbekommen?“

„Die Franzosen sind wie alle anderen in erster Linie daran interessiert, den Deckel auf diese Episode zu setzen. Der Einzige, der von Ihnen wusste, war Giroud, und er ist tot. Innerhalb von zwei Monaten kann ich Ihnen einen Pass für den Staat Grenada besorgen, mit dem Sie unbeschränkte Reisefreiheit haben. Nehmen Sie die Gelegenheit wahr und fangen Sie ein neues Leben an."

Samir nickt. Er kniet am Grabstein nieder, und seine Tränen benetzen den kalten Marmor, als er ihren Namen küsst, der in den Stein eingraviert ist. Langsam erhebt er sich und legt vorsichtig die Hand auf Deschamps' verletzte Schulter. Die beiden Männer umarmen einander, unbeholfen, wie Männer in mittlerem Alter es tun.

„Zizu wird am Mittwoch begraben, haben Sie gesagt?"

„Ja."

„Werden Sie dafür sorgen, dass ein Imam dabei ist? Seine Mutter hätte sicher gewollt, dass er wie ein wahrer Muslim bestattet wird."

„Ja, ich kümmere mich um alles Nötige."

„Danke. Für alles."

Deschamps nickt feierlich, als Samir sich verabschiedet und sich auf dem von Weiden gesäumten Weg entfernt.

Zum Autor

Der Autor Omar Shahid Hamid, geboren 1977, weiß genau, wovon er schreibt. Er arbeitete 17 Jahre lang als Polizist in Pakistans größter Stadt Karachi. 2011 erschien sein Name auf einer von der radikal-islamischen Taliban veröffentlichten Todesliste. Daraufhin ging er für einige Jahre nach London, wo er einige Romane verfasste. 2016 kehrte Hamid wieder nach Pakistan zurück und ist seitdem wieder bei einer Polizeibehörde beschäftigt.

Ebenfalls 2016 erschien unter dem Titel „Der Gefangene“ die deutsche Übersetzung von Hamids erstem Roman. Dieses Werk erhielt mehr positive Besprechungen als alle anderen bisher im Draupadi Verlag erschienenen Publikationen. Im Jahr 2019 wurde sein zweiter Roman „Der Jihadist“ ins Deutsche übersetzt und veröffentlicht. Mit dem Roman „Verrat“ liegen nun drei Bücher des Autors in deutscher Übersetzung vor.

DRAUPADI VERLAG. EIN VERLAG FÜR SÜDASIEN

Das Verlagsprogramm hat **zwei Schwerpunkte.** Zum einen veröffentlichen wir **Romane, Erzählungen und Gedichte** aus Indien und anderen südasiatischen Ländern in deutscher Übersetzung. Bisher sind mehr als 50 literarische Werke mit Direktübersetzungen aus dem Hindi, Bengali, Tamil und anderen südasiatischen Sprachen erschienen. Zum anderen verlegen wir **Sachbücher über Südasien.** Das Themenspektrum ist breit gefächert. Bücher zur aktuellen politischen Situation und Geschichte Südasiens stehen neben Veröffentlichungen über Kultur, Kunst und Religion. Der Draupadi Verlag wurde 2003 von Christian Weiß in Heidelberg gegründet.

Draupadi. Der Name des Verlags nimmt Bezug auf die Heldin des altindischen Epos „Mahabharata". In Indien ist Draupadi als eine Frau bekannt, die sich gegen Ungerechtigkeit und Willkür wehrt. In diesem Sinne greift etwa die indische Schriftstellerin Mahasweta Devi in der 1978 erstmals erschienenen Erzählung „Draupadi" das Thema auf. Draupadi wird hier eine junge Frau genannt, die für eine Gesellschaft kämpft, in der niemand mehr unterdrückt wird.

WEITERE THRILLERS VON OMAR SHAHID HAMID

Omar Shahid Hamid
Der Gefangene. Roman

Übersetzt von Rebecca Hirsch
Draupadi Verlag 2016
ISBN 978-3-945191-14-9
318 Seiten, 19,80 Euro

Omar Shahid Hamid
Der Dschihadist. Roman

Übersetzt von Rebecca Hirsch
Draupadi Verlag 2019
ISBN 978-3-945191-39-2
290 Seiten, 19,80 Euro

Diese Bücher sind ebenfalls für 16,99 Euro (pro Ex.) erhältlich in der gemeinsamen E-Book-Reihe von Draupadi Verlag und Unionsverlag.